# 生科人悟
## ——讲述生科人的故事

中山大学生命科学学院 编

SHENGKE RENWU
JIANGSHU SHENGKE REN DE GUSHI

中山大学出版社
·广州·

## 版权所有　翻印必究

### 图书在版编目（CIP）数据

生科人悟：讲述生科人的故事/中山大学生命科学学院编．－－广州：中山大学出版社，2024.10．－－ISBN 978－7－306－08254－1

Ⅰ．G649.286.51

中国国家版本馆 CIP 数据核字第 2024CQ7243 号

出 版 人：王天琪
策划编辑：曾育林
责任编辑：曾育林
封面设计：林绵华
责任校对：梁嘉璐　孙碧涵
责任技编：靳晓虹
出版发行：中山大学出版社
电　　话：编辑部 020 - 84113349，84111997，84110779，84110776，84110283
　　　　　发行部 020 - 84111998，84111981，84111160
地　　址：广州市新港西路 135 号
邮　　编：510275　　传　　真：020 - 84036565
网　　址：http://www.zsup.com.cn　E-mail：zdcbs@ mail.sysu.edu.cn
印 刷 者：佛山市浩文彩色印刷有限公司
规　　格：787mm×1092mm　1/16　32.5 印张　526 千字
版次印次：2024 年 10 月第 1 版　2024 年 10 月第 1 次印刷
定　　价：128.00 元

如发现本书因印装质量影响阅读，请与出版社发行部联系调换

谨以此书献给中山大学一百周年华诞

(1924 — 2024)

# 编委名单

**主　编：**

贺雄雷　张斯虹

**撰稿人名单**（按姓氏拼音排序）：

| | | | | | |
|---|---|---|---|---|---|
| 贝锦新 | 陈飞燕 | 陈舒雅 | 代　露 | 丁楚阳 | 董　情 |
| 董朔含 | 杜侃如 | 冯华菁 | 冯雨雅 | 官婧怡 | 郭懿娴 |
| 韩孚嘉 | 郝文燕 | 何　炜 | 黄美桃 | 贾雪芹 | 姜子煜 |
| 蒋雪飞 | 兰　睿 | 李文笙 | 梁雅玟 | 林健秀 | 凌瑜蔚 |
| 刘佳锋 | 刘健伊 | 刘　旻 | 刘祥明 | 刘彦韬 | 刘宜佳 |
| 刘玥楼 | 刘正娇 | 卢丹琪 | 卢颖熙 | 卢梓晴 | 罗天翔 |
| 毛俪钐 | 庞　虹 | 任　杰 | 邵静怡 | 石和荣 | 王小月 |
| 邬雅萱 | 帅　燕 | 吴思文 | 吴素玲 | 吴晓薇 | 吴晓雨 |
| 徐凯桐 | 严新蕾 | 杨尔祺 | 杨焕莹 | 阳会军 | 杨　娉 |
| 岳旭阳 | 张兵兰 | 张楚惠 | 张敬逸 | 张文进 | 赵凯博 |
| 郑凯丹 | 郑悦纳 | 周思含 | | | |

**编辑名单：**

| | | | | | |
|---|---|---|---|---|---|
| 白皓宇 | 陈东萍 | 代　露 | 冯雨雅 | 高俊霞 | 何子文 |
| 黄上志 | 姜子煜 | 李陈龙 | 李　刚 | 李浩洋 | 李庆泉 |
| 李晓筠 | 梁雅玟 | 廖文波 | 陆勇军 | 伦照荣 | 毛俪钐 |
| 庞　义 | 邱彩云 | 宋松泉 | 田丽霞 | 田嘉源 | 王　晟 |
| 王海燕 | 王　睿 | 王小月 | 魏　媛 | 吴　艳 | 项　辉 |
| 谢　忱 | 徐凯桐 | 俞陆军 | 张以顺 | 张　勇 | 郑浩鸣 |
| 周思含 | 周　婷 | 周彦敏 | 周　语 | 左洪亮 | 陈　韵 |
| 姜子煜 | 李静茹 | 徐凯桐 | | | |

# 前　言

中山大学生命科学学院历史悠久，其前身是 1907 年成立的两广优级师范学堂博物科，1924 年与国立广东高等师范学校生物学系合并成为广东大学生物学系（1926 年改为中山大学生物学系），1991 年成立生命科学学院。

学院拥有水产动物疫病防控与健康养殖全国重点实验室、中国—东盟海水养殖技术"一带一路"联合实验室、国家生猪技术创新中心华南分中心、基因功能与调控教育部重点实验室、生物学国家实验教学示范中心等多个国家及省部级科研教学平台。学院发展特色鲜明，生物学和生态学为国家首批"双一流"建设学科，学科优势突出，综合实力排名处于全国同类学科领先地位。

学院坚决落实"立德树人"根本任务，生物科学、生物技术、生态学均入选"双万计划"国家一流本科专业建设点，生物科学入选首批"强基计划"，生物科学先后入选国家"拔尖计划"1.0 和 2.0 名单。学生获得国际遗传工程机器大赛金奖、第一届全国大学生合成生物学竞赛金奖、全国大学生生命科学创新创业大赛一等奖等奖项，在历年培养的毕业研究生中已有两人获评中国工程院院士。

学院坚持"面向世界科技前沿、面向经济主战场、面向国家重大需求、面向人民生命健康"的办学思路，坚持"中国特色、世界一流"的学科建设理念，持续推动以国家战略需求为导向、以国际前沿基础研究为引领，充分利用"健康中国""生物安全""粤港澳大湾区""一带一路"等国家政策和区位优势，围绕"生命健康、种业安全"两大核心领域，集中优势资源开展生命健康基础理论和生物安全风险防控研究，搭建科研大平台，围绕生命组学、免疫与衰老、微生物智造和生物防治、养殖动物健康与安全、植物逆境生物学、生物多样性六个主攻方向开展前沿基础和应用研究，着力培养有原始创新能力、国际视野、能为国家解决生命科学领域重大问题的学界业界领军人才。

百年的岁月，百年的沉淀，中山大学生命科学学院的发展离不开一代代生科人的成长与奋斗。他们的故事，是学院历史的见证，记录着学院的荣光与梦想，更是生科精神的火炬，映照着每一位生科人对生命科学无限的热情与追求。为了记录和分享生科人的故事，我们将历年《生科人悟》稿件、采访稿、报道等资料精选汇编成《生科人悟——讲述生科人的故事》。当您翻开这本书时，将会激荡起生科人的岁月涟漪，感受生科人的精神传承与时代脉动。

**教授篇**：我们聚焦于那些在学院发展史上留下深刻印记的老教授们。他们学识渊博，治学严谨，不仅以卓越的学术成就和教育贡献，为学院的发展奠定了坚实的基础，更以其崇高的人格魅力和深厚的学识，激励着一代又一代的生科人。他们的故事，是生科院的历史之根，是生科人的精神之魂，激励着生科人在科学的道路上不断追求卓越、勇攀高峰。

**校友篇**：我们将目光投向那些在各行各业中踔厉奋斗的校友们。他们有的是致力于基础研究的科研工作者，有的是将科研成果应用于实践的创新者，有的是利用所学知识默默建设美好中国的践行者……他们以坚韧不拔的精神和创新求实的态度，不断推动着社会的进步和发展，展现了生科人的风采和力量。他们的故事，是学院的骄傲，是生科人奋斗不息的缩影。

**学生篇**：我们走近那些充满活力与梦想的青年学生。他们追求卓越，奋发向前，不仅学业有成，更在科研创新、社会实践、志愿服务等领域展现出卓越的能力和品质，展现了生科人的青春活力和无限潜力。他们是学院的未来，是青春的希望。

本书中，我们共同探讨生科人在传承与创新中的使命与担当，讲述他们如何在科研的前沿领域中不断探索，如何在教育的实践中不断革新，如何在服务社会中不断贡献自己的力量。我们回顾了生科人的精神，这种精神贯穿了学院的百年历史，激励着每一位生科人不断前行。它不仅是对过去的总结，更是对未来的期许。我们相信，这种精神将激励着每一位生科人，无论在学术探索还是人生旅途中，都能够勇往直前，不断追求卓越。

由于篇幅有限，汇编成册时一些稿件未能收录进来。受收集资料力度影响，也无法做到面面俱到。同时，文字也可能还存在瑕疵之处，还请读者见谅。

回顾过去，展望未来。我们希望这本书能够成为连接过去与未来、师生与校友的桥梁，让百年生科精神生生不息、历久弥坚、发扬光大。

在此，我们谨代表中山大学生命科学学院，向所有为学院发展做出贡献的师生、校友、社会贤达和各界朋友表示最诚挚的感谢！希望每一位读者在阅读这本书的过程中，能够感受到生科人的智慧与力量，激发出对生命科学无限的热爱与追求，共同推动生命科学教育事业的发展。

编委会<br>
2024 年 10 月

# 目　录

## 教　授　篇

费鸿年：潜心科研，情系教育 ……………………………………… 003
辛树帜：辛辛苦苦，独树一帜 ……………………………………… 007
陈焕镛：钟情草木，笃行不怠 ……………………………………… 011
吴印禅：心怀草与木，深藏功与名 ………………………………… 017
罗宗洛：国家重器，科学巨匠 ……………………………………… 022
朱洗：敢教日月换新天 ……………………………………………… 028
张作人：大人不华，君子务实 ……………………………………… 032
任国荣：著名鸟类学家 ……………………………………………… 036
蒲蛰龙：献身科教，丰碑永铸 ……………………………………… 040
黎尚豪：经典藻类学向近代藻类生物学发展的推动者和带头人 … 046
张宏达：仰观宇宙宏大，品味草木有情 …………………………… 051
傅家瑞：一颗闪闪发光的"种子" …………………………………… 055
江静波：静水流深，波漾珠江 ……………………………………… 062
廖翔华：破野而耕，攻坚研微，事必躬行 ………………………… 066
李宝健：以信念为灯，燃一生筑梦 ………………………………… 072
华立中：一生做好一件事，情系天牛七十载 ……………………… 076
曾淑云：敬业育桃李，捐赠传师恩 ………………………………… 080
林鼎：中国水产营养的种树人 ……………………………………… 084
胡玉佳：硕果垂青史，生命铸辉煌 ………………………………… 088
林浩然：九十载春华，七十年秋实 ………………………………… 092
王伯荪：山野草树逢伯乐，康乐兰荪永流芳 ……………………… 096
王珣章：梦想，引领逐日之行 ……………………………………… 100
陈振耀：赤诚爱国心，奉献党员魂 ………………………………… 105
刘振声：为信念而前行，系来处故知恩 …………………………… 110
黄学林：风雨求知路，一生报国行 ………………………………… 116

庞义：与理想结盟，护山河无恙 …………………………… 122

张北壮：潜心一事，素履往之 ……………………………… 127

李鸣光：昭昭爱国心，播撒信仰之火 ……………………… 133

屈良鹄：扎根中华，踔厉奋发 ……………………………… 138

黎祖福：躬耕蓝色沃土，乐为海洋农夫 …………………… 145

## 校 友 篇

拳拳爱国心，殷殷报国情

　　——1957 级校友曾宪梓 ………………………………… 151

甘做孺子牛

　　——1973 级校友黄治河 ………………………………… 157

尽享创新愉悦，何惧创业艰辛

　　——1977 级校友陆阳 …………………………………… 162

我的滇金丝猴，是世界上最美的动物

　　——1978 级校友龙勇诚 ………………………………… 167

永葆赤子之心，敢于追寻所爱

　　——1978 级校友陈海峰 ………………………………… 174

科学之光：跨界探索与生命哲思

　　——1978 级校友吴家睿 ………………………………… 180

没有人是单枪匹马走出来的

　　——1979 级校友林鸿平 ………………………………… 183

中医药界的多边先锋

　　——1981 级校友徐安龙 ………………………………… 187

力学笃行凌云志，俯仰无愧中大情

　　——1981 级校友杨小波 ………………………………… 193

探索中前行

　　——1981 级校友陆辉 …………………………………… 198

"回馈、成就、奉献"之路

　　——1983 级校友朱辉 …………………………………… 202

坚韧前行，打造"睛"彩人生
　　——1983 级校友黄静峰 ………………………………………… 207
从基础研究走向田间和餐桌
　　——1983 级校友谢旗 …………………………………………… 213
让棉花像云一样洁白
　　——1983 级校友郭惠珊 ………………………………………… 218
坚守初心，就是最正确的选择
　　——1984 级校友夏瑜 …………………………………………… 223
博物馆中成长起来的自然与人文之美
　　——1984 级校友陈邵峰 ………………………………………… 228
感恩、责任、激情、智慧
　　——1985 级校友施少斌 ………………………………………… 232
无为而为之
　　——1990 级校友周先武 ………………………………………… 236
明日月、行星辰，矢志做大事
　　——1991 级校友束文圣 ………………………………………… 241
青山看不厌，流水趣何长
　　——1991 级校友武婕 …………………………………………… 246
科技创新推水产发展，不忘初心领农牧前行
　　——1992 级校友薛华 …………………………………………… 251
"对"字为纲，路远可追
　　——1992 级校友黄伟洛 ………………………………………… 255
路漫漫其修远兮，吾将上下而求索
　　——1994 级校友陈志钊 ………………………………………… 260
坚守初心，扎根基层守护水乡丰饶
　　——1994 级校友李本旺 ………………………………………… 265
素履所往，一苇以航
　　——1995 级校友陈松林 ………………………………………… 271
道阻且长，行则将至
　　——1995 级校友魏永杰 ………………………………………… 276

揭开鲜果"长寿"密码的首席科学家
　　——1996 级校友蒋跃明 …… 280
保持热爱发现生物学问题，理性推理解释生物学现象
　　——1997 级校友陈春龙 …… 284
来自母院的"鱼"院士，携手南沙打造水产种业"硅谷"
　　——1997 级校友刘少军 …… 289
躬耕触觉感知十余载
　　——1997 级校友肖百龙 …… 295
微步致远，无微不至
　　——2000 级校友许腾 …… 300
日新之谓盛德
　　——2000 级校友陈重建 …… 304
牢基础以治学，精事业以报国
　　——2000 级校友熊礼宽 …… 307
因科研而成就
　　——2001 级校友邓凯 …… 313
不怯场，不怕事，走到这个时代舞台的中央
　　——2002 级校友丁林伟 …… 317
幽阁碧水一泓
　　——2002 级杨建荣、陈小舒校友 …… 322
顺应变化，砥砺前行
　　——2005 级校友刘娜 …… 326
欲穷千里目，更上一层楼
　　——2006 级校友崔祥瑞 …… 332
从中大出发，探索教育的无限可能
　　——2005 级校友王鑫 …… 336
扎根基层，砥砺前行
　　——2007 级校友李昇锦 …… 340
乘风破浪的善梦者
　　——2009 级校友陈硕 …… 343

我自漫溯科研路，无悔何惧创业艰
　　——2009 级校友瞿奔 ………………………………………… 349
一如风中疾箭，破除万阻前行
　　——2011 级校友田烁 ………………………………………… 353
奋战援彝扶贫一线，甘当为民服务孺子牛
　　——2012 级校友李新 ………………………………………… 358
植根土壤环境，谱写五一精神
　　——2012 级校友吴文成 ……………………………………… 362
俯身基层担使命，砥砺青春促振兴
　　——2012 级校友黄锦周 ……………………………………… 366
与时俱进，敢为人先
　　——2015 级校友温志芬 ……………………………………… 370

## 学　生　篇

见义勇为"智"救他人
　　——中山大学 2020 年大学生年度人物"见义勇为生科人"
　　团队 …………………………………………………………… 377
先锋团队，人人赞之
　　——中山大学 2015 年大学生年度人物 iGEM 软件队 ……… 380
世界那么大，不如去闯闯
　　——中山大学 2014 年大学生年度人物王思然 ……………… 383
用心"菇"诣，学以致用
　　——中山大学 2017 年大学生年度人物王庚申 ……………… 388
学有道，行有成
　　——2008 级本科生杨伊 ……………………………………… 392
探索与守护，才学与热情
　　——2014 级本科生刘成一 …………………………………… 396
"做讲解员是一件非常幸福的事"
　　——2017 级本科生徐浩 ……………………………………… 400

海阔凭鱼跃，天高任鸟飞
　　——2017 级本科生赵南岚……………………………………… 405
找到热爱，追求卓越
　　——2018 级本科生陈思羽……………………………………… 409
板凳坐得十年冷，勇立潮头敢为先
　　——2018 级本科生王佑琪……………………………………… 414
目之所及，飞羽精灵
　　——2019 级本科生吴灏霖……………………………………… 419
金石不渝，徐徐生长
　　——2019 级本科生金树林……………………………………… 423
脚踏实地，仰望星空
　　——2019 级本科生杨晓菊……………………………………… 427
精研博学，笃行致远
　　——2019 级本科生董朔含……………………………………… 432
青年怀壮志，报国正当时
　　——2019 级本科生陈怀玉……………………………………… 436
于沃土生长，经风雨弥坚
　　——2020 级本科生邬雅萱……………………………………… 438
博观而约取，厚积而薄发
　　——2020 级本科生曾嘉琳……………………………………… 442
海阔凭鱼跃，天高任我行
　　——2020 级本科生何东林……………………………………… 446
敏学笃行，立德致远
　　——2021 级本科生刘雨萱……………………………………… 451
笃行公益画同心，聚力支教担使命
　　——中山大学 2012 年大学生年度人物陈保瑜 ………………… 455
勤钻学术勇创新
　　——中山大学 2016 年大学生年度人物刘宏 …………………… 460
创新水产育种技术，青春奉献国家种业
　　——中山大学 2021 年大学生年度人物杨扬 …………………… 463

比你优秀的人远比你想象中更努力
　　——2017级博士研究生吴欣凯 ……………………………………… 468
心怀服务人民之愿，担当振兴种业之志
　　——2019级博士研究生熊翔宇 ……………………………………… 472
用汗水浇灌希望，演绎"热辣滚烫"的人生
　　——2019级博士研究生匡素芳 ……………………………………… 476
听从内心的声音，投身保护事业
　　——2020级硕士研究生王智凝 ……………………………………… 480
保护中华粮仓，青年主动担当
　　——2021级硕士研究生欧阳玉婷 …………………………………… 483
但行己路，做恪守初心的笃行者
　　——2021级硕士研究生夏雨 ………………………………………… 487
风华正茂，展鸿鹄志
　　——2021级硕士研究生林焘鹄 ……………………………………… 492
守初心，报国之心坚如磐；担使命，人民健康是为怀
　　——2022级博士研究生蔡思慧 ……………………………………… 496

**后记** ……………………………………………………………………… 501

# 教授篇

## 费鸿年：潜心科研，情系教育

**人物简介**：费鸿年（1900—1993 年），字希生，浙江海宁人。于 20 世纪 20 年代亲手创设了中山大学生物学系，是一位在中国生物学教育、水产科学领域至关重要的人物。他曾在中山大学等多所高校任教，撰写和发表了大量的科研论文和专著，在中国海洋与水产研究界硕果累累、声名显著。

费鸿年

## 毕生求索为科研，心系教育显风骨

费鸿年先生的一生是执着探索海洋秘密的一生，也是为教育事业无私奉献的一生。1900年10月29日，费鸿年先生出生于浙江省海宁县硖石镇的一个书香门第。他16岁毕业于江苏省立第二农业学校，随即东渡扶桑留学。1923年，日本发生关东大地震，23岁的他返回祖国。不久，他被北京农业大学聘为动物学讲师，半年后聘为教授。1924年，费鸿年先生受聘于国立广东大学（即今中山大学），此时他提出创办生物学系，得到校方同意。后因国民党派系矛盾，查办国立广东大学，秉性耿直的费鸿年先生愤而辞职，以示抗议，转而去武昌大学等校执教。

1926年8月，中山大学第二次聘任费鸿年先生，请他出任生物学系教授、主任。在任期间，他积极倡议教学方法的改进，强调将实践引入课堂。他亲自组织师生到瑶山采集鸟类标本，赴五指山进行动物考察。1927年，他与陈兼善先生一起组织学生开展了南海北部的海洋生物考察，在艰苦的条件下采集到两千多件标本，成功地完成了我国近代第一次海洋生物的科学考察。在费鸿年先生"二进"中大期间，他与正在中大担任文学院院长兼教务长的鲁迅先生结识。由于爱憎分明的性格和留学经历的相似，两人建立了深厚的友谊。

1932年1月，费鸿年先生第三次受聘于中山大学生物学系。两年后，他再去日本，于东京帝国大学浅虫临海实验所从事鱼类学研究。他所著《动物生态学纲要》和所写《鲶鱼呼吸生理之研究》分别是中国生态学的第一本专著和中国鱼类生理学的第一篇论文。

## 不忘初心，为国科研

新中国成立初期，百废待兴。尤其是水产资源的调查急需进行，费鸿年先生，虽然已年过半百，仍毅然请缨，带队组织我国首次黄河流域水产资源考察。1952年，他亲自率领考察队员去到海拔近4000米的青海湖。在他的积极带领下，全体队员通力合作，考察取得了圆满成功。这次考察发现青海湖内有多种鱼类生存，储藏量大，经济价值高。费鸿年先生立即向中央人民政府提出建议：成立渔业公司，开发青海湖。青海湖渔业公司的成立，给湖区人民带来了巨大的经济效益。

1957年，费鸿年先生担任中国水产科学研究院南海水产研究所研究员，又主持了另一次大规模的水产资源调查——南海北部底拖网鱼类资源调查，这是全国科技发展规划中的一项重点研究课题。他与考察队的全体人员历时半年，终于顺利完成了这次130多平方公里的大面积调查任务，并亲自主编了五册调查报告。这次调查不仅弄清了南海北部底拖网鱼类资源的主要构成及各种鱼类的生活习性与规律，而且实践并总结出一套切合我国实际的海洋资源调查及资料整理收集的新方法，对我国南海渔业生产的规划有着重要的指导意义。

20世纪70年代中期，费鸿年先生开始大量查阅整理国外有关资料，经过反复验证推理，摆脱了西方数学模型中许多不合理因素，建立了一种新的符合中国水产实际的"动态综合模型"。这套模型不仅填补了国内水产研究方法的空白，而且全面考虑了生物群体的生长、死亡和补充三大要素，与国外同类方法相比更科学、更容易操作。这套模型很快便在国内水产资源评估甚至水产管理中得到广泛运用。

## 老骥伏枥，志在千里

1982年，中国共产党正式接纳费鸿年先生为党员，他无比兴奋和激动，向党组织表示，"老骥伏枥，志在千里"，决不辜负党的信任和同志们的鼓励。作为"水产资源评估数学模型"的国内奠基人，费鸿年先生夜以继日，手不离卷，使模型更趋合理。从1983年起，他陆续发表了《多种类渔业管理概述》等论文，又翻译了多本国外著作。针对我国水产资源方面科研与教学比较薄弱的现状，他编写了我国第一部系统的高等院校教科书《水产资源学》。这部专著汇集了费鸿年本人对生物学与水产资源学半个多世纪的研究成果，并且详细地介绍了国内水产资源学的全貌和内在发展规律，同时也介绍了国际水产资源学的最新成果与趋势，堪称中国水产资源领域的集大成之作。1993年5月12日，93岁高龄的费鸿年先生与世长辞。他的毕生心血全部奉献给了祖国的广袤海洋，奉献给了祖国的教育事业。费鸿年先生对中山大学生命科学学院的贡献是不言而喻的，对祖国海洋领域的科研贡献更是名留史册。费鸿年先生对教育的无私奉献、对科研的巨大贡献、对祖国的责任担当都令人无比感动和敬佩。我们应该从费鸿年先生的经历中领悟，学习他身上的品质与精神，立报国之志，为祖国科研献出自己的绵薄之力。

**素材来源:**

[1] 丁力,杨仁宏.毕生求索情系海洋:记著名海洋生物学家费鸿年教授[J].中国渔业经济研究,1996(3):35-36.

[2] 年逾八旬,壮志未已:水产老专家费鸿年入党[J].中国水产,1982(6):20.

[3] 沉痛悼念我国著名水产科学家费鸿年教授[J].现代渔业信息,1993(5):8.

# 辛树帜：辛辛苦苦，独树一帜

**人物简介**：辛树帜（1894—1977年），字先济，1928年出任广州中山大学生物学系教授兼系主任。著名农业教育家、生物学家和农史学家，毕生致力于科学、教育事业，为中国西北的农林教育和科学事业奉献了大半生心血。先后在英国伦敦大学和德国柏林大学学习，历任国立西北农林专科学校校长、行政院经济部农本局高等顾问、中央大学生物学系教授兼主任导师、川西考察团团长、湖南省教育会会长等职，1946年任国立兰州大学校长。晚年从事农业科学、古农学研究，撰有《中国果树历史的研究》等著作，为中国农史研究做出了重要贡献。

辛树帜

中山大学的名字早在20世纪30年代初期就为德、法、英、日等国生物学界所熟悉，其原因便是位于马文辉堂的中山大学生物博物馆。而今，生物博物馆沉默地矗立于南校园的一角，它辉煌的过往，待人继续发掘。一一陈列于明面的标本，它们如何从原产地漂洋过海汇集在此。但对于馆藏奠基者，如果没有细究，我们的了解往往就止步于他们对馆藏标本的贡献。他们的故事漫长而精彩，不比那些鲜活的标本逊色。而辛树帜先生正是值得我们去深入了解的馆藏奠基者之一。

辛树帜先生的一生，毛泽东主席用了一句话精确概括："辛辛苦苦，独树一帜。"辛树帜先生一"辛苦"，便"辛苦"了一辈子。当然，或许对于辛树帜先生来说，走在布满荆棘的理想之路上要比走在富裕舒坦的道路上更安适。

## 读书以明志

辛树帜先生出生于湖南省临澧县的一个贫农家庭，由于家境窘迫，他5岁就开始做牧童。才牛腿般高的他在放牛时总流连于途中路过的私塾，驻足谛听，心向往之。父母不忍心违其意愿，勒紧裤腰带也要将他送往私塾读书。好在私塾先生也很爱惜孩童时期的辛树帜的才气，嘱咐他要投考学堂。自此，他发奋学习，先后公费就读于常德第二师范、武昌高等师范学校（武汉大学前身）。在那个大学生还是凤毛麟角的时代，辛树帜先生靠着辛勤和努力完完全全改变了自己的命运。在那时或许他自己都不知道，小小牧童后来会为国家的教育事业带来多大的贡献。

当时的辛树帜先生仍在学海中充实自己，在武昌高等师范学习时，受康有为、梁启超等人的改良主义思想影响，更加刻苦攻读，决心振兴祖国，以教育和科学昌明政治，解万民于倒悬。这便是读书明志的真实写照啊！而往后，辛树帜先生无论是教书育人、建校教学，还是引领考察，都秉持着初心，任周遭是贫是富、是顺是逆都不曾改变。也许正因为看到了读书的力量，辛树帜先生并没有满足于自身的学历，在毕业后仍想增长自己的学识和见闻。为了筹措出国留学的资金，他不辞辛苦，在长沙明德中学、湖南第一师范大学、长郡中学等处任教。尽管教书只是权宜之计，但辛树帜先生并没有应付了事。相反，在教学中他尽心尽力。他非常注重引导学生从实践中学习科学知识，常带领学生到野外去采集标本，对学生和学校产生了深刻影响，不少学生由此走上了科研的道路，如后来成为知名专家、教授的植物生理学家、农史学家石声汉，植物学家吴印禅等。

经过4年的艰苦努力，辛树帜先生终于积攒了2000多元，于1924年赴欧留学。他原打算以勤工俭学的方式到美国留学，但由于当时美国实行移民政策，限制华人入境，他便改变主意去英国伦敦大学学习生物学。一年后，又转入德国柏林大学继续攻读生物学，并在此期间结识了对他影响至深的导师笛尔斯。导师笛尔斯曾告诉他，中国广西瑶山地区在动植物分类学上具有极高的价值，尚是"未开垦的处女地"，这给辛树帜先生往后的考察之路带来了重要的启发。

## 厚积而薄发

1927年冬，正在德国柏林大学攻读的辛树帜先生收到中山大学校长戴季陶和副校长朱家骅发来的电报，邀他回国担任黄埔军校政治部主任。但一心想发展祖国的科学教育事业的他根本不想从政，终只是作为生物学系教授兼系主任在中山大学任教。

在中大任教期间，辛树帜先生多次组织力量赴瑶山地区考察，先后深入广西、贵州、湖南、广东、海南等地区，共采集6万余号动植物标本，其中由他首次发现并以辛氏命名的动植物新属、新种就有20多个，开启了国内大规模科学考察和生物采集之先河。通过这些实地采集、调查，辛树帜先生培养了一批从事动植物研究的专业人才，创办了《中山大学生物学丛刊》，也顺势建立了中山大学比较完整的动植物标本室。辛树帜先生的这番工作推动了我国动植物分类学的学科发展，填补了世界动植物分类学上的空白，扩大了中国生物学界在世界的影响。

而后来，动植物标本室——这份辛树帜先生在中山大学留下的弥足珍贵的礼物，为中山大学生物博物馆成为国内唯一收藏了大量国内外珍贵生物标本，并具有华南地区动植物区系特色的高校生物博物馆奠定了基础，博物馆自2000年对公众开放以来，室内展厅接待观众近30万人次，馆内举办生命科学特色系列专题展近20个，在民众科普方面做了大量工作，成绩斐然，被评为"全国科普教育基地""广东省科普教育基地"等。

## 志存高远，造福一方

辛树帜先生并没有就此停下，在他1932年游览了陕西的西安、华山、周陵等地之后，那片广袤而又贫瘠的土地以及落后的农业生产状况让他深受震撼，从而萌发了"开发大西北"这个更为远大的念头。读书明志，没有什么比教育和科学更重要、更必要的了。于是，在大西北兴办一所高等农业学院的想法自然而然地出现在辛树帜先生脑海中，也因此成就了如今的西北农林科技大学和兰州大学。

往后的40多年间，辛树帜先生为了学校的建设殚精竭虑。他四处招揽人才，为了吸引人才到难以使人适应的大西北的兰州教学，他巧妙地缩短暑假、延长寒假，利用夏季兰州的凉爽气候，以避暑为名，延请著名学者来校短期讲学。他重视学校的藏书，甚至做出每当发现有价值的图书，就将这个书店的所有图书通通采购下来的举动。

辛树帜先生为国家，特别是大西北地区的教育事业所付出的努力用三言两语难以说尽，不过笔者相信他许多慷慨伟大的事迹会在西北农林科技大学和兰州大学，甚至在整个大西北流传，正如他在中山大学生物博物馆留下的宝贵的标本一样，历久弥新。

**素材来源：**

[1] 临澧新闻网. 临澧人物：辛树帜 [EB/OL]. (2017-06-26). https：//www.linlixinwen.com/content/2017/06/26/6226414.html.

[2] 科学新闻网. 丹心一片为农史 [EB/OL]. (2019-07-12). https：//news.nwafu.edu.cn/mtwx/91937.htm.

[3] 陕西省文史资料数据库. 陕西省图书馆，辛树帜先生传略 [EB/OL]. (2017-01-22). https：//www.sxlib.org.cn/dfzy/wszl/sxswszlsxg/rwzl_5204/grcj_5205/201701/t20170122_610018.html.

[4] 团结报. "辛辛苦苦独树一帜"辛树帜对中国现代高等教育的贡献 [EB/OL]. (2020-04-02). https：//news.lzu.edu.cn/c/202004/68340.html.

[5] 兰州大学学报. 萃英大先生——教育家、生物学家辛树帜 [EB/OL]. (2018-09-30). https：//news.lzu.edu.cn/c/201904/55534.html.

[6] 凤凰网专稿. 兰州大学风雨百年发展历程 [EB/OL]. (2009-09-14). https：//phtv.ifeng.com/program/zmdfs/detail_2009_09/14/1075340_6.shtml.

# 陈焕镛：钟情草木，笃行不怠

**人物简介**：陈焕镛（1890—1971年），字文农，号韶钟，广东广州府新会县人，创建了我国早期的植物研究机构——中山大学农林植物研究所。中国科学院学部委员，中国科学院华南植物研究所研究员、首任所长，我国近代植物分类学的开拓者和奠基者之一，毕生从事植物学研究和教学事业，致力于开发利用和保护祖国丰富的植物资源，并在建设植物研究机构、培育人才、搜集标本等多方面付出了毕生心血。1959年后，他将主要精力投入主持编纂《中国植物志》之中，对于我国植物科学的发展做出了重要贡献。

陈焕镛

## 远赴海外，情系植物

1909年，陈焕镛先生跟随一位美籍荷兰人前往海外求学。读书期间，他阅读了大量的世界文学名著。他最喜欢做的事情就是背诵莎士比亚的文学著作，在校园里常常可以看到他拿着书背诵英文诗歌的身影。陈焕镛先生不仅爱读，还热衷于写，写出来的作品大多音律优美、意蕴深刻。他的学生蒋英（中国植物分类学家，也是著名的爱国科学家）曾经评价，他的英文诗"寓意深而语音谐，修辞精炼且极优雅"。他的另一位学生徐燕千（中国著名林业学家）也常常怀念他的一次以"森林与诗歌之美"为主题的英文演讲，说他文辞优美令人惊叹，评价他对生物学"永志不忘"。

在求学的漫长时间中，陈焕镛先生寻到了自己终其一生的热爱——植物学。经历了几年勤奋与刻苦的学习，他终于如愿进入了自己一直向往的哈佛大学森林系，这段经历虽然艰苦，却激发了他对于植物学的极大的热情。这就是为什么陈焕镛先生后来在哈佛大学的大部分时光都是在阿诺德植物园里度过的。他自己也曾说过："在这里花费几年时间所见识的中国树木，如果在国内，也许要用一辈子考察才能见识到。这就是所谓的墙里开花墙外香吧。"

留学之时，他看到很多陈列在欧美各国标本馆里的中国珍贵植物标本排列混乱，命名不准确。面对这种境况，他不禁叹了一口气，暗下决心一定要改变中国植物学的落后现状。从那以后，他更加勤奋地学习，积极参与各种野外研究活动，并最终以十分优异的成绩毕业，获得了哈佛大学的奖学金。留学多年，陈焕镛先生学习到了扎实的生物学知识，也取得了很多优秀的学术成就，其学术造诣不言而喻。其突出的学术能力也为他后来回国进入中山大学任教并极大地推动中山大学生物学系的发展奠定了良好的基础。

## 坚定回国，兴国科研

由于优秀的学习能力和突出的学术成就，在正式归国之前，陈焕镛先生受到了导师的极力挽留。然而，在面对继续攻读博士学位这条令人心生向往的道路之时，他却毅然决然地选择转身回国，自行开展研究，也立下了推动祖国植物学发展的远大目标。为了让更多的中国人认识到更加广泛的生物学知识和更加先进的生物学研究方法，陈焕镛先生付出了巨大的努力，例如他曾只身一人前往海南岛采集植物标本，成为登上祖国南部岛屿采集标本的第一人，被许多人称为"海南岛采集植物第一人"。在海南岛期间，陈焕镛先生每日都勤勤恳恳，即使采集工作再复杂，他也能认真专注地完成手上的工作。然而，在一次前往五指山采集的过程中，他不慎从树上摔下，跌伤了手腕，还不幸感染了恶性疟疾，高烧40摄氏度，身上布满了虫子啃咬过的痕迹，在如此恶劣的条件与身体状况之下，他选择坚持带病工作，最终采集回来大量珍贵的植物标本。陈焕镛先生在植物学研究上不轻言放弃的品质和对于科学研究的奉献精神，鼓舞了当时许多科学研究工作者。为了拓宽自己的见识，陈焕镛先生还多次进行野外调查工作，以便收集并且核实资料。他曾远赴英国，拍摄了大量中国植物的模式标本照片，这些都成为研究中国植物的珍贵材料。此外，陈焕镛先生完成的其他许多重要工作在当时也具有深远的意义，极大地推动了中国植物学的快速发展。凭借精湛的分类学研究以及多年以来奔赴多地考察的经验，陈焕镛先生领导编著了中国第一部比较完整的地方植物志——《广州植物志》。随后又主编出版了四卷的《海南植物志》，这是自从1919年到海南采集以后，陈焕镛先生数十年的劳动成果和心血的积累。在出版了两部优秀的地方性植物志之后，自1959年开始，陈焕镛先生将主要精力投入到主持编纂《中国植物志》之中，这意味着他对植物的研究已经不再局限于华南地区了。

## 紧抓重点，落实工作

　　陈焕镛先生认为要真正改变眼前国内植物学研究的落后局面，推动中国植物学发展，进行工作的三个重点分别是：搜集并管理植物标本、搜购图书资料、培育植物学人才。他立志要用自己的科研工作实践去改变现状，因此，他一方面致力于植物的调查分析和分类学研究，另一方面从事教学工作，培养相关人才。

　　在搜集和管理标本方面，陈焕镛先生耗费了不少精力。1928年，他在中山大学农学院任教之时，基于过去与同事一同采集的标本加上交换的标本，建立了我国南方第一个具有一定规模的植物标本馆，并且提出了使其与世界著名标本馆相媲美的美好设想。为了更好地管理大量的标本，他亲自制定了一套生物标本管理方法。其中，电子计算机发挥了巨大的作用，这不仅为管理者解决了许多耗时耗力的工作，还为现代普遍采用电子计算机进行标本管理开辟了先河。搜购图书资料时，陈焕镛先生也有着不同寻常的小习惯。他的同事吴德邻（原中国科学院华南植物研究所研究员）曾说："陈焕镛每次购买植物学专著的时候都会买两本，一本按照条目剪接，放在标本柜里，方便我们查阅；另一本则作为资料留存，鉴定标本的准确性便提高了很多。"在培育祖国未来生物学研究人才的任务上，陈焕镛先生也付出了很多心血。为了帮助中国青年植物分类学工作者更好地学习拉丁语，他编写了一本《中国植物分类学拉丁语基础》，选辑了《植物拉丁语例句引用》。该书用词准确，文笔流畅，内容丰富，在当时深为同行所赞颂。在亲身教学之时，他意识到：学生们上课时使用的所有教材多是以欧美树种作为题材，这不利于大家了解中国特有的树种。为了解决这个问题，他又编写了《中国经济树木》作为教材，专门介绍国产的经济树种。该书被认为是中国最早的一本具有科学名称的树木学教材。

## 忍辱负重，保存文物

中山大学校史里有一段记载："该员忍辱负重，历尽艰危，完成本校原许之特殊任务——保存该所全部文物，使我国植物学研究得以不坠，且成为我国植物学研究机关唯一复兴基础，厥功甚伟，其心良苦，其志堪嘉。"此处所赞扬的人就是陈焕镛先生。由于当时身处特殊的历史背景之下，广州遭到了日军的炮火轰炸，中山大学的农林研究所受到了严重的炮火袭击，许多珍贵的标本、仪器、书籍因日军的轰炸而面临随时消失的危险。1938年，日军大规模袭击广州，广州沦陷。"爱标本似生命"的陈焕镛先生心急如焚，不惜冒着巨大的危险将当时置于广州的7万多件标本全数运至香港的陈家寓所之中，并自行出资在此设立该所驻港办事处——这些资金，一部分来源于陈焕镛先生自己多年的积蓄，另一部分则来源于其发妻妹妹的房产抵押。耗费了巨额钱财，也历经了许多波折，值得庆幸的是，在他的努力之下，这些珍贵的文物总算是完整地保存了下来。1941年，日军又侵香港，此时，当初幸存的文物再一次面临被摧毁的危险。日军包围搜查植物所驻港办事处，搜到了大量印有"国立中山大学"的标本和图书。他们将所有的"敌产"查封，将办事处看管了起来。在这又一次危难当头的时刻，陈焕镛先生心乱如麻，夜不能寐，生怕这些宝贵的文物被粗暴、冷酷的敌人掠夺去。然而，无论危险如何靠近，他依然选择不离开这些心爱的文物半步！在危难时刻，他留下一句："只有物亡我亦随物亡，物存未敢求先去！"其对于科学的热爱以及大无畏的奉献精神，在这句话语之中体现得淋漓尽致。1942年4月，几经波折与风雨、被数次转移的宝贵文物终于可以重返故地。陈焕镛先生将这些宝贵的标本和图书送回广州，将其置于当时的康乐中山大学校园内。同年，陈焕镛先生也被聘请为中山大学特约教授。他终于完成了这个重大的使命——凭借自己的努力，将多年以来生物学研究者的心血完完整整、彻彻底底地保存了下来，并使之成为后来者的巨大财富。

## 脚踏实地，跋行千里

陈焕镛先生一生的经历深刻地体现他对植物深深的热爱，他永远保持积极乐观的学术态度，懂得开发利用并保护国内丰富的植物资源，脚踏实地地研究植物分类学，尽心尽力地建设好并且运营好植物研究机构，全心全意地为植物学研究培育优秀的人才，仔仔细细地搜集丰富的植物学标本……他将毕生都献给了植物学的研究和教学事业。尽管历经坎坷，陈焕镛先生仍然矢志不渝地坚持：无论如何都要锲而不舍、艰苦奋斗、脚踏实地地完成一个生物学研究学者肩上的使命，要富有远见和卓识，要治学严谨，要勤劳工作，要精益求精，做好当下的事。陈焕镛先生在植物学上成就斐然，他对华南植物区系的研究精湛，发现的植物新种达百文图种，新属超 10 个，其中银杉属（Cathaya Chun et Kuang）为极其罕有的孑遗裸子植物，在世界上其他地区早已经灭绝了，仅存在于中国的局部山区，被誉为"活化石"，在植物分类学和地史研究上具有重要的科学意义。他与匡可任（中国植物分类学家）合著的《中国西南地区松科新属——银杉属》发表之初便迅速引起国内外相关研究方向学者的极大重视，苏联也曾在其《植物学杂志》首页刊登这篇文章，以表示对于陈焕镛先生的敬重。1955年，陈焕镛先生被授予中国科学院院士称号，这是对他多年以来的努力与成就的极大肯定。

陈焕镛先生一生钟情草木，一生笃行不怠，作为中国近现代植物分类学的奠基人之一，他成就了中国植物学史上的多个第一，并且在国际上也享有盛誉——多次被选为国际学会的执委或者副主席，受到国际社会的广泛肯定。陈焕镛先生巨大的生物学成就造就了他在植物学领域的地位，他不仅是中国植物分类学的先驱与权威，在国际学术界也享有很高的声望。1930 年，陈焕镛先生应邀参加在英国剑桥大学召开的第五届国际植物学会议，他作为中国五人代表团的团长，发表了专题报告《中国近十年来植物学科学发展概况》，为中国在国际植物命名法规审查委员会中争得两票选举权。与此同时，他与胡先骕还首次被选为该委员会代表，为中国加入国际植物学会及成为命名法规委员会成员国开创了先路。由此可见，陈焕镛先生的努力与成就为我国植物学在国际上获得声望和地位创造了良好的基础。

## 精益求精，鞠躬尽瘁

陈焕镛先生一生严谨，做事一丝不苟，追求精益求精。例如：他的不少发现都要经过广泛深入的研究和深思熟虑之后才发表出来——论文写成之前一定要广泛收集资料，尽量追求完备；论文写成之后，一定要反复推敲，多次优化，以确保准确无误。除此之外，他还具有敏锐的观察力，思路清晰，在研究对象上从不愿意放过任何的细节，研究进行之时，他还常常会提出一些富有洞见、不同寻常的观点。陈焕镛先生为中国植物学做出的贡献不计其数，他身上优秀的品质以及为植物学献身的伟大精神感人肺腑。时光荏苒，陈焕镛先生的形象会永远停留在人们的心中，他的精神也会永远传承下去。陈焕镛先生影响的绝对不只是一代人的，也绝对不只是植物学领域的学者，而是后来一代代的科学研究者、一代代中国青年。拥有一颗坚定爱国的心，是陈焕镛先生为祖国做出贡献的无限冲劲的来源；做事一丝不苟，是陈焕镛先生多年如一日对待学术的严谨态度；无私奉献、不图回报，是陈焕镛先生个人高尚品质与坚守研究领域一心刻苦钻研的体现。一生草木，一生笃行。陈焕镛先生用其独特而不平凡的人生教会了我们笃行、专注与奉献的意义。

**素材来源：**

江门日报.陈焕镛：心念植物 50 载 一蓑烟雨任平生［EB/OL］.（2012－06－15）.https：//scib.cas.cn/mt/twbd/202303/t20230330_6721911.html.

# 吴印禅：心怀草与木，深藏功与名

**人物简介**：吴印禅（1902—1959年），字韬甫，江苏宿迁沭阳县人，中国著名植物学家，1940年自柏林回国后，被正式聘为中山大学生物学系教授，同年转入同济大学。1946年重返中山大学生物学系并兼任植物研究所所长一职，早期开展蕨类植物研究，后开展植物区系学、群落学、生态学、植物地理学等新学科教学和研究工作。著有《广西大瑶山水龙骨科植物》《植物分类学》，主编《广州植物志》。

吴印禅

1927—1949年是中山大学生物学系发展的动荡迁徙期，从日军入侵广州到新中国成立，为了躲避战火，保障全体师生的安全，中山大学几经迁校，生物学系也随之几经波折，多次迁址。然而，在这动荡的年代，中山大学的生物学系得到了显著的发展，在引进人才的同时，也培养了很多人才。吴印禅先生便是在这个时期成长起来的一位优秀的植物学家，他终其一生致力于科研与教育事业，尽其所能地推动中国植物科学的发展，将一生的精力都投入提高中国植物学研究水平的事业当中。

## 自学成才，卓越贡献

1902 年，吴印禅先生出生于一个贫寒的家庭，他的父亲吴铁秋是当时著名的教育工作者。由于家庭的收入并不可观，微薄的收入在给他交完学费之后就所剩无几。因此，吴印禅先生自小便省吃俭用，也在父亲的教育和影响下养成了勤奋好学的习惯。

1916 年，吴印禅先生毕业于沭阳县立高等小学，以优异的成绩考入江苏省立第八师范学校，并于 1920 年毕业留校工作。在留校工作期间，吴印禅先生一边为学生讲学，一边自学生物学。凭借着对生物学的浓厚兴趣与勤奋努力的学习，考入武昌高等师范学校生物学系学习。他对生物学的知识全凭自己消化，并未接受过系统的生物学教育，再观吴印禅先生后来在生物学领域的卓越成就，此可谓是"自学成才"。

1928 年，中山大学首次聘请吴印禅先生作为生物学系的助教。1934 年 5 月，吴印禅先生赴德国留学，正式开始植物区系研究，并在柏林植物博物馆从事研究工作。1940 年吴印禅先生回国后，中山大学再次聘请吴印禅先生为生物学系教授。但随后他转入同济大学任教授及同济大学生物学系主任，代理学院院长。1946 年，中山大学第三次聘请他为教授。三次就职于中山大学，吴印禅先生也与中山大学生物学系结下了深厚的渊源。他先后担任中山大学植物研究所所长、中国科学院华南植物研究所副所长和中山大学副教务长，由他贯彻落实的许多工作极大地推动了中山大学生物学系的发展。

任教期间，吴印禅先生凭借其丰富的学识、高度负责的精神和严谨的治学态度，培养学生作为科研人员应该具备的优良品质：首先，独立思考，绝不人云亦云；其次，亲身实践，以事实为依据，不理所当然，想到什么是什么；最后，广泛收集材料，深入开展研究。在他逝世前两年，身体状况并不太好的情况下，他仍亲自率领中山大学生物学系学生前往全国各地进行生产实习。

吴印禅先生于 1957 年加入中国共产党，先后担任广州市人民代表，广东省政协委员，广东省科联、科普、科协常委以及植物学会理事长。然而，正当他决心为我国植物科学发展和社会主义事业做出更多贡献之际，却不幸身患重病，医治无效，于1959年10月10日在广州逝世，享年58岁。

多年来，吴印禅先生填补了中国早期植物学研究上的空白，编写了多部优秀的学术论著，更凭借其优秀的教学方式为中国植物学培养出了一代优秀的生物学研究者，为中国植物学的深入研究做出了重要的贡献。

## 脚踏实地，为国科研

早年，吴印禅先生便在植物学研究上取得了不俗的成就。他早期从事蕨类植物研究，所著的《广西大瑶山水龙骨科植物》全面地论述了大瑶山蕨类植物区系的组成以及地理分布概况，并且附上了十分精确的插图，这被认为是我国当时比较完善的植物区系图表。

吴印禅先生对于许多重大的问题更是勇于探讨，乐于分享。例如，他对苏联的格罗斯盖姆的单元发展及系统发展阶段学说有过深入的研究和评述，也就这个问题发表过自己的见解，并在讲课的过程中将其分享给学生们，使学生们能辩证地认识被子植物的起源和进化的规律。不仅如此，后来在进行单子叶植物研究的时候，就棕榈科植物的原始性和单子叶植物的地下茎的形成等问题，吴印禅先生也提出了很多值得重视的论点。

后来吴印禅先生前往德国留学，但他仍旧没有放弃对于广东植物区系的研究，并先后发表了几篇有关南方草本状植物的论文。痛感于当时很多有关中国植物区系的研究资料落入西方帝国主义手中，吴印禅先生决心将柏林自然历史博物馆里关于中国植物区系的标本全部加以记录与整理，其总数竟达上万件，这为我国植物学研究保存了大量珍贵的资料，推动了后续我国南方植物研究工作的快速开展。

吴印禅先生曾以学者身份访问苏联，考察寒带植物，同时思想也受到了社会主义的影响。新中国成立前，他就十分支持爱国学生的民主进步活动，掩护校内的地下工作者，并积极参与营救被捕师生。20世纪50年代初，他看到当时的中国植物学发展缓慢，困难重重，满怀爱国之情的他决心振兴中国的植物学。回国后，吴印禅先生针对当时植物系统学的缺点，强调系统学研究必须同时进行形态学、解剖学、古植物学、古地理学的综合研究，这在他后来的很多学术文章和书籍之中都得到了体现。

## 悉心教育，肩负重任

吴印禅先生不仅在科研工作中有重要建树，在教育上，他坚持理论联系实际的原则，力求介绍最新的科研成果给学生。这一套原则也获得了后来人的肯定。为了使生物学系的同学们更加深入地学习植物分类，他编写了《植物分类学》，这也成为我国第一部由国人编著的综合性大学生物学系植物学教科书，是一部既有高度系统性和科学性又结合中国具体条件的教科书，为国内许多高校所使用。

在中山大学任教的早期，吴印禅先生曾前往广西、青海考察。新中国成立初期，他参加海南岛等地的植物勘察工作，拟订具体的教学实施大纲。在野外实习中，他都亲临现场，给学生做具体指导，使每个学生能够掌握200种以上的华南植物种类知识。之后，他更把生物学教学科研和南方资源调查、农业及国防的实践结合起来。1952年至1957年，他先后4次率领科研人员到广东的湛江，海南及雷州半岛，广西的合浦、百色等地区，进行大规模的勘察与规划工作，有时在野外长达7个月之久。他率先收集并整理出了鼎湖山的植物名录，为中山大学生物学系和兄弟院校同行师生在鼎湖山进行生产实习和教学实习提供了宝贵的基础科研资料。

多年以来，吴印禅先生在教学工作中积累了很多关于课堂讲解、野外实习和实验的经验，他的孜孜不倦和精益求精使他成为年轻人的榜样，他也因此得到许多学生的爱戴与敬重。

后来，为了联合推动中国植物学体系的建设，在中山大学的支持之下，吴印禅先生担任了《广东植物志》的主编，并同时开展了群众性的科学研究工作。在此之后，为了顺应党和政府关于整理中医中药的方针，他还亲手筹办了药用植物研究所，开展了各种特效药的调查引种和分析研究工作，这些工作后来也取得了很好的成绩。

吴印禅先生对于中山大学生物学系、对于中国植物学发展的贡献之大不言而喻。他拥有一颗赤诚的爱国之心，远赴重洋却仍记挂着祖国的植物学研究资料；他具有高度负责的精神，用自己总结出的最好的教学方式教导学生，培养出中国一代优秀的生物学研究者；他秉持着治学严谨的理念，实事求是，坚持理论与实践的结合，坚持亲身实验，以事实为依据……这些，都令人无比敬佩！吴印禅先生心怀草与木，将一生献给了中国的植物学事业，他的巨大贡献我们永远不会忘记。我们相信，如果吴印禅先生能够看到如今中山大学生命科学学院蓬勃发展、蒸蒸日上的植物学研究工作和每一年兴奋地进入大学、勤奋刻苦的学生们，一定会露出欣慰的笑容。萧伯纳曾说过："人生不是一支短短的蜡烛，而是一支暂时由我们拿着的火炬。我们一定要把它燃得十分光明灿烂，然后交给下一代的人们。"吴印禅先生就像一支蜡烛，用自己的一生去燃烧出最明亮的火焰，他为后人留下宝贵的植物学财富，却丝毫不图回报。

"仅仅一个人独善其身，那实在是一种浪费。上天生下我们，是要把我们当作火炬，不是照亮自己，而是普照世界；如果我们的德行尚不能惠及他人，那就等于没有一样。"吴印禅先生勇于奉献，不求回报，深藏功与名。

奉献，是一种爱，是对自己事业不求回报的爱和全身心的付出。对个人而言，就是要在这份爱的召唤之下，把本职工作当成一项事业来热爱和完成，从点点滴滴中寻找乐趣；就是要努力做好每一件事，为后来者积累宝贵的财富。我从吴印禅先生用一生书写的故事里，体会到了奉献的真谛。

# 罗宗洛：国家重器，科学巨匠

**人物简介**：罗宗洛（1898—1978年），浙江黄岩人，历任中山大学、暨南大学、中央大学、浙江大学教授和台湾大学首任校长、"中央研究院"院士、"中央研究院"植物研究所所长及日本植物学会名誉会员、苏联农业科学院通讯院士。生前为中国科学院院士、中国科学院植物生理研究所所长、中国植物生理学会理事长、全国政协委员。早年留学日本，获北海道帝国大学博士学位。我国近代植物生理学的创始人和奠基人之一，著名的生物学家。毕生坚持科研和教学五十余年，为我国植物生理学的发展竭尽全力，贡献卓著。以其学术上的博大精深和对科研人才的热心培养，受到国内外学术界的推崇。为人光明磊落，刚直不阿。诚恳待人，严谨治学，具有正直科学家实事求是、追求真理的高尚品德，为后人所敬仰。

罗宗洛

20世纪初叶，内忧外患的中国在帝国主义与封建主义的腐蚀裹挟下摇摇欲坠，民族危亡。在这个时候，涌现出一大批救亡图存，为国为民的知识分子，他们犹如黑夜中璀璨的繁星，为身处黑暗混沌中的人民指引前进的方向，传播科学文化知识的火种，人们尊称其为"先生"。罗宗洛便是这样一位先生。

## 科研求索，晓植物之生机

罗宗洛先生早年东渡日本求学，有志于从事理论化学研究工作。当时东京帝国大学名家云集，是学习此专业的不二之选。但东京帝国大学乃处于热闹繁华市区，他却喜欢宁静清幽的环境，认为非静无以成学。最后，阴差阳错间，他报考了地处日本北部札幌市的北海道帝国大学，选择植物学分科专业。

1923年5月，暮春之际，罗先生结束大学一年级的学业，决定选择植物生理学作为他一生的专业，并拜当时年轻有为的植物生理学家坂村彻教授为师。札幌一年中有半年在冰天雪地之中，每年暑期是出游的黄金季节，罗先生却依然在实验室做科研工作。师徒二人朝夕相处，共同度过了8个寒暑。在1925年3月大学本科毕业之前，罗先生在坂村老师的严格训练和倾心培养下，研究低等植物水绵原生质的等电点问题和农作物幼苗生长对培养液无机盐离子的吸收情况与发育状况，先后用德文、英文发表了四篇论文，均刊登于《东京植物学杂志》（日本具代表性的植物学杂志），令日本乃至国际植物学界刮目相看（因为由中国人署名的论文在当时非常罕见）。日本的媒体不免竞相刊载，国内学术界也互相传播。

进入大学院（研究院）后，罗先生承担了坂村老师研究课题"植物细胞对电解质与非电解质的吸收"中的电解质吸收项目。他废寝忘食地工作，在多少个不眠之夜殚精竭虑。最终，这篇由罗先生撰写修改，由坂村老师审核的论文得到北海道帝国大学农学部全体教授的一致通过，罗先生被授予博士学位。

## 筚路蓝缕，开中大之先河

罗先生在北海道帝国大学读书时，已成绩出众，加上日本和中国新闻报刊对其成就的报道，使他在国内学术界闻名遐迩。1929年春天，国立中山大学生物学系主任辛树帜教授慕名从广州写信给他，邀请他到中山大学担任理学院生物学系教授。罗先生认为自己在日本求学13年之久，到了该回国报效的时候了。于是，1930年2月底，年轻的罗先生携全家，充满希望，充满活力，充满追求，回到祖国的南大门——广州，到国立中山大学报到。然而，他所向往的广州，却是另一番景象。

当时国内军阀割据，政局动荡，学校自然没有多少办学经费。罗先生分配到一间小房间作为办公室，还有一大间作为实验室，但室内空无一物。此外，学生们上课的教室相当陈旧拥挤。空虚的大学校园以及一穷二白的生物学系，令罗先生大惊失色。他此番满腔热血回来，准备教育兴国，自然要想方设法地解决一切教学上的困难。他为实验室亲自设计桌椅柜架，如两张可供多人用的实验桌和靠墙的一排药品仪器柜，并指点助手绘制图纸，此外还有小天平台和水槽。他从日本北海道运回少量实验用品，如溶液培养用的高级瓷缸，大小吸管和一套氮素分析器（克氏定氮器）等。他又从生物学系其他实验室收集了一批玻璃仪器，又向外面购买了一批必需药品和一般器皿，终于为开设植物生理学实验课程创造了既简单又实用的初步条件。

罗先生对待中山大学的教学工作极其认真负责。他了解到学生的基础不齐，水平参差，于是编写了一份详细的讲义，旁征博引，深入浅出，务求来听讲的学生完全理解。他积极勉励学生阅读英语的植物生理学教科书、参考书。此外，由于德国的科学家是近代植物生理学的创始人，德文著作丰富，罗先生在讲义中引述德国科学家的文献很多，他又多次拜访一位教德文的老师，劝说他业余为学生免费教德语，使学生也可以翻阅德文原著。

1931年，罗先生担任中山大学生物学系主任。他把全部心血投入到建设发展生物学系上面，想方设法培养对植物学有兴趣的学生，鼓励他们动手学习科学研究的基本功。此外，他还利用自己在海内外学术界的名誉声望，邀请了一批知名教授来中山大学生物学系任教，其中包括当时留学法国，驰名遐迩的朱洗先生。

至1932年8月罗先生离开广州时，国立中山大学生物学系已成为国内一流院系，学科专业蓬勃发展，尤其是动物学、植物学方面名家云集，实验设备仪器齐全，学生们也俨然恳学。这离不开先生的呕心沥血、苦心经营。

## 师德隽永，育兴国之栋梁

罗先生在学术上一丝不苟、博大精深，对青年后辈更是倾心培养，帮助他们打好研究基础，教育他们遵守学术道德，厚植他们的家国情怀。

在中山大学任教时，他率领学生去肇庆鼎湖山和佛山西樵山进行野外考察。当时缺少交通工具，必须步行，大家一路上谈天说地。罗先生总是强调如何专心学习，也谈在日本的留学生活。在荡舟七星岩畔的湖中时，他讲述一个留德的中国学生，如何贪图安逸，偷懒怕苦，终于被拆穿而身败名裂的故事，谈到做学问不能投机取巧，若执意如此，到头来还是自己吃亏。有一次他率学生到香港考察，在去半山腰的总督府的路上，他对学生们讲述了鸦片战争的历史，讲了英国海军侵占我国领土的事实。去九龙青山途中，他讲述了英帝国主义强占九龙的史实。他总是鼓励学生要做好自己的本职工作，在学术上精益求精，以便将来报效国家，振兴中华。

罗先生对后生晚辈关心照料，循循善诱，言传身教。当时岁月艰难，学生们报国无门，满怀愤懑、颓唐。罗先生在生活上对青年学子给予无微不至的关怀，每逢节日，总是邀请学生到他家过节。某个中秋之夜，他邀学生们在他的家里晚餐。席散后，他把苏联著名生理学家巴甫洛夫写给青年们的一封信的英文译稿，朗诵给大家听。信的内容主要是教导青年人为了攀登科学的顶峰，须通识科学的初步知识，锤炼严谨和忍耐的习惯，养成谦虚的品格，形成极端的热情。其言谆谆，其意切切，正在于要为国家培养踏实求是光复中华的科研人才。大家再三传阅这封信，感觉似空谷足音，如雷贯耳。

抗战期间，先生任教迁于贵州湄潭的浙江大学。他给生物学系学生上课时，因旁听的人极多，且多是农学院的讲师、助教和高年级学生，要求教室必须宽敞。他在讲堂桌上放一只怀表和几支粉笔，计算时间，有顺序地讲解，讲得很生动，富有启发性，引人思索。教室内肃深静穆，他讲述的内容，深深注入听者的脑海。多年以后，不少学生还对先生当时胸有成竹、侃侃而谈的学者风范历历在目。

## 换了人间，献国家之建设

1949年5月25日，人民解放军进驻上海。7月，罗先生应邀赴北平参加全国自然科学工作者代表大会筹备委员会议。南北往返，旅途遥远，但沿途各站当地政府盛情款待，他也有机会目睹沿线人民群众欢庆解放战争胜利的动人情景，引起内心的共鸣。他下定决心，要为新中国的科学事业贡献出自己的力量。

当时的新中国，积贫积弱，白纸一张，在地方上经济建设、生产发展都处于"摸着石头过河"的阶段，缺乏专业人才与实践经验。1950年春，为了向苏联学习农业生产，他以身作则，号召植物生理研究室科研人员努力学习俄文，做到能够直接阅读俄文的科学论文。他专心学习俄文，几乎到了焚膏继晷、废寝忘食的地步。四五个月后，他组织俄文翻译小组，攻坚克难，完成了国际知名植物生理学家马克西莫夫所著的《植物的生活》一书的翻译，为国内学者研究植物水分生理、抗性生理提供文献材料。此外，他又以个人名义，邀请数名苏联著名植物生理学家至上海讲学，推动了原本在我国较为薄弱的抗性与水分研究，使这项研究在全国范围内广泛开展。

1952年，江苏省在苏北沿海海岸营造防风林带，贸然动手，结果完全失败了。罗先生亲率植物生理所科研人员前往苏北沿海，步行调查沿路两侧及附近所生树木，采集土样并分析其含盐量，又在实验室中继续开展研究，探讨土壤盐分和水分对树木幼苗生长综合影响的规律，争取早日发现适用于营造海岸防风林带的树种。当时的苏北海岸的荒凉程度可想而知，难以想象老一辈人长途跋涉，边调查边考察，其劳动强度之大、艰苦程度之深，绝非今天出野外科考可以比拟的。可先生都能忍受下来，这只能说"换了人间"的新社会激发了他无限的报国热情。

彼时西方各国对我国相关工业原料和产品严格封锁，我们不得不自力更生，于华南栽培橡胶树。1955年，海南岛新种下的橡胶幼树，突遇寒潮，损失严重。罗先生被委以重任，每年赴海南岛橡胶园实地考察，一直到1959年。他在海南岛工作时，表现出了高度的工作热情。据同去的吴征镒教授回忆，1955年3月，正值大雨，溪水突然暴涨，他们需要渡过这暴涨的溪水，才能到达大站，罗先生不顾自己行动不便，冒着危险摸索过河。这种深入现场、临险不惊的精神，令人崇敬。

## 红霞满天，追毕生之真理

1958年的"大跃进"，给中国的经济建设事业带来很大的灾难，先生在这次政治运动中，敢于顶住风浪，对违反科学常识的行动提出异议。"最懂得实际的人，也最懂得理论之可贵。"当时许多人提出下乡总结农民水稻亩产后数千公斤的丰产经验。他虽赞成理论联系实际，却不相信这些数字的可靠性，不能贸然同意，认为只学习农民的丰产经验且加以推广不是当前的唯一途径。那时众人已噤若寒蝉，他却铁骨铮铮。

先生晚年对细胞学非常感兴趣，他凝眸细胞学的国际动态，几乎到了废寝忘食的地步。他每日蹒跚步行约一公里路至科学院图书馆，专心致志地阅读有关细胞学的论文，摸索近一二十年来的分子生物学、生物化学、细胞学等方面的脉络。1978年春，先生在中关村动物研究所做了一次有关细胞生物学研究动态的报告。那天，他没有带讲稿，好像叙家常一样，侃侃而谈。能容纳二三百人的讲堂，座无虚席，好些听众只好站在墙边倾听。当时先生已桑榆晚景，但红霞满天，为中国科学事业奋斗终生，为追求自然真理孜孜不倦直至油尽灯熄。

1978年10月26日，罗宗洛先生病逝于上海，享年80岁。各界惊闻噩耗，哀悼不已，纷纷发来唁电。追悼会甚为隆重，上海市及科学院领导人、各方面的科学家都到场悼念。先生仙逝归西的消息传至国外，各国科学家友人无不悲痛唏嘘。

综观罗宗洛先生一生，是矢志不渝追求自然科学真理、坚定不移献身国家社会建设、春风化雨立言立德树人的一生。老科学家走的时候，红霞满天，留下来的，是充满信心、充满希望、充满活力的未来。先生严谨之精神、独立之人格、无我之襟怀、高尚之品德，必将为后人所敬仰，历千万祀，与天壤而共久，同三光而永光。

# 朱洗：敢教日月换新天

**人物简介**：朱洗（1900—1962年），中国细胞生物学和实验生物学的创始人和奠基人之一，历任中山大学生物学系教授、北平研究院研究员、上海生物研究所研究员兼主任、台湾大学动物系教授，系主任、中国科学院实验生物研究所研究员，副所长，所长。1955年当选中国科学院学部委员（院士）。

朱洗

提到中国近代史上著名的实验生物学家，不少人第一个想到的都是童第周先生，而往往会忽略与之齐名的朱洗先生和他的成就。然而，淡泊名利的朱洗先生的一生是绚烂而又令人敬佩的，他在国家危难之际毅然回国，肩负起时代的重任，在科研事业中不断钻研，走在科学的前沿。他对于自己认为对的事直抒己见，不计后果，行常人所不敢行之事。这样的他，理应被我们所铭记。

## 赤诚爱国心

朱洗先生从小天资聪颖，品学兼优，在中学时因常辅导同学而被称为"小先生"。1919年五四运动爆发，19岁的朱洗因积极响应，推动学潮，主张罢课，遂被校方迫害开除。可朱洗先生求学之心并未断绝。他得知蔡元培、李石曾等在上海招收有志爱国青年赴欧学习后，便从家乡临海赶到上海，经过一年的努力工作筹集经费，终于成功赴法留学。

1931年，"九·一八事变"爆发，中国深陷战火纷飞中。在当时的中国，实验设施匮乏，环境恶劣，就连科研人员的安全都得不到保障。而此时的朱洗先生师从法国科学院院士巴德荣教授，深受巴德荣教授的赏识，发表了多篇论文，有了一定的科研成就。巴德荣教授常常赞叹："朱洗挖掘了我的全部知识"。可就是在这样的反差下，时刻关注着祖国的朱洗先生在得知中国的困境后，拒绝了巴德荣教授挽留他在法国工作的要求，用自己的积蓄买了一批书籍和实验仪器，怀着"科学救国"的满腔热情毅然回国。

回国后，朱洗先生被聘为中山大学教授。当时的中国贫穷落后，战乱不断，教学和科研条件极差，为了推广科研教学，他便就地取材进行生物学科学实验。在中山大学时，朱洗先生用当地亚热带蛙类作为实验材料，继续在法国时的研究。回家省亲时他眼见家乡的贫困，决心通过办学来培养人才，改变家乡面貌。于是朱洗先生为家乡创办了一所学校，自任校长，在广州任教时省吃俭用，把大部分工资及稿费寄回学校，使学校越办越大，为当地的教育事业做出了巨大贡献。

## 静我凡心立功名

早在法国期间，朱洗先生就同巴德荣教授合作开展两栖类杂交研究，分析生物界普遍存在的卵细胞受精现象，并且对其有着独特的见解。朱洗先生在对蟾蜍卵巢离体排卵的研究中提出了"三元论"，即由输卵管分泌包裹在卵球外表的胶状分泌物，对精卵的结合起到决定性的作用。对此，庄孝僡教授评价，"在脊椎动物中发现主宰受精的物质不是来自生殖细胞本身，而是来自体细胞，这还是第一次"。

在当时的中国，由于家鱼的生殖腺无法发育，不能产卵繁殖下一代，养殖渔业只能去河里捕捞鱼苗再养大贩卖，耗时又耗力。朱洗先生在朋友的鼓励和支持下决定要去解决这个难题。经过大量的研究和努力后，他带领团队首先建立了一套完整的亲鱼培育、人工催产和鱼苗孵化的技术方法，结束了几千年来家鱼鱼苗要在大江里捕捞的状况，促进了我国淡水养殖事业的发展。除此之外，朱洗先生培育出世界首批"没有外祖父的癞蛤蟆"，证明了脊椎动物人工单性生殖的子裔照常能够繁育后代；他引种驯化和推广印度蓖麻蚕，为中国纺织业增加了新的原料。

朱洗先生的一生都献给了科研事业，他认为"搞科学工作需要人的全部生命，八小时工作制是行不通的"。朱洗先生用科技解决了人民生活中存在的许多问题，为人民、为社会做出了不可磨灭的贡献。

## 为麻雀"平反"

在中国历史上，有许多科学家或沉迷于研究，考虑问题的角度太片面导致得出了错误的判断，或因碍于权势而隐忍不语。而朱洗先生与之不同，朱洗先生热爱科研事业，同时也关注政治，坚持自己心中所想，行常人所不敢行之事。

现在提到"四害"，大家可能会联想到苍蝇、蚊子、老鼠、蟑螂，可在20世纪50年代，麻雀也被列为"四害"，中国的麻雀遭到大肆捕杀。1956年8月，中国动物学会在青岛举行第二届全国会员代表大会时，朱洗先生第一个提出反对观点。他引用了许多国外的实例，如普鲁士国王腓特烈大帝因讨厌麻雀而在1744年下令悬赏消灭麻雀，导致普鲁士的麻雀几乎绝迹，不久后全国各地发生大规模虫害，最终腓特烈大帝不得不收回成命，并从外国运来麻雀。他认为，虽然麻雀食谷物有一些坏处，可它一年中大部分时间都在吃害虫，所以麻雀应该被归为益鸟。1959年之后，由于麻雀大量被捕，全国各地出现严重的农作物病虫害。之后，朱洗先生等科学家再次冒险提出反对意见，阐述麻雀的益处。最终，在朱洗先生等科学家的坚持下，麻雀终于被"平反"。

鲁迅有言："无穷的远方，无数的人们，都与我有关。"朱洗先生又何尝不是呢？他对世界万物总是怀着满腔的热情与慈悲，大到国家安危，民族存亡；小到百姓生活，家乡建设，甚至是一只麻雀。他不惧流言蜚语，不畏权势，对自己认为错误的观点直言不讳，是真真正正了不起的科学家。

朱洗先生在国家危难时挺身而出，在科研事业中不断突破自我，在麻雀被大肆捕杀时又"敢教日月换新天"，不计个人得失，他的一生是光彩夺目、令人敬佩的。日月既往，不可复追，我们要珍惜当下的时光，学习朱洗先生身上的优秀品质，锐意进取，有所作为。

# 张作人：大人不华，君子务实

**人物简介**：张作人（1900—1991 年），字觉任，1932—1949 年任中山大学生物学系教授，中国原生动物细胞学的创始人、实验原生动物学研究的开拓者。他长期从事生物学教学和原生动物学研究，建立了一套原生动物细胞学的实验技术，在国际上首次用人工手术方法获得能正常遗传的双体原生动物，为国家培养了许多生物学人才。

张作人

## 取经独创，可造才也

张作人先生在年幼时就已展现出思考事物独特的一面。10 岁时，张作人先生的国义老师出了一道"游历可以增长知识"的作文题，大多数同学都写了古时某些著名人物的游历事迹，而张作人先生写的却是自己外出后的所见所感，国语老师赞赏地在先生的试卷上批下"取经独创，可造才也"，这对张作人先生后续的研究和学习产生了一定的激励作用。

1917年，张作人先生考入北京高等师范学校博物部，深受著名地质学家翁文灏和丁文江的影响，对"学科学，不可学人家的成果，主要是学人家获取知识的方法"等思想感触颇深，这使他在往后的科研工作中更加坚定自我，有自己独特的见解。

大学毕业后，张作人先生远赴日本考察，发现日本的很多学问都是照搬欧美，自创的反而不多，不如直接去欧洲学习。于是他回国任教，等备去欧洲的留学经费，并最终成功前往欧洲学习。在欧洲留学时，张作人先生勤于钻研朴素敏捷，深受教授的器重，最终获得了比利时布鲁塞尔大学动物研究所和斯特拉斯堡大学生物研究所的自然科学博士学位。

## 醉心科研，矢志不渝

张作人先生常说原生动物是最简单的生物，但是这种细胞却是"最复杂"的细胞，一个细胞就承担了生命的全部功能。1956年他和学生用自己改进的"银浸法"，成功地显示出草履虫皮层表面嗜银系统，首次在国际上揭示了草履虫肛门的详细构造，为阐明低等单细胞结构的完整性及其与功能的统一性提供了重要证据。从20世纪60年代起，他和学生又应用银浸法深入研究草履虫口器的形态、形态发生及纤毛虫无性生殖和有性生殖中嗜银系形态发生等问题，取得了一系列成果。

张作人先生以原生动物为材料，研究了外界环境对生物的影响以及遗传中的核质关系，从而开拓了我国实验原生动物学的新领域。在张作人先生之前，国际上普遍认为细胞核对遗传有着绝对的控制作用，而张作人先生带领他的学生以棘尾虫为实验材料，证明了细胞核和细胞质的相互作用，并且这种作用随时间、地点和条件的不同而发生变化。此后，张作人先生又通过实验发现，尽管细胞核具有遗传控制作用，但它们有时也受到细胞质的影响和制约，在一定条件下，细胞质对细胞核的形状、数目、大小和位置的遗传也起着控制作用。

张作人先生用人工手术方法在棘尾虫的研究上获得能正常遗传的"双体动物"，这在国际上是首创。他所创造的一套原生动物学技术处于国际领先地位。许多国际同行认为，张作人先生的研究为探索遗传的奥秘开拓了新的途径，先后有法国、比利时、苏联、美国、日本等十多个国家的科学家来函获取论文。

## 一息若存，希望不灭

1932年，张作人先生在中山大学生物学系系主任罗宗洛先生的邀请下回国，被聘为中山大学生物学系教授。回国前，张作人先生已经是比利时皇家动物学会会员、法国斯特拉斯堡动物学会研究员，并且深受老师赞赏与器重。在接到回国的邀请后，原本先生的老师想留他做助手，先生自己也想多学习一点知识再回国。可辛树帜先生去信告之，"国家正在危急存亡之际，我们的责任不在于科学上零零碎碎知识的积累，而在于赶快建立国家科学教育的基础"。先生的老师看了后，改变主意，极力支持先生回国。在获得第二个博士学位后，张作人先生便怀着报效祖国的赤诚之心回国任教。

抗日战争爆发后，广州战事紧张，为了躲避日军的轰炸，中山大学全校大部分师生几经波折搬迁至云南，张作人先生也随生物学系师生前往云南，继续教学事业。1937年，陈焕镛先生因心系园内植物和标本而留守广州，最后因广州沦陷迫于无奈前往香港继续主持农林植物研究所工作而辞去系主任一职，由张作人先生兼任生物学系主任。日本宣布无条件投降后，中山大学全校再次迁回广州。来回搬迁途中，生物学系损失惨重，许多珍贵标本和实验设备不幸遗失。

1948年，张作人先生出任中山大学训导长。谈到这次任命，先生本人并不愿为之，他真心喜欢的是教书，做学问。但是1948年国内局势紧张，在中国历史上已经是"多事之秋"。校长陈可忠担心学生闹事，打听到张作人先生是学生们最佩服的教授之一，便多方托人游说，软硬兼施，请张作人先生当训导长。先生在不得已之下赴任，可正是这次任命间接造成了张作人先生在1949年离开中山大学的"悲剧"。

张作人先生上任后，因多次站在学生立场，保护进步学生、营救教师得罪了国民党当局。1949年7月国民党以"私藏枪械、阴谋暴乱、颠覆政府"为由逮捕张作人先生，将其关押在广州西村的秘密监狱，五十余天后才被释放。出狱后，他离开了国立中山大学，前往海南、香港避居。在香港时，越南、新加坡、美国等国家先后以高薪聘请他前往工作，但都被怀着强烈的报国心愿的先生一一谢绝，直到1950年，张作人先生由上海市长陈毅电邀回沪，任同济大学教授兼动物系主任。张作人先生的离开是中山大学的一大损失，可对于国家人民而言，先生只是换了个地方继续为国效力，造福百姓而已。

## 庭前桃李自芬芳

张作人先生热爱教育，非常关注中国的教育事业。先生培养学生有自己的一套独特的观念，他说培养学生就是要培养观察问题和分析问题的能力，不是简单地教授知识而是主要教思想和技术方法。在先生看来，教导学生要开创，要实验，要研究，不是人云亦云跟在人家后面爬，而是从大自然中寻找和发现问题，要用自己的知识和思路去追踪自然界物与物之间、整体和局部的相互关系和固有规律。

在张作人先生耄耋之际，正值改革开放，教育思想获得极大的解放，可同时，人们过度地强调教育的经济、政治等社会功能而弱化了其对学生本身的作用。每当先生看到报刊上刊登的一些披露这种偏差导致不良现象的文章后，他就开始发愁、发脾气。先生的女儿张小云问："您都80多岁了，管那么多干嘛？"他便说："要管，我要管，这是中国下一代的问题，怎么可以不管呢？"

如今，张作人先生培养的学生已继承和发展了他开创的事业，成为教育和科研第一线的骨干。这个世界上，有许多像张作人先生这样的人，变的是年龄，不变的是那一颗关注教育和后辈的心。我们何其幸运能在老一辈的关注下成长，在时代潮流里披荆斩棘、随风起舞。

张作人先生对中山大学生物学科的发展做出的贡献是巨大的，在科研和教育事业方面的成就更是不可估量的。"大人不华，君子务实"，张作人先生一生朴素节俭，求真务实，潜心科研，热爱教育，在祖国需要的时候毅然回国，在国家危难时坚守岗位，他所做的一切都令人无比敬佩。我们应铭记张作人先生对中国发展做出的贡献，无畏艰难，以爱国之心为祖国科研事业献出自己的一份力量。

# 任国荣：著名鸟类学家

**人物简介**：任国荣（1907—1987年），广东惠州人，1921年考入广东高等师范学校（中山大学前身）博物部，同时他也是广东高等师范最后一班毕业生，后转入中山大学生物学系，是国立中山大学生物学系的第一届毕业生，毕业后留校任教。1929年任国荣先生留学法国巴黎大学，攻读生物学。1930年奉派赴法国及英国研究鸟类学，先后发表20多篇论文。1933年获巴黎大学科学博士学位，任国荣先生回到中山大学执教，曾任中山大学师范学院博物系主任，1944年任理学院院长，兼生物学系主任。任国荣先生对鸟类有着深厚的研究，著述颇丰，他是中国鸟类学研究的先驱，《世界博物辞典》中收录有以任国荣先生的名字命名的"国荣鸟"。

任国荣先生

## 瑶山采集，丰富研究

国内对于考察采集还尚在萌芽之际，任国荣先生等已毅然迈出了第一步。1927 年 11 月动物学系教授辛树帜协同助理任国荣先生及植物学系助理黄季庄、学生何君等人赴广西灵山县及十万大山采集，这是中国科学家第一次到该地采集生物标本。从 1928 年 5 月到 1937 年 7 月抗日战争爆发前，中山大学生物学系先后 5 次组织采集队赴大瑶山采集标本近 15 万号，到 1933 年 12 月，生物学系标本总数已达到 26 万号，在国内高校首屈一指。此次调查，开创了国内大规模采集的先河，在这一领域有着不可忽视的意义。并且在这次调查后，任国荣先生编写了《中国鸟类丛书（第二集）——广西鸟类之研究（瑶山之部）》和《中国鸟类丛书（第三集）——广西瑶山鸟类之研究续集》，两部著作后被翻译成德文版，被时人称为"德人翻译国人近著科学论文之第一次"！

## 鸟类研究，博学广识

任国荣先生于 1932 年命名新种瑶山花天小眉（*Alcippe variegaticeps*），即现在的金额雀鹛，这是第一个由中国科学家描述并命名的鸟类新种。1931 年，中山大学生物学系的采集队奔赴瑶山，在这次调查中获取了金额雀鹛的模式标本。当时这批新采集的标本被交到了任国荣先生的手中研究，不负期望，对瑶山鸟类熟悉的任国荣先生发现这批标本里有几个 *Alcipps* 属的个体，与之前已知的种不同。最终他在《巴黎自然历史博物馆通报》（*Bulletin du Muséum national d'histoire naturelle*）上描述并命名了鸟类新种——瑶山花天小眉（*Alcippe variegaticeps*）。并且任国荣先生还清晰地指出了瑶山花天小眉与亲缘关系较近的栗头雀鹛（*A. castaneceps*）相比，在外形上六处不同的地方最明显的是前者的头部色彩非常丰富，而栗头雀鹛的头部却是纯栗色。实际上"瑶山花天小眉"的名字恰好体现了其鲜明的特征：种加词 *variegaticeps* 源自拉丁文 variegatus + ceps，variegatus 意为"花的，杂色的"，-ceps 指"头部，头顶的"，两者合起来正好是"花头"之意。而其属名 *Alcipps* 则源于古希腊神话，*Alcippe* 是战神阿瑞斯（*Aries*）的女儿。又由于鸟的前额呈淡的金黄色，将它叫作金额雀鹛也是格外贴切的。

任国荣先生在中国西南苗瑶地区所采集的稀有鸟类标本曾获奖,其中有一鸟类物种属新发现,并将其定名为"国荣鸟",收载于《世界博物辞典》。任国荣先生曾多次赴广西、福建等地采集标本,写下了《瑶山两月视察记》等采集记录和《中国鸟类丛书》等著作,还将部分所采标本赠予清华大学和柏林博物馆作为学术友谊的见证。他奉派赴法国和英国研究鸟类学,先后在伦敦和巴黎的自然历史博物馆工作,并且著述颇丰,发现了多个新种和新亚种。

任国荣先生在《中山大学生物学系在华南各地所得鸟类之新种记载》中关于"瑶山花头小眉"的记录

## 铮铮脊梁,奋起抗日

抗日战争期间,时局动荡不安,任国荣先生等人在《告全国同胞书》上签字,号召全国同胞奋起抗日。在广州沦陷前,中山大学奉命迁移。任国荣先生及董爽秋、张作人、戴笠、周庸、陈蕙芳、邹碧筠等人率领教师、学生沿广东罗定—广西龙州—云南澄江一线迁移。他们一路保护标本和仪器,历经千辛万苦,在迁移路中仍坚持治学,苦而不言。在迁移到云南时,还开展了"月攷会"等研究讨论活动。

## 教书育人，诲人不倦

任国荣先生一生立德树人，桃李天下。1949年秋，任国荣先生移居香港，任中文大学新亚书院生物学系主任。任国荣先生重视人才培养和教育，尽管当时系里人很少，他仍然大力鼓励学生们向教育、研究和学术方面发展。在中文大学期间，他先后推荐30多名学生去国外进修攻读学位。

"莫嫌老圃秋容淡，且看黄花晚节香。"任国荣先生在新亚书院执教的15年中造就众多人才，在短短10年间，新亚书院生物学系就有毕业生160人，其中40人获博士学位，33人获硕士学位。这些学生后来在医学、工业等各领域都颇有成就。后来任国荣先生又出任新亚书院校董会董事，为新亚书院的书展做出了历史性的贡献。组建香港中文大学后，任国荣先生仍继续教书育人。他于1972年在香港中文大学新亚书院退休后，又应珠海书院之请，任该院生物学系教授兼教务长，一直工作到1982年。

任国荣先生不仅专注学问，同时也非常爱护和关心学生，课堂之外，每当学生遇经济或健康等方面问题时，他必定竭尽所能，出钱、出力帮助解决。任国荣先生常常与学生打成一片，融入学生中，在潜移默化中教导学生为人处世之道。除正常上课外，任国荣先生还于课余时间指导学生研究香港兰花及蝶类。他常在星期日或假期，带领学生在香港九龙及新界等地采集兰花或蝶类，制作标本，鉴定其品种，其中有若干兰花及蝶类物种为最新发现。其后出版的《香港兰科植物简介》和《香港蝶类简介》两书，也是由任国荣先生指导学生所著。

**素材来源：**

［1］鸦雀有生，金额雀鹏小传［EB/OL］.（2018-06-16）. https://www.163.com/dy/article/DKD9HOHV0512RQI0.html.

［2］陈训廷.惠州名人列传［M］.广州：广东人民出版社，2016：294-295.

# 蒲蛰龙：献身科教，丰碑永铸

**人物简介**：蒲蛰龙（1912—1997年），曾任中山大学生命科学学院院长、中山大学副校长。中国科学院院士、国际杰出的昆虫学家，是我国害虫生物防治奠基人。

蒲蛰龙

在我国昆虫学界，有这样一位学者：他从不只埋首纸堆搞研究，而是常常去一线，时时下稻田；1949年，新中国成立时，已获得博士学位的他谢绝亲朋好友的挽留，放弃国外优越的条件，毅然踏上归国之路；此后的几十年，他致力于生物防治，硕果累累；1956年，他被选为全国先进生产者；1980年，当选为中国科学院学部委员（后改称为院士）。他率先推广和应用"以虫治虫，以菌治虫"，创建了水稻病虫害综合防治基地；他还曾担任全国人大代表、广东省科协主席。他是勇于探索生物学科前沿的开拓者，也是桃李满园的教育家。他严谨治学、谦虚谨慎的崇高风范，堪称教育和科学工作者的楷模。

蒲蛰龙教授学识渊博，成果丰硕。他的研究领域涵盖昆虫学的各个领域，尤其在害虫生物防治和综合防治方面取得了举世公认的成就。

## 战火纷飞　求学报国

蒲蛰龙先生，广东省钦县（今属广西钦州）人，祖籍四川，1912年出生于云南。蒲蛰龙先生自幼生活在贫穷的中国农村，面对落后的农业生产，他立志要改造和发展中国农业，为农民的幸福和国家的发展贡献力量。

1931年的"九·一八事变"使国家山河破碎、战火纷飞，这更加坚定了蒲蛰龙先生科技报国的信念。当时，中国的昆虫分类学非常薄弱，如愿考入国立中山大学的蒲蛰龙先生选择农学系昆虫学科，作为自己的主攻方向。

在本科和研究生学习期间，蒲蛰龙先生在昆虫学界已崭露头角。为了探寻防治松毛虫的有效方法，解决广东各地松林大面积松毛虫害的问题，他亲自深入林区，寻找松毛虫进行喂养和研究。尽管环境艰苦、实验设备简陋，他仍然细心观察松毛虫的形态结构、生活规律和生命过程。1935年，蒲蛰龙先生从国立中山大学农学院毕业，他的论文《松毛虫形态、解剖、组织及生活史的研究》成为国内首篇较为全面论述松毛虫的重要文献。因此，蒲蛰龙先生获得了中山大学农学院颁发的"毕业论文奖"和"优秀成绩奖"。

1949年，蒲蛰龙先生在美国明尼苏达大学获得哲学博士学位时，与夫人利翠英合影

1937年,"七七事变"后,蒲蛰龙先生回到中山大学任教。抗战的颠沛流离,从未让他放松过教学与科研工作。在迁校办学期间,蒲蛰龙先生曾兼任农学院办公室主任,为农学院的教学和科研工作做出了重要贡献。

1946年,蒲蛰龙先生获得美国国务院奖学金,再次踏上求学之旅,赴美国明尼苏达大学攻读博士学位。1949年,蒲蛰龙先生获得博士学位时,得知新中国成立的消息,他和妻子利翠英女士毅然谢绝了美方的多次挽留,放弃了国外舒适优越的生活,回到了百废待兴的祖国。此后,他倾其一生所学,为祖国的昆虫学和害虫生物防治的科教事业奋斗不息。

## 生物治虫　献力创新

新中国成立之前,我国在生产实践上几乎没有利用天敌防治害虫的措施。20世纪50年代初,多地发生严重农林病虫害,蒲蛰龙先生考虑到化学农药对生态环境的危害,创新地提出了用害虫天敌防治害虫的"生物防治"理念。他开展了利用赤眼蜂防治甘蔗螟虫的研究,首次成功地利用大卵繁蜂,为我国赤眼蜂防治害虫开创了新的局面。随后,蒲蛰龙先生从苏联引进澳洲瓢虫和孟氏阴唇瓢虫,经人工繁殖后释放,成功防治了柑橘和木麻黄上的吹绵蚧虫害。

20世纪60年代初,蒲蛰龙先生对荔枝蝽象和平腹小蜂的生物学、生态学以及室内繁殖技术进行了深入研究,并推广应用平腹小蜂防治荔枝蝽象,使荔枝获得了丰收,取得了显著成绩。

蒲蛰龙先生不仅在"以虫治虫"方面做出了卓越贡献,还在"以菌治虫"领域卓有成就。早在20世纪40年代,蒲蛰龙先生就开始关注病原微生物治虫,并发表了细菌防治白粉蝶幼虫的论文。到20世纪70年代,已是花甲之年的蒲蛰龙先生,不顾年迈和眼疾,废寝忘食地在电镜下观察,证实了松毛虫质型多角体病毒(Cytoplasmic Polyhedrosis Virus, CPV)的形态和结构。他利用CPV防治马尾松毛虫,利用核多角体病毒(Nuclear Polyhedrosis Virus, NPV)防治斜纹夜蛾等多种农林蔬菜害虫,均取得了良好效果。同时,他还在各地培养了一大批技术骨干。蒲蛰龙先生先后获得"全国劳动模范"和"全国高等学校先进科学工作者"等称号。

20世纪80年代初,蒲蛰龙先生被聘为广东省防治松突圆蚧技术顾问组副组长。根据20世纪50年代引进天敌防治介壳虫的经验,他提出了改善生态环境,引进天敌进行生物防治的策略。通过引进花角蚜小蜂,有效

1973年,蒲蛰龙先生(前排右四)与中青年教师、当地干部、技术人员在大沙田间考察

控制了当时被称为"南方森林大火"的松突圆蚧虫害。

除了生物防治,蒲蛰龙先生在害虫综合防治领域也颇有建树。他在四会大沙的水稻害虫综合防治研究中,历时近30年,着眼于稻田生态系统,以农业防治为基础,解决了水稻生产中的主要病虫害问题,保全了稻谷生产,取得了显著的经济效益和生态效益。该项研究于1985年荣获"国家科技进步奖"三等奖。

1980年,蒲蛰龙先生当选中国科学院院士。蒲蛰龙先生提出了"以发挥天敌作用为主的害虫综合防治策略",即通过耕作防虫、育蜂治虫、以菌治虫、养鸭除虫等措施,基本避免了使用化学农药,既保护了农田生态,又能有效防治害虫,使综合防治取得了巨大的成功。这一策略受到了国内外学界的高度关注和评价,联合国粮农组织有关专家认为,这是"最合理的水稻害虫防治计划"。

蒲蛰龙先生通过这些实践,结合国内外的研究成果,主编了《害虫生物防治的原理和方法》《昆虫病理学》等多部专著。他的"以虫治虫"策略使农药用量减少了三分之二,为中国大面积实施病虫害综合防治做出了卓越贡献,为世界各国的生物防治提供了有益参考。美国《有害生物综合防治》杂志称蒲蛰龙先生为"南中国生物综合防治之父"。

此外,蒲蛰龙先生创建的中山大学昆虫研究所和生物防治国家重点实验室,之后发展成为"有害生物控制与资源利用国家重点实验室",继续聚焦农业有害生物的生物防治,为国家健康农业、乡村振兴和生态文明建设等重大战略需求贡献力量。

## 良师益友　硕果累累

蒲蛰龙先生为我国培养了一大批杰出人才，他不仅是一位德高望重的科学工作者，还是一位言传身教的教育家。他长期坚持在教育第一线，满腔热情地把知识和爱心奉献给教育事业，为我国培养了一大批高级人才。其中一些已成为中国科学院院士、大学校长、学科领军人物。

1956 年，蒲蛰龙先生在中山大学生物学系组建了昆虫学教研室，为国内昆虫生态学培养了一批人才。1962 年，他成立了中山大学昆虫生态研究室并担任主任，该研究室被确定为重点研究室。之后，他在昆虫生态研究室的基础上成立了中山大学昆虫学研究所。1988 年，昆虫学学科发展成为我国首批国家重点学科。1995 年，他主持创办的"生物防治国家重点实验室"正式挂牌成立。

1961 年至 1971 年，蒲蛰龙先生担任中国科学院中南昆虫研究所所长。在他的领导下，该所由建所初期只能开展昆虫及动物标本调查采集和白蚁防治工作，逐步发展成为能够进行野生动物分类利用、昆虫分类及生态学、有害昆虫生物防治、害鼠控制、白蚁分类和控制、资源昆虫利用等多学科研究的机构。蒲蛰龙先生亲自领导的利用平腹小蜂防治荔枝蝽象的研究获得了成功，广东省昆虫研究所也因此在国内外赢得广泛赞誉。

1973 年至 1985 年，中大昆虫研究所科研成果丰硕，教师和研究生们先后发表了上百篇论文，蒲蛰龙院士等人也荣获了国家科技进步奖三等奖 1 项和国家教委科技进步奖 4 项。

1992 年，蒲蛰龙先生被评为"广东省南粤杰出教师"。他在生物防治的理论和实践上硕果累累，培养了大批专业人才，桃李满天下。他为我国乃至世界生物防治事业做出了巨大贡献。

蒲蛰龙常说："作为一名自然科学工作者，胸怀要豁达、意志要坚定、要扩大视野、重视贤才。"他因材施教、选贤任能，不放过任何让年轻人深造和进步的机会，积极扶持才华横溢的年轻人。蒲蛰龙先生十分看重刚从英国留学归来的学生王珣章，若按资历，王珣章无法出席中国昆虫学会成立 40 周年纪念大会和学术报告会，但蒲蛰龙先生为了让他能丰富国内外昆虫学科近年来的进展，多接触和熟悉一些专家学者，极力推荐他参加这次会议，并向国内外著名的昆虫学家介绍他，把握各种难得的机会让自己的学生学习更多的知识。

蒲蛰龙先生也常告诫学生："身为教师，一定要设法让学生超越自己，否则国家的科学技术就不可能向前发展。"他言传身教，用崇高的爱国主义精神和实际行动引导学生报效祖国。1978年中国恢复研究生招生，蒲蛰龙先生培养的首个博士研究生庞义在出国留学三年后，跟随他的脚步，毅然选择回国工作，全身心投入生物防治国家重点实验室的建设；他的学生魏聪桂、陈振耀、黄治河等也深受其大义影响，一直坚持做正直有为、报效国家的人。这是蒲老对学生们言传身教、潜移默化的影响，他一直用行动默默感化着身边的每一个人。

古德祥更像是蒲蛰龙先生在后辈身上的直接映射。古德祥从本科开始便一直在中山大学学习，大三跟随蒲蛰龙先生学习和调查蔬菜害虫，大四学习水生甲虫，毕业后更是跟随蒲先生去广西十万大山考察。古教授曾深情地说道："我一生紧紧地跟随蒲院士，他做所长我做副所长；他任生科院的院长，我担任生科院的副院长，一直协助他的工作，蒲先生对我的影响最大。"直至2013年，古教授才结束了自己在一线的工作。蒲先生对工作勤耕不辍的精神在古德祥身上可见一斑。

1997年12月31日零时45分，这位功勋卓著的一代昆虫学大师因病医治无效，在广州溘然辞世，享年86岁。学生们在蒲蛰龙先生遗体告别会上撰写了一副对联："敬事业德高望重科教界一代楷模，育英才为人师表海内外万古流芳"，表达了对恩师的崇敬之情。

> 坦荡浮沉九十秋，尖端科技邃精求。
> 忽传噩耗惊魂断，痛悼宗师暗泪流。
> 俯首毕生无所怨，育英遗绩实堪讴。
> 高风典范人皆仰，更恸弥留系国猷。

这是苏世炘在《科学中国人》（2001年第2期）发表的一篇文章中所写的一首诗，短短56个字表达了作者对"华南生物防治之父"的蒲蛰龙先生的崇高敬意。

蒲蛰龙先生一生为保护生态平衡，实现人与自然的和谐发展做出了巨大贡献，他的伟大事迹将永远被铭记在人类历史的丰碑上！

# 黎尚豪：经典藻类学向近代藻类生物学发展的推动者和带头人

**人物简介**：黎尚豪（1917—1993 年），淡水藻类学家，1939 年毕业于中山大学理学院生物学系，获理学士学位，后担任中国科学院水生生物研究所研究员，长期从事固氮蓝藻的基础研究和应用推广，建立和发展了我国淡水实验藻类学，并进行了一系列的藻类生理生态的研究，在技术上提出了蓝藻、单细胞绿藻与硅藻等的培养基配方，建立了一套为国内普遍采用的藻类培养技术。特别是在固氮蓝藻生物学方面，黎尚豪从理论上对固氮蓝藻的生长繁殖规律、固氮作用原理进行了系统的研究。他利用固氮蓝藻作为晚稻肥源，在示范应用中取得增产 10% 左右的效果，并在全国数十个省份成功推广，是我国有机农业的先行者。该项研究于 1978 年荣膺"全国科学大会奖"，1980 年荣获"中国科学院科技成果奖"一等奖。黎尚豪 1980 年当选为中国科学院学部委员（院士）。1989 年被授予"全国先进教育工作者"称号。1989 年 11 月，中国科学院向他颁发了荣誉奖章。2001 年武汉市政府在武汉高新技术集中地段——鲁巷广场，为包括黎尚豪在内的十多位在武汉工作多年的中国科学院院士竖立了雕像。

黎尚豪

## 结缘中大，传教后人

黎尚豪先生出生于现广东省梅州市梅县的一个中医世家，1935年他于梅州中学高中部毕业，同年被中山大学生物学系录取，在中山大学开始了专业学习，并在1939年毕业，获理学学士学位，同时他还因优异的学习成绩而获得了中山大学颁发的金质奖章。毕业后，黎尚豪先生受聘担任中山大学生物学系助教，同时在董爽秋教授的指导下开始了藻类学的研究。随着日军侵华战争的战火迫近广州，中山大学不得不迁移，黎尚豪先生便随校迁往云南澄江。在以"生物王国"著称的云南，黎尚豪先生开展的藻类学研究获得了得天独厚的条件。在1940年中山大学回迁广东坪石镇时，黎尚豪先生应石声汉教授之约暂留在昆明的同济大学任生物学系助教，直至1941年末才回到中山大学，并接替董爽秋教授走上讲台，挑起教学重担，同时继续藻类学研究。黎尚豪先生还先后担任中国科学院《中国孢子植物志》副主编，淡水生态和生物技术国家重点实验室学术委员会主任，水生生物研究所副所长。曾先后在复旦大学、武汉大学、暨南大学兼课。

## 开创先河，探寻藻类

1943年3月，黎尚豪应王家楫所长的邀请，到中央研究院动植物研究所任职，在饶钦止教授的指导下专门从事淡水藻类分类学的研究。后来因将动物和植物研究所划分开，黎尚豪先生在植物研究所继续进行藻类学研究。在此期间，他曾西到四川、西康，南到海南岛、西沙群岛，东到上海、台湾等地进行了大量的藻类及群落组成的调查和采集工作，先后发现了在藻类系统分类中有重要意义的大雄毛鞘藻及许多淡水藻类新种。

20世纪40年代始，西方国家已认识到了藻类具有丰富的营养和生态功能，可以广泛应用，藻类实验生物学研究也自此开始。但到50年代，我国淡水藻类学还主要集中在经典的形态分类，藻类实验生物学思路和研究条件几乎是空白。黎尚豪先生根据国际上的发展动态，聚焦国家对水生生物资源应用的迫切需求，敏感地意识到藻类实验生态学学科的开创对于我国藻类基础和应用研究的极端必要性和重要性。因此在广泛进行湖泊调查和已奠定的扎实的藻类分类学基础上，黎尚豪先生开创性地提出并展开了（淡水）藻类实验生态学的研究工作，通过大量野外采集与室内分离、培养等实验技术相结合，逐步提出了一系列微藻培养基配方（如 HB4、105、111 号等），成功地建立了一套从试管到公斤级规模的微藻培养技术，为藻类的理论研究和应用打下了坚实的基础。

20 世纪 60 年代初，中国科学院水生生物研究所开始组建研究室，黎尚豪先生受聘担任我国第一个藻类学研究室主任后，以藻类应用于国民经济建设为主要目标，大力开展了以单细胞绿藻（主要是栅藻、小球藻）、固氮蓝藻（鱼腥藻为主）和部分硅藻为代表的藻类生理生态学研究。继 20 世纪 40 年代对西沙群岛陆生藻类的鉴定和记录之后，黎尚豪先生关于土壤藻类的研究始终不辍，这些创举已成为中国科学院水生生物研究所利用荒漠藻类的结皮特性治理荒漠化之成功实践的先河。除此之外，他还关注和促进了早期光生物反应器的培养研究，并开展了半连续培养实验，为"863 计划"和"921 计划"空间生物学和空间受控生态生命保障系统研究的立项创造了条件。

## 心系生态，治理水华

作为藻类学家与湖泊学家，黎尚豪先生很早就认识到有害蓝藻将会对我国淡水生态、水质和人类健康造成长期的影响和危害。因此，他鼓励并支持时任中国科学院水生所藻类研究室主任的俞敏娟教授和其他同仁开启产毒藻类的研究。得益于黎先生的启发和前瞻布局，他的学生刘永定教授于 2003 年主持了国家重点基础研究发展计划（973）和第一个蓝藻水华治理国家专项；学生宋立荣教授于 2008 年主持了 973 项目"大中型浅水湖泊蓝藻水华暴发机理"的研究工作。通过长期而系统的研究，他们揭示了我国蓝藻水华的生态学机理，为我国蓝藻水华的控制提供了重要的科学依据和技术支撑。

## 躬身实践，一心报国

新中国成立之初，百废待兴。国家提出向科学进军的号召，鼓励科研人员积极投身国民经济建设的主战场。中国科学院水生生物研究所接收到了一项湖泊调查的重要任务，旨在系统了解我国的湖泊类型和特征并对其初级生产力进行有效评价，从而为渔业资源的充分开发与利用提供科学依据。作为调查队的正副队长，藻类学家饶钦止和黎尚豪先生组织了大规模的野外考察工作，除亲赴长江中下游大大小小的湖泊之外，黎尚豪先生还带队远涉云贵高原湖泊和青海湖。当年他们在艰苦条件下获得的多学科数据系统而全面，为后人开展湖泊生态和环境变迁的研究提供了重要的参考。同时提出了一套湖泊调查技术规范，并在我国湖泊调查工作和水产养殖业中得到长期而广泛的应用。20世纪80年代初期，黎尚豪先生参照国外有关动态，根据自己掌握的数据和资料，与曾呈奎院士等一道积极建议开发我国微藻产业，并被推为国家攻关的藻类饲料蛋白项目的起草人和负责人，从此，我国以螺旋藻（是一种蓝藻）为代表的微藻产业才逐步形成规模，鱼腥藻作为饲料的研究也同样取得了多项成果。

20世纪80年代中期，黎尚豪先生和曾呈奎院士共同牵头负责国家"七五"攻关科研项目"藻类蛋白饲料"，组织了中国科学院水生生物研究与中国科学院海洋研究所等十多家科研单位联合攻关，完成了螺旋藻和鱼腥藻的中试和大规模培养，项目的完成推动了以螺旋藻为代表的微藻产业化的进程，为我国淡水藻类产业的开启和发展做出了重要贡献。

除此之外，黎尚豪先生还尤为关注我国粮食产业。针对我国农田普遍氮肥不足的状况，黎尚豪先生提出在稻田放养固氮蓝藻为晚稻补充肥料的设想。从20世纪50年代后期开始，他带领科研团队从各地稻田选育优良藻种，探索建立大量培养和生理调控的技术，终于在晚稻田成功放养固氮蓝藻，达到了增肥增产之目的。通过利用其作为肥源，提高水稻产量可达15%。该项研究于1978年荣膺"全国科学大会奖"。

综观黎尚豪先生的学术生涯，他不但始终站在世界生物科学的前沿，而且十分重视将研究结合我国国情，研究与国民经济密切相关的课题。因为他深信，科学知识要服务于社会，服务于人民。

## 结　语

黎尚豪先生一生获奖无数，他丰富广博的学术成就，立德树人的教育思想令人高山仰止、景行行止。国家自然科学基金委原主任、中国科学院原副院长、水生生物研究所原所长陈宜瑜院士曾为纪念黎尚豪先生百年诞辰题词："与时俱进　引领学科　扶掖后学　桃李芬芳。"他的精神将永远激励着我们不断前行！

**素材来源：**

宋立荣.黎尚豪——中国淡水藻类实验生物学的开拓者［EB/OL］（2022-07-13）［2023-04-24］.https：//baijiahao.baidu.com/s？id=1764045508866038347.

# 张宏达：仰观宇宙宏大，品味草木有情

**人物简介**：张宏达（1914—2016年），历任中山大学副教授、教授、生物学系主任，中国植物学会第八、九届常务理事，广东省植物学会、广东省生态学会第二届理事长，国家教委生物学教材编审委员会副主任。长期从事植物分类学、植物区系学研究，为国际著名山茶科植物分类学家；主编《中国植物志》《种子植物系统学》《植物学》等教材20多部，为广东省植物学会、广东省生态学会名誉理事长。

植物生理学第一届博士生答辩会留影。后排中央为博士生黄上志，前排为答辩委员会委员潘瑞炽（左一）、张宏达（左二）、郑泽荣（左三）、傅家瑞（左四）

## 西迁北移，意志不改

1935年，张宏达教授第一次踏入国立中山大学生物学系，从此与中大结下了不解之缘。1938年10月，日军占领广州，中大从广州先搬到罗定，后又一路迁至云南。张先生与其他同学一起加入了军训队，从连县星子镇一路风餐露宿、颠沛流离，历时一个月到达云南澄江县（今澄江县）的中山大学新校址。在狼狈艰苦的路途中,张先生始终保持着乐观的心态,以学者的姿态直面困难。张先生认为,这段经历让他得到了许多磨砺:"因为我们是搞生物这一行的,当时经常流浪,经常去野外,全国到处跑跑看看还觉得很好玩,很有兴趣,对我们以后工作也有帮助。"

面对命运设下的重重难关,张先生在迁辗途中,他考察了石灰岩地貌和植被;在寺庙改成的简陋教室里,他以木板为桌,孜孜不倦。7年漫长而艰辛的战乱颠簸,从广州到云南澄江,再到粤北坪石,最后终于回到石牌校址。前路漫漫,山水迢迢,千辛万苦磨去了岁月的棱角,却从未磨去张先生求学、治学的决心。张先生与中大师生一起,筚路蓝缕、矢志不渝。这样的意志自白云山源起、由珠江水流淌,激起一代代中大人学习与科研的信念。

## 踏遍山川,寄情草木

抗日战争胜利后,张先生继续跟随陈焕镛先生学习。在陈老师的指导下,张先生一步步走上了植物分类学的研究道路。1948年,张先生用英文发表了《西沙群岛的植被》(*The Vegetation of Paracel Islands*),首次对西沙群岛植被开展了全面系统的调查研究,也开始在国际学术界有了影响和交流。张先生踏实肯干、积极主动。在陈先生的指导下,他首先开展金缕梅科植物的鉴定,张先生很快发现了该科的一个新种。为表达对陈焕镛先生的崇敬之情,张先生便把这个新属命名为陈琼木属(*Chunia*,即山铜材属)。

在植物学研究这份事业上,张宏达经历了70多年的岁月,也付出了他全部的心血。他的每一个研究成果的取得,都建立在对大量标本、文献研究的基础上,建立在长时间野外调查的基础上。他踏遍千山、精研万木,不觉路途困苦,反而甘之如饴,一生采集标本4万余号,将野外考察工作坚持了一生。

山茶科植物是张先生学术研究历程中不可或缺的繁星。张先生认为,山茶科植物主要分布在中国,中国的植物学家最有条件也最有义务对其进行系统的研究。因此,张先生将大量精力投入到山茶科尤其是山茶属植物的研究中。首先他采集了大量的山茶科植物标本,并利用中山大学和华南植物研究所丰富的馆藏,夜以继日地开展山茶科植物的鉴定和研究。这还不够,他又跑遍了全国的标本馆,查阅了中国境内所有的馆藏山茶科标本；他躬身实践、亲身调研，跑遍云南、贵州、四川、广西等地进行标本采集和实地调研，后又应邀前往美国加州等地查阅山茶科标本。他通过大量的标本、文献研究和长时间的野外考察工作，发现了山茶科新属——猪血木属（Euryodendron Hung T. Chang），发表新种猪血木（excelsum Hung T. Chang），这是一个极度濒危种，已被列为国家一级重点保护野生植物，后又在广东阳春发现另一个山茶科新属——圆籽荷属（Apterosperma Hung T. Chang），发表新种圆籽荷（oblata Hung T. Chang），这一种也被列为国家二级重点保护野生植物。张先生发现和开发了一种特殊饮用茶资源——毛叶茶（Camellia ptilophylla Hung T. Chang），其因含有可可碱而不含可卡因而被称为可可茶，具有助消化的功能而不兴奋神经。张先生是国际著名山茶科分类学家，全面系统地整理了山茶属植物，出版英文专著 Camellias，用大量证据证明印度阿萨姆茶为中国原生茶种，将阿萨姆茶的中文名改为普洱茶，并在《中国植物志》中将其正式定名。直至今日，张先生作为中国科学家的民族责任感仍打动着每一位学子。

## 桃李天下，著作等身

自 1944 年 10 月张宏达先生被聘为生物学系讲师开始，到 2002 年退休，张先生康乐园执教长达 65 周年，培养博士研究生、硕士研究生共 100 多人，桃李满园。1998 年，教育部、人事部授予了张先生"全国模范教师"的称号。

张先生研究成果卓著、著作等身，先后出版教材、专著 20 多部，发表论文 250 多篇，发现植物新属 7 个、植物新种 400 种。在山茶科中，他建立了 3 个新属，命名了 217 个新种，在山茶科植物的系统研究方面享誉世界。在植物系统与分类学、植物区系学和植物群落学等领域，张先生均进行了奠基性的基础研究，为这些学科的发展做出了重要贡献，也对我国植物科学的发展产生了深远影响。

自 1959 年开始，历时 45 年，张先生与数百位植物学家一起编纂完成了中国植物"户口册"——《中国植物志》，这是至今为止全球体量最大的地区域植物志，共 80 卷 126 册，张先生承担了其中的四卷共 14 个科。此外，他还编写了《中国树木志》《海南植物志》《广东植物志》《广西植物志》《西藏植物志》《广东森林》等多个卷册的几十个科属。2009 年，"《中国植物志》的编研"项目获得国家自然科学奖一等奖，张先生便是十位获奖者之一。1974年,张先生首次宣读了具有原创性的"华夏植物区系理论",在后续几十年间陆续完善该理论,建立了"植物区系学"(florology)。在此基础上,2004年,张先生参与了我国植物学家根据自己的分类系统编著完成的第一部系统学专著——《种子植物系统学》。

1999年教师节张宏达教授被广东省政府授予"南粤杰出老师",图为张宏达上台领奖

正如张先生诗云:"千山踏遍穷寰宇,万木精研究始渊。"今日之学子,必将承继张先生严谨务实的治学作风、刻苦勤勉的治学态度,学无止境、不懈奋斗。

# 傅家瑞：一颗闪闪发光的"种子"

**人物简介**：傅家瑞（1925—2021年），中山大学教授，我国著名的植物生理学家和国际著名的种子生物学家。傅家瑞教授及其团队的早期研究主要集中在光周期对黄麻和芝麻的开花、对花生开花节荚及对水浮莲种子休眠与萌发的生理作用，为提高这些物种的产量与质量提供了科学依据。随后，他组建了高水平的植物生理和种子生物学研究团队，分别于1983年和1986年获得了植物生理学硕士学位和博士学位授予资格；主要研究种子活力和生活力的发育变化及其生理与分子基础，以及顽拗性种质资源的储藏、脱水敏感性及其调控，为提高种子活力和植物种质资源的长期保存与应用做出了创造性贡献。傅家瑞教授及其团队共发表了360多篇论文，出版了7部专著，先后培养了以黄学林教授、黄上志教授、王晓峰教授、宋松泉教授、蒋跃明教授、陆旺金教授等为代表的一批我国种子生物学和植物生理学领域的著名学者，2009年获第一届"中山大学卓越服务奖"，2021年获首次中国植物学会种子科学与技术专业委员会授予的"种子科学研究终身成就奖"。

傅家瑞

## 求学篇

1925年4月28日，傅家瑞出生在岭南大学一个教授家庭。他的父亲傅保光先生早年留学美国，1916年毕业于密执安州立大学，取得农学学士及农业化学硕士学位后归国。当时广州有几家资本雄厚的公司老板赏识他，愿以高薪聘请他。但傅保光先生的抱负是振兴农业，教书育人。傅保光先生接受了岭南大学的聘请，担任农学院和蚕丝学院的教授，后来还担任蚕丝学院院长和广东省蚕丝改良局局长。在父亲的影响下，傅家瑞憧憬着长大后要在科学研究和教书育人上做贡献。

由于父亲的关系，傅家瑞青少年时期得到岭南大学的特别照顾，在岭南大学幼稚园、附小、附中及岭南大学免费读书。良好的教育为他一生从事科学与教育事业打下了扎实的基础。由于是家庭中唯一的儿子，傅家瑞特别受到父母的疼爱。不幸的是，在傅家瑞7岁时，父亲因病去世，从此人生途中多了不少艰苦辛酸的日子。失去父亲的依靠，就只能凭个人努力，去适应和开创自己的前程。这段日子锻炼了傅家瑞刻苦奋斗的意志。

傅家瑞自幼学习努力。在小学时每年均获品行奖，在同一年级中他的学习成绩名列前茅。在中学时各科成绩优异，在大学期间获得生物学奖。1937年，日本侵华战争爆发，广州、香港先后沦陷，家庭经济极度困难，傅家瑞两个姐妹相继辍学找工作做。母亲按照父亲的遗愿，坚决要傅家瑞继续上学。在大学期间，傅家瑞一边读书一边做工（工读生），每周工作20多个小时。每逢暑期还到农场劳动，赚取工资以维持生活。同时，他还利用课余时间垦种蔬菜自给，剩余的菜还可供家人食用。他甚至还曾为同学做饭，以改善自己的伙食。当时，傅家瑞衣着破旧，虽然处在"先敬罗衣后敬人"的旧社会中，但由于他学习成绩优异，又能帮助同学搞好学习，受到班里同学的尊重。抗战胜利后，傅家瑞因经济困难被迫停学，工作1年稍有积蓄后又重新复学，于1948年春毕业于岭南大学农学院，获得农学学士学位。

## 工作篇

大学毕业后，傅家瑞留岭南大学生物学系，担任助教。1948年，他随嘉里思教授赴川鄂边界的古生物地区（水杉发源地）考察与采集标本。1951年，为了发展国家橡胶种植业，他参加了首批三叶橡胶宜林地勘察队，到雷州半岛及海南岛等地考察。此外，还随蒋英教授赴十万大山等地调查与采集产胶植物。由于多次外出调查，他获得了不少的野外知识，也得到了野外的锻炼。

在参加工作初期，由于教学工作需要，傅家瑞先后担任过植物学、动物学、植物生理学、植物分类学以及昆虫学的助教。1952年院系调整后，岭南大学停办，他被分配到中山大学生物学系。由于当时引进苏联教学计划与教学大纲，他又积极参加俄文学习，认真钻研教学大纲和教材，负责微生物学及植物生理学的授课。1954年，生物学系成立植物生理学教研室，第一任室主任于志忱教授是傅家瑞进行教学与科学研究的领路人，傅家瑞在于教授的指导与关怀下逐步成长。于教授要求他完成教学任务，还鼓励他积极开展科研工作，在业务上和思想上深刻地影响着他。此外，在傅家瑞的教学和科研道路上，还有许多老一辈的科学家，如容启东、吴印禅、侯宽超和蒋英等教授，在其学术研究的初期也给予了不少的指导与关怀。在教研室成立的初期，科研条件较差，傅家瑞并没有讨价还价、等待条件，而是因陋就简地努力开展力所能及的实验，为教研室开展植物发育生理研究奠定了基础。

1956年，他参加在北京举行的植物生理学教师暑期学习班，与国内同行一道学习与讨论，向老一辈科学家学习，这是一次令他终生难忘的学科"大会师"。同时，他利用这个机会与学科老前辈们建立了长期的学术关系，例如多次向汤佩松教授请教，获益良多。

为了多出科研成果，傅家瑞孜孜不倦地工作，以实验室为家，经常不分昼夜地工作。在他母亲和爱人的支持下，他没有承担太多的家庭琐事，把全部精力投入到教学与研究中。从20世纪60年代开始，傅家瑞的研究工作逐渐从个人奋斗转入带领集体进行科学研究的阶段。

在傅家瑞的早期研究中，主要做了三个方面的工作：黄麻的开花生理、花生的结荚生理及水浮莲种子的贮藏和休眠研究。这些工作都是从生产实践出发，并取得了一定的理论成果。20世纪60年代初期，广东出现黄麻早花以致严重影响产量。傅家瑞及其同事通过实验证明了黄麻早花的原因主要是播期过早、日照过短所引起的。于是，他们提出选择感光期长的品种，并采取适期播种等措施，以克服早花现象，对广东黄麻高产栽植有较大的指导意义。傅家瑞在花生结荚生理研究中，论述了光照长度对花生开花结荚的作用，研究成果被《中国花生栽培学》（第 1 版）选用。在发展集体养猪的"大跃进"时期，为了解决饲料水浮莲的种源，他们开展种子生理研究，明确了水浮莲种子必须湿藏和具有需光性休眠等特性，这是我国最早报道的需光种子的科学论文；其后还报道了水浮莲种子存在发芽抑制物及乙烯能部分地代替光照的作用；这些早期的工作为他们以后开展种子生物学研究打下了基础。

在"文革"期间，尽管处境艰难，但傅家瑞及其同事仍然坚持教学与科研活动。这个时期的主要教学工作是围绕短期培训班开设一些课程，除植物生理学基础课外，还开设作物栽培生理学、植物激素及其应用等；在科研上结合生产，主要围绕水稻高产与植物生长调节物质的应用，如九二〇（赤霉素）、增产灵、乙基伐灭磷和硝酸稀土等应用研究。在大家的共同努力下，除学术论文的写作外，还编撰了专刊。

傅家瑞积极工作，1977 年被评为"中山大学先进工作者"。1979 年傅家瑞被评为副教授。1980 年 3 月 29 日傅家瑞加入中国共产党，完成了由基督教徒向共产党员的转变，并于 1983 年被中山大学评为"优秀党员"。

1981 年，56 岁的傅家瑞被教育部派赴美国加州大学戴维斯分校进修深造。他十分珍惜这一段时光，夜以继日地在实验室工作，几乎没有周末、假日。同时，还利用各种机会接触国外学者，从美国西部旅行到美国东部，沿途访问了几个知名的实验室，吸取经验与收集资料，结交了一些国际知名的种子生物学家，如 A. A. Khan（Cornell University，USA）、J. D. Bewley（University of Guelph，Canada）和 P. Berjak（The University of Natal，South Africa）等。1982 年傅家瑞从美国加州大学戴维斯分校进修回国后，开展种子劣变生理和应用渗透调节法进行种子活力修复的研究，研究课题获得国家自然科学基金的资助，研究工作利开展。1983 年年近 60 岁的傅家瑞被评为中山大学教授。这一时期，科学出版社约傅家瑞写作《现代植物生理学丛书》之一《种子生理》，该书于 1985 年出版。为了完成编著任务，傅家瑞查阅了国内外大量文献资料，并在此基础上开展种子生物学的研究。从国内外生产与科学发展看，傅家瑞认识到种子生理在当前的发展趋势，国内农业生产中不仅存在大量种子生理的问题，也存在种子科学工作者缺乏的问题。从此以后，种子生物学的研究便成为傅家瑞及其团队的主要研究方向。在他的领导下，中山大学的种子生物学研究机构一跃成为国内的主要研究机构之一，在国际上也具有较大的影响。

为了贯彻高校教学科研两个中心的精神，既要出人才也要出成果。自1979年以来，傅家瑞教授除担任本科的教学工作外，还开始招收研究生，并且逐年增加招生人数。当时由于中山大学尚无植物生理学硕士学位授予资格，1982年的第一届硕士研究生要到华南师范大学植物生理学硕士点申请学位。这对傅家瑞及其同事来说是一种沉重的压力，但他们把压力变为动力，积极创造条件申请学位授予资格。在傅家瑞和郑泽荣二位教授及教研室全体同事的努力下，中山大学于1983年获得植物生理学硕士学位授予资格，接着在1986年获得植物生理学博士学位授予资格，傅家瑞教授被批准为博士生导师。作为植物生理教研室主任，他除肩负繁重的教学和研究生培养任务外，还要担负科研和教研室的教学和科研队伍的建设工作。在完成第一个国家自然科学基金资助的课题后，20世纪80年代又先后获得了国家自然科学基金项目"种子活力变化中膜的修复与非计划DNA合成的研究"和"四种顽拗性种子和遗传资源保持的生理研究"，以及国家教委博士点基金项目"种子活力变化中膜修复和蛋白变化的研究"的资助；与中山大学生物工程中心合作，开展"863"高科技项目"人工种子的生理生化研究"；与西南林学院合作，承担国家自然科学基金资助课题"珙桐种子的休眠研究"。80年代后期，他带领的研究团队，申请"顽拗性种子的种质保存研究"项目获得联合国国际植物遗传资源委员会的资助，填补了我国在这一领域的研究空白。到了90年代，他们先后获得国家自然科学基金、广东省自然科学基金和国家教委博士点基金资助项目共8项，研究成果获得了国家教委科技进步二等奖和三等奖各1项。

此外，在傅家瑞教授的组织领导下，植物生理教研室还承担了一些横向研究任务，以解决生产中的问题，如种子年产度检验、品质鉴定、蔬菜种子贮藏等研究课题。同时，为了更有效地在国内传授种子生理的知识，1985—1986年先后举办了3期全国性的种子生物学学习班，由傅家瑞教授担任主讲，其他老师辅导实验，一共接待了近200名教师和科研人员，起到了交流与共同提高的作用。1985年和1987年，先后邀请美国Khan教授和加拿大Bewley教授访问中山大学，并分别举办两次学习班，全国有关学者踊跃参加，影响较大。1987年和1988年，再次先后举办了3期种子检验学习班，为国内种子检验人员的培训做出了积极贡献。为适应我国对种子生理发展的迫切要求，傅家瑞教授在完成《种子生理》（1985）一书之后，又与国内及香港的几位同行合作，于1987年出版了《种子生理研究进展》专著。另外，还组织编写了《种子生理实验手册》（1990），以及编写科普本《种子生理》（1992）。

1997年夏，在傅家瑞教授和黄学林教授的领导下，中山大学与中国植物生理学会成功地举办了第二届国际种子科学与技术会议，参加会议的国外代表70多人，国内代表100多人，扩大了中山大学种子生物学研究在国际上的影响。傅家瑞教授还应邀多次出国访问与参加会议。例如，到香港大学和香港中文大学进行科研访问；到澳门东亚大学讲学；到澳大利亚参加国际种子检验协会第21届年会，并宣读了论文，获得国外学者重视，并被聘请为该组织的种子贮藏委员会委员，是我国科学家第一次在该组织中任委员。1988年6月参加国际植物遗传资源委员会在英国举行的科研工作会议，交流经验与讨论协作。1999年成立国际种子科学学会时，傅家瑞教授被推荐为中日地区代表（理事）。此外，傅家瑞教授还多次被邀请到国内一些兄弟单位讲课，促进了学术交流。

2006年，傅家瑞教授牵头由他本人和他的学生捐资设立了中山大学"傅家瑞植物科学研究奖学金"，按年度评选和奖励在植物科学研究中获得优异成绩的在读研究生，激励了一批又一批学子在植物科学研究中探索前行。

傅家瑞教授及其团队的主要学术贡献包括：（1）研究了光周期对黄麻和芝麻等的开花、对花生开花节荚以及对水浮莲种子休眠与萌发的生理作用，提出了光敏色素在开花调控中的关键作用，为提高上述物种的产量与质量提供了科学依据；（2）研究了种子活力和生活力的发育变化、生理与分子基础，提出了由活性氧的产生与伤害引起膜的完整性丧失、细胞器（线粒体）受损、酶活性降低、DNA完整性丧失和保护性分子功能下降是种子活力和生活力丧失的主要原因；（3）研究了顽拗性种子的储藏、脱水敏感性及其调控，提出了保护性分子胚胎发育晚期丰富蛋白、小分子量热休克蛋白和非还原性棉籽糖家族寡糖的积累与脱水敏感性的形成密切相关，活性氧的产生增加、清除活性降低是种子脱水敏感性的主要原因，ABA、呼吸抑制剂和抗氧化剂正调控种子的脱水耐性；为顽拗性种子资源的长期保存与应用做出了创新造贡献。此外，傅家瑞教授及其团队发表了360多篇论文，出版了7部专著，先后培养了以黄学林教授、黄上志教授、王晓峰教授、宋松泉教授、蒋跃明教授、陆旺金教授等为代表的一批我国种子生物学和植物生理学领域的著名学者。

为表彰傅家瑞教授为我国植物生理学和种子生物学的教学、科学研究和人才培养所做出的巨大贡献，傅家瑞教授于 2009 年获第一届"中山大学卓越服务奖"，2021 年获首次中国植物学会种子科学与技术专业委员会授予的"种子科学研究终身成就奖"。

## 江静波:静水流深,波漾珠江

**人物简介**:江静波(1919—2002年),1945年毕业于福建协和大学生物学系,1948年获岭南大学寄生虫学硕士学位,新中国成立后,历任岭南大学副教授,中山大学副教授、教授、无脊椎动物学教研室主任,兼任寄生虫学研究室主任、中国原生动物学会第一、二届常务理事。中国民主同盟盟员。对寄生虫特别是疟原虫研究做出卓越贡献。1982年获英国皇家医学研究院热带病研究奖。1985年被法国自然历史博物馆授予通讯院士衔。在学术上著有《无脊椎动物学》,在文学上著有《师姐》和《晚霞》。

江静波

### 尽心编著,成就国之瑰宝

江静波教授本科就读于福建协和大学生物学系,毕业后在广州岭南大学研究生院，师从我国寄生虫学泰斗陈心陶先生。江先生成绩优异，毕业后于中山大学生物学系任教，长期担任生物学系无脊椎动物教研室主任和寄生虫学研究室主任。

20世纪50年代，江先生开始从事无脊椎动物学的教学工作。彼时中山大学生物学大楼刚刚建成，生物学系各学科建设方兴未艾。无脊椎动物学教研室正处于起步建设阶段，江先生作为教师队伍中的一员，将早年取得的许多重要科研成果有机地融入课堂，教学尽心尽力，诲人孜孜不倦。新中国成立初期，我国并没有自主编著的无脊椎动物学教科书，江先生便在教学过程中着手编写既能系统地介绍无脊椎动物学基本理论，又联系我国实际情况的讲义。也因此，江先生被教育部指定为《无脊椎动物学》的主编之一。

1964年，江先生等历经数年、精心编写的《无脊椎动物学》由高等教育出版社出版。该书一经出版，便被评为首届国家级优秀教材，获国家高等学校教材一等奖。国家教育委员会授予江先生"国家重点学科中山大学生命科学学院动物学第一学术带头人"。1985年，该书修订本重印时，江先生依然深情回忆道："编写《无脊椎动物学》的经验体会对整个编写团队而言，都是鼓励和鞭策。"

## 深耕科研，勇攀学术高峰

江先生在疟原虫方向的研究，不仅走在祖国前列，更是令世界轰动。他不断求索，敏锐观察、勤奋工作、躬身实践。他和同事发表的《恶性疟原虫在国产三种猴体内的繁殖》一文，为人疟猴模的研究奠定了重要基础。《人疟猴模的回顾与前瞻》一文在中山大学学报发表后，被国际寄生虫学著名刊物 Experimental Parasitology 翻译成英文再发表，是该刊物创刊以来唯一的一次，充分说明了中国学者在该领域的重要性。此外，江先生和团队在实践中发现流行中国的间日疟原虫具有多核型，并将其命名为间日疟原虫多核亚种（Plasmodium vivax multinucleatum），受到英国皇家学会会员、疟原虫红外期的发现者之一、英国伦敦帝国理工大学的 P. C. C. Garnham 教授的高度赞扬。

1979年7月，在研究长潜伏期疟原虫的过程中，江先生与中山大学生物学系寄生虫学研究室和无脊椎动物学研究室的全体教师及研究生前往河南省开封市卫生防疫站进行实地调查研究。经过张绍武医生、程富川医生、黄建成老师的志愿感染,首次证明流行于我国的间日疟原虫在人体内具有长潜伏期。

间日疟原虫长潜伏期的确认,为我国间日疟流行区的预防提供了新思路。江先生此项具有历史意义的研究成果,荣获英国医学科学院热带病研究奖与年度英国皇家医学院"波士医师纪念奖"。1985年,中国人民解放军总后勤部、国家科委、卫生部国家医药总局联合为江先生颁发重大贡献奖;中华人民共和国高教部为奖励江先生获得的重大科研成果,批准并拨款至中山大学生命科学学院,建造了寄生虫学研究室大楼,为中山大学的寄生虫学研究奠定了深厚的基石。

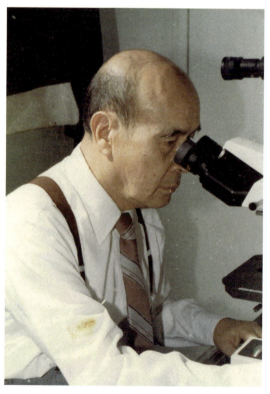

江静波教授在实验室工作

## 青蒿一握,留名千载

1978年,江先生与广州中医学院(现广州中医药大学)的李国桥教授及香港罗氏远东基金会(Roche Far East Research Foundation, Hong Kong)的Keith Arnold博士合作,比较研究了甲氟喹和青蒿素的抗疟原虫的活性。其研究成果于 1982 年发表在英国著名的医学杂志《柳叶刀》（*The Lancet*），这是拨乱反正、恢复对外学术交流后，中国人发表在国际权威临床医学杂志的第一篇论文。该文以中国科学家为首，在国际上首次报告有关青蒿素治疗疟疾的效果。作为疟疾治疗的不朽之作，该文不仅让青蒿素成为全球抗疟专家的关注焦点，并且至今仍被广泛引用。

江先生不仅在国际学术界中具有相当的影响力，而且在人才培养方面也极具国际视野。江先生的学生伦照荣教授在回忆恩师时说道，基于当时我国的经济条件，江先生提倡的请进来，让更多学子受益的观点是个超前理念。事实上，从 1977 年起，江先生就先后接待了以洛克菲勒大学教授、第一位将恶性疟原虫体外培养成功的 William Trage 教授为副团长的美国热带病访华代表团；20 世纪 80 年代先后接待来华从事疟原虫休眠体、红外期培养和超微结构合作研究的英美法等著名学者，如 W. A. Krotoski、R. S. Bray、I. Landau 和 M. Aikawa；并邀请英国皇家学会会员、著名锥虫生物学专家、格拉斯哥大学（University of Glasgow）教授 K. Vickerman 来华讲学等。

江先生始终努力为同事和学生们学习国际先进的经验和技术寻找、创造机会，还不懈推动着国内生物学研究者的学习交流。江教授曾说："学术乃天下之公器，科技系国家之命脉。只要于国家有利，不必计较你我。"这正是他治学严谨、为人热忱的最好证明。

江先生将一生投入生物学研究，为我国动物学，尤其是寄生原虫学的发展做出了杰出的贡献。江先生至真至善、求真求实的精神，与中山大学生命科学学院的名字一同熠熠生辉，至今仍激励着一代代生物学子奋发向前。

# 廖翔华：破野而耕，攻坚研微，事必躬行

**人物简介**：廖翔华（1918—2011年），国内著名鱼类生物学家，教育家，中山大学生物学系教授。1943年毕业于福建协和大学生物学系，获理科学士学位，随后进入厦门大学（1943—1947年）和清华大学（1947—1948年）任教，1948年赴英国利物浦大学研究院学习海洋生物生态学，并获哲学博士学位。1951年几经周折经香港回国，曾任中山大学、暨南大学生物学系副教授，1975年起任中山大学生物学系教授。

廖翔华长期从事水产科学研究和教育事业，是中国鱼类寄生蠕虫种群生物学的奠基者之一，他在鱼病生物防治、家鱼人工繁殖和草鱼营养和饲料等方面都有重要贡献，为渔业生产带来了显著的经济效益，也培养了很多水产领域的专业人才。他积极参与社会活动，自20世纪50年代以来，先后担任国家科委水产专业组成员、中国鱼类学会副理事长、中国鱼病研究会副主席、中国动物学会常务理事，以及《水生生物学报》《动物学报》《水产学报》编委等职务。

## 拓荒者：破野开荒，搭建水生研究平台

廖翔华学术研究起步于福建协和大学，师从郑作新教授，专注于鸟类生态研究。因此，他在寒暑假期常常深入山区观察高山鸟类生活，同时也常常随渔民划竹筏沿江捕鱼。在学生时代，廖翔华对鱼类的分布和生活习性产生了浓厚的兴趣。1943年，廖翔华于福建协和大学毕业后，进入厦门大学生物学系担任助教。为了满足教学需要，他经常前往海滩采集无脊椎动物标本。在海边，他亲眼看见了渔民遭受渔霸残酷剥削和欺凌的情景，这些渔民生活贫困、悲惨，深深触动了廖翔华的心。因此，他决定放弃鸟类研究，转而投身于渔业研究。他立下决心，希望有朝一日能够帮助渔民过上更好的生活，让他们不再为衣食所忧，从此开始了探索水生奥秘的一生。

廖翔华在英国利物浦大学获得博士学位后，怀着发挥自己才干并扩展

水生生物学基础的初心，接受了美国密西根大学淡水生物研究中心的邀请。然而，当美国方面向廖翔华提出他到美后不得返回中国，只能在美国定居或前往台湾地区服务后，廖翔华毅然放弃了这份待遇优厚的工作，决心回国服务。他怀着振兴中国渔业科学的抱负，坚决携眷踏上了报效祖国的归途。

当时，中国广东省淡水养殖业潜力极大，亟待发展。廖翔华决定转向淡水养殖生物学的研究，并接受了广东省水产局委任的筹办水产研究所的重任。尽管当时没有人员配备、场所、足够的经费和仪器设备，但面对重重困难，廖翔华勇敢地挑起重担，作为拓荒者满怀信心地开展了筹办工作。

1952年，在广州任教一年后，廖翔华带领几名大学毕业生和中专毕业生前往南海九江大正的省水产公司水产鱼苗试验场建立研究所。这个"所"实际上是在公路边一座高叠的"炮楼"中布置的一间小室，供几个人学习和工作。周围是连片的小鱼塘，场里有养鱼技工和渔农，还有取之不尽的研究材料和许多有待解决的问题。就这样，"拓荒"开始了。经过五年艰苦创业，廖翔华创办了广东省水产研究所（中国水产科学研究院南海水产研究所和珠江水产研究所的前身），并培养了该所的骨干研究力量。随后廖翔华兼任中国科学院水生生物研究所副研究员，成功筹办了鱼类生理实验室，并在1958年夏成功获得了首批人工繁殖的鲢鳙鱼苗。1958年秋，为了贯彻党的教育方针，廖翔华被调往暨南大学筹办水产系，白手起家，建起了占地面积近300亩、水面70多亩的棋盘化配套鱼塘的教学科研基地。1970年暨南大学撤销，生物学系并入中山大学，廖翔华也随之留在中山大学，重新开始建设研究队伍和试验基地。他提出饲料是高产的物质基础，积极推动饲料研究，组建了鱼类营养组，并加强研究力量，承担了省及国家鱼类营养和饲料的有关项目，领导科研小组完成了国家的"六五""七五"科技攻关项目等，先后获得国家教委科技进步二等奖和国家科技进步三等奖。他们的成果也得到了国际关注，草鱼营养的研究项目曾获得加拿大国际发展研究中心的资助。

廖翔华的"拓荒"努力和成就为中国水产养殖业的发展做出了重要贡献。这段创业、兴业的艰辛历程，既充满了挑战，也饱含着成就的甘甜，时常引起他的追忆——从勘察选址、规划、绘制蓝图，到搭建茅棚、睡地铺、扎营在蔗地边、劈蔗挖鱼塘，这些都是廖翔华和科研助手们一个又一个冬春奋战的实录。他们的辛勤付出不仅为后人奠定了坚实的基础，也树

廖翔华教授的"拓荒"努力和成就为中国水产养殖业的发展做出了重要贡献

立了榜样。他的故事激励着更多的科研人员投身于水产养殖领域的研究，推动着这一领域的不断进步和发展。

## 奠基者：攻坚研微，探索鱼类病害防治奥秘

廖翔华毕生的精力主要用于开拓鱼类寄生蠕虫种群生物学的研究。在他筹建广东水产研究所期间，他目睹南海九江广大鱼塘年年遭受鱼病侵害，鱼塘失收的惨景，使他决心从头学起，把研究方向扩展到这一新的领域。

当时，最严重的鱼苗病为幼鲩（小草鱼）的"干口病"（俗称），越冬期鱼苗的死亡率高达90%。渔农普遍认为这是饵料不足导致的鱼苗死亡。廖翔华经过深入观察，认为鱼苗死亡是由病原体感染引起的，他提出了一种崭新的生物防治构想：首先要弄清病原（寄生虫）生活史中的各个环节及其数量变化与环境条件的关系，然后切断其生活史中最薄弱的环节，从而控制病原体的蔓延。

在这种设想下，廖翔华和他的助手花了5年时间研究绦虫的生活史和种群动态。他发现九江头槽绦虫寄生在幼鲩前肠的消长规律可分为初染、繁盛及消敛三个阶段。廖教授团队发现，通过利用绦虫的消长规律，无须花费大量资金即可彻底清除池塘中的绦虫：早春清塘时毒杀病鱼，驱赶成虫，留下亿万虫卵。研究发现，在特定温度下，虫卵的最长孵化时间与已感染剑水蚤的最长寿命约为50天，这可以作为控制时间。在此期间，虫卵孵化感染剑水蚤，而剑水蚤随后死亡，绦虫因此自然消灭。这种方法在广东伦教、均安公社和南海九江公社广泛推广后，多年来再未出现过绦虫感染鱼苗的情况。原本90%以上的冬季鱼种死亡率现已转为90%以上的存活率。这一成果为渔区创造了巨大的经济效益，帮助渔农解决了长期困扰他们的问题，并为中国鱼类寄生蠕虫种群生物学的研究奠定了基础。20世纪60年代，廖翔华的团队又研究并解决了在广东养鱼行业的另一种流行鱼病，即饼形孢子虫的感染。

廖翔华教授为研究鱼类寄生蠕虫种群生物学开拓了新的途径，也为中国种群生物学的研究奠定了基础

中国寄生虫区系丰富，环境条件多样化，为发展这门学科提供了优越的条件。为了深入研究危害鱼类最严重的寄生蠕虫，廖翔华对中国分布最广的舌型绦虫和头槽绦虫的分布、种群结构和种群动态进行了深入研究。1985年，廖翔华应美国寄生虫学会邀请出席该会60周年纪念学术讨论会，并宣读了中国舌型绦虫分布的研究论文。这篇论文发表在《美国寄生虫杂志》上，被同行学者认为是对绦虫研究的重大贡献。廖翔华教授在探索鱼类防治奥秘的这段坚毅研学之途为研究鱼类寄生蠕虫种群生物学开拓了新的途径，也为中国种群生物学的研究奠定了基础。

### 践行者：事必躬行，不把"生物"学成"死物"

研究结论来源于大量的数据。廖翔华一贯非常重视他的研究记录。在他的办公桌和书架中，整齐地摆放着几十本记录本，这些记录本反映了他一生一丝不苟的研究历程。几十年来，他从不潦草马虎，对研究生的要求也是同样严格。他认为，这些生态学研究数据的收集，需要亲临现场，掌握一手资料，否则难以分析和找出事物间本质的联系。廖翔华始终坚持这一信念，身体力行，以确保他的研究真实可靠。

大自然是生态工作者最好的实验室。廖翔华开始"中国鱼类绦虫区系、分布和结构"课题研究时，已是年近花甲，但他亲自跋涉于青藏高原、高寒地带的水库、湖泊，采集标本并进行解剖分析，许多人劝他年事已高，野外工作可以由助手代劳。但他认为野外采集不是简单的劳动，必须亲力亲为，才能从中得到宝贵的启示，这是别人无法替代的。

廖翔华教授从教50多年，在生物学教育中，他十分注重启发学生对自然界的兴趣和培养他们的探索精神，强调不要把"生物"学成"死物"。他提倡教育与生产相结合，认为这是理论联系实际的重要体现。在教育中，他主张专业课应创造条件进行现场教学，让学生既能学到书本上的理论知识，又能学到生产技能，并在实践中发现问题。因此，在条件允许的情况下，他会带领师生驻扎在水产养殖试验场，让学生通过家鱼的人工繁殖巩固所学的鱼类繁殖理论，同时在生产中为鱼苗场技术人员和工人普及和提高家鱼人工繁殖的技术。廖翔华教授鼓励学生们尽可能发挥各自的潜能，培养独立思考和独立工作的能力。他的这种教育理念成功地培养了一批具有独立思考和钻研能力的下一代学者，其中不少人成为相关领域的学术带头人。

几十年来，廖翔华教授在科学道路上取得一个又一个的成果，这归功于他事必躬行的美德。他自觉地运用辩证唯物主义的观点和方法，通过实践去认识事物的共性和个性，以及事物之间相互联系和相互制约的关系。因此他能够透过复杂的表面现象抓住事物的本质和主要矛盾，并加以揭示，从而达到解决问题的目的。这种精神也影响着一代又一代的学子。

## 结　语

在过去的几十年间，水产养殖已从一个小众行业发展为全球粮食体系的中流砥柱。水产品和水产养殖在保障全球粮食安全、提供必不可少的营养支持及环境保护方面做出了巨大贡献。像廖翔华教授这样的水产先驱，他们的成就不仅促进了水产业的发展，而且传承和发扬着一种破野而耕、攻坚研微、事必躬行的精神。他们的努力和奉献，为我们留下了宝贵的经验和教训，激励着我们继续前行，为水产事业的繁荣发展贡献自己的力量。愿我们能够继承和发扬水产先辈的精神，为水产事业的美好未来而努力奋斗。

# 李宝健：以信念为灯，燃一生筑梦

**人物简介**：李宝健（1933—2023年），1951年8月入读岭南大学理学院生物学系，1955年8月于中山大学生物学系毕业后留校工作，1956年2月加入中国共产党。先后在苏联列宁格勒大学、美国康奈尔大学学习和工作。1986年6月任中山大学教授，历任生物学系遗传学研究室副主任、主任，生物工程研究中心主任，植物基因工程国家专业实验室主任，中山大学副校长兼研究生院院长等职，出任国家"863"高科技（生物技术领域）第一、第二届专家委员会委员，国家教委科学技术委员会第一、第二届委员。

青年时代的李宝健

百年来，无数共产党人的坚守和奋斗成就了中华人民共和国今天的繁荣昌盛，李宝健教授正是这千千万万名党员的缩影。他的一生，是为实现共产主义信念与中华民族伟大复兴而不懈奋斗的一生。

1933年的中国，山河破碎，风雨飘摇，李宝健教授出生于那个战火纷飞的年代。几年后因积极参与抗日的宣传和捐款活动，他的父亲曾成为日军的暗杀对象，一家人被迫逃难上海。颠沛流离的生活，让他亲眼看到处于旧社会的中国是如何被帝国主义列强欺辱，沦于灭亡的边缘；让他看到国人因为国力羸弱而受尽苦难；也让他清楚地意识到自己想要做什么，应该做什么。"我非常爱我们的祖国。"李宝健教授这样说道，"我相信我们的祖国一定可以繁荣昌盛，一定会成为世界上最强大的国家。"带着这样的信念，他就读岭南中学时在恩师王屏山的带领下积极地参与地下党和地下学联的各项活动，希望能够拯救处于水深火热中的中华民族；当解放军来到广州时，他以翻译员的身份参与了广州解放，在中山纪念堂由叶剑英元帅带领宣誓，成为广州解放后的首批共青团员之一；此后，他积极地提交了入党申请书，并在1956年成为一名共产党员。"我入党是因为盼望中国的进步和崛起。这么多年，我的信念始终没有改变，并且越来越坚定地相信中国共产党是对的。"李宝健教授的话语中满是自豪，"我也确实看见了中国的进步，看到中国从一个弱国发展到了如今这般模样，这是我们作为党员最大的愉快。"

党员的身份让李宝健教授更加意识到了自己身上的责任。从中山大学毕业后，他接受国家委派，带着拳拳报国之心，去到当时苏联著名的列宁格勒大学学习遗传学。他求知若渴，立志要将这门当时的前沿科学带回到祖国的土地上，用自己所学投身国家科技的发展。1962年，他获得副博士学位，并应邀就研究结果在莫斯科举行的全苏联第一次细胞化学大会上作报告。这名来自新中国的年轻科学家获得了同行们的一致认可。

毕业后，李宝健教授回到了祖国，也将遗传学的种子播种到了中国。他兼顾基础与前沿，参与各项国内外的学术交流活动，在基础教育与前沿科学中都取得了突出的成就。李宝健教授十分重视研究生的培养工作，给研究生确定的论文选题都是一些具有挑战性的课题。他认为，研究生只有在开创性的科研工作中，才能锻炼出具有创新能力的科研素质。虽然在学业上对学生要求严格，但他在生活中十分关爱学生。李宝健教授经常和学生谈心，告诉他们一些做人的基本道理和爱国、爱科学的信念。学生们在生活上遇到困难时，他总是尽力予以帮助。李宝健教授先后培养了博士后研究人员7名，博士研究生15名，硕士研究生51名，为祖国的科研人才培养做出了较大的贡献。1995年，国际顶级学术期刊 Science 曾这样评价他："在过去10年内，像李宝健教授等回国科学家已成功地将DNA重组和转基因技术移植到中国的土地上……中国的生物技术将有一段漫长道路要走，但她的生物技术的先驱者如李宝健等已帮助她打下了良好的基础。"

李宝健教授始终以促进社会发展，助力民族复兴，推动人类进步为己任。他将所学的理论知识用于实践，让科学研究能够实实在在地造福人民。和袁隆平院士合作研究杂交水稻是李宝健教授研究工作中的一个亮点。多年来，李宝健和袁隆平教授共同为杂交水稻研究精心谋划、倾力合作，取得了不少研究成果，李宝健教授还被袁隆平院士领衔的国家杂交水稻研究中心聘任为高级科学顾问。在过去，灵芝这味药材因为品种和种植方法等问题而数量稀少，十分珍贵。当李宝健教授看到国民因价格高昂而对灵芝望而却步时，他便有了改良灵芝品种并且让灵芝生产工业化的想法。经过长时间的探索和尝试，李宝健教授先后有四个发明获得国家专利授权，建立了现在的灵芝工厂，让灵芝得以高质量、高产量的生产，让千千万万的普通家庭能够服用到这一味药材。当他每一次看到灵芝的反馈报告，看到有患者因为服用灵芝粉而痊愈，他的"为人民服务"信念就愈加坚定。

李宝健教授在退休后依然在科研的道路上不断前进，活跃在科研教育的前线，作为中国高科技专家委员会委员为国家的进步发展发光发热。在"非典"期间，李宝健教授和钟南山院士、陆阳博士等专家学者合作，运用当代先进的分子生物学技术，成功完成"应用自行设计的siRNA药物对感染了SARS的恒河猴的预防和治疗作用的研究"，以李宝健教授为第一作者的论文发表在国际著名学术期刊 Nature Medicine 上。这一世界领先的科研成果在预防和治疗SARS方面取得重大突破，在国际生物医药界产生了较大的影响。自退休后到2012年底，他累计申请并获得授权发明专利6项，发表论文20篇，取得科研成果4项，多次被评为"优秀共产党员"。"党员是不讲年龄的。"李宝健教授说，"只要是党员，那便只有一个信念，共产主义的信念，为共产主义事业奋斗就是我们的人生观，是我们最大的愿望、最大的寄托、最大的行动指南。"作为一名党员，李宝健教授始终相信只有共产主义才能实现人类的幸福，相信只有中国共产党才能领导中华民族走向辉煌。出于这种坚定的信念，李宝健教授将自己的一生贡献给了祖国，贡献给了人民。也正是这一信念让李宝健教授始终奋战在科研前线，为自己所热爱的事业奋斗终生。正是像李宝健教授这样的党员的坚守，才换得如今中国的强大，换得如今中国人的民族自信。

"如果你们想入党，想为国家和人民做出贡献，就要树立坚定的信心，要有很强的信念，因为幻想是没有用的，要用实际行动，要尽最大的努力去做，坚持一辈子去做。"李宝健教授的话语仍在耳边回响，其言谆谆，其意切切，正在于要振奋起青年们"爱党爱国"的斗志。站在两个"一百年"的历史交汇点上，吾辈青年更应将这份教导牢记于心，从老一辈党员中接过"振兴中华"的担子，传承红色基因，带着一腔热血为党、为祖国、为人民奋斗终生。

一生为人民服务的李宝健教授

## 华立中：一生做好一件事，情系天牛七十载

**人物简介**：华立中（1931—2023 年），1950—1953 年就读于南昌大学生物学系，1953 年秋调入中山大学生物学系读大学本科四年级，1954 年毕业后留校从事教学、科研工作。他编写并出版 *List of Chinese Insects*（《中国昆虫名录》第 1—4 卷，英文版）和《拉汉英中国昆虫名称》，填补了中国昆虫名录资料半个多世纪的空白，并补充了约 4 万种中国昆虫的中文名称；专注中国天牛为主的昆虫分类研究，发表天牛、螳螂、食虫虻等 2 新属、21 新种，记录中国天牛新纪录 80 多种，合作编写和出版《中国天牛（1406 种）彩色图鉴》《广东、海南的天牛彩色图鉴》，参与编著《中国经济昆虫志》第 35 册鞘翅目天牛科（三）、《湖南森林昆虫图鉴》鞘翅目天牛科，以及《福建昆虫志》第六卷鞘翅目天牛科；还汇编、译编出版《中国叶甲科检索表》《中国天牛科检索表》《国外天牛鉴定资料》《天牛幼虫分类图鉴》《天敌昆虫鉴定资料》《世界五大洲天牛鉴定资料》等十多本分类鉴定资料，为国内天牛等昆虫分类研究者、高校师生、农业与林业及海关检疫部门工作人员的鉴定工作提供重要参考。他发表作品共计 170 多篇（本），约 2000 万字，其中专业论著 100 多篇（本）。2005 年，"世界教科文卫组织"为华立中颁发"首批特殊贡献专家金色勋章"以表彰其在基础科学领域研究方面做出的重要贡献。

1985 年 9 月，华立中老师在美国夏威夷比肖普博物馆（Bishop Museum）昆虫标本馆检视标本

华老师于1954年毕业留校工作后一直担任"昆虫学"及"昆虫分类学"等课程的教学与野外实习工作，开展昆虫分类学研究。历届都有学生会问几个问题："中国的昆虫记录有多少种？""广东省的昆虫有多少种？""中山大学昆虫标本馆的昆虫有多少种？"由于缺乏相关资料，他只能回答：原燕京大学（现北京大学）胡经甫教授于1935—1941年出版的《中国昆虫名录》共记录中国昆虫20069种。

1985—1986年，华老师在访美期间了解到美国当时约有90000种昆虫的记录。"中国昆虫记录的种数到底增加了多少？"成为他脑海中挥之不去的问题。如果开展这个庞大的"工程"，精力有限，势必影响自身中国天牛分类研究工作的深入开展。但是，从需求上来说，包括所有昆虫种类的《中国昆虫名录》，国内外使用者必定远多于仅农、林业部门、海关检疫人员及相关研究人员较多使用的《中国天牛志》……"我不做，没有人可以责怪我。但是如果我不做，大家学习昆虫的名录查询就很不方便。全国的昆虫总量也没有一个确切的数字……""个人多付出一点，大家方便一点，就值得！辛苦值得！"经过再三思量，华老师认定完成《中国昆虫名录》对国家和人民都是极为重要和有利的，决定迎难而上。

*List of Chinese Insects*（《中国昆虫名录》英文版）第1—4卷分别于2000、2002、2005和2006年出版，共记录中国昆虫33目782科14772属76200种。其中，由中国人命名的有9598种，占当时中国昆虫记录总数的7.9%以上。书中还记录异名34564个，有寄主资料的有15861种，并列出4497篇重要参考资料。相比胡经甫先生编写出版的《中国昆虫名录》记录的20069种和其中所包含中国人命名的204种（约占0.9%），有了极大的完善，弥补了半个多世纪中国昆虫名录相关资料的空白。

一个国家的昆虫名录相当于这个国家的"昆虫户口本"，是该国昆虫分类学科乃至生物多样性研究发展水平的缩影。昆虫名录不仅展示昆虫资源的多样性，其中记录的每种昆虫的分布范围及寄主信息，为国家规划发展农、林、牧、渔业，仓储、卫生、教学科研以及海关检验检疫等领域发展提供重要参考依据，有利于自然资源和生态环境的保护，有巨大的社会效益、经济效益和生态效益。在《中国昆虫名录》的编写过程和出版前后，中国科学院院士尹文英等数十位同行学者来信鼓励和表示赞赏、致敬。其中，华老师的业师南昌大学邓宗觉教授写道："收到寄来巨著，至为高兴又自豪。我能有你这样勤奋的学生，踏实的功底，做这样对国家、对科学，对培养后备队伍有重大意义工作至为难得……你是在昆虫研究领域中不倦工作、重而弥坚的唯一的人……"中国科学院上海生命科学学院植物生理生态研究所范滋德研究员则写道："除夕欣接钜著，衷心感谢！四卷出齐，宏愿圆满，可喜可贺！弘扬祖国，嘉惠后人，可敬可颂！"还有国内外学者通过以华老师的姓名命名昆虫新种的方式致敬，至今已有华氏罗草蛉（*Retipenna huai* Yang et Yang, 1987）、华氏无瘤花天牛（*Caraphia huai* Ohbayashi et Lin, 2016）、华氏刺薄翅天牛（*Spinimegopis huai* Komiya et Drumont, 2007）、立中虻（*Tabanus lizhongi* Xu et Sun, 2013）等。

"做任何事情都要坚持，不能三天打鱼两天晒网；对于分量大的工作，做好'长计划，短安排'，抓紧落实每天的工作，坚持就是胜利。"诚如在《九十年回顾》中所写的朴实感悟，华老师退休后每天仍然坚持白天工作8小时，晚上继续工作数小时。他完成各类专著40多本，其中超过半数是在他1992年退休后出版的，包括《中国天牛（1406种）彩色图鉴》等十多本专业书籍。List of Chinese Insects 相关的绝大部分工作也是在他退休之后才完成的。

2020年7月15日，华立中老师在工作室向生物博物馆宣传视频拍摄人员介绍 List of Chinese Insects

"作为退休教师队伍中的'普通一兵'，在中大这样好的工作条件下，通过自己不懈的努力，终于闯过许多难关，按计划实现了自己的工作目标……在天牛分类和中国昆虫学基础资料方面添砖加瓦……虽然代价不菲，却已'心想事成'！在这里要特别感谢党和人民政府，令已届耄耋之年的我，可以优哉游哉看世界，无忧无虑安度晚年，真是三生有幸。"——2020年，华老师在《九十年回顾（华立中文选）》中写了这段话，实际上，此后他仍在继续编写计划。身穿朴素整洁的旧中山装，脚踏解放胶鞋，在生物博物馆电梯前、楼道里，对向他问候和致敬的后辈轻点头，微微笑，然后进入工作室埋头工作，将无论寒冬酷暑、刮风下雨从不间断的执着与奉献精神默默传递给每一位同仁和后辈。

2023年7月27日，华老师安然辞世，他"择一事，终一生"，70年孜孜不倦"做一件事"的执着精神却未曾离去，继续引领后人。

# 曾淑云：敬业育桃李，捐赠传师恩

**人物简介**：曾淑云（1919—1987年），于1952年9月在中山大学任讲师，后晋升为中山大学生物学系副教授。原名惠珠，揭阳市揭西县五经富镇石印村人。曾淑云毕生致力于教育事业，桃李满天下，来到中大前，先后于家乡的五育女子学校、福建永安师范、福建长汀中正医学院化学系、南京明德女中、广州岭南大学化学系任教。曾淑云老师终身未婚，将全部奉献给了教育，晚年身患癌症，曾动三次手术，经医治不愈，于1987年5月病逝。中山大学生物学系用她一生的积蓄设立了"曾淑云奖学金"。

曾淑云

## 执教岁月：耕耘讲台，桃李芬芳

在珠江之畔的中大学园，曾淑云老师的名字犹如一盏明灯，照亮了生命科学学院一代又一代学子的求知道路。她，不仅是中大教育史上的一位杰出代表，更是无数人心目中的楷模和灵魂导师。

曾淑云出生于广东省一个名为五经富镇石印村的地方。青少年时期，她便在当地小学和道济中学求学，她的聪颖和勤奋让她在学业上取得了优异的成绩。毕业后，她选择回到家乡的五育女子学校任教，用自己的知识去点亮更多年轻的心灵。

1945年，曾淑云毕业于福建邵武协和大学化学系，之后开始了自己的教育生涯。她先后在福建永安师范、福建长汀中正医学院化学系、南京明德女中及广州岭南大学化学系任教或担任助教。1952年，曾淑云来到中山大学任讲师，开始了她人生中最重要的一段旅程。在这里，她全身心地投入到教学和科研中，将自己的知识和经验无私地传授给学生们。为了进一步提升自己的学术水平，曾淑云在1956年至1957年期间，先后到北京中国医学科学院和上海生化研究所进修。这段时间的学习让她更加深入地了解生物化学的知识，也为她日后的教学和科研打下了坚实的基础。

1978年，曾淑云晋升为中山大学生物学系副教授，她多年的辛勤工作得到肯定。然而，她并没有因此而满足，反而更加努力地投入到教学和科研中，希望用自己的力量推动中国生物科学的发展。

她在教学上取得了显著的成就，为推动学校的教育事业做出了巨大的贡献。她不仅传授知识，更用自己的言行影响着每一个学生。她严谨治学，身为系主任的她对学生要求严格，给学生们留下了深刻的印象和影响，她整顿学风学纪，她对学生们进行严格的训练甚至一度引起学生们的不解，她在学生们毕业之际才道出自己的拳拳之心：之所以成为一名严师是盼望着学生能成为更好的自己，她说："从我这里出去的学生，不会再被别人骂。"

而事实也确实如此，受曾淑云教导过的学生发现他们早已形成了严谨的治学与工作态度并受益终生，而这归功于曾淑云老师对他们的严格训练。大学是人生中一个至关重要的阶段，不仅标志着知识的积累和学术的进阶，更是人格塑造、价值观形成的关键时期。当年，那些曾经对曾老师严厉的教学方式感到困惑甚至心生不满的学生们，在岁月的洗礼下，蓦然回首才发现，自己竟然在不知不觉中遇到了如此宝贵的人生导师。直到现在，这些学生们仍铭记着曾淑云老师对自己的培育之恩，随着时间的流逝竟愈发清晰。

尤其值得一提的是在她罹患结肠癌后，坚持招收研究生，为提高生物化学与分子生物学的学术水平而努力。当时条件很困难，缺少科研经费，也没有合适的分子生物学的教材。为了教好研究生,她翻看国外最新版的分子生物学教材,翻译成中文,并且编写成分子生物学教材,为研究生授课。哪怕只给两名研究生上课,她也不放松对自己的要求。在研究技术方面,她鼓励研究生自己创新,从无到有,一边教学,一边建立分子生物学的研究方法。放手让研究生自己制作 DNA 电泳仪和蛋白质电泳仪,以及蛋白质分离纯化层析柱,使研究生在读研阶段就完成了限制性内切酶和 λDNA 的制备实验,更重要的是使研究生树立了克服困难,和发挥人的主观能动性的思想。

## 倾囊相助:奖学金承载的师者深情

曾淑云的一生都在为教育事业奉献,她用自己的知识和智慧培养了一代又一代的优秀人才。她终身未婚,将全部的心血都倾注在了学生和教育事业上。然而,命运却对这位伟大的教育者开了一个残酷的玩笑。晚年,她身患癌症,经历了三次手术的痛苦与折磨,但更令人敬佩的是,在她生命的最后时刻,她辞退了组织为她安排的保姆,将她一生的积蓄一并交给了组织。这是她对学生和教育事业的最后一份爱,也是她对自己一生奉献的最好诠释。

1987 年 5 月,曾淑云老师因病逝世,享年 68 岁。她的离世让无数学生和同事感到痛心和惋惜。为了表彰和发扬曾淑云老师的崇高精神,时任中山大学党委书记黄水生等校领导决定,将她留下的存款和抚恤金合并,在生物学系设立"曾淑云奖学金",用于鼓励生命科学学院优秀本科生,促进生命科学学院教育事业的不断发展。这个奖学金的设立,不仅是对曾淑云老师一生奉献的最好纪念,而且是对她教育精神的传承和弘扬。

## 感恩回馈:学子自发传承师恩

曾淑云老师一生育人无数,更是将半生燃烧于中大生科院的教育建设中,她的教导激励着一届届的学生成为更好的自己。而这些深深感恩母校、铭记曾淑云老师教诲的校友,以 20 世纪 60 年代的深圳校友为先驱力量,在曾淑云奖学金的资金逐渐耗尽之际,这些校友于 2006 年自发地从自己的工资或退休金中拨出部分款项,为奖学金做出了接力。10 年后的 2016 年,1979 级生化班的全体同学更是从老一辈校友手中接过了接力棒,决定从班级基金中抽调资金，继续支持曾淑云奖学金。他们的目标是将这个微型基金打造成为一个生生不息、长盛不衰的基金，并期待能够将其传递给未来的一代代学弟学妹。

代代接力，曾淑云奖学金从最初不足5000元的微型基金，经过中大生科院学子的慷慨解囊，渐渐发展成为一笔生生不息的长青基金。这份基金不仅是校友们对母校深深感恩的体现，还是他们铭记曾淑云老师崇高教导、传承其教育精神的具体行动。多年来，这笔基金如同曾淑云老师的精神之光，年年岁岁照亮着中大生科院学生的求学之路，激励着他们向上向善，追求卓越。这份奖学金不仅承载着毕业的学长学姐们对母校的深情反哺，还象征着曾淑云老师教育理念的永恒延续。年复一年，它都在默默检验着中大学子是否如同曾老师所期待的那般，秉持着对自己的严格要求、对知识的热爱、对社会的责任，不断前行，不断超越。

春风化雨，恩泽桃李满天下；秋月清风，德馨永驻学子心。如今，虽然曾淑云老师已经离开了我们，但是她的精神永远留在了中大学园和她的学生们心间。她的故事，她的智慧，她的爱心，将永远激励着后来者不断前行。

**素材来源：**

[1] 揭西县当地人物专题.曾淑云［EB/OL］．（2020-08-29）．http：//famous.usa-tour.com.cn/history/3/zengshuyun.html.

[2] 中山大学.8年捐款恒不懈40年前补助恩［EB/OL］．（2020-05-18）．https：//edf-edaao.sysu.edu.cn/xw/1372739.htm.

[3] 唐华欣校友.绿叶对根的情意—追忆蔡重阳教授［EB/OL］．（2024-03-24）．https：//www.meipian.cn/5230xf7y.

# 林鼎：中国水产营养的种树人

**人物简介**：林鼎（1935—1995 年），著名鱼类营养学家，曾担任中山大学生命科学学院教授。他一生致力于鱼类学、鱼类养殖学和鱼类营养学的教学和研究工作，尤以草鱼的营养和饲料开发最具代表性。曾获"国家教委科技进步奖"二等奖，编纂出版的《鱼类营养与配合饲料》至今仍是极具价值的行业参考教材，1990 年任国际营养联合会鱼类营养和产品专业委员会理事、中国动物营养研究会水产动物营养专业委员会主席等职，1992 年主持召开了具有重要学术地位和历史意义的"世界华人鱼虾营养学术研讨会"首届会议，在国内外水产养殖和鱼类营养学界具有较高的学术地位。

林鼎教授工作照

## 历遭坎坷，不变求索之心

事情的开端无关浪漫情怀，林鼎教授与水产的结缘始于现实的家庭困境。林鼎教授出生于一个旧知识分子大家庭，上高中时，因为种种原因家庭破落，连买书本的钱都没有。读不起高中，林鼎教授毅然决定去到免费的由华侨陈嘉庚先生捐资建设的"集美航海水产学校"求学。在此期间，林鼎教授一贯刻苦勤奋，后因优异的学习成绩被保送至上海水产学院。四年大学期间，家里总共只给了他5元钱，由于没有车费，林鼎教授只回过一次家。为了赚取生活费，他利用学习之外的时间替学校刻蜡版、看游泳池兼做救生员等杂活。大学毕业后，林鼎教授被分配到暨南大学担任助教。多年不懈学习所积累的扎实的知识基础反哺了他的教学工作，他上课时喜欢用画图来辅助讲解，既生动又有趣，大家都喜欢听他讲课。但命运总是波澜起伏，因为"文革"，他从助教评讲师的事情遭逢耽滞。几经波折之后，他被调到了中山大学工作。

从厦门到上海再到广州，学习或工作环境的多番变动给林鼎教授带来了语言上的挑战。由于特殊的历史背景，他念中专时学习的是日语，大学时需要改学俄语，等到了中山大学后，由于工作需求，又需要自学英语。"他白天要工作，非常忙，我时常做好中饭等他，他常常半天不回，我就有些气恼。每天晚上睡觉之前他都戴着耳机听英语，第二天一早又拿着本书读英语，有时在厕所里还要念单词，他只能利用这些业余时间来学英语。"林鼎的夫人施萱荣女士在回忆他时提到。

## 精业笃行，创华人水产盛会

如今人们的餐桌上，随处可见淡水鱼的身影。淡水鱼既味道鲜美又极具营养价值，但它们能变成餐桌上一道常见的美食的背后，离不开众多水产先驱者们的默默奉献。20多年前，鱼虾营养在中国尚属"冷学"，林鼎教授却用了毕生的精力从事于这一"冷学"的教学和研究工作。

"他的桌子两边总是摞着很厚的资料，资料上面都标满记号，改文章时总是要圈圈画画，修改了再誊抄，又再修改好几遍。我对他的研究领域不是很了解，但我知道他为了科研工作、为了和他的同事们一起将学校鱼类实验室一步一步地建成重点实验室付出很多很多。"林鼎教授刚到中山大学时，由于助教身份的限制，很多项目都无法申请。面对实验室条件艰苦、设施简陋、人手欠缺、科研资源有限等诸多困难，林鼎教授凭着一股不屈不挠的精神，咬着牙在水产研究这条道路上坚持走了下来。作为国内最早开展鱼类营养研究的实验室，林鼎教授为鱼类研究科学实践开创了新局面，包括鳗鲡的人工繁殖技术、草鱼饲料的最适蛋白质配比等，尤其是他对草鱼饲料配方的研究，更是获得了"国家教委科技进步奖"二等奖。他还联合毛永庆教授和刘永坚教授，指导中山市泰山饲料公司研究开发了罗氏沼虾、草鱼料系列产品，为中山市21世纪水产业的大发展奠定了雄厚的饲料基础。

作为中国水产动物营养学的先驱，林鼎教授更是牵头创办了国内水产界最权威的学术会议——世界华人鱼虾营养学术研讨会（简称"世华会"）。会议的产生源于一次交流会。1988年，林鼎教授在全国畜牧水产饲料开发利用科技交流会上与李爱杰、庄健隆等人相识，几人交流过后，一致认为海内外的饲料营养学者，有必要共聚一堂做更有效益的科技交流，于是便萌生了举办"世界华人鱼虾营养研讨会"的构想。1992年，林鼎教授在中山大学主持召开了首届世华会。迄今为止，世华会已举办了十四届，见证了中国水产饲料行业由无到有、由弱到强的30年，为水产行业提供了一个传递国内外著名鱼虾类营养学专家们思想精华的盛大平台，极大地推动了水产领域科技进步及优秀人才的培养。

《草鱼饲料标准及检验技术》鉴定验收会上林鼎先生等人合照

## 为人无愧，留余芳满世间

林鼎教授是一位难得的真正具有文人风骨的学者，对待科研工作，他严谨不懈；在为人处世上，他谦虚低调，同时怀着一颗热忱的赤子之心面对身边的人和事。许是不爱张扬的性格缘故，林鼎教授留下来的照片不多，独照更是少之又少。在与其他人的合照中，他多是立在侧旁，身形也显得清瘦，容易被人忽略，大概是他总习惯在人群背后默默地支持和付出。熟悉林鼎教授的人说，"不管是在平时的生活中，还是在一些特殊的场合，我都能感知和发现大家对他的喜爱。不管是他请别人帮忙还是别人有求于他，从来相互拜访都不带东西，不涉及物质上的利益，去到农村也是见到很多淳朴的养殖户对他很热情"。有道是真心换真心，有多少人喜爱林鼎教授，就代表着他对别人付出了多少真心与汗水。

对学生，林鼎教授满怀对后辈的关爱与照顾。直至去世前，林鼎教授还在为博士生答辩忙碌着，他这份勤恳真切的育人之情也被学生们牢牢地记在心中。学生之一的薛华——广东海大集团的创始人，更是设立了"林鼎奖学金"以发扬他的治学育人精神。"他走了之后，一个我不认识的学生专门从浙江赶来拜访我，拉着我的手说林老师太好了！她说某个学术交流会上，林老师对他们后辈提出的问题都一一解答，几乎探讨了一整夜"，施萱荣女士回忆说。

"林鼎对他的工作、对朋友、对学生、对养殖户付出真心，同时他对家人也是很好的。"施萱荣女士吐露了一件让她很感动的事："他为自己的事业付出全部热情，同时也并不要求我为了家庭牺牲过多。当时我的专业是漆艺，要到北京去学习两年，家里有孩子有老人，我很犹豫，但他积极支持我追求自己的事业。这个我很感动，当时很少有人能够做到。"

"我还有工作没做完！"离去的前一刻，林鼎教授依然在记挂着他的工作、学生，真正地将一生都奉献给了中国水产事业。他这份做人的"傻"、待人的"诚"、对工作的"痴"，也让大家在他离去近30年后仍然惦记着他，难以忘怀。

**素材来源：**

［1］水产前沿.清明致敬｜缅怀水产前辈［EB/OL］.（2019-04-05）.http：//www.fishfirst.cn/article-111569-1.html.

［2］豆丁网.施萱荣女士忆林鼎先生［EB/OL］.（2016-07-02）.https：//www.docin.com/p-1662555487.html.

# 胡玉佳：硕果垂青史，生命铸辉煌

**人物简介**：胡玉佳（1942—2022年），教授，博士生导师。1942年6月出生于广东中山，1958年免试入读中山县龙山中学，1961年入读中山大学生物学系植物学专业。1968年至1977年10月分别在原广州军区生产建设兵团和华南热带作物研究院粤西试验站工作，1977年10月调回中山大学生物学系工作。1978年至1984年在中山大学攻读硕士和博士学位，为我国首批博士学位获得者。此后一直留校任教，从事研究与教学工作。1995年11月至2000年1月任中山大学生命科学学院副院长，2000年4月至2001年11月任中山大学珠海校区管理委员会主任。1998年12月胡玉佳荣获中山大学"一九九八年黄桂清奖"。1999年11月胡玉佳与李玉杏合著的《海南岛热带雨林》荣获香港中山大学高等学术研究中心基金资助的"中山大学老教师学术专著奖"。2002年10月，胡玉佳主编的《现代生物学》被教育部评为优秀教材二等奖。2021年6月，胡玉佳教授获"光荣在党50年"纪念章。

胡玉佳

## 一次相遇，便是一生

胡老师与中大的第一次相遇，是在 1961 年高中毕业后。胡老师坦言，其实当时自己报考的第一志愿是中大物理系，但最终被录取到生物物理专业。生物学系当时设 4 个专业：生物物理、生物化学、植物学及动物学专业，学制为 5 年。入学一年，又遇到专业调整，生物学系只保留动物学和植物学两个专业。胡老师被分配到植物学专业。从此，一生与植物学结缘！

"工欲善其事，必先利其器。"想要做好科研工作，好的工具是非常重要的。被问及当时实验室的情况时，胡老师说，"当时的实验条件还算可以，物理、化学和生物学基础设备都齐全"。令胡老师印象最深的是当时岭南大学留下的精美绝伦的显微镜玻片和精度极高的显微镜。

本科毕业后，顺应当时时代的大潮流，胡老师被分配到原广州军区生产建设兵团；1974 年 12 月被调到华南热带作物研究院粤西试验站工作，1977 年被调回中山大学生物学系工作。1978 年全国恢复研究生招生，胡老师选择攻读张宏达教授的硕士研究生；毕业之后，又继续攻读了张教授的博士研究生。也是在硕士研究生学习期间，胡老师确定了植物生态学这个研究方向，并以海南岛热带雨林为研究对象，开展长期的研究工作。1989 年 3 月 20 日，"中山大学青年教师科技发展与对策研究会"成立，胡玉佳博士为大会做了筹备报告并当选为研究会理事长。时任中山大学张幼峰党委书记题词："处逸乐而意不停，居贫苦而志不移。"时任中山大学李岳生校长题词："青年人才成长的园地。"

谈话间，胡老师对我们讲起他在海南岛霸王岭做样地调查时的一个惊心动魄的真实故事。有一次，胡老师和他的同伴，进到霸王岭高山密林里，天黑了都不知道！当时已经没有车下山了，只有一辆满载伐木的汽车路过。由于没有座位，他们两人只能直接趴在伐木上。山路崎岖，夜色又黑，司机的一个急刹车，差点把他们抛下悬崖，惊险万分。而不管当时野外条件有多艰苦，胡老师始终如一做了大量的样地调查，收集了大量的原始数据，于是才有了中国第一本专门研究热带雨林的著作——《海南岛热带雨林》。本来，在此基础上，胡老师打算再写另一部著作——《中国热带雨林》。提纲拟好了，材料收集了，可是胡老师服从学校任命到珠海校区任管委会主任后，再也无暇写作。博士毕业以后，胡老师一直为中大生科院奉献自己的青春与热血，可以说，胡老师与中大的缘分是"一次相遇，便是一生"。

## 恩师之情，终生难忘

与胡老师的交流中，胡老师多次提到对他影响最大的几位恩师。聊到对胡老师以后的教学生涯影响颇大的老师，他说，印象最深的当属江静波教授和李毓茂教授，这两位教授都极具人格魅力。江教授上课幽默风趣，同时又具有绅士风度，扇不离手，学识渊博，全程脱稿，娓娓道来；而李教授的植物解剖学课，能循循诱导，对学生动之以情，晓之以理，十分亲切，特别是他独具精湛的徒手切片技术更令学生们叹为观止。胡老师说，这两位恩师对他以后的上课风格产生了很大的影响，他在以后的课堂教学中，也是全程脱稿，声情并茂，引经据典，循循善诱。当时的学生们都说，"上胡老师的课是一种享受"，甚至有其他学院的学生上完胡老师的课后，动情地说，"上完胡老师的课，圆了我的生物梦"。

谈到胡老师硕博期间的导师——被誉为"茶科分类学泰斗"的张宏达教授，胡老师说，张教授是一位非常优秀的老师，特别注重培养学生的自学能力，鼓励学生获新知。而张教授身上所具备的艰苦奋斗、自力更生的优秀品质，也深深影响着一代又一代的生科人。

胡老师说，蒲蛰龙院士对他的影响也很大。当时《海南岛热带雨林》是中国唯一的研究海南岛热带雨林的科学论著，却在即将出版时由于缺少资金而遇到了不少问题。蒲蛰龙院士惜才爱才，从中帮忙，再加上黄焕秋老校长、广东高等教育局李修宏局长、海南大学林英校长的大力支持和帮助，历经12年，《海南岛热带雨林》终于在广东高等教育出版社出版，蒲蛰龙院士、张宏达教授也为该书写了序言。

在之后海南昌江举行的"海南热带雨林可持续经营"专家研讨会上，专家们对《海南岛热带雨林》一书给予了高度评价，认为是"打开海南热带雨林各种研究的一把钥匙"，它为后来者深入研究海南岛和中国热带森林植被拓通了道路，也为全世界生态学家研究比较世界北缘的热带雨林提供了丰富的原始材料。

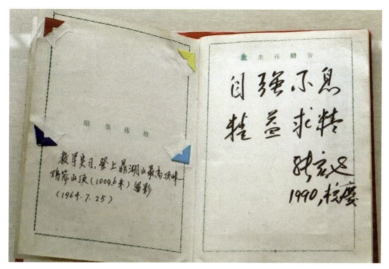

张宏达先生给胡老师的毕业册题字

## 桃李天下,寄语中大

"学林探路贵涉远,无人迹处有奇观"是胡玉佳教授一生治学的座右铭,践行了老一辈生科人"筚路蓝缕、敢为人先"的光荣传统。他为海南岛的绿色发展倾注了毕生的心血,也为我们留下了宝贵的精神财富,他经常勉励青年学子:要坚持所学,持之以恒,久久为之。

# 林浩然：九十载春华，七十年秋实

**人物简介**：林浩然，原中山大学生命科学学院教授。1954年毕业于中山大学，1986年经国务院学位委员会批准为第三批博士生导师，1997年当选为中国工程院院士。林浩然先生从教七十载，是中国鱼类生理学领域的"奠基人"，编写出版《鱼类生理学》《鱼类生理学实验技术和方法》等专著，发表科学论文310多篇，培养博士105名、硕士90名。林浩然先生团队提出的理论和技术研究广泛应用于我国鱼类生殖生长调控和苗种规模化繁育，极大地推动了鱼类养殖产业的持续发展，产生了显著的经济效益和社会效益。因此，水产行业尊称林浩然先生为"鱼类送子观音"和"石斑鱼之父"。

1979年10月，林浩然（左三）等第一批中国访问学者在加拿大不列颠哥伦比亚大学图书馆白求恩纪念室合影

## 刻苦求学，潜心研究

1934年，林浩然先生出生于海南岛文昌县靠近海边的小山村，在抗日战争年代求学，生活虽颠沛流离，却从未中断过学业。1950年，林浩然先生满怀读书报国的热情入读岭南大学理学院生物学系，后毕业于院系调整后的中山大学并留在生物学系任教。1979年，林浩然先生作为改革开放后第一批公派出国的访问学者，在不列颠哥伦比亚大学和阿尔伯塔大学向国际一流的鱼类生理学家D. J. 兰德尔、R. E. 彼得、E. 唐那森等学习并开展科学合作。

林浩然先生和加拿大阿尔伯塔大学鱼类学家R. E. 彼得教授在鱼类促性腺激素调节机理研究上取得突破性进展，揭示了鱼类促性腺激素合成与分泌受神经内分泌双重调节的内分泌生理机理；建立了利用多巴胺受体拮抗剂和促性腺激素释放激素类似物诱导鱼类产卵的新技术，被国际鱼类学界命名为"林－彼方法"（Linpe method），创制了"高活性新型鱼类催产剂"，实现了完全可控的淡水鱼类人工繁殖，从根本上解决了淡水鱼类养殖的苗种问题，对我国鱼类养殖产量的提高起到重大作用，被国家科委列为国家科学技术重点推广计划指南项目，被学界誉为"鱼类人工催产的第三个里程碑"。1987年，在新加坡举行的"诱导鱼类繁殖"国际学术会议上，这项新技术以两个亲密合作者的姓氏被命名为"林－彼方法"。这是国际鱼类学界首次用中国人名命名的技术。

1986年，林浩然（左二）和加拿大R. E. 彼得教授在鱼苗场进行新型鱼类催产剂试验

## 教书育人，发展学科

林浩然先生在中山大学任教七十载，教学和科研并重，历任生物学系主任、"水生经济动物繁殖、营养和病害控制"国家专业实验室主任、广东省"水生经济动物良种繁育"重点实验室主任、水生经济动物研究所所长、海洋生物科学技术研究院院长；一直身体力行，兢兢业业地工作在教学科研第一线，硕果累累，为国家培养了众多优秀人才。林浩然先生一直秉持"对学生严要求便是对学生的爱护"的教学科研育人理念，提出的科学研究"三严"（严肃对待、严密设计、严格要求）原则也成为弟子们从事学术研究的信条，一代传一代。1979年招收研究生至今，已培养博士生105名、硕士生90名。严师出高徒，弟子们不负师门，服务于国内外众多高校和科研机构，不少已成为相关研究领域的学术领军人物和中坚力量。刘少军和陈松林两位弟子分别于2019年、2021年当选中国工程院院士，成就"一门三院士"的佳话。2009年11月28日，林浩然先生从教55周年纪念时，在中山大学设立"林浩然院士奖学基金"，旨在关心青年学者、年轻学子的成长，鼓励品学兼优的学生学者潜心科研。

学科建设方面，林浩然先生组建科研团队，申报和建设重点实验室，承担国家重大科研项目，通过一系列措施使中山大学生物学系成为国内鱼类生殖与生长内分泌研究的翘楚，使我国在鱼类生殖与生长内分泌调控和功能基因作用机理研究领域跃居国际先进水平。林浩然先生注重理论结合实际，坚持科学研究要服务国民经济建设方向需求，引领研究团队和企业开展产学研合作，将理论研究成果应用于解决我国鱼类养殖生产中亟待解决的苗种规模化繁育问题，建立一系列自主创新的产品和技术，如新型鱼类促生长剂、罗非鱼优质品种选育和产业化关键技术、中国大鲵子三代全人工繁殖和苗种规模化培育技术等，促进了我国淡水鱼类养殖产业的发展，为社会创造了显著的社会效益和经济效益。曾荣获国家科技进步三等奖（1989年）、国家教育委员会科技进步二等奖（1989年和1997年）、教育部自然科学一等奖（2006年）、教育部科技进步一等奖（2007年和2009年）、广东省科学技术一等奖（2007年和2009年）；1997年当选为中国工程院院士，2008年获中山大学卓越服务奖，2009年获广东省科学技术突出贡献奖，2010年获南粤科技创新奖，2012年在阿根廷布宜诺斯艾利斯举行的国际鱼类内分泌学大会上被授予"终身成就奖"，成为鱼类内分泌学领域第一位获此殊荣的中国人。为表彰林浩然先生对促进我国渔业产业经济发展和渔业产品质量领域的突出成就，2019年获得"改革开放40周年渔业科技突出贡献人物"荣誉称号，2023年获得"钟麟水产种业科技奖"突出成就奖。

林浩然先生为高等教育和科研事业奋斗了七十年，一直坚守着"教书育人，严以律己，诲人不倦，求真务实，锲而不舍，勇攀高峰"的信念。林浩然先生科技报国、科技兴国的爱国情操，坚持唯实求是、开拓创新的科研作风，甘为人梯、提携后辈的匠心育人精神，激励着众弟子在科技强国的道路上继续奋勇前进，不负时代，不负韶华，不负党和人民的殷切期望。

# 王伯荪：山野草树逢伯乐，康乐兰荪永流芳

**人物简介**：王伯荪，原中山大学生命科学学院教授，著名生态学家。1954年毕业于中山大学生物学系并留校任教，曾任国家首届高等学校理科学科教学指导委员会委员，中国生态学会理事，广东省生态学会副理事长和秘书长，《植物生态学与地植物学学报》《应用生态学报》编委等。王伯荪先生长期从事植物生态学的教学与科研工作，在热带亚热带森林生态学、南亚热带常绿阔叶林的种群学和群落学等方面的研究处于我国领先地位，曾多次获得广东省自然科学一等奖和二等奖，中国科学院、广东省高教厅的科技进步一等奖、二等奖和三等奖等十多项，以及国务院政府特殊津贴等奖励。

王伯荪先生（左一）进行香港植被考察

## 奋力求索　满腔热血报祖国

在学生的描述中，王伯荪先生是一位温文尔雅的学者，说话轻声细语，待人亲切随和。然而在科研路上，他更像是冒险小说中的热血主人公，锲而不舍、勇往直前。

王伯荪先生在科研上孜孜不倦，发表研究论文共 200 多篇，还出版了多本专著，在植物生态学领域具有深远的影响。我国的亚热带常绿阔叶林分布广，资源丰富，对全球植被和自然资源的现状和发展都有重大的意义。王伯荪先生主要从事南亚热带常绿阔叶林的种群学和群落学研究，其主要研究内容是森林优势植物种群特征，探讨种群年龄结构与种群动态和群落演替的关系，研究优势植物种群的种间关系、分布格局、生态位及其在时间上和空间上的演化，定量研究森林群落的物种多样性、生态优势度、边缘效应、生物量与生产力等，应用马尔柯夫链研究森林群落的线性演替系统和非线性演替系统。除此之外，他对演替动态进行了预测，提出了南亚热带森林的演替模式；应用多元分析对南亚热带森林群落进行聚类分析和排序研究；同时，结合基本理论研究进行了取样技术和研究方法的研究。王伯荪先生的研究，对更好地发挥植物群落应有的生态效益、社会效益和经济效益起重要作用。

此外，20 世纪 90 年代初，王伯荪先生等注意到外来入侵物种薇甘菊（*Mikania micrantha* Kunth）的危害，于是去深圳内伶仃岛自然保护区进行考察。当时学界对薇甘菊的生理学和生态学特性都知之甚少，对其治理方法更是毫无头绪，但他们没有放弃，在王伯荪先生的带领下，学生李鸣光等开展了大量研究。在众人的努力下，他们发现了薇甘菊生长的限制条件——茂密的林地，并在大量的树种中筛选出了 3 种不惧薇甘菊覆盖的本区域树种，分别是血桐、幌伞枫和阴香，用这 3 种树木对薇甘菊肆虐地区进行改造，取得了显著成效。他们成功申请了多项发明专利，在遏制薇甘菊生长、防除薇甘菊和薇甘菊利用方面做出了杰出贡献。

王伯荪先生在海南尖峰岭

## 躬耕教坛　一片丹心育桃李

王伯荪先生留校任教后，主讲过植物种群学、植物群落学进展、世界植被、城市生态、自然保护区概论等研究生课程。作为主编出版了《植物群落学》《植物种群学》《植被生态学——群落与生态系统》《植物群落实验手册》等多本专著，其中《植物种群学》获广东省优秀科技图书奖二等奖和广东省优秀教材奖三等奖，对植物生态学教学方面有极大的推动作用。

在学生黄玉源的叙述中，王伯荪先生是一位非常具有亲和力的老师。黄玉源虽是张宏达先生的弟子，但与其他学生一样，将张宏达先生和王伯荪先生都视作尊敬的导师，常积极地向两位老师请教各类问题。他清楚地记得，在学习城市生态学和生态经济学课程时有较多学术上的问题，常向王伯荪先生请教，先生都很热情地提出自己的看法，在一些理论上给予指点。王伯荪先生从不会敷衍学生，学生每一次向他请教问题，他都会认真地思考后再回答。

王伯荪先生对张宏达先生的博士研究生彭少麟也给予过指导，并在彭少麟博士毕业后还进行了长期指导与合作，共同合作的主要成果有："近期在植物群落生态学研究上的进展"成果获广东省自然科学奖二等奖；"南亚热带森林动态学理论与应用研究"项目获广东省自然科学奖一等奖；"热带亚热带退化生态系统植被的恢复与重建"项目获中国科学院科技进步奖一等奖；"南亚热带森林动态学理论与应用研究"项目获中国科学院广州分院、广东省科学院科技进步奖特等奖；"全球变化与我国主要农业生态系统的相互作用研究"项目获广东省科学技术奖一等奖；彭少麟教授主持的"我国东部陆地生态系统与全球变化相互作用研究"项目被评为2000年度中国科技基础研究十大新闻，王伯荪先生也做出了重要的贡献。

王伯荪先生以其亲和的待人风格和严谨的治学态度，培养了一大批优秀的生态学人才。如中山大学生物博物馆首任馆长李鸣光教授、中山大学生命科学学院副院长胡玉佳教授都是王伯荪先生的学生。

王伯荪先生在数十年的科研和教育生涯中，兢兢业业，硕果累累；诲人不倦，桃李满园，为中国生态学的建设和发展做出了杰出贡献，为国家的社会主义现代化建设事业培养出一大批德才兼备的有用之才。为传承前辈学者的科学精神和学术思想，激励后辈发扬创新，王伯荪先生的弟子共同倡议成立了"王伯荪生态学奖学金"，用以鼓励本校师生在生态学、植物学及环境科学领域的研究，并奖励在上述领域中做出重要贡献的教师和品学兼优的研究生。王伯荪先生的精神至今仍影响着中山大学生命科学学院的每一名学子。

# 王珣章:梦想,引领逐日之行

**人物简介**:王珣章,原中山大学生命科学学院教授。1976年本科毕业于中山大学生物学系,归侨,祖籍海南省琼山县,1951年7月出生于印尼,1965年回国,1978年被我国生物学界前辈、中山大学蒲蛰龙教授招为第一批硕士研究生,而后前往英国牛津大学病毒学专业进行深造。王珣章老师的一系列研究为我国应用昆虫虫体生产具有重要经济价值的外源基因产物和人畜疫苗开辟了一条新的途径,其杰出的研究成果在国内同类研究中处于领先地位,先后获得了国家自然科学奖、国家教委科技进步奖和广东省高校科技进步奖。王珣章老师是国务院政府特殊津贴专家,曾任中山大学校长、全国政协常委、致公党中央副主席、广东省政协副主席。

1969年王珣章(右一)在海南岛国营西联农场

夸父逐日，源于一个朴素的梦想——追赶光明和温暖。

"一个人可以没有金钱，也可以没有地位，但不能没有梦想。"这是王珣章老师最喜爱的人生格言，为此，他奋斗的历程是逐日的历程，也是圆梦的历程。

他是这样一个人：实干、忠诚。他有一段令人羡慕的履历：33岁获英国牛津大学病毒学博士学位；34岁成为广东最年轻的副教授；39岁成为广东最年轻的博士生导师；43岁当上中山大学最年轻的学院院长；44岁成为全国重点大学最年轻的校长；两年后，身兼多种要职：致公党中央副主席、广东省政协副主席、致公党广东省委会主委、省科协副主席。

然而，在耀眼的荣誉背后，他是一位有着无数梦想的少年归侨。在荆棘丛中，一步一个脚印地跋涉前行着艰难的成长之路。

## 峥嵘岁月求学梦

1951年，王珣章出生在有"千岛之国"美称的印度尼西亚。王珣章小时候就是一个品学兼优的学生，又肯动脑子钻研，1965年初中毕业后，由于学习成绩优秀，他被中国驻锡江领事馆选中，免费保送到华侨补校学习。用他的话来说，"这是自己面前铺开的一条阳光大道"。于是聪明伶俐的小珣章离开父母，独自踏上了他的求学之路。

从新中国成立伊始到20世纪60年代末，前后20年的时间里，人数不下十万的海外华侨子弟，纷纷回国升学，以"学好本领，建设新中国"为共同的目标。这一股"回国升学热潮"，催生了华侨史上有名的学校：华侨补校。王珣章入读的，便是广州华侨补校。

然而，回国求学之路并非如想象中平坦。回国不久，"文革"爆发，学校被迫解散，王珣章和大多数同学一起下乡务农，到海南儋县西联农场落户。几年艰苦生活的磨炼，使王珣章更快地成长起来。与此同时他并没有改变升学深造的初衷，求知的欲望时时在他内心躁动，他觉得多掌握一点文化科学知识总是对社会有好处的。这种信念支持着他，在恶劣的环境里王珣章始终没有放弃刻苦的自学。

1969年，部队接管农场。终于，凭着自己的勤奋好学，王珣章迎来了求学生涯中的第二个转折点——他被兵团选送到中山大学生物学系学习，毕业后分配到华南热带作物学院任教。两年后他考取了中山大学著名昆虫学家蒲蛰龙先生的硕士研究生；1980年4月，他作为我国改革开放后第一批留学人员前往英国牛津大学攻读病毒学博士学位。

在牛津，历经磨难仍孜孜不倦的王珲章更是百倍地珍惜学习的机会，很快就克服了语言障碍，做实验、听课、查资料、写论文，像一块海绵一样吸取知识的养分，以一丝不苟的学习态度和刻苦的钻研精神赢得了老师和同学们的尊重。

牛津大学，圆了王珲章的求学梦。然而他的科学跋涉才刚刚开始。

## 孜孜以求报国梦

1984年，王珲章毅然谢绝了导师和朋友的挽留及高薪聘请，再次踏上了归国之路。圆梦归来的王珲章，马上投入教学和科研工作，每当有人问起他获得博士学位后为何谢绝挽留而选择回国时，他总是显得很坦然："那时候，我们在外留学的人都以回国效力为荣，以不回国为耻。"也许更深一层的原因是他还记着父母儿时的教导——从印尼回国之前，母亲曾叮嘱他："你要记住，我们永远是中国人，我们的根在那里。"

但与许多从国外归来的学者一样，担任中大生物工程研究中心副主任的王珲章也遇到了许多困难：无经费、无助手、无设备、无实验室……一切都得自己想办法。但他没有埋怨，更没有后悔，而是自己动手，克服困难，一个项目一个项目地做起。

潜心研究终于结出了硕果。在昆虫病毒分子生物学与基因工程研究领域中，一个又一个突破性成果接踵而来：他创造性地应用异源病毒DNA片段重组出外源基因的昆虫杆状病毒；在病毒基因工程和分子生物学领域中，首次研究与应用人工合成杆状病毒后期启动子表达外源基因，并由此建立了形成病毒包涵体高效表达外源基因的杆状病毒载体系统，从而为我国应用昆虫虫体生产具有重要经济价值的外源基因产物和人畜疫苗开辟了一条新途径；他还首次证实在杆状病毒感染细胞中，活性有所提高的胸苷激酶不是由杆状病毒基因编码的，这一系列成果先后获得了国家自然科学奖、国家教委科技进步奖、广东省自然科学奖和广东省高校科技进步奖等。

作为学科的学术带头人，王珲章以其尖端的科研成果，获得党和人民给予的很高的荣誉：1991年，他获得国家教委和人事部授予的"全国有突出贡献的归国留学人员"称号；1994年，他被国家教委评为"跨世纪的优秀人才"；1995年，他获得国务院授予的"全国先进工作者"称号。

## 扬帆起航兴校梦

多年的知识积累，多年的苦干实干，使王珣章幸运地与几个"最年轻"连在了一起：1985年，34岁，成为广东省最年轻的副教授；1990年，39岁，成为全国生物学界最年轻的博士生导师；1995年，44岁，荣任中山大学校长，是全国34所重点大学中最年轻的校长。如果说，对前两个"最年轻"，他感到较多的是荣幸，那么对后一个"最年轻"，他感到更多的是压力和挑战。但既然"天降大任于斯人"，总要有一拼一搏。

王珣章是个喜欢挑战的人，接过这副担子后，他苦苦思索"施政纲领"，孜孜以求"治校之法"。如何组建一支教学精、科研强的中青年教师队伍，是王珣章工作思路中的重中之重。那些年他为此耗费了相当多的心血。他的宗旨是，不仅要为中青年教师提供良好的科研环境，更重要的是提供宽松的学术氛围。许多归国留学人员在考察了众多院校后，宁愿放弃其他院校提供的优厚物质条件而选择中山大学，多是这个原因。

王珣章出席中外青年对话会

在王珣章的团结带领下，中山大学形成了自己的办学特点和模式，即以高水平的中青年教学、科研群体为骨干，这在当时的全国重点大学中也是比较突出的。1997年，广东省评出首届优秀青年科学家10名，中山大学占了5名。同年，国家评选杰出青年基金获得者，中山大学入选3人，和北京大学等5所高校并列第一。

在王珣章的求学之路中，我们看到了一位海外华人的坚韧和奋斗。他跨越时空，不畏艰险，不断追求知识，最终成为一位杰出的科学家和教育家。他的故事告诉我们，无论身处何地，求学之路都是漫长而曲折的，但只要坚持不懈，勇往直前，就能够创造出属于自己的辉煌。王珣章用他的行动诠释了教育的力量，他的精神将永远激励着我们，激励着更多的人为了理想和梦想不懈努力，为祖国的发展献出自己的力量。

# 陈振耀：赤诚爱国心，奉献党员魂

**人物简介**：陈振耀，原中山大学生命科学学院教授。于1972年12月5日加入中国共产党，迄今已逾50年党龄。1973年至2006年，坚守在教学一线。自广东省白蚁学会成立，历任理事、秘书长及副理事长等职。2001年至2018年，历任中大教职工离退休协会生科院分会理事、分会长和中大教职工离退休协会理事、常务理事等职。2012年1月至2024年3月，担任《中大老园丁》责任编辑。退休后已出版《白蚁防治教程》（戴自荣、陈振耀主编）、《昆虫世界与人类社会》（陈振耀编著）、《水利白蚁防治》（陈振耀、姚达长主编）、《增公村志》（陈振耀、黄金章、卢国祥编著）等书。

离退协生科院分会理事参加校离退协2004年总结会时陈振耀（左三）与校离退协会会长魏聪桂（右二），校离退休处副处长许圣清（右一）合影（2005年1月）

从1921年到2021年，中国经历了沧桑巨变，百年光阴弹指一挥间，稍纵即逝。百年前，中华民族积贫积弱，面对列强只能任其宰割，亟须领路人来引领国家的方向，中国共产党便由此诞生，星星之火，可以燎原；

百年后，中华大地早已旧容换新颜，全国各地一片欣欣向荣，中国走向富强民主文明和谐的脚步愈发坚定，这是一辈又一辈的共产党员奋斗一生的成果。在中山大学生命科学学院有这样一位老党员、老教授，他一生热爱祖国，扎根基层，心系学生，兢兢业业，为学校和他的事业奉献了一生，退休后仍心系母校，为她发挥余热，只求自己能为她多做一分贡献。

## 一片赤诚爱国心

"苟利国家生死以，岂因祸福避趋之"，林则徐用虎门销烟点燃了部分国人的良知，维护了中华民族的尊严，他用一生践行着这句出自自己笔下的诗；"敌人只能砍下我们的头颅，决不能动摇我们的信仰"，面对敌人的严刑拷打方志敏勇敢无畏，在监狱险恶的环境下，他写下了《可爱的中国》等动人的诗文；"我一直有两个梦想，一个是禾下乘凉梦，一个是杂交水稻覆盖世界梦。"袁隆平用他的一生实现着他的梦想，耄耋之年仍奔波在田间地头，只为能将杂交水稻品种再优化一点。从古至今，百折不挠的中华儿女，无论身处哪种环境，不变的是那一颗颗炙热的爱国赤子心，他们为国家置生死于不顾，为这片可爱的土地鞠躬尽瘁，死而后已。

有干惊天动地事，将功绩载入史册的爱国者，也有做隐姓埋名人，默默无闻奉献一生的爱国者。有了他们，才有了今日腾飞的中国和不畏强敌的中华儿女。"爱国、敬业、诚信、友善"是中国社会主义核心价值观对个人的要求，爱国位列第一，它是每一位中国人心中不变的主旋律，在这位老党员心中亦是如此。在他的办公桌上，一张手写着核心价值观的卡片被小心地压在玻璃之下，当我们问起这一张被偶然发现的卡片时，他对我们说："我从小接受到的教育，爱国永远都是放在首位的，'爱祖国、爱人民、爱集体、爱劳动、爱公共财物'这从小学时期便口口相传的'五爱'，我铭记于心，时时想起，无法忘怀。现在人老了，记性变差了，我害怕自己记不清，所以我写把它写下来放在这儿，我可以常常看见从而提醒自己别忘记。"如今他已年过耄耋，提起从小受到的爱国教育时，他仍记忆犹新。

在我们提到对当今青年一代的期望与寄语时，他不假思索地说："有国才有家，青年应不断向上提升自己，为自己的国家，为培养自己的这一片土地尽一份绵薄之力。"他的一生，从青年到中年，从中年再到老年，几十年的光阴，他赤诚的爱国心始终炙热，没有惊天动地的爱国举动，有的只是那一颗不变的心,"爱国"一词被他融进自己的骨血,化土亦永存。

## 春蚕到死丝方尽

从中山大学本科毕业后,他站上三尺讲台,这一站便是30多年。青葱到白发,教室的讲台上有他洒下的汗水,实验室有他为科研付出的心血,办公室里有他为同学解决困难的身影,校园里有他奔波的足迹。

1975年,中山大学昆虫专业创办了"昆虫班",来自五湖四海的同学汇集于此。在原班主任选择出国深造后他接下了班主任的重担,一直跟班活动直至此届学生毕业。他在各同学的家乡间来回奔波,只为尽可能解决他们遇到的困难。近40年过去了,有关那些同学当时的情况,他仍能向我们娓娓道来。其中一位来自贵州威宁的同学,求学期间罹患精神疾病。此同学在医院疗养时,他便常常前去探望;在其毕业回乡时,这位同学因身患疾病而被老家有关部门拒之门外,甚至亲兄长也拒绝照顾。在此般无奈的情况下,他于广州、威宁两地间奔波,多次与当地有关部门协商,向学校申请,功夫不负有心人,在他的极力协调与帮助下,这位特殊的同学最终得到了妥善安置。他对每一位同学都拿出了百分百的真心,也收获了同学们给予他的真心,他深受同学们的爱戴。

1996—2006年,他为全校同学开设了11年的《昆虫世界与人类社会》公选课,这门课不仅为同学们带来全新的知识,更为他们打开了通往新世界的大门,还有很多同学由此克服了对昆虫的恐惧,了解到昆虫世界的魅力。他的课堂不仅展现了他渊博的知识,更展现了他爱岗敬业的精神。不迟到,不早退,授课时严谨认真却又不失幽默风趣,每一节课都让同学们感到不虚此行。他还带过近50次的野外实习,在外奔波近700天,他坚信"纸上得来终觉浅,绝知此事要躬行",近距离亲身体会大自然能带给同学们与课程理论知识及实验室实验不同的体验,所以每次实习他都致力于让同学们亲自探索,尝试着自行解决问题,让同学们受益颇多。

30多年光阴弹指一挥间,他在讲台上花白了头发,佝偻了脊背,给予学生的却是千金难买的知识和无微不至的照顾。"严于律己,为人师表,身教重于言教"是他从教的座右铭,30多年,爱生如子,呕心沥血,他无愧于时间,无愧于自己立下的誓言,更无愧于学生,他付出心血使学生收获颇丰。

## 化作春泥更护花

  他与中山大学有着不解之缘，毕业于中大，工作在中大，几十年与之朝夕相伴，他对中大有着深厚的感情。从 1992 年到 2004 年，这 13 年间他和他带领的团队与危害校园环境的白蚁斗争了 13 年，蒲蛰龙院士"苦干、实干、巧干"的精神他们铭记在心，他们对白蚁的防护为学校挽回了巨大损失。时至今日，即使他已不再年轻，不再奔波在防治白蚁第一线，每年白蚁肆虐的季节，他仍关注着校园内白蚁的消长情况。他只是难以割舍这一片他生活了几十年的土地，难以割舍他为之奋斗了一生的校园。

  退休后，他本可以颐养天年，可他放心不下自己工作了一生的地方，他放心不下生科院师生近百年来积累的百万只昆虫标本，甚至有一部分是继承于岭南大学。与昆虫打了一辈子交道，他深知标本的重要性，所以每当周末、法定节假日及寒暑假标本室管理员休息的时候，他主动无偿看管标本室，从退休起，这一坚持便又是好多年。他说这是他力所能及的事，不为名，不为利，他只是想为保护学校及国家珍贵的昆虫标本贡献一份绵薄之力，这些标本在未来某一天或许会派上大用场，至少能让同学们观察到几十年甚至上百年前的昆虫。这是他，一位与昆虫相伴一生的老党员、老教授的夙愿。

  除去伴他工作一生的标本伙伴，他还牵挂着与他一样退休的中大教职工，所以退休后他仍为中大发挥着光和热，关心退休教职工，担任《中大老园丁》责任编辑，为同他一样的耄耋老人们送去慰藉与温暖。近 20 年来，他诚恳地为中大退休老人服务，帮他们解决困难。他是一位从中大退休的老人，他是这样的深爱着他的母校，他为她奉献了一生。

  他是谁呢？他就是不忘初心，赤诚爱国的中大生科院的陈振耀教授。他于 1972 年 12 月 5 日加入中国共产党，至今已有 52 年党龄。入党誓词"对党忠诚，积极工作，为共产主义奋斗终身，随时准备为党和人民牺牲一切"犹在耳边，他说他这一生虽没有丰功伟绩，但他在每个岗位上都践行着入党时的誓言，彰显党员本色，发挥党员作用。他平凡而伟大，默默无闻，无私奉献，用一生中做的涓滴小事汇聚成奔腾的江河，没有做出惊天动地事，却用一生的平凡小事造就不凡的人生，他的一生便是对入党时的铿锵誓言的最好诠释。

  他只是中山大学共产党员中的一员，只是全国 9000 多万共产党员中

陈振耀老师在离退协生科院分会任会长时，由全体会员参加为德高望重的陈蕙芳老师庆贺95寿辰举行宴会，会后陈振耀（左一）与简洁莹（右一）陪她回家，此照片在客厅拍摄（2005年8月19日）

的一员，但正因为有了他们这样的一辈又一辈默默无闻的共产党员，坚守在自己的岗位上，为祖国奉献一生，才推动了中国现代历史的车轮滚滚向前。他们以一片赤诚爱国心扎根于祖国广袤大地，以"我将无我，不负人民"为誓言，主导着祖国大地百年来的沧桑巨变。

"愿中国青年都摆脱冷气，只是向上走，不必听自暴自弃者流的话。能做事的做事，能发声的发声。有一分热，发一分光，就令萤火一般，也可以在黑暗里发一点光，不必等候炬火。"如同大文豪鲁迅在（《热风·随感录四十一》）中所写。"你所站立的地方，正是你的中国；你怎么样，中国便怎么样；你是什么，中国便是什么；你有光明，中国便不黑暗。"我们作为祖国的青年一代，更应传承前辈之精神，永携爱国赤子心，有一分热发一分光，默默无闻甘于奉献，创造中国更加灿烂辉煌的明天！

# 刘振声：为信念而前行，系来处故知恩

**人物简介**：刘振声，原中山大学生命科学学院教授。1956—1960年就读于中山大学生物学系植物学专业，1960年毕业后留校任教。历任中山大学助教、讲师、副教授、教授。担任同位素研究室主任、研究生导师、华南师范大学客座教授。共获国家、部、省、市、局级科研成果奖10项；代表性著作有《农用植物激素》《核技术生物学应用》（合作）等11部；发表科研论文80多篇，包括《番茄幼苗对硒的吸收与硫营养的关系》《加速重离子辐射水稻干种子的生物学效应研究》《DDT在亚热带环境和农业生态的行为研究》等。

刘振声

绿树合抱成荫，花叶相映成趣，清香沁人心脾。带着好奇和景仰，我们对刘振声教授进行了面对面采访。九十载阅遍人间沧桑，目睹神州腾飞，或刻苦攻关克难，或无私捐款助学，刘教授心中对党和国家的忠诚之火未曾熄灭。相信读者也能从中汲取力量，秉信念之炬锐意进取，揣感恩之心报效祖国。

## 峥嵘岁月，浇灌信仰之花

刘教授出生于 1935 年，正处在抗日战争时期。战火纷飞，山河破碎，人民颠沛流离。在他的童年里，中国共产党人抛头颅，洒热血，坚决捍卫国家主权的爱国精神持续浸润着他的心灵。在中国共产党的领导下，中国人民最终取得了抗日战争的胜利，广大人民真正拥有了当家作主的权利。潜移默化中，信仰马克思主义和中国共产党的种子逐渐在他心中生根发芽，蓬勃生长。

只有和平的春风吹拂大地，生产建设和文化教育事业才能"雨后春笋节节高"，个体才有接受教育的契机。新中国成立后，1950 年，他才考上丰顺县第一中学读初、高中，开始在求学路上探寻人生的价值。然而，当时百废待兴，广大青少年的求学并非一帆风顺，经济负担曾让不少家庭望而却步。但是党和国家倾听人民求知若渴的呼声——一笔笔助学金，保障一位位学子继续追逐梦想的机会。刘教授便是其中一员：从初中到大学，他一直成功申请到助学金，从而顺利完成了学业。正是党和国家的温暖与支持，让他得以潜心学习、攻克难关，在同位素领域披荆斩棘，开拓前行。谈到党和国家，刘教授总是难掩激动和尊敬。他这样说道，"我对党非常尊敬，并且相信党、依赖党，要永远听党话、跟党走！"中国共产党"全心全意为人民服务"的宗旨始终如一。刘教授入党的信念越发坚定，他付诸实践，踏实奋斗，于 1959 年光荣加入中国共产党。

## 勤学苦练，练就扎实本领

做学问，当有认真务实、自信自强的品质。但养成如此品质绝非一蹴而就，需要在长期的学习和科研工作中不断积淀，水滴石穿。求学期间，刘教授和大部分学子一样，都经历过学业成绩的起伏波动。可他认为，与其自怨自艾，不如反思改正。透过现象看本质，发现"病灶"，定点清除，引以为戒，便是他的"法宝"。

当谈及印象最深的一次挫折时，刘教授直言是"化学考试不及格"。短暂的失落后，他理性地进行剖析，发现原因在于自己囫囵吞枣，根本没有深刻理解老师的授课内容。找到"病灶"后，他加倍认真学习，不放过任何一个疑问，"甚至午觉都睡不着"。功夫不负有心人，在随后的期中考试中，他取得了化学满分的佳绩。

刘教授现身说法，告诫青年人，在漫漫求学路上"务必求真务实，杜绝不懂装懂"，勤学苦练，方可习得真本领。不仅学习，人生道路选择亦是如此："青年人要学会自信和自强——首先要相信自己，没有自信心是什么事情都做不成的；但只有自信也不行，更要自强，迎难而上"。

寥寥数语却意蕴深刻，刘教授以己为例，生动说明了只有扎好马步，不忽视每一个小错误，不放过每一个小问题，才能逐渐扩充自己的知识储备，不断更新升级自身的科研工具箱。21世纪是生命科学的时代，投身其中的青年亦要秉承"勿以惑小而不解"的钻研精神，勇攀高峰。

## 厚积薄发，勇攀科研高峰

生命科学学院前身为生物学系，1958年下设有动物学、植物学两个专业。后来应国家发展需求，又成立了生物物理和生物化学两个崭新的跨学科专业（其中刘振声教授是生物物理专业创立者之一）。为了筹备新的专业，学校于1958年底从生物学系本科生中抽调优秀学生，分赴全国各地有关院校进行短期培训，在同位素研究方面派出了陈舜华、丘泉发、刘振声等，分别前往北京和上海进行学习。其中刘教授前往上海，参观当时由苏联在上海中苏友好大厦举办的"和平利用原子能展览会"，并加入由苏联专家主讲的"和平利用原子能学习班"进行短期学习。在此期间，刘教授与原子能在农业生物学教学、科研中的和平应用结下了不解之缘。

1962年院系专业调整，生物物理专业被撤销。生物物理教研室的大部分老师（包括刘振声教授）都转入同位素实验室，继续从事原子能在农业生物学中应用的教学及科研工作。原子能应用方兴未艾，为了使其能够与生物学教学接轨，刘教授在教学和科研上双管齐下。于教学，他不仅开设"同位素应用"选修课，而且还受中国原子能农学会的委托，举办了十多期"同位素应用培训班"，对来自全国各地的教师和科技人员进行培训，有效扩充了原子能农业应用培养技术人才池。于科研，他及实验室成员开展跨学科合作，很快取得了一系列可喜的成果：全国科研协作项目"应用同位素示踪法研究氮肥增效剂的肥效与残留"获我国农业部（现为农业农村部）技术改进二等奖；利用$^{14}C$标记氨基酸示踪电子显微镜放射自显影技术，研究"作物三系生物学特征"（与遗传教研室李宝健、林月婵老师合作），该成果获得1978年全国科学大会奖；作物三系的电子显微镜放射自显影图片，被科学出版社出版的《核技术在农业科学中的应用》一书选用。

"博观而约取，厚积而薄发"。刘教授在求学期间始终秉承着"认真务实，自信自强"的品质默默积淀。最终，积淀收到了千重回响，科研和教学的进展如同东升旭日，喷薄而出：不仅产出丰硕的科研成果，更是春风化雨，培育大量优秀技术人才，既"开路"，亦"铺路"。

## 坚守初心，紧"钉"群众所需

1959年，刘振声教授正式加入中国共产党。作为一名有着63年党龄的老党员，他对于党员的修养有着独到见解："身为党员，要相信党、依赖党、听党话、跟党走；坚守全心全意为人民服务的初心，讲要求、讲纪律；另外，也要踏实肯干，迎难而上，紧跟时代，才不会落后。"

党员修养，率先垂范。在参与科研工作的同时，刘教授也注重人才培养，开设对应选修课和培训班，桃李芬芳；退休后，他仍积极挑起责任的担子，力求做到"有一分热，发一分光"。他连续5次被聘任为本科生教学督导，定期向学院汇报，一次刘老师在抽查学生试卷时，发现一封物理试卷漏登了30分，本来合格的变为不合格，后学院与授课物理老师联系，改正了错误。本科教学设立督导，提高了教学质量，为本科教学改革提供了榜样，得到了师生的支持与拥护。担任工会主席时，他带领工会成员前往从化参观天池、去荔枝园采摘荔枝，拉近成员间的距离。担任退休党支部支部书记时，除正常开展组织生活会，他还会定期组织退休党员干部游览广州标志性建筑，感受城市文脉，强身心，健体魄。在同志们的努力下，支部2000年和2005年两次被评为"中山大学先进党支部"，他两次被评为"优秀共产党员"，一次获评"优秀党支部书记"。担任蒲园区曾宪梓楼楼长时，刘教授主动联系学校提升楼栋周围绿化环境，还特意在楼前种上了白玉兰（现在已长高至七楼，开花时发出幽幽清香），为水泥楼梯贴上瓷砖，为其余楼宇的建设树立蓝本。除此以外，刘教授还时时刻刻为楼房里住户的便捷考虑——2003年，一看到羊城晚报报道凡是5层以上的楼房即可安装电梯的消息，刘教授就立即写报告，联合全楼住户申请。前后10年努力，曾宪梓楼终于在2013年建成电梯，大大方便了住户特别是老教授们的生活。无论是作为工会主席、党支部书记,还是担任教学督导、楼栋楼长,刘教授都"在其位,谋其政",做到了深入人心,且无愧于心。

不仅如此,刘教授还特别提到,他在1975年和1978年两次被借调到教育部短期工作的经历。1975年正值邓小平同志提出"科学技术是第一生产力"的正确论断,因此教育部抽调优秀人员调查教学成果。刘教授便是其中一员,为后续高校恢复招生做好了准备。1978年为筹备全国科学大会,刘教授参与了 $^{14}C$ 标记放射自显影的调研工作,是该成果荣获全国科学大会奖的幕后功臣之一。

刘教授退休后参加了由中山大学离退休处组织的书画协会,大家一块交流学习,并定期于每年春节或重要节假日开设书画展。他还两次走出校门于校外展出,一次在丰顺县重点中学,一次在河源市老干部活动中心展出,展出作品中除了本校书画组成员外,还有我国现代艺术家、中山大学哲学系教授及多家学者的作品,深受大家的欢迎和喜爱。书画展的对外展出有利于学习交流,有利于我国书画国粹的发扬光大、璀璨辉煌。

不忘来处,知恩图报。出身于农村,刘教授说道,"没有党的领导,我不可能有机会读书。也正是党和国家的帮扶,我才能够顺利完成学业。"因此,对于党、国家,以及母校,刘教授都有着深厚的感情。为此,刘教授前后为培养自己的初中华亭中学、高中丰顺一中、家乡潘田镇捐赠数万元,助力家乡振兴;又捐款近20万元,建立丰顺一中教育基金和潘田镇教育基金,为家乡教育事业提供支持。如今的刘教授儿女承膝,成就斐然,然而他从未忘记自己来时的道路,常饮水思源,回馈党和国家。

身戴"光荣在党50年"纪念章,刘教授虽两鬓苍苍,但眼里光芒依旧——从风华正茂到耄耋之年,他用行动践行了"不忘初心,牢记使命"的誓言,兢兢业业为党的事业奋斗终身,像钉子一样"钉"在自己的岗位上,服务于群众所需,真正做到了坚守"全心全意为人民服务"的初心。

奋斗一生,回望过去的成就,无论是全国科学大会奖,还是优秀共产党员、优秀党支部书记,刘教授都是淡然处之,为获得的荣誉自豪,却不囿于已有成就。他笑侃道:"我今年刚好88岁,粤语谐音为'发发'。但是我一大把年纪,发财是不可能了。而我能做到的是心平气和、强身健体、快乐生活,这样才能延年益寿,这也是我88年来最深刻的体会。其中,关键是要做到心平气和,宠辱不惊。"如今的刘教授生活依然有滋有味,或与夫人炒菜做饭,品柴米油盐生活本味;或于楼下锻炼身体,享与人乐道相处之闲适；不时与人切磋书法，徜徉于书卷笔墨，是为人间至味！

　　树影婆娑，清香依旧。筚路蓝缕的峥嵘岁月点燃刘教授信仰的火种，不仅前行开拓同位素应用领域，而且转身回馈母校与祖国，无愧于每一个岗位。如今新时代的画卷正在铺开，愿广大青年宠辱不惊，向阳而生，聆听时代需求，为国家重大战略需求做出应有贡献！

慶祝中山大學建校一百周年

百年大計教育為本

二零二四年春 中山大学康樂園 刘振声

刘振声教授手书

# 黄学林：风雨求知路，一生报国行

**人物简介**：黄学林，原中山大学生命科学学院教授。曾任中山大学生命科学学院生命科学与技术系主任，教授、博士生导师，兼教育部第二届高等学校理科生物技术教学指导组成员（1995—2000年）、中国植物生理学会副理事长（2000—2008年）、组织培养与植物生物技术专业委员会主任（2004—2008年）、广东省植物生理学会理事长（2002—2006年）、华南理工大学制浆与造纸国家重点实验室学术委员（2004—2007年）、福建省植物分子与细胞生物学重点实验室学术委员会主任（福建农林大学，2009—2012年）等职。主要从事植物发育与生物技术方面的教学和科研工作，已发表论文100多篇，出版相关著作4部。获美国专利1项，获得发明专利2项。

黄学林

2022年，"两个一百年"奋斗目标历史交汇，开启了全面建设社会主义现代化国家新征程，中国人民正昂首阔步行进在实现中华民族伟大复兴的道路上。流光一瞬，华表千年，一个坚韧不拔、欣欣向荣的中国屹立于世界东方，这盛世繁荣凝聚着无数共产党人的坚守与奋斗，更有无数平凡英雄汇聚成新时代中国昂扬奋进的洪流。黄学林教授是一名老党员，是一位科学家，也是一个平凡人，他求知报国的一生是千万党员的缩影，更折射出共和国的峥嵘岁月。

## 求真求知，路漫漫其修远兮

1945年，抗战胜利，中华儿女扬眉吐气，民族命运就此扭转。也正是那一年，黄教授出生在粤东客家山村农民之家。四年后，新中国的成立让风雨飘摇、动荡不安成为历史，神州大地一片欢欣鼓舞、欣欣向荣之景，这是他们那一代人的机遇。虽身处山区农村，但在耕读文化的熏陶之下，黄教授那一辈的年轻人坚信"读书改变命运"。

年少为学，条件虽艰，勤读不辍——从乡村小学、初中到重点高中五华水寨中学，再到中山大学，黄教授求学路上的每一个脚印都坚实清晰。1965年，就读于生物学系植物学专业的他结缘康乐园，扎根于此，写就自己的人生诗篇。1965年，中大生物学系只招收40人，植物学专业、动物学专业各占据半壁江山。初入校园，他惊讶于园中物种的丰富多样，陶醉于鸟语花香中的无限生机，憧憬着光明的未来前景。那时的校园里流传着一句俏皮话"中大三件宝，臭虫蚊子含羞草"，校园环境不比如今，但他们发现学习条件是如此良好——曾经的中大生物楼号称"亚洲第一大生物楼"，附近配套有小规模的试验农场、鱼塘和动物饲养场。这些较完整的生物教研配套设施在当时名闻学界，这与生物学系老师"重视基础，注重实验动手能力"的教学理念息息相关。

黄教授回忆道："当年是吴七根老师负责我们的植物学教学，记得在讲到植物的根系发育时，他就选择在生物楼侧的试验田边进行现场教学，从水田里拔出水稻的根系为同学们分析讲解。"中大生物学系理论知识和实践应用相结合的教学风格，对黄教授日后的求学与科研都产生了深远影响。

1977年恢复高考后，中大生物学系复办植物学专业，同时开始实施教师职称评定制度。此时的黄教授虽然已参与并带教了4届工农兵学员，却未有资格评定为助教,他由此意识到要成为一名合格的高校教师必须重新审视自己,提高自我要求,继续投入到学习中去。因此,他毅然参加了1979年全国硕士研究生招生考试,并成为植物生理学傅家瑞教授的首批硕士研究生。此后几年,他争分夺秒学习相关知识,极力弥补损失的时光。

当时,为促进我国教学科研事业的发展,国家拨用世界银行贷款为年轻教师提供出国深造的机会。有心前往欧美国家学习的黄教授却因自身第一外语是俄语,碰上了英语学习零基础这只"拦路虎"。那时,教育部在中山大学英语培训中心为全国物理和生物学系派出的留学候选人培训英语(此中心于1979年由美国加州大学洛杉矶分校和中山大学联合主办)。为了把握这一机会,黄教授首先是自学英语,向英语好的同学逐个学习英文字母发音,再通过硕士研究生阶段的苦学,终于在硕士研究生毕业前夕通过了该中心的入学考试。然而,适应英语培训中心的全英教学环境又成为严峻的新挑战,在万般努力和相关老师的耐心辅导下,他最终通过结业考试,并在硕士研究生毕业的第二年通过了教育部选派留学的英语考试。1985年,他以访问学者的身份被派往美国学习,近两年的访学经历及后来的回访合作研究,让当时年过40的他拓宽了学术眼界,并大大提高了研究能力,此时,在自己的标准中他才逐渐成为一位"合格"的大学教师。

## 潜心科研,一片丹心为报国

科学研究道路的选择,一方面是个人的研究兴趣,另一方面也要结合国家发展需求。出身农村,黄教授从小就看见父辈们因播下不合适的种子而歉收的焦虑和痛苦,对"种子是农业的命脉"有深刻的理解。"一粒种子可以改变一个世界",种子发育和萌发生理是植物发育的重要部分。

20世纪80年代初,国内种子生物学基础比较薄弱。黄教授的恩师傅家瑞教授是著名的植物生理学家,他引领的种子生物学团队闻名学海,在种子活力及其生理机制和种子检验技术方面的研究成果丰硕,黄教授正是投身于该领域研究的学术骨干。黄教授团队攻克了"芒果胚性培养物(EMs)超低温保存"的难题,因为这种超低温保存的EMs仍可通过体细胞胚胎发生途径再生植株,这是国际上首次以这种方式实现芒果种质超低温保存;这一成果得到国际同行的高度关注和赞誉。国际种质资源遗传研究所资助了这一项目,并专邀黄教授进行学术报告,更推介国外同行专程到黄教授实验室访问学习这一技术。

黄教授的另一研究领域是与植物体细胞全能性表达调控直接相关的离体植物发育生物学，该领域是目前植物学科交叉研究的一个热门领域，这一方面的研究及其成果转化直接关系着农林和园艺花卉产业的创新及可持续发展。他的研究团队在该领域的国际著名杂志上发表系列论文十多篇，揭示了两类转录子因子分别在苜蓿体胚发生再生植株和芒果子叶切段的不定根形成中起重要作用。这一成果曾在澳洲召开的第八届国际植物分子生物会议上做过口头报告（2006）。

同时，黄教授始终秉持"开花不必挑颜色，结果何愁大小年"的心态，结合广东实际，致力于香蕉育种关键生物技术的研究。事实上，香蕉是继水稻、小麦和玉米之后的第四大粮食作物，其重要性不言而喻。在中国香蕉总产量居全球第四位，广东香蕉种植面积占全国一半左右的背景下，攻克香蕉枯萎病这一香蕉产业的毁灭性病害的研究任务十分迫切。而解决这一问题的根本出路在于培育抗病的新品种，但果用香蕉一般为三倍体或多倍体，其不结种子的特点使传统育种方法难以进行改良。因此，黄教授将目光转向探索生物技术培育抗病新品种的方法，该研究不仅具有重大科学价值和实践意义，而且能充分释放产学研的结合潜力。

黄学林教授考察广东香蕉主产区徐闻县香蕉种植区（2004年）

科学研究无捷径。该项目面临的第一困难就是如何建立起一个可再生完整植株的香蕉胚性细胞培养体系，其一是研究周期长，胚性细胞易变异而失去胚性，重复一次实验就要耗费一年多的时间；其二是提高该细胞通过体细胞胚胎发生途径再生植株的同步化率十分困难。

对此黄教授团队耕耘近15年，先后有16位研究生和1位博士后接续研究，建立了一个较完整的技术平台，包括胚性细胞培养体系、原生质体培养及其体细胞杂交和诱变技术体系。已获得大蕉和龙牙蕉体原生质体融合的再生植株，经分子遗传学方法鉴定为体细胞杂种植株，在番禺试验田种植可至开花结果；共在国内外发表20多篇相关学术论文并取得2项发明专利，成为国内该方面最活跃并富有成果的研究团队。这些结果，在国际园艺学会主办的国际香蕉专题研讨会上（2009）被邀做主题报告。黄教授告诉我们："随着香蕉基因组测序的完成，我相信香蕉分子育种将迎来黄金时代，到那时我们所建立的上述技术平台，将会派上大用场。"

## 党员担当，只留清气满乾坤

1976年，黄学林教授光荣入党，这成为他一生难忘的记忆。回顾人生，黄教授流露出对党的真挚情感与满腔感激，"20世纪60年代初，国民经济正经历纠偏发展阶段。当时为了保证我们身体健康发育，县政府从高二起就给我们特拨每月27斤粮食以保障我们读书时的三餐；1965年入读中大也是靠政府提供的助学金才顺利完成学业。"

"我们是在党和国家悉心关怀和教育下才成长起来的一代知识分子，没有党的教育和培养就没有我的今天。因此，我一直都是以早日入党为荣，无论把我放到什么岗位，我都怀着感恩之心与报国之志，努力工作。"黄教授坚持发扬艰苦奋斗、无私奉献的精神，以实际行动诠释了"哪里需要我，我就去哪里"的优良作风。

1976年底，因教学工作的需要，黄教授在时任系主任张宏达先生的推荐下受派到上海第一医学院药学系进修植物成分化学一年。除学习必要课程外，他还主动参加了与上海医药工业研究院的合作研究项目，探索红旱莲草药的水提取的镇咳平喘的有效成分提取方法。黄教授自己设计方案将其中的黄酮类混合物分离出一个单体，经多种分析手段鉴定，最终确定该物质为"金丝桃甙"，这成为他的首篇论文并发表于《中山大学学报（自然科学版）》。

2000年，国家启动重点学科建设申报工作，学科发展迎来重大契机。黄教授受命负责本校植物学科的申报，在集思广益的基础上，他精心凝练本学科的教学科研现有成果、学科优势和发展目标，对申报书的撰写倾注了大量心血，最终植物学科顺利通过审批成为国家级重点学科。从此，植物学科的学科建设硬件条件得到进一步的发展，更引进了许多出色人才，使教学科研水平迈上"新台阶"。

在党的旗帜下，一代代中国青年把青春奋斗融入党和人民的事业，成为实现中华民族伟大复兴的先锋力量。从1965年进入中大学习并工作至2010年退休，黄教授也曾是时代的青年中坚，在科研事业中坚持"顶天立地"，将青春献给了祖国和人民。如今，黄教授感慨："我们这一辈人退休后迎来了新时代，倍感幸福。根据各人身体条件和兴趣，现在有许多机会和平台去实现'老有所学，老有所为，老有所乐'。"

退休后，黄教授潜心思考、总结自己几十年来的教学科研成果及其相关学术思想，将其凝练为两本专业著作：《植物发育生物学》（研究生创新教育系列丛书，55万字）和《植物离体发育及其调控》（生命科学前沿及其应用技术，86万字）分别在"中国科学院科学出版基金"和"国家科学技术学术著做出版基金"的资助下，由科学出版社（北京）出版，以此发挥余热，传承薪火，启迪后辈。

# 庞义：与理想结盟，护山河无恙

**人物简介**：庞义，原中山大学生命科学学院教授。曾先后任生物防治国家重点实验室主任、中山大学昆虫学研究所所长、校务委员、广东省昆虫学会副理事长、荣誉理事长、中国昆虫学会生物防治专业委员会主任、《昆虫天敌》和《环境昆虫学报》主编、广东省人民政府应急管理专家组专家、广东省农业厅应急管理专家组副组长等职。长期从事昆虫病理与害虫生物防治、杀虫微生物及其基因工程的研究。

庞义

百年岁月峥嵘，百年初心如磐。100多年来，亿万中国人在党的带领下艰难求索，中华民族终于凤凰涅槃，实现了从站起来到富起来到强起来的历史性飞跃。党与时代同步伐、与人民共命运，跨过一道又一道沟坎，取得一个又一个辉煌的胜利。这些胜利离不开无数以科教兴国为己任的科学工作者的冲锋陷阵与积极奉献，是由一个个先辈的心血堆积而成的。庞义教授便是其中一员，一生奉献于国家绿色生态农业和生物防治，鞠躬尽瘁。

## 因理想走来，因实践坚定

　　庞义从小便对生物非常感兴趣，在填报志愿时毫不犹豫地将生物学专业放到了第一志愿，并如愿以偿地进入华南最高学府中山大学。庞义入学后便如饥似渴地学习，第二年却遇上了"文革"，学校停课。但理想的力量让庞义克服各种阻碍，利用各种机会潜心学习。到工厂中学习，到野外田头学习，用英文字典学习……大学的学习之旅虽然坎坷，但庞义朝乾夕惕，理论结合实践，为进入科学殿堂打下了坚实的知识基础。

　　在庞义教授的经历中，实践举足轻重。20世纪60年代末70年代初，庞义跟随我国著名昆虫学家、蒲蛰龙院士到珠江三角洲一带调查农林害虫发生与防治情况，亲眼看到大量使用和滥用化学农药、包括高毒农药导致的恶果：生态遭破坏，环境受污染，严重影响人们的身体健康；害虫产生了抗性，农药越用越多，而虫害频发，形成了恶性循环。此情此景，让从农村走出来的庞义感到十分揪心，开始思考如何才能帮助到千千万万的农民解决这一难题。还是学生的他，有幸跟随着蒲蛰龙院士去到荔枝产区东莞，在当地招收了几十名农民学员，举办荔枝蝽象生物防治培训班，建立寄生蜂繁殖站，大量繁殖平腹小蜂并在当地多个荔枝果园释放，荔枝蝽象这种难治的大害虫被小小的寄生蜂消灭于卵期，荔枝取得了大丰收，蒲蛰龙院士带领的师生受到了当地群众的热烈欢迎和赞扬。经过一年多的实践，庞义了解到了"以虫治虫"的威力，更加坚定了深入生物防治领域研究的决心。

　　实践从来不会是一帆风顺的，但路途的艰辛坎坷从未使庞义停下，反而在不断地坚定他的理想。他虚心请教老师，主动承担重担，满怀"越是艰险越向前"的英雄气概以及攻坚克难的锐气和斗志，成功地解决了一个个难题，完成了一项项任务。为了提高平腹小蜂的质量，庞义承担繁蜂设备的改造以及寄主卵的冷藏和运输。为了能及时将优质的寄主卵从惠阳冷库运到东莞，庞义自己用铁皮和木板做了两个夹层保温箱，早上5点起床，挑着100多斤的担子去5公里外的汽车站赶搭班车。虽然过程辛苦，但好在结果顺遂人意，在丰收时节农民给他送来了很多品质最好的荔枝，令他感慨万千："我为农民高兴而感到高兴"。

蒲蛰龙院士很欣赏庞义这位年轻人，庞义不但成为他培养的第一个博士生，后来还成为他的主要学术继承人之一。

## 别无所求，拳拳之心只为国

在美国留学期间，庞义教授全身心投入到研究之中，一心只想着做出更多的研究成果。庞义出色的研究和技术水平有目共睹，被美国著名的昆虫病理与遗传学家布莱恩·氟多里兹教授称赞为"一位优秀的科学家"。庞义教授多次应邀参加了国家间的科学技术交流，他以中国科学家的身份，在学术交流会上展示自己的研究成果、宣传中国害虫生物防治最新成就，受到国际同行的高度关注和肯定，让他十分自豪。从这段留学经历中，庞教授更加明确了自己为中国生物防治做贡献的努力方向。

尽管当时的中国科学研究设备不足、经费短缺，尽管美国向庞教授承诺了极为优厚的待遇，但庞教授仍然义无反顾地选择了回国，他当时想的全都是一定要把国内的微生物治虫和生物防治发展起来。庞教授直言，无须他人动员，留学的三年时间一到，他便立刻回了国，一天也不差。原因有很多，有对中山大学有很深的感情，有不能辜负蒲先生的期待，但最为重要的是"学东西是为了国家，是为了人民"。

1991 年，庞义教授携偕同夫人回国，1992 年被中山大学聘为教授，同时被教育部聘任为生物防治国家重点实验室（2005 年更名为"有害生物控制与资源利用国家重点实验室"）第一、第二届主任，他带领实验室走过了最艰难的时期，并把良好的记录交给继任者。庞义教授先后承担了国家高技术研究发展计划（"863 计划"）、国家重大基础研究计划（"973 计划"）、国家重点科技攻关、国家自然科学基金重点、国家科技支撑计划、广东省自然科学基金团队项目等国家和地方科研任务 30 多项。他和他领导的团队围绕害虫生物防治领域，从宏观到微观，从个体到分子，深入研究昆虫分子病理学和杀虫微生物功能基因组学，研究成功系列新型微生物杀虫剂，并在田间应用。庞义教授在"十三五"期间作为首席专家承担的国家支撑计划项目"区域农业生态系统害虫生物防治研究与应用"，覆盖华南、华东和华北数十万公顷农田，成果丰硕，取得了显著的经济效益、生态效益和社会效益。中山大学前校长黄达人在接受记者采访时说：

"我们学校在高举农业大旗的口号下，庞义教授是一个非常重要的领军人物。应该说，他的学术地位，他在'三农'问题上的成就，都是非常显著的"。

庞义教授已在国内外发表论文 200 多篇（其中 SCI 收录 60 多篇），先后获得国家和省部级科技奖 10 项。1995 年起获国务院突出贡献专家特殊津贴，2001 年获广东省丁颖科技奖和广东省农业科技先进工作者奖，2009 年被授予"广东省农业科技创新带头人"称号。庞义教授已为国家培养了 90 多名博士、硕士和博士后等高级专门人才。庞义教授和他领导的团队，在害虫微生物防治领域已走在世界前列。

庞义教授于广东省农业科技创新表彰大会

## 奉献一生，退休不褪色

庞义教授一生都献身于中国生物防治事业，退休后也从未停下。他高度关心广东农业，退休后被广东海纳农业研究院聘为生物防治领域首席科学家，常常下到田间地头考察研究，甚至与农民同吃同劳动。下乡扶贫，助农兴农，助力乡村振兴，清远、惠州、梅州、四会……许多地方的农田都留下了他的足迹与汗水，为解决我国的"三农"问题继续做贡献。"虽然辛苦但乐在其中"，他说。

稼穑为本，广教天下。作为蒲蛰龙院士的学生和主要学术继承人之一,庞义教授念念不忘恩师蒲先生的题词"生物防治,造福人类",念念不忘蒲先生提出的"以发挥天敌效能为主的水稻害虫综合防治"理论,持续关注着如何将其更大范围推广,走向全国,走向世界。绿水青山就是金山银山,"现在的重点是,如何让全国的农业干部和农民都认识到生物防治与生态平衡的重要性",庞义教授强调。

"莫道桑榆晚,为霞尚满天",庞义教授用自己的一言一行,展现了一名中国科学家坚守初心、坚持奋斗、永不褪色的风采。

## 昂首阔步,继往开来

"人可以什么都没有,但是一定要有梦想,一定要为了实现它而不懈奋斗。"庞义教授几十年如一日地坚持着科研工作,驰而不息、奋楫笃行。庞教授还叮嘱同学们,要有青衿之志,踔厉奋发。庞教授认为昆虫学研究这一古老的学科需要焕发新的生命力,需要注入更多新鲜的血液。党和国家为我们保驾护航,学习和研究条件不断改善,庞教授对中大的同学们寄予厚望,希望每个人都能珍惜青春,不负韶华,为人类做出贡献。

"志之所趋,无远弗届;穷山距海,不能限也。"庞义教授将他的一生都奉献给了国家,奉献给了生物防治。故事的开头,是投身生物研究理想的树立;故事的每一处,无不写着实践和奋斗,无不彰显了一位中国科学家的拳拳爱国之心;如果故事有注脚,那一定是"保仓廪丰盈,护社稷安定"。

# 张北壮:潜心一事,素履往之

**人物简介**:张北壮,原中山大学生命科学学院副教授、中山大学南校区侨联会主席、中山大学老教授协会理事、生科院银铃艺术团团长、广东省植物生理学会第九届理事会副秘书长。现任中大圣禾灵芝产业科技园技术总监、基地植物医院首席专家。在国内外发表30多篇学术论文。著有《中国灵芝人工智能气候室创新栽培》《舌尖上的安全》《植物的营养与病害控制》《作物栽培学》《花卉栽培技术》《现代农业实用技术》和《生态学实验教程》等教材和专著,共约250万字。获国家发明专利4项、实用新型专利6项、外贸部科技进步奖和省科技进步奖8项。2010年受中山大学委派,担任河源紫金县龙窝镇琴口村扶贫项目蜜柚、灵芝和花卉基地建设的技术指导,2012年度被评为"广东省教育系统优秀共产党员",2018年获"中国老科学技术工作者协会奖",2021年获"广东省老科学技术工作者协会先进个人奖"。

张北壮在实验室工作

坐落于广州市番禺区化龙镇的灵芝培育基地，享受着独立于大城市喧嚣之外的宁静，以及远离钢铁森林阴影的阳光。"雨过琴书润，风来翰墨香"，走进张北壮老师在灵芝培育基地的办公室，映入眼帘的便是窗边的这副对联。正如对联所写，这里浸润书香、靠墙的位置摆着一架钢琴，各处还陈列着君子兰、观赏灵芝等，以及众多的荣誉奖状。沏一壶茶，张北壮老师讲起了10多年来往返琴口村120多次的扶贫之路，谈起了自己人生路上的抉择和对新一代年轻人的希冀。

## 为一事而来，何惧风雨

2009年岁末，张北壮第一次跟随中山大学党委书记和专家组，来到这个地处粤东边陲老区的河源市紫金县龙窝镇贫困村——琴口村。琴口村是中山大学的第一批扶贫点之一，距离广州300多公里。这个村子的自然环境非常好，空气负氧离子比城市高出10多倍，但是交通极其不便，每逢雨天，泥泞的山路蜿蜒曲折，连单车也无法通行，是典型的山多地少的贫困地区。正是由于地处深山，资源开发有限，这里没有招商引资的项目，也没有村集体的经济收入，再加上交通、信息落后等原因，琴口村非常贫困。根据2009年底的统计，该村共有223户人家，总人口1420人，其中贫困户83户，人均年收入不到1500元，需要帮扶改造的危房多达90多户，扶贫任务非常艰巨。

张北壮多次到该村实地考察调研，详细检测了当地的气候、水质、土壤等环境条件，提出了对应的扶贫项目方案。经学校领导和村委会研究，最后决定分别从两个方向进行帮扶脱贫：第一，以农民个体的形式发展蜜柚产业，以该产业带动农民的经济收入；第二，以村里的农村合作社的形式发展，发展花卉和灵芝产业，以这两个产业来带动全村脱贫致富。

张北壮是灵芝培育、红肉蜜柚种植以及花卉栽培方面的权威专家，具有丰富的专业知识和实践经验。因此，这三项扶贫项目的技术指导之重任便落到了他的肩上。"我当时压力很大，因为这些工作不是我的个人行为，而是以中山大学的名义去做的事情，目的是要使农民得到实实在在的经济收入。扶贫的任务只能成功，不能失败。"扛着这份责任，张北壮十多年来的扶贫之路，虽困难重重，但却风雨无阻。

经过卓有成效的扶贫攻坚工作，如今的琴口村发生了巨大的变化。过去全村一年的经济作物收入不足10万元，而现在全村种植了3万多棵红肉蜜柚树，2018年红肉蜜柚收成近80多万斤，仅此一项收入便达到了250多万元。近3年来全村的红肉蜜柚估计可收成100万斤，产值有望达到300万元。更可喜的是，在今后的10～20年内，该村的红肉蜜柚将持续处于丰产期，经济效益可观。由于琴口村土壤优良和得天独厚的气候条件，加上科学的管理技术，该村出产的红肉蜜柚品质上乘，众口交赞，市场前景好，这为该村经济持续增长打下了坚实的基础。琴口村的灵芝产业也为村集体创造了60万元净收入。随着村集体积累了数量可观的资金收入，农户的生活水平大大提高。现在，村委会不仅偿还了历年来欠拖下的贷款，还成立了"生产互助基金"，农户从此不用再为没钱购买农药肥料而发愁。

开展扶贫工作并不是一帆风顺的，扶贫项目的推广常常遇到阻力和困难。琴口村的蜜柚产业刚起步时，村民们种植蜜柚的积极性都不高。许多农户认为种植果树周期过长、收益少，并且，他们近十年来也曾陆陆续续种过多种果树，但都由于栽培管理技术不到位，以失败告终。

据此，张老师专门为农户们编写了技术指导教材，举办红肉蜜柚高产栽培技术培训班，帮助他们解决栽培管理、保花保果和病虫害防治等问题，并亲临田头给农户做高产栽培技术指导和示范。"实践证明，通过高产栽培技术培训得到了较好的效果，现在每棵果树能够结50～100个柚子，多的能结200个，完全超过了我们刚开始时的设想，达到了丰产的经济指标。现在不单是琴口村种植蜜柚，附近的几个村也都开始大量种植蜜柚，带动了整个蜜柚产业的发展，这是我们感到十分欣慰的事情。"

扶贫工作取得成效的背后，凝结着每一位奋斗者的辛勤汗水和艰苦付出，是他们用艰苦奋斗的精神镌刻而成的、用生命的代价铸造而成的。如果没有亲身践行扶贫攻坚工作，绝对体会不等这项工作的艰辛和困难。

张老师自参加扶贫工作以来，曾先后120多次自驾车前往琴口村开展对口扶贫工作，行程6万多公里，吃住都在深山中。"我常常在下午工作结束后才匆匆启程回校上课，上完课后又独自一个人开几百公里的车赶赴琴口村。这里道路状况不佳，途中经常会遇到险情。有一次汽车在高速公路上熄火，进退两难；还有一次车在路上爆胎，只能原地等待救援；也有几次遇到山洪暴发，人、车都被困在路上；最危险的一次是山体滑坡导致我住的房子倒塌，被褥和生活用品全部被洪水冲走，幸好大家及时离开住房，否则后果不堪设想……"

扶贫工作起步极难。灵芝和花卉种植培育基地是在荒山野岭中修建起来的，需要临时修路、搭棚，建造临时住房。"开始的时候无电无水，只好自己去捡柴火来烧饭，晚上用手电筒打光照着吃饭。再加上经常下大雨，生活和工作都非常不便。"10多年来，在扶贫的工作过程中虽然常常遇到困难和险情，但是张北壮始终不忘初心，牢记扶贫使命，不畏艰险，砥砺前行，奋力实现贫困村脱贫的目标。

张北壮在灵芝基地

中大人在近10年来的扶贫开发工作中，实施精准扶贫，开创了科技扶贫开发事业的新局面，取得了显著的成绩，也得到当地干部和群众的高度赞扬。张北壮老师说："2018年我随学校领导回访琴口村。时值蜜柚收成季节，我们看到漫山遍野种的都是蜜柚，农民一边卖蜜柚，一边乐呵呵地收钱。他们看到中大人的到来都非常热情，也很感激，很多人拿来蜜柚和农产品要送给我们。他们都说感谢党、感谢中山大学对他们无私的帮扶，帮助他们走上一条持续致富的光明大道，过上了好日子。我们也很高兴，他们过上富足的生活，正是中大人扶贫工作的初衷，也是最让我们感到欣慰的事情。"

回看10多年来的风雨扶贫之路，张北壮付出了大量的时间和精力，甚至为此放弃了职称晋升的机会。他说："如果单纯计较个人得失，也许会觉得自己失去了很多，但在精神上却获得了很多东西，既对得起自己肩负的责任，也对得起为人民服务的那颗初心。"

"为一事而来，风雨无阻；秉初心而行，不计得失。"张北壮将这句话践行得淋漓尽致。

## 怀一心而往，无问西东

在谈到人生的选择时，张北壮老师多了一份从容，而这份从容来自他对自己的清楚认识——他"懂"他自己。

上学期间，张北壮学习努力，组织活动能力强，在大学读书期间他一直担任班长一职。加上他大学毕业后参加工作多年，积累了丰富的管理经验，工作能力也得到了同事们的认可。很多人都顺理成章地认为张北壮应该去做行政管理工作，曾经也有老同学觉得他没有去做官很可惜。张老师说，"开放改革初期，学校组织部曾经拟选派我到广东某市挂职副市长，征求我本人意见，这对有意走仕途的年轻人而言，是一个难得的机会，但是经过综合考虑最终还是放弃这次机会"。张北壮认为，选择自己从事的职业要考虑本人的学识水平、工作能力、理想追求等因素，要"扬长避短"，才能发挥出个人的聪明才智，为社会做出贡献。张北壮觉得将所学知识应用到生产实践中去，踏实地做点实事，更能体现出人生的价值。决心已定，人生的船将驶向何方，这当由掌舵的自己来决定——我们不仅要考虑到外界条件的可行性，同时张北壮老师也用自身的经历告诉我们要内向探索，做自己的"知己"，发现自己的特质与需求。

正是秉持着这份"踏实地做点实事"的初心，张北壮选择将自己所学的专业知识和科研成果投入到生产实际中去，为广大农民解决生产实践中的难题。张北壮介绍，1995年，为了响应国家教委高校科研要为社会经济发展服务的号召，中山大学生命科学学院委派张北壮在番禺化龙镇组建中大（番禺）生物技术教学实习基地。20多年来，张北壮推广农业新技术，得到当地政府和广大农民的好评，为农业科技技术的推广和发展做出积极贡献。他几十年来一直从事植物生理学、生态学的教学和科研工作，在花卉产业、香蕉果树栽培、灵芝种植和植物克隆技术等领域有大量深入的研究和丰富的生产实践经验。近20年来，先后在广州花博园、河源东源县、云南省澄江等地做农业科技专题报告100多场，听众达5000多人次。同时还创办了"中大植物医院"，每年接待数以千计的前来进行科技咨询的农户，并且定期带领技术指导团队深入到基层，为广大农民解决在生产实际中遇到的难题。编写各种作物高产栽培新技术讲义，定期为当地农民举办花卉栽培技术、果蔬栽培技术、香蕉高产栽培技术、香蕉重要病害防治方法、植物微嫁接技术等专题培训班共80期，参加培训人数4000多人次，为珠三角地区的花卉、香蕉和果蔬等经济作物产业，培养出一大批技术骨干，从整体上提高了农业栽培技术水平和产品质量。

近年来，为了配合广东省贯彻党的十九大和全国教育大会精神，落实立德树人根本任务，加强和改进我省大中小学校劳动教育工作，张北壮积极参与位于番禺基地的"濒危中草药拯救研学实践教育基地"（广州市批准项目）的组建工作，亲自参与制定中小学生劳动教育课教程，编写劳动教育课程教材，以实际行动推进我省中小学新时代劳动教育的实施，促进学生德智体美劳全面发展。该实践教育基地规模及劳动教育课教程得到省市教育部门和老师们的好评。

如今，琴口村已不再贫困，种下的蜜柚树不久又将硕果满枝，大棚里精心培育的灵芝很快也会装箱上市，村民们的日子也越过越红火。张北壮老师自己在人生岔路口上的每一个选择，都是在认真践行"但行好事，莫问前程"的人生哲理，这是他的初心，也是他不断前进的动力。

不惧风雨，不逐名利。潜心一事，便素履往之。

# 李鸣光:昭昭爱国心,播撒信仰之火

**人物简介**:李鸣光,原中山大学生命科学学院教授,中山大学生物博物馆首任馆长,现任生物博物馆馆长顾问。主要从事植物生态学的教学和科学研究工作。在40多年的学术生涯中,合作发表学术论文70多篇、专著3部;获授权专利2项。参与的研究成果"薇甘菊综合防治技术研究"获得广东省科学技术二等奖,"农林杂草薇甘菊的生物学特性及防除对策"获得深圳市科学技术二等奖。

李鸣光在野外与筛选出的抗薇甘菊树种血桐的幼树合影

时间东流,岁月颠簸。从满目疮痍到欣欣向荣,从积贫积弱到繁荣复兴,从山河破碎到国强民安,正是志士仁人和一代代共产党人的坚守、奋斗和牺牲,成就了祖国今天的繁荣昌盛。李鸣光教授是这无数共产党员中的一员,他以昭昭爱国之心,潜心钻研卅余载,为祖国的发展不懈奋斗。

## 百折不回，缱绻爱国情

在国内生活环境还很艰苦之时，身为印尼华侨的他和父母毅然决然地选择归国。1968 年，他和父母一起从他出生就居住的印度尼西亚回到祖国，在广东清远华侨农场定居、工作。1977 年全国恢复高考，他考入中山大学。他说："在中国新旧交替之时回到祖国，与印尼华侨社会和华侨学校对新中国的热爱，以及我父母强烈的爱国情怀是分不开的，他们对于祖国赤忱、质朴的爱是我们回国的驱动力。他们常说'good or bad, my country'，这种爱国情怀深刻地烙在我心里。"后来他远赴美国读博，结束读博生涯后，他面临一个抉择——归国或留美。他没有丝毫犹豫，毅然选择回到祖国，要用所学知识报效国家。

1956 年，李鸣光与其父母和哥哥（皆着淡色衣服）与走亲戚的舅母在印度尼西亚万隆市家里的前院子留影

爱国无言，他用行动实践了自己对祖国的热爱与忠诚，他分别于 1968 年和 1991 年两次归国，克服重重阻碍，只为投身于祖国的建设。1968 年第一次归国，他遇到的第一个问题便是不习水土。与以前居住城市的天气截然不同，清远的湿春、炎夏和寒冬，即便在此生活一段时间后，仍不能完全适应。除此之外，当时的居住条件，没有自来水和电，需要自己挑水砍柴、生火做饭，如此种种。

1991年，他在美国获博士学位后归国，除了要克服生活条件上的不足，还面临着如何在仍有所欠缺的科研环境中坚持下去的问题。当时中国和发达国家的科研经费相差巨大，国外相对充足的资金支持使研究更为顺畅，而20世纪90年代的中国，生物研究的很多领域尚未起步，加之资金短缺，其发展前景仍未完全显露。"那时候去美国留学后回国的学生很少，并且越是名校，回国的比例就越小。为什么？有很多原因，其中一个就是科研经费的问题。"他说。时过境迁，随着国家经济的高速发展，国内科研的经济基础逐渐雄厚，科研环境也已焕然一新——科研经费充足、科研设备齐全，各领域相互交融共同发展，迸发出勃勃生机。但李鸣光强调我国科研环境仍存在改进空间，如科研体系的完善、科研人员的创新思维能力的提升等。

"国有召，我必回"，李鸣光在祖国需要之时毅然归国，百折不回，秉持着爱国之情，践行着报国之志。他用余载诠释着，"爱国"不是一个口号，而是一个人一生追随的信仰。

## 专研廿载，寻防治之法

薇甘菊（*Mikania micrantha*），一种具有极大危害性的入侵物种，常常攀附缠绕在其他植物身上，阻碍植物健康生长从而致其死亡。它原产自中、南美洲，后扩展到我国南部地区，对当地生态环境造成了严重破坏，因此薇甘菊防治工作刻不容缓。早在20世纪90年代，李鸣光便开始了薇甘菊防治研究。他说："1991年，我从国外读博回来，当时我还没有关注到这个物种。我的导师王伯荪老师、师兄胡玉佳老师则较早注意到了它造成的危害，不久后我也跟随他们一起展开研究。我们去了深圳内伶仃岛自然保护区考察薇甘菊的危害情况，发现岛上的薇甘菊肆虐生长，被其覆盖的植物生长不良，逐渐死亡。深圳有关部门出资，希望我们能够寻找出一套有效治理薇甘菊的方法，为解决现实的需求，我开始了这方面的研究。"

当时人们对薇甘菊的生理学、生态学特性都知之甚少，更别提治理方法。对于李鸣光来说，寻找其治理方法就像"摸着石头过河"，需要不断地摸索，是一项十分具有挑战性的任务。凭借扎实的学科基础知识，李鸣光意识到治理思路就是寻找薇甘菊难以适应的生存环境。经过大面积调查，李鸣光及其团队掌握了薇甘菊生长的限制条件——它不能在茂密的林地生长繁殖。于是，李鸣光提出了将它的生存环境改造成林地，从而限制其生长的治理方法。治理方向虽已确定，实现起来却困难重重。首先，树木生长周期长，试错成本高。其次，改造后的树林需要维护。面对这些困难，李鸣光及其团队坚持不懈、不断尝试，最终成功从大量的树种中找到了3种不惧薇甘菊覆盖的本区域树种，分别是血桐（*Macaranga tanarius*）、幌伞枫（*Heteropanax* fragrans）和阴香（Cinnamomum burmannii）。用这3种树种对薇甘菊肆虐地区进行改造，一劳永逸地解决了薇甘菊的危害。如今，20年过去了，改造示范区的生态环境焕然一新，薇甘菊的危害已不复存在。李鸣光欣慰地说："我前几年去改造区考察，那里的民工得知我们想找薇甘菊后，就告诉我们不必去了，因为那片地区已经没有薇甘菊了。"

将薇甘菊的生长环境改造为林地的防治方法取得了重大成果，却也具有局限性。那便是并非所有薇甘菊肆虐地区都适合改造为林地，如农田。在这些不适宜种植树木的地区，李鸣光及其团队也尝试了其他方法，如农药、菌治等，却仍未发现一劳永逸的治理方法。他设想："目前，薇甘菊的防治之战仅取得了阶段性的胜利，相信后人能将这项事业延续下去，实现在所有区域一劳永逸的防治。"

李鸣光专研廿载，全身心投入到寻找薇甘菊的防治方法，以求改善自然生态环境之中，这份坚持难能可贵、令人动容。"我是一个永不言弃、永不后悔的人。"正是这样的性格，使得他能在20年来潜心一事，最终寻得防治之法。

## 弦歌不辍，燃教育之灯

李鸣光不仅是潜心科研的学者，还是关心教育的师长。在采访过程中，他给予了青年学生们许多建议并提出了期望。

大学生、研究生应有广阔的知识面，但他希望学生们能协调好"广"和"精"之间的关系。对未来要走科研和学术之路的同学来说，切忌以"广"代"精"。他说："每个专业都有其基础和进展，大学里准备了经过凝练的系统化、浓缩化知识，学生们要主动掌握并融会贯通。但我发现有的同学没有把时间分配好，以'广'学杂学代替短短四年、时间有限的专业'精'学，实际上是浅尝辄止。不论是本科生还是研究生，应该学会自我评判，如果自己不具备天才的广学能力，就要有自知之明，聚焦收敛，专注于专业。"对于科学论文的写作技巧，李鸣光也有自己的心得。他认为科学论文应遵循科学界的格式，写作方法上要学会每段只写一件事，且每段的首句能概括该段内容。这样一来，文章才能条理清晰，重点突出，信息表达准确完整。

不少学生或许都思考过"做科研更需要天分还是勤奋"，对于这个问题，李鸣光表示"天分给你达到高位的可能性，但可能性不等于现实，没有勤奋仍然达不到高位。勤能补拙，说实话，我们大部分人都不是天才，但仍然可以做很多有意义的事情和工作。"

作为中大生科院的前辈，李鸣光对莘莘学子嘱托道："希望同学们都能在学术上打出自己的一片天地，追求不一定有回报，但是一定不能没有追求。对于已经从生科院毕业的同学来说，要始终秉持科学的态度、科学的思维和科学的方法。"

李鸣光虽已从中大毕业多年，却仍挂心中大学子的成长教育，用自己的人生经验为学子们提出了许多建议。相信这些建议将成为学子们成长路上的明灯，指引他们走上正确的道路。

## 信仰为桨，渡肩上命

从1968年到2022年，50多年一挥间，中国发生了翻天覆地的变化。

在父母和华侨社会的耳濡目染下，李鸣光感受到正是因为坚持中国共产党的领导，中国才能够飞速发展进入新时代，"所以我也希望能够成为其中的一员，在中国共产党的领导下，为中国的发展进步尽自己的一份力。"加入中国共产党后，他在更加自律的同时，也清楚地意识到自己所肩负的责任。

一代人有一代人的"长征"，一代人有一代人的担当。"我们这代人经历了中华民族从站起来、富起来，到现在迈向强起来的伟大飞跃，我们是这一过程的见证者，贡献者和受益者。"李鸣光讲道，"你们这代青年人，就是要实现第二个一百年的奋斗目标、实现中华民族伟大复兴的中国梦。你们这一代，不论身处何方、肩负何职，都应该始终牢记'为中国人民谋幸福，为中华民族谋复兴'的初心，承担起自己的使命。"

红岩的火光经久不灭，是骨子里熔铸的信仰；红旗的光辉永不褪色，是传承的力量。历史是座桥，前辈们奉献一生砌筑每一块砖，用所思所学所想启迪后人，正如李鸣光站在桥的一头瞻望后辈的身影，给予其不竭的动力。新时代的青年应秉承如光一般灼亮的精神，肩负使命、不忘初心，奋勇前进。

# 屈良鹄：扎根中华，踔厉奋发

**人物简介**：屈良鹄，原中山大学生命科学学院教授、逸仙学者，国家杰出青年基金获得者，教育部长江学者特聘教授，国家高层次人才，"RNA 科学与技术"教育部长江学者创新团队负责人，国务院特殊津贴专家。连续两次担任国家"973 计划"首席科学家。曾兼任"基因工程"教育部重点实验室主任，"有害生物控制与资源利用"国家重点实验室主任，中国生化与分子生物学学会常务理事和 RNA 专业委员会主任。主持获得国家教委科技进步一等奖（1989 年）、广东省科学技术奖一等奖（2005 年）、国家自然科学奖二等奖（2007 年），以及教育部首届霍英东优秀青年教师奖，广东省首届"丁颖科技奖"，教育部"全国师德标兵"、中国科协第五届"全国优秀科技工作者"，香港"求是"科技基金会授予的"杰出青年学者奖"等 10 多项荣誉称号。

屈良鹄教授（中）与法国图卢兹国家科研中心科学家交流

"我国非编码 RNA 领域开拓者"等荣誉，都难以全面展现屈良鹄教授于学术之锐意进取，于人生之波澜壮阔。关于荣誉成就，前人之述备矣，本次采访更关注他成功的经验。回顾自身成长轨迹，他谦虚地概括为"平日静下心来积淀，才能抓住国家腾飞所带来的无数机遇"；展望新时代生物科学发展，他准确地指出方向应是"面向国家重大战略需求，以改善人类福祉为己任"。

他，生于中华大地，从神州母亲的怀抱内汲取实践与理论的养分；在学习现代科学知识、领略异国风情后，依旧心系祖国，贡献自己的力量，尽力扫清新时代微观生物学发展征途上的障碍。此次采访不仅是屈良鹄教授的人物专访，还是读懂中国生物学家扎根中华、踔厉奋发、关心后辈、高瞻远瞩精神的窗口。他说："我不过是点亮一盏灯，（我国生命科学取得新突破）仍需广大青年不断创新前行"。

## 工厂八年：实践与积淀

在上大学之前，屈良鹄在衡阳市酿酒厂的抗菌素和酶制剂生产等部门工作了近 8 年。他以中间体化验员的身份兼任工艺技术员的经历，引起了笔者的好奇心。若要给八载光阴以总结，屈良鹄浓缩成一句"坚持自我积累和学习，才能抓住机遇"。流水线上的工作看似与课本上的数理化知识没有交集，但他充分发挥自己的好奇心，刨根问底。例如洗衣粉推广伊始，他便会将其与肥皂的机理、效果等方面进行对比，遇到不了解的领域他会找资料、向他人请教。坚持不懈地积淀总会收到回报。当他绘声绘色地描述如何从一个酿酒学徒工成为制药工艺技术员时，笔者甚至能想象到他当时的喜悦。

1970 年 3 月，初中毕业的屈良鹄进入地方国营衡阳酒厂工作。当时全国开展综合利用的技术革新正如火如荼，厂里一位年轻的副厂长也提出了用酿酒原料和副产品生产抗菌素的综合利用项目，但这对文化程度普遍偏低的酒厂老工人来说无疑是天方夜谭。"大伙儿安静下，厂长和大家说点事。"台下的喧哗顿时收敛了许多，交织着期待和质疑的眼神聚焦在厂长身上。"以前我们都拿粮食酿酒，但现在有人发明了用木屑来酿酒！"话音未落，惊叹声、质疑声、叽喳声此起彼伏，不绝于耳。"有什么奇怪的？"循声望去，竟是个十几岁的小伙子，"木屑含有纤维素，纤维素又是由葡萄糖聚合而成，和用粮食酿酒没什么本质的区别啊！""好！小伙子有见识啊！"机遇总是光顾有准备的人，谁也没有想到，刚进厂的年轻小伙子，马上就被选入抗菌素生产技术革新小组，派往株洲制药厂学习抗菌素的生产。屈良鹄从此走上了科学与技术的道路。

在酿酒厂的 8 年时光里，屈良鹄主持组建了工厂的中心化验室，并作为主要技术骨干参与抗生素和酶制剂的研发和生产。在生产实践和技术革新中，他求知创新的强烈欲望被激活。他利用业余时间自学了高中及大专的大部分课程，并且特别渴望进入大学深造。待到 1977 年恢复高考，屈良鹄由于工作繁忙，没有请一天假去参加补习班，他笑道"幸好靠着之前的积淀就足够了"。于是，在 24 岁时，屈良鹄顺利被武汉大学生物化学专业录取。在无人知晓时苦读不辍，将理论假说融入工作实践。屈良鹄的努力，终于在 1977 的夏季听到了不绝的回响。

## 求学 8 年：用努力追回时间

尽管在生物和化学技术等实践方面远远超过班上其他同学，但屈良鹄明白自己的知识体系尚不健全，缺乏全面的基础科研训练，因此他不敢松懈，加倍努力，节假日也从不休息。由于本科成绩优异，并提前半年修完了所需学分，他选择在中国科学院北京生物物理研究所核酸实验室完成本科毕业论文。幸运的是，实验室组长师从两届诺贝尔奖得主弗雷德里克·桑格先生，且组长刚从英国回国，在与其交流中，屈良鹄得以了解关于核酸的学术前沿动向。机缘巧合，"DNA 双螺旋之父"沃森先生访问该实验室并做报告，在讨论时当面回答了屈良鹄提出的关于左旋 DNA 结构的问题。见识到大家风范，他自述："沃森先生的报告对我的影响很大，使我决定要以核酸为今后的研究方向。"适逢国内公派留学开始选拔人才，屈良鹄不负众望，出现在赴法国留学的最终名单上。1982 年 7 月 14 日，怀揣着对科学研究的神往，他搭上了通往更广阔世界的航班。

法国的土地上充满着插曲和惊喜。屈良鹄分享了一件"乌龙"事件："我的法语不太标准，面试官只听清楚了'核'没听到'酸'，就把我分派去了法国原子能研究所。"几经周折他才终于来到了法国国家科研中心图卢兹生化和细胞遗传中心，面对导师出的一道题目——在一段 DNA 序列中标注出所有内切酶位点，他"不假思索，拿起笔哗哗就标完了"。看似云淡风轻，实则暗含扎实深厚的基本功。后来，导师拿出一张大肠杆菌 16S～23S rRNA 初级转录本加工图来介绍该领域最新进展时，屈良鹄马上指出该图片上一个 RNA 酶 III 的切点可能标错了位置，当时团队里的师生都觉得不可思议，但隔了几天后，导师反馈了信息"你是对的，但请告诉我，你是如何知道的"。

在第一次研究生研讨课时，屈良鹄选择了 Cell 杂志刚发表的四膜虫 rRNA 内含子自我剪接的一篇文章进行分享。令许多人都没想到的是，这篇文章的研究结果在 7 年后获得了诺贝尔奖。面对这个特殊的外国学生，导师讶异之余，表示他已经超过了法国 DEA（硕士）的水平，可以直接攻读第三阶段博士学位。屈良鹄果然不负众望，用了不到一年的时间，就在国际杂志《核酸研究》上发表了关于大分子 rRNA 序列和高级结构测定方法的论文，在 RNA 序列和结构的测定效率和精度上实现了质的飞跃。做出如此重大的成果后，屈良鹄又一次挑战自我，直接申请攻读法国国家博士学位，并仅用 3 年时间即获得法国国家博士学位。

1970 年进工厂、1977 年考大学、1982 年出国，3 次决定屈良鹄教授人生命运的机遇看似偶然，其实是他不问回报，默默耕耘的收获。"机会总是留给有准备的人"。这求学的 8 年，他抓住了，用汗水和智慧追回了时间，走上了科学的道路。

## 从教三十五年："变"和"不变"

鉴于屈良鹄的出众表现，国外各大研究所和大学纷纷向他抛出了橄榄枝。他只是说："国家派我来留学，完成任务就该回国了。"寥寥数语，却足以体现他的报国情怀。

"女士们、先生们，飞机已经降落在广州白云国际机场。飞机仍在滑行，请不要随意走动……" 1987 年屈良鹄留学归来，重回故土，除了激动，他还在思考如何选择工作单位。谁料一下飞机，他便受到广州市人事局领导的亲自接待。那时广东正处于改革春风下，在回国后的一周里，热火朝天的建设、肆意喷涌的激情和夙兴夜寐的勤奋，都深深印在了他的脑海中。来到教育部报到时，他收到了中山大学李宝健教授的邀请信，再次被深深触动。更兼顾到爱人在华南理工大学任职，屈良鹄最终选择来到中山大学生物学系（生命科学学院前身）。

转眼间，屈良鹄在中大从教已 35 载。当被问到生科院的变化和自身的贡献时，他概括为"目标始终如一，为中山大学分子生物学科迈入国家一流贡献力量"。当年屈良鹄刚到中大时，生物学系的动物、植物等宏观生物学科都有博士点，但分子生物学却十分薄弱，尚没有建立硕士点；现在不仅拥有生化与分子生物学博士点，而且进一步发展成为国家重点学科,拥有"基因功能与调控"教育部重点实验室等重要资源,持续支撑生科院在国家双一流学科建设等战略布局中走在前列。

在生科院学科建设中,屈良鹄一马当先,勇于突破和创新:他是生科院首位国家杰出青年基金获得者,首位教育部长江学者特聘教授,第一个国家"973计划"首席科学家;他带领"RNA科学与技术"教育部创新团队获得学院第一个国家自然科学奖二等奖。自此,分子生物学科发展迅猛,也为动植物等其他学科培养一批优秀人才,有力地推动生命科学的多学科交叉和协同创新。从2007年到2014年的国家985工程学科建设中,生科院获得4项国家自然科学奖二等奖,都来自生化与分子生物学及其交叉学科,取得骄人的成绩。在历史回顾中,屈良鹄还多次提及历届生科院领导和其他教授,特别是李宝健、王珣章和徐安龙等教授,感谢他们的支持和共同奋斗。同时,他也感恩中山大学为自己提供优良的学习工作条件。始终心怀感激,始终心系生科院进步,正是屈良鹄等其他前辈的接续奋斗,才迎来如今生科院资源齐全、人才辈出的新篇章。

30年未变的中山大学生科院办公室

岁月悠悠,生科院30年发展,不觉间已过万重山。屈良鹄在中山大学35年教学和科研生涯波澜壮阔,他将自己的成就和贡献总结并提出了三个科学猜想:生物高级阶元的"分子分类检索表"——rRNA分类与系统学猜想;"人类RNA基因数目大于蛋白质基因数目"的RNA组学猜想以及"表征细胞功能图谱的RNAindex"猜想。这些猜想为建立生命的分子系统、解析基因组中的"暗物质"、发掘细胞功能大数据及新一代精准医学理论和技术提供了新的思路和切入点。与此同时，他也调侃自己有"三个不变"：工作以来研究方向不变、工作单位不变、办公室不变。玩笑背后，何尝只有这些不变？不卑不亢的性格、为国奉献的情操、总结反思的智慧，这些品质渗透在每一句话语中，感染和鼓舞着身边的人。

## 前路：是征途不是旅途

　　21世纪的生命科学日新月异，一日千里。屈教授在谈到生命科学的发展和未来目标时，十分兴奋。他指出：生命科学已进入新时代，其中以RNA组学为代表的微观生物学已率先进入生物大数据时代。如何利用以RNA为核心的生物大数据引领生命科学发展，在与医学、农学等多学科交叉中酝酿产生新的颠覆性理论与技术，已成为当今我国生命科学所面临的重大机遇与挑战。"这提示我们，在新的时代，我们必须坚持党中央提出的'不忘初心'和'四个面向'的方针，生命科学既要在科学前沿有突破性的发现，同时要对国家重大需求和人民健康做出重大贡献。"屈教授以自己实验室团队正在进行的研究为例，讲述了非编码RNA的基础研究如何为新一代精准医学和分子遗传育种提供颠覆性技术。

　　蓝图和纲领的实现，首先需要保持正确的政治思想和价值观。屈教授屡次提及《中共中央关于党的百年奋斗重大成就和历史经验的决议》，并将党的十九届六中全会精神融入生物科研等实际领域阐述。"思考问题从历史的维度出发，汲取经验与教训，始终坚信先有耕耘再有收获。"不仅如此，拥有大视野也有助于我们忽略眼前的小挫折。"要跳出琐碎细节，不用刻意追求奖项和论文。"如苏格拉底所言，"幸福总在你不期而遇时降临"，只要不断耕耘，成功自然水到渠成。

　　正如朱光潜先生在《谈美书简》中所强调的，科研也需要博学，屈教授也着重强调广泛阅读的重要性，不要局限于专业知识的学习。"阅读可以培养想象力、逻辑性、思想力，保持健康精神状态。"长期被文字温润的力量所浸染，被哲思深邃的魅力所吸引，我们能逐渐拥有辩证的思考方式，这不仅有助于在科研方面创新前行，更能参悟人生真谛，体悟人生价值。

　　面向对生命科学有好奇心或兴趣的青少年，若未确定选择生命科学专业，屈教授强调"生命科学从不缺少机会"，强国一代新青年不应错过生物学高速发展的黄金机遇。"21世纪是生物学的世纪。每个人都是思考者，都可以用生物学知识服务人类。"若已选择生命科学，关于把握日后学习方向，他表示可以从三个生物学基本问题入手："世界上有多少种生命？生命之间的关系和系统？生命生长、繁殖的机制是什么？以及生命的起源及进化。"对应自己暂时无法回答的问题，选择学习相应课程和阅读相关文献，从而逐步完善自身知识体系。

在3小时的采访中，我们能深刻体会到屈良鹄教授拥有的热诚爱国情怀，坚持理论和实践相统一，将自身科研融入国家发展大局，勇于踏入"无人区"开拓建设，关心人才培养接续奋斗等品质。同时，这些精神元素更是全体爱国生物学家的集体写照。征途漫漫，唯有奋斗。愿广大新青年摆脱冷气向上走，站在巨人的肩膀上踔厉奋发，成为生物学前沿的弄潮儿，为人类命运共同体贡献中国生物智慧。

# 黎祖福：躬耕蓝色沃土，乐为海洋农夫

**人物简介**：黎祖福，原中山大学生命科学学院教授，享受中山大学卓越人才计划教师特别津贴，广东省人大常委会三农业专家。长期从事海水鱼类养殖技术研究，建设了东南沿海首个深水网箱产业园以及我国第一个海外深水网箱养殖基地。

黎祖福在"深海发现之旅暨'海洋十年'进校园"活动上讲话

常言道，一方水土养一方人，华夏文明起源于黄河流域。内陆地区的生活，成就了辉煌璀璨农耕文明，也奠定了向地索粮的传统。但文化和生产力的共同影响下，我国虽然拥有漫长的海岸线，但在数千年的历史中，将海产品作为重要食物来源的仍然只有小部分沿海地区。

如今，远洋捕捞、海水养殖、冷链运输等技术随着现代化的进程逐渐进入大众的生活，增加了海产品在国民餐桌上的比重。因为"大食物观"的推广，粮食领域也迎来了"沧海桑田"的变革，越来越多的人将目光投向了这个蔚蓝而广阔的粮仓。

耕海牧渔，建立"海洋牧场"，构建"蓝色粮仓"，离不开科研工作者在海水鱼养殖技术上的奋斗。生于海南，一生与海洋为伴的黎祖福，就是中国水产养殖技术的杰出科研者。

高考结束后的黎祖福，对以后的路并没有太多自己的想法，只是在等待国家安排他去到需要他的地方。也许是农村出身的缘故，年少的他被安排到了水产专业。秉持"干一行，爱一行"的原则，黎祖福很快投身到了水产相关的学习中。

毕业后的黎祖福立志通过水产来带动渔民发家致富。几十年时间，从广东到广西再到海南，甚至输出东南亚，黎祖福在鱼类育种和网箱养殖上获得了 60 多项专利成果，得到了企业和渔民的认可。几十年的艰苦奋斗，带动了渔民的收入增长，也推动了"蓝色粮仓"的发展。

工作期间，作为国家第一批科技特派员的他离开了安逸的中山大学校园，住进了海风吹拂的养殖基地。他却不觉得遗憾，只觉得他所做的一切都是理所当然："因为社会的需求和专业的特点，我们就不能只待在实验室里，而是要贴近生产，贴近产业，将论文写在海洋上"。

几十年的时间里，他始终秉持这一理念，在一线了解养殖户的技术需求，有针对地进行研究；同渔民打成一片，把自己的成果快速带给企业和渔民。他说，他只觉得自己是一个普通农民，回归了大自然，自在地在这片蓝色中发挥自己的才能。

大海给予我们食物，有时却也给我们带来灾害。"跟大海打交道要适应她的喜怒无常。"黎祖福和大海过了一辈子，几十年的研究生涯，他坦言自己"没少交学费"。

海洋的复杂多变，是对黎祖福研究的巨大考验。台风、寒潮，都对养殖鱼苗有很大的影响，稍有不妥，就会导致网箱破坏，鱼苗死亡。1996 年的台风，2008 年的寒潮，都给他的研究带来了重大损失。

大海的喜怒无常，或多或少影响了黎祖福的研究工作，但从哪里跌倒就从哪里站起，重新来过。就这样，在不断地试错中，黎祖福在 20 世纪 90 年代完成了 7 种海水鱼的繁育和推广工作，还完成了深水网箱养殖技术的改进和推广，建设了东南沿海首个深水网箱产业园及我国第一个海外深水网箱养殖基地，获得了广东省科技奖。2007 年，温家宝总理访问菲律宾期间，中国与菲律宾政府签订了渔业合作协议，展开深水网箱养殖合作。作为拥有 20 多年深水网箱养殖研究经验的资深研究者，黎祖福在政府委派下帮助菲律宾进行渔业规划和渔业示范基地建设。

经过几年的调研选址，2011 年黎祖福选择在苏比克湾建立菲律宾第一个深水网箱养殖示范基地。数年时间,黎祖福依托苏比克湾的养殖示范基地,向菲律宾进行技术输出,帮扶他们进行技术推广。他还作为越南农业部的顾问,帮助越南六七个海水鱼品种突破规模化养殖瓶颈。

正因黎祖福与越南、菲律宾合作时的突出贡献,中国—东盟海水养殖技术联合研究与推广中心获得国家科技部、外交部、财政部的立项,并在中山大学落户。这也是国家对黎祖福工作的重视和肯定。

时间来到2023年,此时的黎祖福已退休,但他仍然以另一种方式回到他奋斗了一生的岗位上。如今的他,有了更多时间去做自己感兴趣的事情,去结合专业和社会的需求,做一些力所能及的工作,发挥自己的作用。

近年来,他把目光投向了水产行业的高质量发展,考察了广东沿海的全部市县,为湛江、珠海等地市及重点企业做了几十场关于现代海洋牧场的专题报告,积极推动海洋牧场建设事业。在他的推动下,珠海、湛江深海设施取得了大的发展,"澎湖号""海威号""珠海琴"等具有国内先进水平的现代化深海养殖平台相继投入使用。

黎祖福受聘为广东省人大常务委员会"三农"咨询专家

在他眼里,自然界有自己的生态系统,有不同的生态位,有生态链形成相互关系。养殖也好,捕捞也罢,都要有一个度,不能超过海洋的自净能力。如何寻找环境价值与经济价值的平衡点，是他，以及众多科研工作者需要思考的问题。

几十年来，自称"海洋农夫"的黎祖福，除了自己在水产养殖上开拓创新，还培养了一大批优秀的研究生，很多学生成为行业的骨干。他一向重视对学生的实践能力的培养。他的研究生，除学习理论知识外，都会在养殖基地开展长期实验，真正走进一线，了解行业的需求。因为在他的心中，科研工作者就该把成果带给社会，要让社会觉得有价值。而想做到这一点，进行生产实践，产学研结合，不可或缺。

无论是对自己还是学生，黎祖福都有相同的要求：把成果带给全社会。这样的要求，和专业的特殊性有关，也和个人的责任感有关。一个成功的科研工作者，并不需要靠自吹自擂去宣传自己的成果。只要他面向社会需求，进行实际研究，成果自然就出去了。否则，无论是多好的成果，社会看不见摸不着，也没办法转化为民生福祉。

他说，我们学院希望培养"顶天立地"的人才。"顶天"，就是要有标志性的基础研究与理论成果；而"立地"就是要将研究成果能推广到社会、推广到企业，让我们的研究惠及千家万户。

几十年来，黎祖福辛勤劳作的汗水早已和这片蓝色沃土融为一体，化为奔腾的波涛。而他，这位乐于自称"海洋农夫"的科研工作者的成果，却长久地留在了这里，留在海南，留在两广，留在东南亚，留在无数渔民幸福的笑容里。正因有黎祖福这样"立地"的科研工作者的存在，众多理论成果才能落地转化，成为惠及万千群众的伟大创新。

校友篇

# 拳拳爱国心，殷殷报国情
## ——1957级校友曾宪梓

**人物简介**：曾宪梓（1934—2019年），中山大学生物学系1957级动物学专业校友，香港金利来集团有限公司创办人，曾任中山大学生命科学学院荣誉院长、中山大学名誉博士，并历任全国工商联副主席，第八届、九届、十届全国人大常委会委员。1984年，他开始到内地投资设厂，合资成立中国银利来有限公司，这是我国首家专营领带生产的中外合资企业。他积极组织海内外华人到内地投资，于2001年促成第六届世界华商大会在南京召开。从20世纪70年代末开始，曾宪梓先生慷慨捐资，大力支持国家教育、体育、航天科技、医疗与社会公益事业，历年捐资逾1400项次，累计金额超过12亿元。曾宪梓先生不仅是一位杰出的慈善家，更是一位坚定的爱国者。他坚决拥护"一国两制"方针，曾任香港特别行政区筹备委员会委员，为香港的平稳回归、顺利过渡及持续繁荣做出了重要贡献。他的付出与努力得到了社会各界的广泛认可，为表彰曾宪梓先生对祖国事业和对香港多方面的卓越贡献，国际编号为3388号小行星被命名为"曾宪梓星"；三次荣获国家民政部颁发的"中华慈善奖"；获香港特别行政区政府颁授"大紫荆勋章"；获中共中央、国务院颁授的"改革先锋"奖章。

**曾宪梓**

对于中山大学的学生来说，"曾宪梓"这个名字可能最先与校园内的教学楼联系在一起。生命科学学院的曾宪梓堂等建筑，不仅是学习的场所，而且是一代代中大学子心中的路标和灯塔。它们象征着曾宪梓先生的精神，照亮着学子们前行的道路，激励着他们在成功后不忘初心，继续为祖国的发展贡献自己的力量。

## 心怀抱负，入读中大不忘回馈

高考时，曾宪梓最初的目标是清华和北大，但未能如愿。第二年，曾宪梓重整旗鼓再次参加高考，最终成功被中山大学生物学系录取。

为什么选择读生物？曾宪梓说："有生气，变化多，内容丰富，当时生物学系就两个分支，动物学和植物学，而我想研究怎么改变基因去改变动物的肉质。"曾宪梓能够入读中山大学生物学系也与中国科学院院士蒲蛰龙当时扩大了生物学系招生有关。20世纪80年代，当蒲蛰龙院士计划成立生命科学学院时，曾宪梓毫不犹豫地捐赠了两栋教学楼以表示支持。

## 勤工俭学，辛勤充实不负光阴

曾宪梓在1957年入读中山大学时已经成家，为了帮补家用，他利用课余时间进行勤工俭学。

当时，中大基建工作需要箩筐和扁担，学校支付工钱，做一对有五角钱，曾宪梓利用周末休息时间和编织竹器的技巧制作了许多箩筐，用于帮补家用。

曾宪梓还利用课余时间写钢板和刻讲义，他一手秀丽的字派上了用场，每刻一张讲义五角钱，每刻一篇讲义等于又温习了一遍课程内容。他起早贪黑地工作，不仅学习成绩好，而且坚持勤工俭学。当时一个大学助教月薪不到60元，而曾宪梓通过刻钢板，一个月的收入已超过了80元。

除生物学之外，曾宪梓还选修了心理学，"心理学很重要，无论是做生意还是搞政策都离不开心理学"，而曾宪梓在大学时还熟读了毛泽东的《矛盾论》和《实践论》，这些都在他之后的商业决策中起到了重要的作用。

曾宪梓喜欢打篮球，他伸出了右手，打开掌心，"你看，我的手指，又粗又短，根本不是打篮球的料"，曾宪梓说中学时就被篮球教练拒之门

曾宪梓先生在读大学时的宿舍楼前留影

外,但他不甘心,于是每天早上比其他人早起一个小时,去操场跑一万米,中午别的同学午休,他就在篮球场上练投篮,就这样,最终成为校队队长,而这爱好一直延续到中大,后来还在中大代表广东省参加了航海俱乐部。这种精神也贯穿了他的创业历程。

## 创业勤俭,信念长存志向不移

在香港创业的初期,曾宪梓面临诸多挑战。1968年,曾宪梓带着6000港元的本钱,靠着一把尺子、一把剪刀、一台缝纫机,在香港开始了自己的创业之路。从夫妻档起家,筚路蓝缕,从拆解还原竞品学习针法做起,凭借踏实的为人和高质量的产品,仅仅两年,他就成功创立了自己的品牌,并最终带领金利来集团上市,成为名副其实的"领带大王"。

勤俭诚信 曾宪梓

　　事业的成功并没有让曾宪梓忘记初心。他始终坚持"勤俭诚信"的准则，无论在生活还是商业决策中。在 2007 年的一次采访中，曾宪梓先生曾这样说："我没有变啊，我还是 50 年代的那个我。"无论处于什么阶段，曾宪梓的为人做事都贯彻了"真诚"二字。讲真话做真人交真朋友，忠于党忠于国家，对国家真心忠诚不能改变，这是曾宪梓对自己和家人的基本要求。

## 殷殷报国，情真意切爱党爱国

　　曾宪梓的故事深深体现了知恩图报和爱国情怀的传统美德。他出生在广东省梅州市的一个小村庄，家境贫寒，但在新中国成立后，得益于政策支持和学校支持，他有了继续上学的机会。这样的经历让他始终铭记着自己事业的成功离不开国家、政府的资助和学校的栽培。在中山大学生物学系的学习经历，不仅让他获得了知识，而且在老师教导和学校环境的熏陶下，树立了爱党、爱国家、爱人民的人生信仰。"祖国有恩于我，政府的关怀和学校的培养，教我如何做人，我必须回报祖国！"曾宪梓时刻铭记在心，不敢忘怀。

　　他深知自己的成功离不开祖国和学校的帮助，因此他时刻铭记在心，决心回报祖国。他对自己克勤克俭。但对国家的公益事业却慷慨解囊，并以个人名义设立了教育、载人航天、体育基金。从 20 世纪 70 年代末开始，他多次捐资支持国家教育、体育、航天科技、医疗等社会公益事业，历年捐资逾 1400 项次，累计金额超过 12 亿元，这种无私奉献的精神令人敬佩。

## 饱含深情，学子母校情谊永续

对于母校中山大学，曾宪梓更是饱含深情。他说"1957 年考入中山大学生物学系，得到政府资助，过着半工半读的生活。在母校，我受教育，既读书又劳动，还参加军训，4 年的校园生活印象深刻，是我人生中好重要的阶段，是中山大学培养了我！"

曾宪梓感恩母校中山大学对他的教育培养，自 1979 年捐赠生物仪器开始，生前先后捐资逾 5400 万元，支持中山大学教育事业，助力母校学科发展、科研建设以及学术交流，援建和兴建了博物馆、中山楼、曾宪梓堂、曾宪梓堂南院、曾宪梓大楼、曾宪梓楼和医院设施等，为中山大学的建设和发展做出了卓越的贡献。

曾宪梓生前于百忙之中多次返回母校，与在校老师和同学们交流、做讲座，讲述人生的经历和感触，带领同学们一起高歌《没有共产党就没有新中国》，身体力行引导同学们热爱祖国热爱党，努力学习，成为明日社会栋梁，回馈祖国。同时，他也希望中大的毕业生们能够铭记母校的培养，保持爱国情怀。

**1990 年落成的曾宪梓堂**

1993年5月，曾宪梓先生获授中山大学名誉博士学位

　　曾宪梓的故事激励着我们要有知恩图报的精神，曾宪梓希望从中大毕业的学生，无论取得的成就大还是小，都不能忘记当年母校对自己的培养。同时，我们也要时刻保持爱国情怀，为祖国的繁荣富强贡献自己的力量。

## 建言献策，诠释奉献展现担当

　　曾宪梓一生秉承"爱国爱港爱家乡，为国为港为人民"的宗旨，不仅在国家改革开放和经济社会发展中积极建言献策，更是以实际行动践行着这一信念。作为第八至十届全国人大常委会委员，他为国家的发展建言献策。曾宪梓对"一国两制"方针的坚定拥护，彰显了他的高度历史责任感。作为香港特别行政区筹备委员会委员，他为香港顺利回归、平稳过渡和繁荣稳定做出了重要贡献。有爱国人士曾称赞曾宪梓，说他数十年如一日，参与国家和香港基本政策的讨论和制定，以一颗赤子之心履职尽责，用一生诠释了爱党爱国爱港情怀。

　　传奇落幕，星星长明。曾宪梓先生的爱国奉献精神，将如3388号小行星一般，永世长明。他资助的每一位学子、捐建的每一栋建筑、捐资的每一项社会公益事业，都将成为他精神的传承载体。中大学子作为新时代的青年，必将一代代传承曾宪梓先生的精神。

# 甘做孺子牛
## ——1973 级校友黄治河

**人物简介**：黄治河，中山大学生物学系昆虫学专业1973级校友。毕业后，他担任蒲蛰龙先生的科研助手，从事昆虫分类学的相关研究。后从事管理工作。2001年6月至2008年6月，担任中山大学生命科学学院党委书记。

黄治河（右一）接待时任中央政治局委员、广东省委书记李长春视察中山大学珠海校区

初见黄治河老师时，老师的精气神极佳，这或许与老师一直不懈工作、无私奉献有关。正所谓户枢不蠹，流水不腐。闲置往往会有一种可怕的破坏力，人亦如此，只有专心致志地工作，攻克难关，才会使自己有足够的精神，黄治河老师就是这样一个人。这样一位勤奋的老师，身上必定会蕴藏着许多别有韵味的故事。

## 机遇既来，缘定中大

1973年，黄老师获得推荐加考试入学的机会。他原本需要在海南师专和湛江医学院中做出选择，他选的是湛江医学院。然而，出乎意料的是，他最后收到的竟是中山大学的录取通知书，从此与中大结下了深厚的缘分。

在那个时候，人与人之间没有什么隔阂，大家可以无拘无束地痛快畅聊，互相了解各自的情况。在那个环境里，没有人因为自己的过往经历而受到歧视。相反，大家团结一心，共同努力，在大学里追求进步和实现自己的理想。当时的一些优秀传统至今仍在延续。例如师兄师姐会悉心照顾新生入学，同学们之间坦诚相待，关系融洽。那时虽然条件艰苦，却也能从中找到乐趣，体现了苦中有乐的乐观精神。

谈到以前的学习，黄老师表示那时期的理论知识可能不似现在这么扎实，但是当时的开门办学却是一个极大的特点。开门办学，即学习范围不局限于学校内部，鼓励走向社会的其他地方进行学习。那时候可能刚在学校的课室里学完序言，大家就一起去外面实践，一同吃住，一同被蚊虫叮咬，到现在黄老师依旧觉得记忆深刻。

"天道酬勤"从来都是在人间的一条正确法则。黄老师指出，虽然当时的大学学业没有现在这么繁重，但若是能够自己把握并做出好的规划，生活也会非常充实，最后会有很大的成就。黄老师给我们讲了王珣章（曾任中山大学校长）的例子。王珣章校长是黄老师当年的同班同学，在大学期间，他自学了高等数学和物理，那时他竟然能将医用示波器改装成黑白电视，此事被传为佳话。而最终结果也证明，上天总会眷顾那些努力的人。他们后来都取得了巨大的成功。

## 铭记师恩，砥砺德行

从黄治河老师的话语中，我们总能深切体会到他对蒲蛰龙先生的由衷感激。蒲蛰龙先生不仅是一个时代的学术巨匠，在学术界留下了深远的印记，更为后世培养了一大批杰出的栋梁之材，而黄治河老师就是其中的一位。1973年，黄老师进入中山大学学习，当时是三年半学制，黄老师于1976年12月圆满完成学业后，跟随蒲蛰龙先生做科研助手，专注于昆虫分类学研究，他深受蒲蛰龙先生的影响。

黄老师给我们讲了许多蒲蛰龙恩师的故事。当时蒲先生夫妇去到劳动一线和自己的学生一同吃住，生活条件艰苦，但夫妇俩没有任何怨言，并将学生们当做子女一样看待，具有非常高尚的师德，给学生们留下了非常好的印象，也教会了他们如何做人。蒲先生有非常高的学术道德，并没有因为自己的现有成就而投身功利，而是依旧踏踏实实地做学问，他为中大整体建设着想——为了发展地质学，建议给地学建楼；蒲先生并没有因为他人抢先申报研究成果而追究，而是觉得大家都是在为中国国家办事；蒲先生还具有非常好的创新思想，首先自己创立了生物防治方面的研究内容，其次还将昆虫学发展为昆虫生态学、昆虫病理学、数学生态等，并开展昆虫分子生物学研究，为年轻人发展提供了机会。当年的专家在对学科进行评价时给了极低评价，认为蒲先生的做法是赶时髦。然而在10年之后，这位专家自己却从事这一方面的研究，可见蒲先生的眼光十分长远。

黄老师之所以能对往事历历在目，源于他内心满怀感激之情，深受蒲先生的大义影响，一直坚持做一个正直有为的人。"好的老师给我们留下好的印象，那我们就将老师好的这种作风带入我们的学习和生活中去。"王珣章也是蒲蛰龙教授的得意弟子之一，中山大学生科院如今的蓬勃发展，离不开老一辈学者的教导。用黄老师的话来说，就是他们的老师教导他们成才，而如今，是他们自己以身作则，在影响着我们新一代的学生，传递着中大人的精神和能力。

## 默默奉献，见证历史

黄老师在中山大学生命科学学院奉献了自己的大半生，见证了生科院和中山大学的发展。以前生科院的药学和海洋生物学，现在都已独立成院，为中山大学的发展做出了巨大的贡献。国家重点实验室、国家重点学科等，也是中大生科为中大建设做出的贡献。而中大生科院的成长，可以从那几栋充满历史韵味的楼（生物楼、曾宪梓堂南北两院、马文辉堂、贺丹青堂）中看出。我们从黄老师的口中得知：1991年曾宪梓堂北院落成，1993年曾宪梓堂南院建成；马文辉堂随之落成，成为生科院的标本馆，也称生物博物馆；之后还有贺丹青堂的加入，拓展了生科院的实验室。我们还了解了相关的建设历史背景以及各位捐赠人士，老师对这些有心的社会人士表达了极大的感谢。

确实如此,无论是不是中大的校友,这些崇尚学术的人,都为生科院,为中山大学的发展做出了极大的贡献。当我们有能力的时候,我们要回馈社会,回馈知识所带给我们的一切,而像黄老师这样的殷勤工作者,正在用不停地工作来回报这个社会。

## 厚积于生科,奋斗于珠海

珠海高校的缺乏以及中大寻找发展空间的需求,促成了中山大学珠海校区的建成。我们只知珠海校区的美丽,却鲜知其建立初期所面临的极大的困难。正是黄治河老师这一批先锋者夜以继日地工作,才有了今天繁盛的珠海校区。1999年9月正式签订珠海校区的合同,在10月29日晚上一个十分重要的电话打到了黄老师的家里,电话的那头便是学校"一把手"——李延保书记。谈话内容就是将黄老师这个生科院行政副院长任命为珠海校区筹备办主任。在担心自己不能胜任时,黄老师像老一辈共产党员那样,说出了一句朴实却又令人敬佩的话:"我是共产党员,坚决服从组织安排。"11月1日筹备办事处才成立,而次年9月就开学,偌大一个

黄治河(右四)参加中山大学珠海校区二期工程封顶仪式

珠海校区竟在一年不到的时间内建成，可谓奇迹。九男一女的筹备办，白天得在各地跑，晚上开会，经常奋战到凌晨两点。经过夜以继日的工作，珠海校区得以如期开学，教育部也谓之为奇迹。奇迹的发生，背后有黄老师等人的默默付出。黄老师的身体也因此受到了一定的影响，至今也必须在半夜后才能够入眠，可谓呕心沥血。很庆幸中大有这么一批令人敬佩的工作者。

闲聊之时，黄老师还跟我们讲了一件耐人寻味的趣事：珠海校区的学生回迁广州之时，5000多名学生坐大巴回广州，学校用了许多辆车。在马路上行驶时，车队浩浩荡荡，回迁的规模甚大！

最后，黄老师对我们年轻人寄予了殷切期望，他提道："中国梦，梦成于道，梦成于能，梦成于干，梦成于德。"确实，方向道路、能力才干、实干兴邦、以德服人对于我们年轻人来说缺一不可，我们需要不断修身养性，好好地修炼自己，不负黄老师的期望。黄老师教给我们的，不仅有踏踏实实地努力，还有把握住属于我们自己的机会；同时，在任何时候，我们都要为社会服务，回报社会，这样才能不负黄治河老师的教诲、不负生科院的栽培、不负中大的期望、不负国家的重托。

# 尽享创新愉悦,何惧创业艰辛
## ——1977 级校友陆阳

**人物简介**:陆阳,中山大学生物学系 1977 级校友,圣诺医药(Sirnaomics)创始人、董事长兼 CEO,同时也担任美国 RNAimmune(达冕生物)董事长。自 1993 年以来,无论是在美国诺华(Novartis)和 Digene 公司的工作经历,还是后来在中美两地的创业生涯中,他都一直从事核酸治疗药物的研发,是国际核酸干扰药物领域的著名专家。10 多年来,陆阳博士带领团队累计融资超过 3.4 亿美元,公司于 2021 年底在香港证交所成功上市,成为核酸制药领域"国内第一股"。

苏州圣诺创业团队,陆阳博士(右二)

### 不忘初心,百炼成钢

基因治疗是指将外源正常基因导入靶细胞,纠正或补偿缺陷和异常基因引起的疾病,以达到治疗目的。其中也包括转基因等方面的技术应用,既将外源基因通过基因转移技术将其插入患者的适当受体细胞中，使外源基因制造的产物能治疗某种疾病。从广义说，基因治疗还可包括从 DNA 水平采取的治疗某些疾病的措施和新技术。那陆阳又是如何跟基因治疗结下不解之缘的呢？

陆阳立下基因治疗的初心是在美国乔治城大学医学院做博士后期间。当时基因治疗之父 French Anderson 来医学院做报告，报告第一张幻灯片就是一个先天遗传免疫缺乏症的小女孩经过基因治疗以后，从原来只能生活在一个封闭空间里到后来可以到公共学校去正常学习生活，这篇报告影响了他并让他决心在核酸药物开发领域深耕。

博士后工作完成后，陆阳进入到全球第一家基因治疗公司——Genetic Therapy Inc. 从事基因治疗研究。不到一年的时间，该公司被诺华制药收购。在诺华工作的 6 年时间里，陆阳积累了包括核酸药物的递送技术、成药设计、靶点选择，以及从研发、生产到临床整个流程的经验，这也是他第一段重要的实践经验。

2000 年，他与诺华同事共同创立了美国因确达（Intradigm）生物制药公司，并首次实现了在动物模型中应用核酸干扰技术成功抑制肿瘤生长，这一成果发布在《自然医学》杂志上。公司虽处于初创阶段，但其技术处于行业前沿，因此 2006 年被资本市场收购。通过这次经历，陆阳拿到了创业的第一桶金，并积累了宝贵的两段经验。2007 年的春天，春意盎然，陆阳在美国创立了 Sirnaomics 公司，并选定核酸干扰技术作为主要研发方向。公司名字是 SiRNA 和 omics 的组合，字面含义为"小干扰核酸组学"，音译为圣诺，寓意着神圣的承诺。

做药的坚持，脚踏实地

创业孤独艰辛，挑战中又极具诱惑。这句话用来描述圣诺制药创始人陆阳再合适不过。

在圣诺成立之前，陆阳在美国核酸干扰领域已经是一个"拓荒者"。据了解，核酸干扰现象（RNAi）最早是在 1998 年由美国两位科学家在《自然》杂志中描述介绍的。

而后 2000 年由另一位美国科学家发现这个现象是通过小干扰核酸（siRNA）作用机制来实现的，可以通过特异性的 mRNA 降解来"沉默"特定基因的表达。那时正是陆阳与诺华制药的同事共同创立了第一家生物制药公司 Intradigm，通过非病毒递送系统专攻 RNAi 技术进行新药创制的时期，当时连 Alnylam 还未成立。

从那时起陆阳就已经开始涉足 siRNA 新药创制领域，并做了一些极具前瞻性的工作。譬如第一次在动物肿瘤模型中展示用 siRNA 药物可以来抑制肿瘤的生长（2002）。此后陆阳和同事们还在眼睛新生血管疾病治疗和呼吸道病毒传染治疗等领域尝试核酸干扰药物的潜在应用（2004）。2005 年，陆阳带领的团队利用 siRNA 在灵长类动物模型中有效地抑制了 SARS 病毒，并在 *Nature Medicine* 上发表了研究成果。2006 年底，美国的两位科学家 Andrew Fire 和 Craig Mello 因为核酸干扰现象的发现而获得诺贝尔生理和医学奖。

在大好机遇的推动下，2008 年陆阳决定回国发展。凭借领头人的强大实力和丰富经验，先进的技术和完整的海归团队，圣诺制药在苏州工业园区第二届双创人才大赛的 74 个生物医药项目中脱颖而出，并获得了"苏州金鸡湖领军人才奖"。因此获得了资金、住房、免租优惠，以及科研补助等总计将近 1500 万元的支持。这样的支持力度在当时全国范围所有人才政策中堪称最优。

然而随着 2008 年金融市场跌落，诺华、罗氏、默沙东等的纷纷撤退，加上 RNAi 技术拓展尚在早期，关键瓶颈没能突破，致使整个领域中多项核酸药物临床试验失败。核酸干扰新药创制领域步入"至暗时刻"，仅仅留下 Alnylam 及少数几家公司坚持在此领域，圣诺制药也是其中之一。行业经历如此动荡对于任何一家初创企业无疑都是"灾难"。在陆阳看来，初创生物医药技术公司成立后的 3～5 年通常会进入所谓的"死亡之谷"，2010 年圣诺面临行业低谷和企业艰辛的双重挑战，他说："我们当时勉强能发工资，但工资都很低，确实很艰难。但我对核酸药物的未来发展趋势毫不怀疑，和共同坚信核酸干扰新药创制的海归同事们奋力向前。"

由于长期深耕于核酸药物，圣诺很快有了初见成效的候选药物，也吸引了广州香雪制药的青睐。2010 年 10 月苏州圣诺与香雪制药建立合作关系，不仅解决了资金问题，还推动了圣诺与国内药物生产和监管部门的沟通。

## 深耕不辍，引领创新之路

为何初创的圣诺制药能走出行业至暗时刻？为何陆阳每次重大选择都

能精准把握？答案的关键词无疑是深耕。众所周知，核酸药物发展的波折主要来自药物递送技术的障碍，而陆阳长期以来一直关注核酸药物递送系统，并坚定不移地将递送平台的开发视作圣诺团队的核心工作及核心价值。

他说："在核酸干扰领域，我们不是跟随者，我们是创造者，我们要做不同的事，今后我们做的事情要走在全球的前面，而不是在国际上或者在美国人的后边跟着！能够上市我们有了更充分的资源，那么下一步就是怎么样把这个公司做得更好！"

创新创业之路是艰辛的，核酸新药创制是极具挑战的，在靶点选择、递送平台和临床应用中走差异化之路更是孤独的。然而，本着对行业的深入了解，通过积攒20年深耕行业的扎实基础，经过大量的临床前和临床试验数据，陆阳和他的国际化管理团队已经为应用核酸干扰药物治疗肿瘤展现令人振奋的结果。

要克服挑战，最终靠的是技术的进步。对陆阳而言，他始终坚持"以底层技术创新突破行业瓶颈"的发展战略，以技术为引领，带动公司产品深入临床后期研究阶段的同时，不断开拓创新，突破行业发展的技术壁垒，立足长远展开技术和产品的布局。

## 结　语

在创业的道路上，我们难免会遭遇无数的困难和挑战。然而，正是在这漫长的努力和不懈的奋斗中，我们才能够领悟到真正的价值。创业之路就像一把利剑淬炼的过程，每一次坎坷都是促进我们成长的一环，每一次的挫折都是激发我们继续前行的动力。或许在某个时刻，我们感受到无尽的疲惫，但当回首过去，会发现那些曾经的艰难岁月都已化为我们不可或缺的财富。因为正是这些经历，让我们获得了更为珍贵的东西——个人的成长、耐心的坚韧和成功的喜悦。

因此，让我们在创业的旅途中，像陆阳那样，始终保持坚定的信念，坚信每一份付出都将迎来回报。创业旅程固然充满艰辛，但最终，我们必将收获圆满的成果。

图为圣诺医药在香港成功上市

**素材来源**

[1] E 药经理人."尽享创新愉悦,何惧创业艰辛",一位坚守核酸新药创制耕耘者的座右铭[EB/OL].(2021-02-22).https://www.pharmadj.com/api/cms/detail.htm?item.id=888d361efda211e79200fa163e227c38.

[2] 17 Talk 易企说专访丨圣诺医药陆阳:我只是核酸药物研究领域的小学生![EB/OL].(2022-07-18)[2022-07-18],https://www.sohu.com/a/569207052_121312360.

[3] 阳光融汇资本.走近科学家丨厚积薄发 终迎破局的行业先行者——陆阳博士专访[EB/OL].(2022-09-30).https://news.pedaily.cn/202210/502532.shtml.

[4] 医药 Pro,圣诺医药陆阳:RNAi 疗法逆势而上,实体瘤是下一个高地[EB/OL].(2024-01-04)[2024-01-08].https://bydrug.pharmcube.com/news/detail/53d494e4d1b5afe54a61a0ef63c57c92.

## 我的滇金丝猴,是世界上最美的动物
——1978级校友龙勇诚

**人物简介**:龙勇诚,1982年毕业于中山大学动物学专业;现任中国灵长类学会名誉理事长,长隆动物园科普顾问。近40年来一直守望着中国特有珍稀濒危动物雪山精灵滇金丝猴及其栖息的6000多平方公里原始森林,并且在国内外核心科学期刊上发表50多篇学术论文,在国际学界同行中具有一定的影响力。

**龙老师在野外考察**

"未见其人,先闻其声",还未见面,爽朗的笑声就已经传来了,随后,一位精神矍铄的老人走了进来,身上透露着常年在大山里生活而化成的韵味,让我们倍感亲切。在采访之前,我们就对龙老师的卓越贡献有所耳闻,甚至因为要采访这样一位大人物而倍感压力。但是见面后,龙老师的淳朴和爽朗完全消除了我们之前的顾虑。我们非常幸运能采访龙老师——一个把滇金丝猴当作自己的孩子,把原始森林当作自己的家乡,把护林员当作自己的兄弟的可爱的人。

## 人不为己，天诛地灭

《生科人悟》：您觉得，保护野生动物的目的是什么呢？

龙勇诚：动物保护，是涉及每一个人的事情。我小时候看到"人不为己，天诛地灭"这句话，以为它的意思是每个人做事都要为自己"捞"。到今天为止，我才真正明白古代哲人讲这句话是从整个人类出发的，人一定要为了人类的前途着想。如果我们不为整个人类着想，人类就会灭绝。其实我们保护野生动物，保护森林生态系统。习总书记讲的"绿水青山就是金山银山"，就是号召我们大家都要珍爱人类的生存环境。从表面看会觉得我们是在保护大自然，其实是为了维系我们人类的生存需要。人类对于地球来讲，其实很渺小，是微不足道的，即使有一天人类灭绝了，地球也会继续存在若干亿年以上。

《生科人悟》：您觉得现今的野生动物保护，最重要的是什么呢？

龙勇诚：我觉得最重要的是不同领域、不同立场的人们要一起"讨论"，而不要争论。"讨论"是在商量，是对话，最终目的是达成一种大家都可以接受的共识，这并不见得绝对正确，但在现阶段来说可能相对正确。在由财新传媒主办的"第十届财新峰会：开放的中国与世界"上，我强调的就是"对话和讨论"。我们第一个要做的就是要听取许多做动物学的学者的意见，但除此之外更重要的是听取更多和动物相关的人的意见。

《生科人悟》：是不是说，在保护的过程中，实际上会涉及很多人的利益，在这个过程中要处理的更多的是人和人之间的关系？

龙勇诚：是的，我在滇金丝猴分布地区见过一个小山村，300多户，人口1000人多，他们生活的地方有50万亩原始森林，但是他们却非常穷，这是因为原始森林属于国家，他们并不能因此而得到相应的福利。所以我们要了解他们需要什么，如何让他们真正成为守护"金山银山"的人，得到"金山银山"守护人应该有的待遇和尊严。所以保护原始森林，一定要考虑原始森林地区人民的利益。这也是我几度受邀参加中国财新峰会的原因之一。与会嘉宾几乎都是研究经济、研究社会的，只有我一个是搞野生动物保护的。我就是希望有这样一个平台，让社会各界的人都能来关注、来参与，然后解决这个问题。

## 我的滇金丝猴，是世界上最美的动物

《生科人悟》：龙老师，您当初为什么选择研究滇金丝猴呢？

龙勇诚：我不喜欢随大流，而我的滇金丝猴就是很独特的，而且其他人都不研究它，这也就是我研究滇金丝猴的原因了。我1985年开始搞这研究时，全世界竟然没有一张它的照片，经过7年多的努力，我才终于拍到了第一张滇金丝猴的野外照片。说到底，地球上所有生物都是"fight for material and fight for love"嘛，但是在研究滇金丝猴的时候啊，我发现他们是"fight only for love"，怪不得我的每一只滇金丝猴都看起来那么善良，因为它不需要"fight for material"！它的食物是地衣，它需要的是真菌细胞壁独有的成分chitin（几丁质），其他的动物都不能消化，所以它不用"fight for material"，没人跟他争嘛。我的滇金丝猴是在避开竞争，我自己好像也是在逃避竞争呢！

《生科人悟》：滇金丝猴确实很独特，我们浏览您的微博时了解到滇金丝猴会在情人节前后繁衍，这是为什么呢？

龙勇诚：是的，滇金丝猴妈妈们每年基本上都是在情人节前后才开始生育"小猴宝宝"的。因为情人节前后，满地都是大雪，到处都没有植物发芽，猴子刚刚生下来，还没长牙齿呢，只吃奶。过上一段时间，等树发芽了，它的牙齿也长出来了。随着牙越长越好，食物也越来越多，到了冬天，它就有足够健壮的身体抵御严寒了。所以它一定要在情人节那段时间出生，也就是快要立春的时候，这样是有助于小猴子的生长的。但是对妈妈来说是很辛苦的，生孩子的时候没有东西吃。可是为了孩子的生存和成长，妈妈是愿意吃这个苦的。其实天下的妈妈都一样，为了孩子受再多苦都是心甘情愿的。所以我们在研究动物的时候啊，就会发现很多有趣的事情，这些事情也会给我们很多启发，让我们反思我们应该怎样做人。

《生科人悟》：在您研究滇金丝猴的保护的这么多年里，一定发生过不少有趣的事儿吧，您能跟我们分享一下吗？

龙勇诚：和猴子之间，我们最近发现的最有意思的事情，就是猴子它是有文化的！滇金丝猴有时也会像我们人类一样"踢足球"，而且还有守门、运球这样的动作。还有，我们曾在野外发现一只约3岁的小公猴因被两只"fight for love"的大公猴不小心撞到地上，胳膊受伤。于是，我们就把它放在笼子里治疗，每天给它两个鸡蛋吃。后来我们发现，这只小公猴

金丝猴和"小猴宝宝"

呢,两个鸡蛋只吃一个,留下一个,然后"发信号"叫来一只叫"白脸"的老公猴。白脸和它玩,它就会把这个鸡蛋从笼子里面递给白脸吃。这样的话第二天它一叫白脸又会从野外回来笼子边来找它一起玩儿。这很有意思吧?没想到,它们竟然也会有笼络行为。总之,我一直觉得我这一生能结缘滇金丝猴是很幸运的一件事。

## 拯救中国猿,让天籁之音不成绝唱

《生科人悟》:龙老师,您在灵长类研究中有着巨大的成就,也参加过很多研讨会议,您觉得在参加过的那么多会议中,意义最大的是哪一次呢?

龙勇诚:那是2012年11月17日,在人民大会堂召开的生态文明国际研讨会。当时,党的十八大提出了"生态文明"这一基本国策,并于2012年11月15日在人民大会堂闭幕。两天后,我就被邀请进人民大会堂参加这一重要的国际研讨会,并做大会报告,我的报告题目是"我对两岸猿声的思考"。为什么要谈这个呢?因为那年我们中国灵长类学会年会的口号是"拯救中国猿,让天籁之音不成绝唱"。

《生科人悟》:"让天籁之音不成绝唱",您说得太好了!可现在还是有很多很多的"天籁之音"即将成为绝唱,动物保护就显得尤为重要,那您觉得动物保护的核心是什么呢?

龙勇诚：动物保护也要讲科学。其实我们去做动物保护，不仅是做动物保护，还是去做学问，我们要发现其中的科学问题、研究科学问题、做出科学解释，发出一篇篇有价值的文章来，这也是我们要做的事情。所以你首先得认可自己是去做科学研究的，动物保护需要研究动物、研究环境、研究关系，这其中的一切，都是在做科学。

《生科人悟》：做动物保护，是不是也要做很多动物以外的研究？

龙勇诚：那当然是啊，比如说我的滇金丝猴的栖息地，不只生活着滇金丝猴，还有许多其他动植物和微生物。而且滇金丝猴要生存，它就必须要有许多能满足它们食住行的各种生物才行，在整个生态系统里，它们都是相互联系、相互影响、相互依存的。也有人问我，你不是研究动物的吗，怎么又去研究植物呢？我说这是我的滇金丝猴的生活环境啊，有了这个环境、这个植物，它才有食物，它才能生存。所以我们研究动物还要去研究生态环境，这样才更具有科学意义。那其实自然科学中生物学是最值得研究的，因为这个学科未知的东西太多了，比如说滇金丝猴，它的嘴唇为什么是红的，它的脸又为什么是白的，这些都没有人研究过的。你再仔细想想为什么我们人的头发会一直长？这就是需要去研究的，研究出来的结果都是新发现。哎，你们有没有听过那首歌，（唱）"每一次新发现，都是新感觉"，所以有新发现就会有新感觉，有新感觉，那你的研究感受就不一样了。

## 希望你们能做得更好

《生科人悟》：算起来今年是您离开母校第 41 年了，您也看到了生科院的发展变化，您有什么想对我们说的吗？

龙勇诚：有一点我感觉到了，就是生科院动物学的发展跟我上学的时候相比有点萎缩了，我觉得动物学的发展需要增强。2014 年，曾宪梓先生想用 100 万港元支持我的研究，我没有接受。我为什么不接受呢？你们有没有听过一个故事，一群人在沙漠淘金，大家都很艰难，只有一个人很轻松，最后人们问他，别人都愁眉苦脸的，你为什么那么轻松啊？他说，我带的东西最少啊，他们淘金淘得很多的人其实很累，因为负重太大。我这个人不想负重太多，毕竟我也不需要那么多。记得当时曾宪梓先生邀请我去他们家的时候，还派专车接我，着正装跟我见面，就我们两个人吃饭，阵仗却很大。曾先生说，这是为了表示对我的尊重，因为我一直坚持在做动物保护的研究。我当时就跟他说我自己不需要那么多，但是有人需要。我觉得我们中大学动物学的学生需要。曾先生也是学动物学的，他也想回报学校。所以当年我把曾宪梓先生的100万港元给学校也是希望同学们能更好地去做研究。

接受采访时，龙老师和蔼亲切；讲座后回答同学们的问题时，又是那样满怀热情。

同学1：老师您认为我们现在能做哪些事情来保护动物呢？

龙勇诚：其实动物保护大家都可以做到的，把动物的故事、动物保护的故事传播给周围的人，就是一种保护动物的方式。你们有没有看过湖南卫视给我做的纪录片？（笔者注：纪录片为《我爱你，中国》第二季第5集）不知道你们有没有看过，反正后来我看到点击率5000万呢，我说这个传播很好呀。所以只要去传播，跟你的亲人、朋友说动物的故事，让更多的人听到动物的故事，那就是在保护动物。

同学2：我对野外考察很感兴趣，听了您的讲座，想问问您对于野外考察的感受是什么样的呢？

龙勇诚：野外考察其实是最舒服的事情，到野外去往往是最享受的，对于一个人来说，吃得好睡得好就很好呀。你看力气和钱是不一样的，钱花完就没了，力气假设你用了四两，但是你会收获半斤。去野外考察只是说我们钱袋里的钱少一点。但是我觉得以后护林员、野外考察人员的待遇应该要提高，他们是守护"金山银山"的人嘛，那就要有应该有的待遇。

同学3：您说到"人不为己，天诛地灭"，现在更多人会选择分子生物学、细胞生物学等应用性更强的方向，或者医学方面，很多人会认为这样才是"为己"，但是我不这样认为，那我们应该怎样去看待这样的事情呢？

龙勇诚：研究人的疾病、生育是为了人的福利，保护森林生态系统也是为了人的福利啊。我们其实都是为了中华民族的生存，为了人类的生存，只不过有些是直接的，有些是间接的。我有次应邀去钓鱼台国宾馆做演讲，大家都是冲着经济去的，只有我一个人在上面说野生动物保护，我想既然有这么多人去，那我就抓住这个机会，来那么一下。其实就是要"讨论"不要"争论"，不同的人有不同的角度，不同的使命，这个没有绝对的对错，就是要选择好自己的方向。

他，选择了人们都不关注的滇金丝猴；他，视原始森林为家，把猎人朋友当作兄弟，将滇金丝猴视为子女，在深山中做研究，一做就是30多年；他，是滇金丝猴第一人，拍到世界上第一张滇金丝猴照片的人。他说："我的滇金丝猴，可是世界上最美的动物，看他那厚厚红红的嘴唇，多美啊！"龙老师对滇金丝猴的热爱溢于言表，对我们的期望更是融入一字一句之中。他希望以后有更多的人能够为动物保护、为人类做更多有意义有价值的事。"人不为己，天诛地灭"是他对人类环境保护的态度，心系人民，全心奉献是龙老师一直以来的处世之道。

# 永葆赤子之心，敢于追寻所爱
## ——1978 级校友陈海峰

**人物简介**：陈海峰，中山大学生命科学学院植物遗传学专业 1978 级校友。1992 年毕业于德国萨尔州大学（University of Saarland）并获博士学位。同年赴美国堪萨斯大学医学中心进行博士后研究。2006 年创办美国威洛克（Virovek）公司。2019 年合伙创办美国 Avirmax 公司。拥有多项与腺相关病毒载体生产有关的发明专利并发表了多篇与基因治疗有关的科研论文。

陈海峰（中）与公司员工在实验室合影

"每个人看重的和追求的事物不一样。我追求人美好的品格，也喜欢读书。喜欢，就毫不犹豫去做；做了，就努力做到最好。我一直坚定地往前走，关键是找到了自己热爱的事情，这个很重要。"大洋彼岸，陈海峰校友将他进入生命科学领域四十余载以来的见解与经验和一路走来的诸多经历与感悟，向《生科人悟》的采访者娓娓道来。

## 初识生命科学：追寻心仪的科研方向

陈海峰在清远连州出生长大。陈海峰的父亲是一位自学成才的土木工程师，母亲是一位不识字的农民，他们十分重视对子女的教育。1978年，陈海峰以全县高考第一名的优异成绩考入中大生物学系。

中学期间，陈海峰没有接触过生物学和英语。选择生物学系时，他甚至对生物学没有较为深入的了解。凭着对生物的一点兴趣，以及当时中学校长"下一个世纪是生物学的世纪"的说法，陈海峰相信生物学有用，学了会有希望，就决定报考。"中山大学是南方名校，是我向往的理想学府。"陈海峰对采访学生说道。

在中大的四年，陈海峰印象最深刻的就是同学们的刻苦。"我当时十七八岁入学，20人的班级里有些年纪较大的同学。我们班有一位30多岁的同学，他已经结婚生子，我们管他叫'老大'。我们77级、78级这两届同学，都很珍惜学习的机会。那时候我们都很热衷于学习英文，早上很早起来锻炼身体、背单词，很少有同学睡懒觉。"

1989年，已工作四年的陈海峰决定出国留学，前往德国萨尔州大学攻读病毒学博士学位。"去德国之前，我德文字母都不认识，甚至不知道有几个字母。我相信语言和文化都不是不可逾越的障碍，我也比较大胆，觉得反正我得出去看看。"到达德国之后的前半年，陈海峰用英文交流。他白天在实验室上班，夜晚上夜校"VolkSchule"（免费教授外国人德语的机构）。陈海峰快速掌握了德语，半年后导师就要求他用德语交流。"开始我不太熟练，就先用中文写好讲稿，再一点点翻译成德文，结结巴巴地讲，渐渐地就讲得比较流利了。后来毕业论文答辩的时候，我不仅可以完全用德语交流，甚至还可以说点笑话。"

陈海峰追寻着自己热爱的研究领域，一直坚持了下去。科研工作并不轻松，为来之不易的实验成果而激动的时刻，被他视为是人生中对自己绝佳的奖赏。"我在美国创业后，在自己开的公司里做实验设计。记得在做腺相关病毒载体（AVV）生产系统的时候，有个设计需要在基因里面插入一个内含子。但是那几十年大家有一个共识，认为昆虫细胞里没有RNA剪接，于是都不认同我的实验设计。当时我坚信放入内含子能达到实验目的，就在实验设计时坚持尝试。当我看到实验结果确实如我所料，开心得在实验室里手舞足蹈，喊道'真是做出来了，从来没想到真是这样！'那一刻，真的有一种不可言喻的高兴和激动的感觉。"

## 意外的转变：从科学家到创业者

工作之初，陈海峰并没有想过创业。

陈海峰在美国很多公司做过研究员。他意识到，继续在公司做研究员，他的科研想法无法实现。

"生活是丰富的，或者说，是不可预料的。我的转变，可以说是环境造成的。"当时的陈海峰，一直不觉得自己是创业型人才。他只觉得自己是个书呆子，喜欢读书，喜欢搞科研，但并不懂得怎么赚钱。"其实最大的推动力，是我太太对我创业的大力支持。"陈海峰的太太对他说："抓住这个机会，趁着年轻，不如试试看。否则一直打工上班，一辈子就这样简简单单地过去了。"太太的工资可以维持家用，她也推动陈海峰去完成这个转变。这样，陈海峰才能真正迈出这一步开始创业。

"从科学家到创业者，是非常大的转变。"

创业的压力是双倍的，要兼顾科研创新与经济效益。"创业没有一个模式，告诉我们怎么去做。常常是没有走到那个地步，谁也不清楚怎么去平衡科研创新和经济效益。创业就像上了一艘没有退路的船，你只能用尽全力去做，一直往前走，总会有船到桥头自然直的感觉。"创业有挑战也有回报。当技术研发或者产品开发成功，客户愿意使用的时候，满足感和成就感就会油然而生。

他说："创业过程中最大的困难就是打开市场。"

目前生物医药类创业可以分成两大类型。第一类企业靠风险投资机构获得资金或者运用公司已有的营收来做比较长期的新药开发，短期内不需要考虑市场的营收，只需要"十年磨一剑"，专注于做出目标的新药。第二类企业提供产品和技术服务，这类企业需要依靠早期开发的市场支撑。

陈海峰创立的公司属于提供产品和技术服务类。市场打不开，创业就不可能成功。创业伊始，除了尽快把实验做出结果，他还必须自己跑客户。陈海峰向认识的人介绍自己的产品，问他们是否需要，并且采取"客户不满意就不收钱"的策略，以此初步打开市场。接着，不断地开发产品，提供最好的服务。随着时间的累积，渐渐取得客户的信任。客户愿意继续与公司合作，公司才能维持并进一步扩大市场。这个过程非常不易。

陈海峰坚持下来了，才有了公司的今天。

## 展望未来：生科人要抓住机会

他说："未来十到二十年，基因治疗仍然会是生物领域的热门方向。"

从 20 世纪 80 年代开始，基因治疗领域研究进行了数十年，一直没能出现巨大突破性的成果。直到前几年，才陆续有应用面世。基因治疗的关键，是一个能够把基因导入人体细胞的传递基因的载体。陈海峰创办的 Virovek 公司开发的载体生产技术用于生产非常被看好的腺相关病毒载体。在公司的技术面世之前，腺相关病毒载体生产技术的产能非常低，而新技术的产量是传统方法的 50～100 倍，产量高、成本低、效果和质量好。Virovek 公司在世界各国都有很多客户，也把技术转让给了 10 多家美国的制药公司及数家中国和韩国的基因治疗公司。其中一家美国公司（拜玛林制药公司）使用 Virovek 的载体生产技术，成功地将一款治疗 A 型血友病的基因治疗药物推上了欧洲及美国市场。这些都证明了 Virovek 公司的载体生产技术非常成功。他说："因此，我认为载体生产上的问题基本解决了。在基因与疾病的对应方面，人的基因图谱已经完全清楚了，但每个基因发挥作用的机制、哪个甚至哪些基因突变或者表达异常是怎样引起疾病的，等等，这些方面还有很多工作和具体的实验值得去做。""未来，更多的投资将进入生命科学领域。在疫苗、抗体制备方面的投资应该会进一步加大。这都给未来的生命科学工作者提供了更多的就业机会和创业机会。研究所和大学会有更多的就业岗位，创业的时候拿到风险投资也会更容易。未来的生命科学工作者们，要善于发现机遇，学会牢牢抓住好机会。"

## 不怕吃亏：做好本分，播下信任的种子

陈海峰回顾自己的经历，希望年轻一辈能做到："做学生就把书念好，在公司上班就把工作做好，这是最起码的。给别人打工，不要觉得老板没看见就得过且过。虽然好像偷懒舒服一点，但是这对公司不好，对老板不好，对你自己也不好。不要怕吃点亏。有些人可能觉得同事干活比自己少，就吃亏了。其实最终不会亏，因为你勤恳工作，同事不说，他们看得见；老板就算不说，他也看得见。还有些人找工作时，觉得薪酬太少或者工作太辛苦就不愿意做，这就把机会错过了。珍惜机会把眼前的工作做

好,非常关键。"

日复一日地以勤恳踏实、认真负责的态度对待自己的本职工作,身边的人会逐渐认可你的能力,信任你的工作,这种信任十分可贵。"我觉得我勤恳踏实、认真负责的品质来源于我家庭的教育。从小我就觉得农民淳朴而且勤劳,方方面面都很纯真。"陈海峰回忆道。

创业初期,陈海峰凭借信任渡过了难关。出于信任,一位曾经的同事在陈海峰最缺资金和客户的时候,给他提供了巨大的帮助。"我在公司上班受到不公正的对待,准备离职时,把科研过程中的实验进展、记录、数据和试剂等都做了很好的交接。其实我可以拍拍手就走,因为我辞职了,公司也就没有理由要求我工作。但是我觉得我应该把本分做好。我在那家公司做了两年,很多东西如果不交接,他们是没办法继续做的,这会浪费很多材料和资金。"没有遭遇不公的不平衡心理,陈海峰把工作交接当做本分认真做好,这让周围的同事对他既欣赏又佩服。后来,其中一位同事在另外一家公司任职,陈海峰向他介绍自己的产品并询问是否愿意试用。那位同事马上想起他们共事时,陈海峰表现出来的优秀品质,就对他说:"我对你的产品非常有信心,我知道你是一个非常值得信赖的人。"于是,这位同事争取到机会,让陈海峰向公司的高层介绍了他的科研团队能提供的产品和技术服务。很快,陈海峰与这家公司签下了合同。

勤恳踏实,认真负责,做好本分,不怕吃亏。如此一来,信任的种子就会在不经意间悄然被播种,它会渐渐生根发芽。未来的某个亟须他人帮助的时刻,可能可以收获信任的果实。

## 漫谈生活:文化的碰撞与体验

陈海峰乐于通过旅游的方式,体会文化,开阔眼界。

硕士毕业以后,陈海峰独自一人背上行囊,深度游历了大半个中国。他一直向往大草原、大沙漠。于是,他毕业前就做足准备,花时间阅读历史地理方面的书籍。"我曾在藏北高原住藏寨,喝清新的酥油茶,跟藏族同胞攀谈交流;去敦煌莫高窟看古迹,跟回族人打交道,体会当地风土人情;到了嘉峪关,才真正体会到了'西出阳关无故人'的萧瑟,这些都让我不由自主地回顾我们国家的历史。"旅游对人的影响是综合的,潜移默化的。古人云:读万卷书,行万里路。现定居美国的陈海峰,假期也会与家人一起游览不同的城市,领略自然的风光,感受各地的风土人情,体会四处的民俗文化。

陈海峰看到教育是改变人生的重要一环，就用公司的一部分收入回馈社会。他与太太成立了一个基金会，专门支持教育，为贫困的孩子和其他需要帮助的人提供学费等。他说："我认为好的教育会带来更好的人生，更好的世界。特别像我这样乡下来的穷学生，如果不是因为读了点书受了点教育，可能一辈子就是在乡下无所事事。接受教育，才会有更好的前途。"

不怕吃亏，诚信待人，勤恳踏实，认真负责，勇于抓住机遇追寻所爱……陈海峰几十年如一日地坚守着这些美好的品格。他也一直怀着那颗炙热跳动的赤子之心，将继续始终如一地奋斗在生命科学领域。

# 科学之光：跨界探索与生命哲思
## ——1978级校友吴家睿

**人物简介**：吴家睿，中山大学生物学系1978级校友。中国科学院分子细胞科学卓越创新中心研究员，上海交通大学主动健康战略与发展研究院执行院长，中国科学院上海高等研究院国家蛋白质科学研究（上海）设施主任。*Journal of Molecular Cell Biology* 主编，*BMC Systems Biology* 副主编；《生命的化学》副主编，《医学与哲学》副主编；国家杰出青年基金获得者（1998年）；入选上海市领军人才（2009年）。

吴家睿

### 求学之路：偶然中的必然

吴家睿校友回忆道，选择中山大学生物学系有很大的偶然性。当时的他对生命科学并没有太多概念，但在中山大学的求学经历不仅让他发现了自己的兴趣，也为他日后在该领域深耕打下了坚实的基础。作为恢复高考后的第二届学生，他深知求学过程的不易，因此他与同学们格外珍惜在中山大学上学的机会，经常在图书馆占座位，利用假期在学校图书馆大量阅读古今名著。尽管生活条件不如现在的学生，但他们对知识的热爱是发自内心的，他们对新知的追求充满了热血和激情。

### 学科交叉：站在科学的十字路口

在完成中山大学的本科学业和中国科学院遗传研究所的硕士研究后，吴家睿来到中国科学院科技政策研究所，从事科学学和科学史研究，深入研究了民国时期的静生生物调查所。这段经历不仅丰富了他的学术视野，也为他后来的科研工作提供了宝贵的历史和哲学思考。随后，吴家睿回归生物学研究，在瑞士苏黎世联邦理工学院获得博士学位，并在美国纽约州立大学健康科学中心完成了他的博士后研究。1997年，他带着国际视野和深厚学识回到中国，加入了中国科学院上海生物化学研究所，开始了他的科研生涯。

### 系统生物学：大数据驱动的科学

吴家睿在选择研究方向时，将目光瞄准了21世纪初兴起的系统生物学。他指出："随着人类基因组计划的提出，系统生物学作为一门新兴的交叉学科开始发展并备受关注。"与传统科研不同，系统生物学是建立在大数据基础之上的，它要求科研人员不仅要有科学假设，更要有处理海量数据的能力。2005年，吴家睿在中国科学技术大学组建了国内首个系统生物学系，并担任首位系主任。他还组建了国内首个系统生物学重点实验室"中国科学院系统生物学重点实验室"并担任实验室主任，筹备和组建了中国生物化学与分子生物学会分子系统生物学专业委员会，并担任主任委员。此外，他作为首席科学家推动了中国科学院的"面向蛋白质科学的高性能计算研究"项目，为蛋白质研究的高性能计算机和相关软件的开发做出了重要贡献。最近他又担任了中国科学院先导项目"多维大数据驱动的中国人群精准健康研究"的首席科学家。

### 寄语青年：培养优良特质

吴家睿校友提到，对于生命科学学院的师弟师妹们，步入社会后的自我发展，要始终保持对知识的渴望与学习的热情，即"活到老学到老"。他强调，不管未来走什么路，都要对自己、对生活有要求。面对顺逆境，他引用达尔文"适者生存"的观点，强调适应环境、不忘初心的重要性。吴家睿提到，人时刻处在变化中，而通过学习可以让我们更好地认识并提高自己。他认为要处理好"喜欢与适合"的关系，兴趣与能力相匹配才能使个人的优势最大化。对于当代青年，他特别强调了自我反省的重要性。

吴家睿通过自己的公众号"吾家睿见"和专著《生物学是什么》分享了他对生物学领域的深刻见解。这本书是他对近十几年在生物学领域的学习和研究过程中领悟到的生命观的总结，体现了他对科学与哲学交叉问题的深刻思考。他强调，学生们的知识面要尽量广，科研人员应具备与其他学科交流的知识基础，能够理解别人的言语。他指出："学科交叉不是知识的简单拼凑，它要求科研人员对科学发展要有一定的感悟和理解，同时要有一定的交流能力。"最重要的是，科研人员要有正确的价值观，要有超越功利的意愿，要意识到学科交叉的重要性。

**素材来源：**

［1］科技日报.科学基金"讲好科学家故事"系列之九：吴家睿［EB/OL］.（2021 - 12 - 13）. https：//www.nsfc.gov.cn/publish/portal0/tab1344/info85557.htm.

［2］上海科技大学生命科学学院.吴家睿：在实践中学习，在学习中实践——我与上海科技大学［EB/OL］.（2023 - 09 - 30）. https：//mp.weixin.qq.com/s?_biz = MzI1MzUzMjIxMg = = &mid = 2247522540&idx = 1&sn = bd7490267b94703997688668165eae40&chksm = e9d1d9b7dea650a18ec35c1474c4d370801a9f5f93a683c6763c8c5c71ab05a28f26c6394fdd&scene = 27.

# 没有人是单枪匹马走出来的
## ——1979 级校友林鸿平

**人物简介**：林鸿平，中山大学生物学系 1979 级校友，深圳市综安实业有限公司、深圳市迅佳途投资有限公司董事长，中山大学生命科学学院深圳校友会会长，热心校友工作，凝聚生科院深圳校友力量，有号召力，为校友搭建交流平台，支持和关心学校和学院的发展，被学校授予逸仙教育贡献奖。

林鸿平

我们对林鸿平校友进行了采访，林鸿平校友不仅细致真诚地回答了每一个问题，还在无形间给我们采访者上了宝贵的一课。

《生科人悟》：如果用三个词来形容您的大学生活，您会选择哪三个词呢？

林鸿平：首先肯定是难忘，非常难忘，我们都在大学里学到了很多东西。还有一个感恩，最后一个是珍惜。因为大家同学的感情，跟老师的感情，跟校园的感情，我们毕业之后，都是很真的，所以我们对校园的生活感到非常的珍惜。

《生科人悟》：您能给我们分享一些让您比较难忘的回忆吗？是什么人或什么事让您感到难忘？

林鸿平：记得我们中学的时候是没有住校的，来到了大学后，是大家一起住，大家一起生活，所以就学会了人与人之间的相处。这个对我们走进社会，学会怎么跟大家彼此之间相处是很重要的。我们到了大学，大家那时候学习真的是很认真很刻苦的，晚上一吃完饭，大家就会去课室上自习，现在想起来还是那么记忆犹新。我们同学之间的感情都比较深，老师们对我们也很好。同学的相处，大家的校园生活，大家都很真。

《生科人悟》：那么对您来说，这段学习的经历对您后续的人生选择有什么方面的影响吗？

林鸿平：影响是很大的，比如说我们现在在外面做事，就得先学会做人。你不懂做人，你怎么会做事呢？在外面工作，就需要跟各行各业各种人打交道，这是一种艺术啊。我们在读大学几年和大家共同相处中学会和人打交道后，毕业后在社会上更容易适应点。我毕业后，开始是在政府部门工作，后来我们下海去开公司。虽然基本上和我们的专业关联性不大，但是我们在中大学到什么呢？学到的就是怎么样去做人，怎么样对人有礼貌，怎么以诚相待，我觉得这就是这段经历给我的影响，我很自豪。

《生科人悟》：您认为学院相较从前有什么变化？

林鸿平：我认为这几十年来，生科院是越来越好了。我们深圳校友会和学院的联系很密切，基本上每年学院的领导、教授都会来深圳和我们座谈交流；每年我们也会回学校，和学院的老师交流，也算是"汇报工作"吧。这既是学院对我们的关心，也是学院鼓励校友发展的一种表示。我希望这样的习惯能一直保持下去。

《生科人悟》：谢谢您的分享！那您能给我们介绍一下您现在的工作吗？

林鸿平：我们现在的工作是作为一个投资公司为主，我们投资了很多领域，包括一些企业的、金融的、高科技的。除此之外，我们发展了房地产，就是经营物业。另外，我们现在也在做一些酒店餐厅的经营。

《生科人悟》：您现在的职业与之前的生物专业是有一些不同的，那您为什么会选择转行呢？

林鸿平：那时候我们毕业后是包分配的，来到深圳后很少有跟生物学对口的工作，所以我只能转为管理了，后来我又转做外贸，去了香港。香港是一个商业城市，做生意相对容易，所以我们就开始自己开公司，自己投资。

《生科人悟》：您认为哪些能力或品质是无论在哪个领域都非常必要的？

林鸿平：我觉得不管做哪个领域，最重要的就是得讲道理。而且，因为社会的竞争很激烈，所以你一定要努力，还要坚持不懈地努力。最后，不管面对谁，都得以诚相待。这样自然而然大家都会对你好，你就能有更多的机会。这是我的经验。

《生科人悟》：您热心于校友工作的初心是什么？

林鸿平：校友会起的就是"桥梁"的作用。我们当时建立校友会的初心，就是增进联系、互相帮助、互相提高。具体举例来说，就像有的人在某个领域很杰出，但对另一个领域却并不熟悉；这时他就可以咨询这方面的同学，往往能得到详细的解答和热心的帮助。有了彼此的经验，大家都能少走弯路。到目前为止，我们校友会做了很多工作，已经达到这个互相帮助的目的了。

《生科人悟》：在多年的校友工作中，有什么让您印象深刻的经历或收获吗？

林鸿平：大家彼此帮助的经历有很多，收获自然也有很多。

我的公司在深圳各区都有分布，我只要找区里的校友，他们都会给我热心的指点和帮助。比如罗安娜校友，她身为区政协副主席，很了解政府各方面的政策，每次都很耐心地解答我们的疑问。

毕竟说到底，人生路上，一个人是很难单枪匹马杀出去的，一定是在大家的帮助下才走出来的。像万里长征，很多战士都是互相搀扶着，才能走出草原、走出泥地。这都是一样的，人是要互相帮助的。

《生科人悟》：您认为校友工作的意义是什么？

林鸿平：我觉得校友会最大的意义，就是让大家可以互相帮助。只要是中大校友、生科院校友，彼此之间都有一种亲切感。大家互相介绍、互相帮助。校友会作为一个联系情感的平台，可以促进大家的沟通，增进同学情谊，我认为这是非常重要的。

《生科人悟》：今年将迎来中山大学百年校庆和生物学科创建100周年。您有什么想对学院或学校说的吗？

林鸿平校友：我个人、我们深圳校友会，都很重视学校和学院的100周年纪念活动。我们能做的就是发动大家，尽一点微薄之力，为生科院做贡献。我们也会积极地参与学校、学院的百年庆典或做资金捐赠，以表示我们对生科院的一份热爱。

《生科人悟》：您对学弟学妹们有什么期望和建议？

林鸿平校友：我觉得，大学最重要的是把学业搞好。毕业之后你们就会发现，离开了学校就很难有机会静下心来读书学习了。同样重要的是，你们把书读好了后，一定要学会同学之间的相处之道。有的人太要强，不尊重别人，破坏了同学情谊，这就不可取了。大家应该学会相互尊重，为对方考虑，只有这样，以后进入社会时才能成功，才能少吃点亏。

# 中医药界的多边先锋
## ——1981 级校友徐安龙

**人物简介**：徐安龙，中山大学 1981 级生物学系校友，博士毕业于美国伊利诺伊大学，国家"十一五""863 计划"海洋技术领域专家，现任第十四届全国政协委员，曾任北京中医药大学校长，中山大学生命科学学院生物化学系教授、系主任、生命科学学院院长、副校长等职务。

徐安龙

徐安龙教授长期从事分子免疫学的研究，回国后先后主持了国家杰出青年基金、国家自然科学基金重点、重大研发计划、"863"、"973"国家重大研发计划等多项国家级科研项目，其主要学术成就集中在适应性免疫研究的两个方面，一是免疫多样性的形式与进化分析及其与疾病的关系；二是免疫调控与疾病发生和药物机制。他取得了多项重大原创性和系统性的成果，共获中国发明专利 50 多项和美国发明专利 1 项；以通讯作者在 Cell、Nature、Nature Cell Biology、Cell Research 等发表的 SCI 论文 200 多篇。曾获"广东省科学技术奖一等奖""广东省自然科学奖一等奖""国家自然科学奖二等奖""谈家桢生命科学成就奖""张安德中医药国际贡献奖"等多项荣誉。

作为曾经的北京中医药大学校长，中华中医药学会副会长、教育部中西医结合专业教学指导委员会主任委员、教育部新医科建设工作组专家、联合国世界人民理事会健康咨询委员会主席等，他引领中医药高等教育，致力于科技赋能中医药守正创新，以其丰富的学术背景和领导经验，推动学校的创新与发展，提升中医药学科的研究水平和国际影响力。他在中医药领域的贡献和领导能力受到了广泛的认可和赞赏，为中医药发展的重要驱动者。

### 科研开拓先锋：保持纯真，锐意进取

"保持纯真"是徐安龙在北京中医药大学寄语2016级毕业生的关键词。《黄帝内经》这样描述做一个纯真而"合于道"的人："嗜欲不能劳其目，淫邪不能惑其心，愚智贤不肖，不惧于物，故合于道。"纯真做人，纯真做事，纯真对国家和社会的担当，徐安龙言于此，亦行于此。1981年进入中山大学生物学系学习，获得学士学位；1992年美国伊利诺伊大学分子免疫学专业博士研究生毕业，获博士学位；1996年回国任中山大学生命科学学院生物化学系教授；2008年3月任中山大学副校长；2013年任北京中医药大学校长（以下称"北中医"）。从求学到任教，徐安龙在科研上始终保持慎独的自省态度，锐意进取。

徐安龙长期从事分子免疫学的系统研究，探索了人类免疫系统的形成与演化机制，为从中西医结合的角度深入理解免疫系统与疾病的关系提供了理论基础；初步形成了理论指导—方法引领—疗效提升—机制研究为一体的中医药防治疾病的中西医结合免疫研究体系。2007年被聘为"973计划"项目首席科学家，2011年被聘为科技部重大研究计划专家组成员，2021年入选岐黄学者，荣获多项省部级及国家级科研奖励。

此外，徐安龙还在中医药文化传承和国际传播方面做出了重要贡献，在北京中医药大学任职期间，他每年都会到各地去拜访名老中医，交流医学智慧，他深入研究中医药的历史渊源、理论体系和文化内涵，通过对经典文献的解读和整理，为中医药文化的传承和创新做出了积极努力。先后出版了《大音希声》、*Yin Yang You*（该书获得世界中医药联合会著作一等奖）等中医药著作。他的成果不仅拓宽了中医药文化的研究领域，也为中医药的国际传播和交流提供了有力支持。

徐安龙大力推动中医药临床和基础科研的结合，先后牵头申报并获批

建设了中医药防治免疫性疾病北京市国际合作基地、中医药防治疑难病国际合作研究基地、智慧中医装备教育部工程研究中心、中医药防治重大慢病（肿瘤）学科创新引智基地、中医药防治重大慢病（肿瘤）国际联合实验室等平台，支撑了国家重点研发计划、国家自然科学基金重点项目等10多项国家级重大临床科研课题的开展，这些科研基地和平台在中医体质理论科学内涵探索、中医药防治病前状态、中医药防治肿瘤等方面取得了一系列原创性成果。他以脊椎动物起源的模式生物和活化石文昌鱼为核心，通过比较免疫研究，揭示了包括人在内的脊椎动物免疫系统的起始、发生、发展的规律，特别是揭示了抗体/T细胞受体V（D）J重排机制的起源，为此免疫分子巨大多样性的产生提供了起源机制，为诺贝尔医学奖获得者利根川进40年前提出的"抗体重排的转座子起源"假说提供了最直接的证据。并揭示了抗体重排酶的结构演化规律，回答了以抗体/T细胞受体为核心的人适应性免疫起源的问题。他以通讯作者（包括共同通讯作者）的研究论文发表在 *Cell*、*Nature*、*Cell Research*、*Natl Sci Rev*、*Nat Comm*、*Genome Res*、*PNAS*、*PLoS Biol*、*EMBO R*、*Cell R*、*J Immunol*、*JBC* 等期刊上。

## 高校教育先锋：内外共进，教育交流

2023年6月，在北京中医药大学的毕业典礼上，校长徐安龙以"炬火相传致青春"为题，寄语广大毕业生。"用'奋斗'点燃'青春之火'，用'仁爱'点燃'生命之火'，用'责任'点燃'事业之火'，以无限的能量燃起中医药事业发展的熊熊烈火，做炬火相传的追梦人"。整场温和而又有力的发言宣扬着徐安龙所推崇的教育理念——"人心向学，传承创新"。

回望历史长河，新中国中医本科院校已经走过近70年，中医专门人才的培养也由家传、师带徒转变为学府教育为主。站在新的起点上，中医药院校在培育人才、护佑众生健康以及走向世界等方面，该怎样传承与创新？

徐安龙曾提出"校园教育要做到心向学生，心向学者、学人，崇尚学术，心系学科，端正学风，营造'人心向学'的校园文化与学术氛围，使学生感到学校尊重其人格、重视其主体地位"。学生身边无小事，徐安龙关注学生的诉求和建议，把学生的评价作为学校改进教学工作、创新教学方法的动力。小到图书馆的藏书种类、人均借书量、自习室的开放时间等问题，大到实验平台的资源配置，学术交流平台的广度和深度等，徐安龙及其教育团队都认真研究，逐项落实。徐安龙尤为重视人才培养，鼓励教师和学生积极投身于科研工作，并努力为师生提供更好的学术环境和支持，在教育大道上从未停止思考和实践。

对外交流上，徐安龙也是不遗余力地挖掘中医智慧，增强文化自信。2022年，在《对话中医》之外交官系列访谈节目中，徐安龙与斯洛伐克大使及大使夫人探讨道："中医是由我们的祖先基于在自然环境以及四季气候变化规律中所总结和发展起来的，是立足于天地自然，运用药物、针灸等疗法进行身体调护的东方智慧。"举起这面东方智慧的旗帜，徐安龙的宣言掷地有声。他多次应邀参加国际学术会议担任大会主席、主讲嘉宾等，通过学术汇报、研讨会、访谈节目等形式，向国际学术界介绍中医药的研究成果和临床经验，促进了中医药在国际上的传播和认可。

北京中医药大学与英国密德萨斯大学合作，开设了我国第一个在国外高校中颁发中医专业学位的项目，与新加坡南洋理工大学合作进行"中医学—生物学"双学士学位教育。在此基础上，徐安龙进一步推动了与西班牙巴塞罗那大学合作设立获欧盟认可的第一个中医硕士学位培养项目，与澳大利亚西悉尼大学合作建立澳洲中医中心，在俄罗斯建立圣彼得堡中医中心。2023年北中医与澳大利亚西悉尼大学深入开展合作，推出"中文＋中医"项目等。徐安龙积极倡导建立"'一带一路'中医传播与发展联盟""俄罗斯中医立法与推广协调委员会"等，联手境内外各10多所高校，带动中医药在沿线国家建立医疗体系、培养人才。不仅提高了中医药的国际影响力，也促进了中医药与西医学术的交流与合作。

## 科技驱动先锋：科技赋能，守正创新

当前，我国中医药事业正迎来前所未有的机遇期。中医药学包含着中华民族几千年的健康养生理念及其实践经验，是中华民族的伟大创造和中国古代科学的瑰宝。做好守正创新、传承发展工作，积极推进中医药科研和创新，这已经成为中医药高质量发展的时代命题。而徐安龙也是关键的答题人之一。

2019年，徐安龙推动华为技术有限公司与北京中医药大学签署战略合作，双方将结合北京中医药大学在中医药人才培养、科研创新和医疗服务等方面的领先优势，充分利用华为强大的人工智能、大数据等方面的技术研发与创新能力，共同建设北京中医药大学中医药大数据基础平台与应用中心、智慧中医联合创新中心等，推动中医药在传承创新中高质量发展。这样全新的校企合作模式就是徐安龙推崇科技赋能中医药守正创新的实践。徐安龙提出："需要注重以中医药学的核心思维为指导，借助系统生物学、生物医药、大数据、人工智能等技术，解释中医生命本质、推进中医重大疾病防治的基础研究。"他也持续致力于与相关科技机构和企业合作，将科研成果转化为实际应用，推动中医药科技创新走向市场，用实际行动告诉我们，科技赋能中医药领域，成绩单能有多亮眼。

## 结　语

徐安龙的多边先锋角色在个人学术研究、中医药国际交流与推广、科技赋能中医药创新发展等方面都取得了显著成绩，他通过努力探索和实践为中医药事业的现代化发展树立了榜样，也凭借卓越的前瞻性和领导力带领北京中医药大学在国际舞台上崭露头角，为我国中医药事业传承创新发展做出了卓越贡献。

**素材来源：**

[1] 科学网.第十四届"谈家桢生命科学奖"候选名单公示［EB/OL］.（2021-08-18）. https://paper.sciencenet.cn/htmlnews/2021/8/463424.shtm.

[2] 北京市卫生健康委员会.徐安龙校长一行慰问北京中医药大学东方医院一线医护人员［EB/OL］.（2024-01-05）. https://zyj.beijing.gov.cn/sy/ccjy/202401/t20240129_3547517.html.

[3] 北青网.北京中医药大学党委副书记、校长徐安龙：走好中西医结合、人才自主培养之路［EB/OL］.（2024-01-30）. https://new.qq.com/rain/a/20240130A02HHB00.

[4] 人民网.北京中医药大学校长徐安龙寄语毕业生：做炬火相传的追梦人［EB/OL］.（2023-06-30）. https://edu.people.com.cn/n1/2023/0630/c1006-40025294.html.

[5] 51CTO.北京中医药大学与华为签署战略合作协议［EB/OL］.（2019-12-24）. https://www.51cto.com/article/608327.html.

[6] 人民网.挖掘中医智慧增强文化自信——专访北京中医药大学校长徐安龙［EB/OL］.（2016-12-01）. http://health.people.com.cn/n1/2016/1201/c398004-

28916424.html.

［7］新华每日电讯.对话中医之外交官系列访谈：北京中医药大学校长徐安龙与斯洛伐克大使及大使夫人的中医探讨［EB/OL］.（2022-11-21）. http：//www.news.cn/mrdx/2022-11/21/c_1310678499.htm.

# 力学笃行凌云志，俯仰无愧中大情
## ——1981级校友杨小波

**人物简介**：杨小波，中山大学生物学系1981级本科校友，在中山大学继续完成硕士和博士学业后，1998年7月于中国科学院南京土壤研究博士后流动站出站。现为海南大学二级教授，博士生导师、博士后导师。国务院特殊津贴专家、省有突出贡献优秀专家、省"515"人才第一层次人选，省领军人才、省委直接联系服务重点专家、省优秀科技工作者、省优秀教师、曾获得省青年科技奖（2002年）等荣誉称号；获得宝钢优秀教师、省级教学名师、省优秀教师、海南大学首届十佳教师等荣誉称号，于2007年获国家级精品课程（负责人），2009年获得国家级教学团队（负责人），2016年获国家级精品资源共享课（负责人）。在国内外刊物上发表学术论文200多篇，其中SCI收录20多篇，出版专著20多部。以第一完成人获省部级科技成果奖一等奖2项，二等奖2项，三等奖1项，教学成果奖二等奖2项，教育厅科技成果奖二等奖1项；以第二完成人获省科技成果奖三等奖1项，教育厅科技成果一等奖1项。

2023年9月10日，杨小波退休前面对来自全国东南沿海各省的专家学者做线上线下报告，讲述海南植物与植被资源的特点和变化规律

# 一个"彻底"的中大人

作为一个海南人,杨小波教授有着众多跟海南有关的头衔:海南大学植物学教授、博士生导师,曾为海南省第三届、第四届和第五届政协委员,第五届省人大环境资源工作委员会委员,原海南省植物学会副理事长海南省环境学会副理事长。现任国际生物多样性计划中国委员会委员、教育部自然保护与环境生态类专业教学指导委员会委员、国家林业与草原局国家公园和自然保护地标准化技术委员会委员、中国生态学会常务理事、海南省生态学会理事长。

他的求学经历,与中山大学密切相关。杨小波的学士、硕士和博士学位都是在中大攻读的,一直到1996年博士毕业后,他才离开了中大,进入中国科学院南京土壤研究所农学博士后流动站工作,同年受聘于海南大学。可以说,他是一位"彻底"的"中大人"。在中大10年的学习时间,用杨小波教授自己的话来说,"最美好的时光都是在中大度过的"。

## 安静文雅的象牙塔

杨小波毕业后常回母校,谈及中大当年的风景,他就像一个从来没有离开过中大的学子。因为在他的记忆中,每一处建筑和景物都那么清晰,似乎中大在他心中留下了一幅地图。

当年,杨小波只身一人从海南来到中大报到时,马上被大城市的气息和中大独有的氛围深深地吸引住了。学子对象牙塔的向往是相同的,象牙塔展现给学子的却是其不同的风貌和精神。中大的绿瓦红墙、充满乡村气息的清幽小径、郁郁葱葱的中区大草坪、古典的建筑物、浓郁的书香气,无一不在他心里留下安静和文雅的印象。"现在的校园也很美,是一种热闹的美,现代的美",杨小波笑着说,眼光中还闪现着对当年校园风景的留恋。光阴荏苒,改变的是中大的风景,却改变不了中大学子对中大的眷恋。

"一定要记住老师!记住老师传授的知识和学习方法!"

回忆起在中大度过的时光,杨小波难以忘怀的还是大学里的各位大师级人物。在毕业20周年的聚会上,当重新见到对自己影响巨大的各位老师时,他激动得热泪盈眶。"一日为师,终身为父。"作为学生,一定要记住老师。一所大学,它的精神必须靠教师和学生共同发扬光大,而教师则是最直接的传递者。中大精神的薪火相传,很大一部分原因是拥有如此众多的优秀教师、优秀学子和他们所营造出来的校园氛围。在众多老师中,张宏达老先生对他的影响最为深远,而张老先生"严治学,宽毕业"的教学理念也牢固地在他心中生根发芽,"人要通过努力和勤奋才能到达成功"的警句时刻提醒着他。影响杨小波成长的老师还有王伯荪教授、胡玉佳教授、张超常教授、刘兰芳教授、李植华教授……"要耐得住寂寞,只有在寂寞中才能获得灿烂的人生",成为杨小波的座右铭。这些人生哲学帮助杨小波在其后的工作中建立了良好的信条,让他在繁忙艰苦的野外工作中仍然能享受自然、甘之如饴,在与同伴的同舟共济中得到收获,在寂寞中找到灿烂。

如今,杨教授也像他的老师一样,倾心杏坛,对学生言传身教。2006年,杨教授获得海南省第二届名师奖。这个奖励在他看来,是沉甸甸的。

## 人生态度的转变

出版了20多部著作,发表了200多篇学术论文,有数十篇为重量级的论文,主持了60项国际、国家级和省级科研项目……杨小波在学术上正攀登着另一座高峰。然而,人生总是成功与遗憾并行的,杨小波也不免有过遗憾,他心里一直有个结。原来在本科阶段,他过的是比较悠闲的生活,并没有对学习问题多加考虑,直至中大给他们班提供了一个难得的出国留学的机会。那是一个飞跃的平台,是一次扩大眼界的契机,是可以用更先进的知识和技术武装自己的良机。但他没有把握住这次机会,机会的错失警醒了杨小波:机遇总是留给有准备的人。在谈论这件事时,他语重心长地说:"做人,要做自己不愿意做的事情、不起眼的事情,这些背后往往隐藏着最大的收获。"这就是所谓的积微成著。此后,杨小波不断地自我超越。这种态度的改变也是他在攻读硕士和博士学位期间连年获得奖学金的原因。

## 毅力为学,建设海南

杨小波学习植物专业本属一个巧合,研究的渐渐深入却让他对植物产生了浓厚的兴趣,特别是对植物生态学、森林生态学。"做学问要有毅力"，这是杨小波大半生学术研究的最大感触。的确，他在学习和工作上取得的成绩全都离不开"毅力"二字。在杨小波学成后，他毅然选择回到海南，最主要的原因就是这里有着别处无法比拟的地域优势，海南植物资源丰富、物种多，植物学专业在海南发展空间很大。但是，这里的植物研究也存在着不利因素，分类较难，这就需要研究者有牢固的专业基础和非常的毅力。另外一个必须提及的就是杨小波的家乡情结：建设海南、为家乡服务是他的一大心愿。

在杨小波的带领下，海南第一次全面揭开五指山森林植被的神秘面纱。在这次调查中，他每天都要翻越海拔有1000多米高、山路崎岖难行的山体，他在调研过程中坚持与当地少数民族同吃同睡。在交通不方便的山区，当地的伙食极其单一，几乎全是白米饭，时常没有菜吃，更谈不上肉了，喝姜水吃饭也是经常的事情。另外，在开展海岛植被与植物资源调查研究更是辛苦和危险，大船靠不了没有码头的小岛，小船却在风浪中大幅度摇摆、晕船、吃不下饭，空腹工作，登岸危险。虽然辛苦，但他还是坚持翻山越岭去调查和研究植物与植被资源，不停歇地工作，每年都有2～3个月辛苦的野外工作。

**杨小波教授的代表性著作**

在海南拥有的国家级保护区中，有一半是杨小波教授亲自做的调查，参与申报，几经辛苦才得到国家的批准。2012—2020 年，杨小波又主持"第二次国家重点保护植物调查（海南）""极小种群的调查与恢复（海南）"和"海南热带雨林国家公园的科学考察（植物与植被）"等工作，成果为"海南热带雨林国家公园"获批提供了丰富的基础支撑，成为公园之一。

为了解决保护与发展的矛盾，他还亲自去鉴定、作评价……就是这样辛苦的工作，就是这样周而复始的研究，他取得了丰硕的成果，为国家、为海南做出重大贡献。他主持完成的科研成果得到了省政府高度的认可，获得了 2001 年度"海南省科技进步一等奖"的荣誉，这个奖项是海南大学以第一完成单位的省级一等奖，是海南大学科研发展的一个里程碑；1991 年到 2015 年完成并在科学出版社出版的《海南植物图志》（1～14 卷），被"生物多样性刊物"发文评价为"从《海南植物图志》看中国地方植物志编研的新方向"，获得 2021 年度海南省自然科学奖一等奖；1988—2023 年，杨小波教授坚持 37 年，从 26 岁干到快 62 岁的《海南植被志》（1～3 卷），终于在 2019 年、2020 年和 2023 年由科学出版社全部出版，成为中国省域第一部《植被志》，突破性地完成了中国首个省域 1∶50000 的植被分布图。除了《海南植物图志》《海南植被志》，杨小波教授出版的代表专著还有《城市生态学》《农村生态学》和《海南热带雨林重点保护野生植物名录》，总发行量超 10 万册；建立热带雨林恢复动态定位观察站、红树林恢复观察站等，为团队内的年轻老师和学生建立了良好的研究平台。

# 探索中前行
## ——1981 级校友陆辉

**人物简介**：陆辉，中山大学生物学系 1981 级本科校友。后留校继续攻读硕士学位。1988 年硕士研究生毕业。1992 年，通过 CANTEST 考试赴加拿大留学，攻读中国—加拿大人才开发项目的国际项目管理专业。本文采访于 2005 年，时任汉坤生物科技有限公司总经理。

陆辉

## 校园点滴回顾

回顾当年校园青葱岁月，陆辉不胜感慨。在中大的七年，收获良多——学会了做学问，也渐渐学会做人。在同窗间结下了深厚真挚的友谊，也遇见了相伴一生的伴侣。七年在中大的校园生活，陆辉说那是快乐求学的七年。在那不像今日繁杂的社会里,人的心境是平和而容易满足的。也许物质上没有今天的学子们所拥有的那样丰富,但是却不觉得条件艰苦。陆辉说自己家中有五兄妹,当年自己求学时家里要供养三兄弟同时上学,生活比较拮据,但是因为自己每月能拿17元的奖学金,温饱已足,还能偶添书册,便已满足,亦不觉苦。

**陆辉与夫人于中大相识**

谈起大学的学习,陆辉认为自己是学习工作两不误的人,也许自己不是最优秀的学生,但是是一个懂得方法的人。言谈间说起一个小小的插曲。大学期间陆辉有一门专业课细胞生物学,书如砖厚。当时陆辉课时繁多,又因这门课安排在人困肚饥之时,虽想认真攻读,但心有余而力不足。大考将近,书仍油墨飘香。陆辉苦读笔记三天,居然读通读透,考出全班第二的优异成绩。这件事情令陆辉领悟到:"人在很多时候并不知道自己的潜力有多大，惊人的潜力常常会在巨大的压力下爆发，关键在于你有没有行动。"

说起社团，陆辉说自己自大学开始便一直担任班长，在大三时还创建了带有文学色彩的绿园学社，担任秘书长。因为陆辉喜爱画画，又有书法的天分，所以社团里的黑板报一直由他负责。谈到参与社团最大的收获，陆辉认为是锻炼了与人沟通的才能，"知道他们想要的是什么，知道他们想听的是什么"。

大学毕业后陆辉继续在本校攻读硕士学位，担任生物学系研究生会主席，并在学校研究生创立的信息开发中心担任负责人。陆辉戏称当时的自己是校园里的"学生贵族"。在学习和继续社团工作的同时，陆辉开始真正的社会实践。他首先是开始推广彩印，小试身手。后来因为偶然的机会在"太平洋影音公司"淘到一批低价磁带，2.50 元进，3.50 元出，销路不错，算是挖到了第一桶"小小的金"。

陆辉回忆往事，面带微笑，意气风发，仿佛一切犹历历在目。陆辉说自己现在仍留着当年用赚来的钱奖励自己的一件皮夹克作为留念。他又笑叹当年自己"理想主义"，并没有意识到"财富魅力"，自己在"10 多年后才走上从商道路。"

## 留学加拿大

陆辉说他那个年代的毕业生的最好流向，无外乎企事业单位。陆辉毕业后先分配到当时的"广东十大企业"——珠江啤酒。后来又到政府单位工作。几年后，机遇难得，陆辉决定出国留学。

陆辉参加的是中国经贸部与加拿大国际发展署人才联合培训国际项目，项目的目的是培养"key person"作为两国文化和贸易的沟通桥梁。首先必须通过 CANTEST 的英语考核。CANTEST 性质类似于今天的托福和雅思，是出国留学的一个门槛。陆辉形容这次考核面试是波澜起伏，但是有惊无险。自己能够通过是靠七分勇气、三分运气。说靠勇气是因为许多本来胸有成竹的人在 3 个考官面前就怯场，未战先败；说靠运气是因为考官问到陆辉事先略有准备的话题——南方人与北方人的差异。陆辉略一思考，就从长相、性格、饮食等方面的差异从容地答出。结果面试在考官的笑声中顺利通过。

加拿大官方非常重视这次培训，对于每个学员都从生活和学业上给予悉心的照料，并规定每个学员都必须参与"home stay"的培训项目。所谓的"home stay"是指让每个学员和一个加拿大家庭住在一起一个月，目的是让学员尽快了解西方的文化差异。陆辉所居住的家庭是一个三口之家——40岁开外的夫妇和一个快要成年的女儿。陆辉说他有温暖的家的感觉，觉得自己就是他家的大儿子。许多中国人都觉得西方人情淡薄，陆辉却觉得"文化有差异，人的本性没有差异。重要的是用真诚打动真诚。"他做到了，他很快地融入这个家庭，适应了西方的生活。在项目结束的时候，他们全家人都不舍得他搬走，甚至出面要求校方通融让他继续留驻，并给予陆辉极大的饮食住宿的优惠。当然这其中更无价的是情感上的关注。几年后，这个喜欢中国文化的加拿大家庭来到中国和陆辉一家度过一个难忘的"中国年"。这让陆辉对人与人的沟通交流有了更深刻的了解和认识。

陆辉认为留学给予他一笔宝贵的财富。其中最重要的不是所学的知识，而是那些好的方法、态度，让他明白想要成为一名优秀的管理人员，要学会包容、激励，择才优用而不苛求。这对陆辉以后的事业生涯的发展都有着深远的影响。

## 回国创业

作为早期的海归人员，陆辉谈了自己海归的感悟。每一个海归人员回国创业，都需要经历一个再学习的过程。出国适应文化差异需要3个月，回国适应则至少需要半年以上。之所以要适应，是因为国内与国外在文化背景上有太大的差异。这种差异如果不适应，那创业的第一步就很难落实。

陆辉与中大校友携手共同创建了汉坤生物科技有限公司（Hancrown Biotechnology Limited）。陆辉是这样解释公司名字的含义的"汉，中国；坤，乾坤"。大气宏博，一片爱国赤诚之心。这正体现着公司的企业理念——"科技兴国，以人为本"。谈到企业人才的招聘，陆辉说他们看的先是诚信，再是能力。也许是对母校的眷恋，公司有许多中大毕业的优秀人才。

求学、考研、工作、留学、创业，一路走来，陆辉一直都在探索属于自己的道路，探求适合自己的发展空间。在探索中思考，在探索中前行。

# "回馈、成就、奉献"之路
## ——1983级校友朱辉

**人物简介**：朱辉，中山大学生物学系1983级本科校友，中山医学院（原中山医科大学）1987级生理学硕士。毕业创业成功后开始了"回馈、成就、奉献"之路，先后参与了中大南京校友会、中山大学厦门校友会、中山医江苏校友会、中山大学生科院福建校友会、厦门校友经济促进会的筹备和运维。现任中山大学厦门校友会副会长兼秘书长、中山大学生命科学学院福建校友会会长、中山大学生命科学学院江苏校友会会长、中山大学南京校友会副会长、中山医江苏校友会会长。

朱辉2017年返校参加本科毕业30周年活动

### 回馈母校：一日中大人，一生中大情

1983年，不满16岁的朱辉从江苏扬中来到花城广州——美丽的中山大学求学，从此，他和中大的逸仙缘就此结下。在后面的很多年，朱辉在参与和母校相关的活动时，常常提及"感恩"二字，一年又一年，他感慨

于母校母院的日月变迁，不忘感谢母校的悉心栽培。时光流转，中大的容颜一直在变，但正所谓"一日中大人，一生中大情"。

毕业后的朱辉带着生科精神和理念，成功创业，他说"钱永远是赚不完的，希望能做些有意义的事情帮助年轻的校友"，带着这样的信念，朱辉开始用真情爱意回馈母校、回馈母院。

他与妻子吴文蕾（中山医科大学1985级1991届口腔医学校友）一直热心支持中山医学院学子的发展，为此设立了"逸仙缘"生理奖学金，鼓励学生重视医学基础课程的学习。这一举措是朱辉和吴文蕾伉俪为助力中山医学院学子发展所做的善举，旨在激励学生重视生理学这门重要的医学基础课程，为他们未来的医学生涯打下坚实的基础。

2021年，在中山大学南校园新体育馆座椅认捐活动中，我们看到朱辉校友、吴文蕾校友和他们的女儿朱星睿一家三口的名字，在20世纪80年代的中大校园，这对伉俪怀着爱情与人生美好的愿景，在相近的职业理想上携手并进，而后一同反哺母校，留下美好祝愿，这何尝不是一份浪漫的"中大情"呢？

2021年11月，在生科院建院30周年之际，朱辉校友捐赠15万元给中大生科院作为发展基金，支持母院的教育事业。

而后，在校友工作中，朱辉也没有停下脚步。

## 搭建桥梁：携手谋发展，为校友赋能

秉承着传承母校精神，密切联系校友的初心，朱辉在校友会的工作成就是有目共睹的。关于校友会的定位，朱辉在一次座谈会上分享了他在从事校友工作时受到一位资深学长的启发："校友会是否有利于当地校友？是否有利于当地社会？以及是否有利于母校？"对于三个"有利于"的思考，也始终贯穿着朱辉的校友会工作。

朱辉先后参与了中大南京校友会、中大厦门校友会和中山医江苏校友会，以及中大生科院福建校友会、厦门校友经济促进会的筹备和运维，2017年担任中大厦门校友会的副会长并于2020年兼任秘书长。中大厦门校友会成立于2017年，旨在弘扬母校的优良传统和学风，广泛联络在闽西南（厦门、漳州、龙岩）的中大校友，开展多种形式的校友联谊活动，增强校友凝聚力；大力宣传母校的最新发展变化，增强校友对母校的了解，促进校友与母校在教学、科研、学术、经济等方面的交流和合作；积极服务厦门校友，为校友赋能，鼓励校友在事业上不断取得成就。

2022年9月24日下午，为进一步拉近校友与母院，校友与校友之间的距离，凝聚校友力量，更好地服务海内外生科院校友、福建当地的产学研及中大生科院的发展，做生科院与福建省科研成果转化、投资引智等院地对接的桥梁，朱辉和我院领导老师共同召集校友，成立了生命科学学院福建校友会。

作为地方校友会校友代表，朱辉总是活跃在各项校友活动的一线，凝聚五湖四海的校友。在校友和政府部门的理解支持下，多次赞助中大生科院福建校友会、中大厦门校友会、南京校友会等理事会和校友活动多年的活动经费；组织了校友年会、参加各兄弟院校校友会间的不同比赛，承担了各类校友活动组织的部分费用；自2020年兼任秘书长以来，朱辉坚持连续组织并赞助厦门校友会的迎新年、中秋国庆联谊等大型年会；自2018年以来，配合中大招生宣传老师，组织并参与厦门和江苏的招生宣传、迎新送新。朱辉是一位优秀的"工程师"，在搭建校友赋能平台、校友沟通桥梁上，起到了非常关键的作用。

2024年5月25日，谢湜副校长向朱辉校友赠送"怀士堂"纪念章

除此之外，朱辉也常常热心帮助校友，在力所能及的范围内，利用自身的医科教育背景和校友会理事、会长的角色，在求医问药等方面，特别是3年多的新冠疫情期间，给70多位校友和家属提供了便利；帮助生物医药行业的中大校友和校友企业，实现信息互通，相互支持，协助联络厦

门生物医药港、苏州 Bio BAY 等园区，助力厦门商务局、厦门科技局的经济发展。与志合校友携手发展，勤勤恳恳做校友工作，充分发挥校友组织的桥梁纽带作用，这就是朱辉所说的："我想做更加有意义的事。"

## 服务社会：热心公益，扬名母校

朱辉在社会奉献中也持续不断地贡献着自己的力量。

2020 年，新冠疫情暴发的 2 月初期，中山大学厦门校友会积极响应全国抗疫的号召，尽己所能，发挥特长，投入到抗击疫情的战斗中。在得知福建援鄂医疗队出征之后，厦门联络处就积极筹划能为前方抗疫人员做点什么。当时传来一线医护人员的生活、医疗物资紧张的消息，就决定购买医用物资，于是通过中山大学校友会南京联络处找到一家军工企业，对方领导很支持，按当时的国家调拨价买到了 300 套能进红区的无菌处理的防护服，并快速邮寄到厦门，交付厦门卫生健康委和厦门红十字会。朱辉组织并分别参与中大厦门校友会、中大南京校友会发起的募捐，分别募得善款 10 万元、3 万元和其他物资，支持捐赠中大校友会和中大附属六院，购买防护服、3M 口罩给红十字会和武汉抗疫一线等。

2020 年 3 月初，疫情在全球不断蔓延，海外华人的医疗物资也宣布告急。彼时，出口医疗物资的运输费用十分高昂，手续也颇为烦琐。朱辉坚持要在第一时间为校友寄去来自祖国的温暖。他说："当国内疫情暴发，口罩等物资最紧缺的时候，海外中大校友们全力以赴，大量采购，紧急往国内邮寄，此时，他们困难，该到我们反哺的时候了。"在多方联络、查阅资料、请教专家后，由朱辉捐赠给美东地区（纽约、波士顿等）中大校友及家属的 2000 枚一次性医用外科口罩历时两天的运输，在 3 月 26 日晚及时运达大洋彼岸。

教育事业也是朱辉非常看重的，呵护祖国未来的花朵，朱辉一直在行动。

朱辉于 2020 年倡议并发起支持中大研究生支教团在云南鲁史中学的"一对一"奖学助教活动，而后中大南京、厦门等多地 200 多位校友积极响应，纷纷捐款、捐书、捐衣等，至今已逾 15 万元；并连续 3 年奔赴云南，参与中大对口帮扶云南凤庆县乡村教育的系列活动；2022 年 7 月，朱辉校友邀约来自南京、厦门、贵阳和广州的 30 多位中大校友抵达云南，开启了"中大校友'爱与善'乡村振兴云南行"，参观中大在澄江办学旧址纪念馆,并与凤庆县和鲁史古镇的孩子们交流;此次,朱辉、吴文蕾校友伉俪捐赠10万元设立了"中大情 逸仙缘"中大校友凤庆奖学金,鼓励考取中山大学的凤庆县学子和考取一本的凤庆县鲁史中学的毕业生,以支持凤庆县的优秀高中学子。

据不完全统计,自2020年迄今,在朱辉的带动下,有502位来自各地的中大校友参与了对云南凤庆鲁史中学"一对一奖学助教"、在凤庆县设立奖学金和奖教金,鼓励茶马古道上的同学上进求学、孝亲尊师,感谢乡村老师的坚守培养,累计已捐赠了70万元善款给凤庆县,其间,有多位校友企业得悉并被感动,购买和定制了120多万元的凤庆滇红……

朱辉与凤庆的逸仙缘,还将继续!

## 结　语

校友是学校的重要名片,学校是校友的坚强后盾。校友会促进校友、学院与母校各项事业多向共赢,实现"服务校友、服务母校、服务地方、服务国家"的多维目标,有利于充分发挥高校和企业等各界的优势,推动学校、学院及校友企业的高质量发展,助力人民生命健康和国家经济发展。

今年是中大建校100周年,也是生物学科办学100周年。学院的发展,学校的辉煌离不开每一位心系母校的校友,朱辉的话语此时似乎也更加掷地有声:"回馈母校,关注社会,无愧于这个时代!"

# 坚韧前行，打造"睛"彩人生
## ——1983 级校友黄静峰

**人物简介**：黄静峰，1987 年本科毕业于中山大学生物学系，美国斯克里普斯研究所分子生物学博士，美国强生制药免疫学和生物信息学博士后，盛元医药广州有限公司创始人、董事长兼 CEO，广东盛泽康华生物医药有限公司创始人、董事长兼 CEO，美国强生制药资深研究员、美国辉瑞制药全球眼科新药临床开发部转化医学总监，厦门大学客座教授、温州医学院眼视光学院客座教授、广州医科大学产业教授，曾担任美国国家眼科研究所（National Eye Institute，NEI）特聘专家顾问。深耕免疫疾病和眼科疾病分子机理的研究，拥有近 20 年跨国大型药企创新药研发上游和临床开发下游的经验，在免疫疾病和眼科疾病的病理机制、生物标志物研究和转化医学领域具有丰富的经验，在 Science、Ophthalmology 等顶级学术期刊上发表研究论文 30 多篇；盛泽康华原始研发的干眼泪液生物标志物 LTA 检测试剂被药监局评为"创新医疗器械"，入选"2020 年中国眼科学十大进展"。盛元医药是广东省"专精特新"企业，项目获"第九届中国创新创业大赛"全国总决赛三等奖。

黄静峰

## 出类拔萃，广东唯一

黄静峰出生于广州，在 20 世纪 80 年代于广雅中学毕业后考入中山大学生物学系植物学专业。本科即将毕业的黄静峰经学校推荐参加并通过了"中美生物化学联合招生项目"（China United States Biochemistry Examination and Application，CUSBEA）考试，成为当年广东省唯一的入选者。

CUSBEA 是由华裔分子生物学家、美国康奈尔大学的吴瑞教授发起的，在中国国内选拔生物化学、化学、生物专业的应届优秀学生赴美国学习的招生项目。该项目是我国改革开放后生命科学领域最早的国家公派留学项目，始于 1981 年，结束于 1989 年，共招收了 400 多名顶尖的中国学生赴美学习研究生课程。

黄静峰就读于中山大学生物学系期间，听说了植物学专业一位师姐考上了 CUSBEA 项目出国留学的事。黄静峰欣喜地意识到：植物专业也有机会参加 CUSBEA 考试。大学四年，黄静峰除了学习植物学专业课程之外，对生化和分子生物学以及相关的课程格外感兴趣，也更加重视。并且自己报名参加校外英语培训，坚持晚上骑单车到距学校几公里的培训班参加英语学习。功夫不负有心人，成绩优异的黄静峰在大四时获研究生推荐，并被推荐参加 CUSBEA 考试。

CUSBEA 考试由笔试和面试两部分组成，笔试包括专业课考题，由美国知名大学的博士导师出的英文题目和英文，笔试入围后再由来自美国的教授进行面试，这在当年英语教学尚未普及的情形下，难度可想而知。但黄静峰凭借大学四年扎实的日常累积一路过关斩将，最终成功入选，开启赴美留学的新征程。

## 耕耘积累，春花终结秋实

黄静峰留学的第一站是美国内布拉斯加大学林肯分校，准备攻读植物分子生物学硕博学位。进入更为广阔的知识天地之后，她对自己未来的学习、职业方向也有了新的思考。就在这时，美国有一位著名的分子生物学专家在一次会议上了解了黄静峰的情况后，建议她考虑申请科研实力更强的研究生院或研究所读博。于是，黄静峰毅然把在内布拉斯加大学的博士申请改为硕士，其后申请并通过了面试，进入全球知名的生物医药研究机构——美国斯克瑞普斯研究所，攻读生物化学和细胞生物学博士学位。

在斯克瑞普斯研究所完成博士学业后，黄静峰选择进入美国强生公司开展免疫学博士后和生物信息学博士后研究，这又是她在研究领域和职业上的再次"跨界"。博士后研究期间，她以第一作者身份在 Science 杂志上发表了她在 T 细胞分子调控方面的研究发现。之后在强生公司担任资深研究员和项目主管，从事上游免疫疾病的病理机理研究和新药研发工作。凭借出色的领导能力，曾荣获强生"全球标准领导奖"。

在新药研究开发的上游领域历练了近 10 年后，因机缘巧合，黄静峰加入美国辉瑞制药，担任全球眼科新药临床试验部转化医学总监，再次选择跨入新领域，拓展新方向。当时的辉瑞制药，其眼科创新药每年有十几亿美元的营收，部门有大量的资源，团队有丰富的经验，黄静峰充分把握难得的机会在辉瑞眼药临床开发部主导了多个干眼临床试验和转化医学研究，并且她把免疫学引入眼科新药的研究开发，做到"知其然并知其所以然"，其间，她带领的团队也被辉瑞授予"年度最佳团队奖"。

从植物学到分子生物学再到免疫学、生物信息学，从上游的疾病机理研究和新药发现到中下游的新药临床试验……在美国求学和职业发展道路上每一次的拓展与跨界都既有内在兴趣驱动，也有深度思考选择，恰当把握机会，积极努力进取，一路收获成果，不断创造价值。

## 执着钻研，破解眼泪之谜

眼睛是人体最重要的感知器官，超过 80% 的外界信息是通过眼睛获得的。随着电子化、数字化及视频终端的广泛应用，中国已有近 4 亿干眼患者，其生活质量和工作效率受到严重影响。干眼病已成为全球"大流行"疾病。国内眼科医生仅 4 万余名，随着经济发展，青少年近视、眼干燥症等眼疾高发和社会老龄化，导致眼科医疗需求缺口巨大。

眼球好像一台迷你型精密仪器，各部件十分精巧，这给眼病的科学研究、医疗实践和产品开发带来极大的挑战。传统上，眼病的诊断多依赖影像学和视光学等价格昂贵的仪器设备进行检查，并依赖医生的临床经验，生物诊断技术在眼科中的应用非常有限。而唯有将临床表现与形态、功能、细胞和分子的变化结合起来，方能对眼病做出综合判断，做到精准诊疗。因此，快速对眼科疾病进行客观诊断的手段和产品，成为国内眼科临床迫切的需求。

在美国辉瑞工作期间，黄静峰看到眼科疾病患者人群庞大，缺乏有效治疗药物，存在巨大的临床需求，但在新药开发过程中遇到各种挑战，临床试验失败率很高，即使是在辉瑞这样的跨国大药企，有巨额的研发投入，有经验丰富的团队和大药企成熟的新药开发体系，还有资深临床专家合作网络，情况依然如此。这让她对眼科这一复杂学科深感博大精深的同时，也清醒地意识到：眼科疾病的病因复杂多样，如果不弄清楚病因，很难研发出有效的治疗药物。因此她在辉瑞的平台上，带领团队开始了泪液生物标志物的研究及其在新药开发上的应用，并在全球眼科专业杂志上发表多篇研究文章，这在全球眼科产业处于领先地位。随后，她在全美眼视光年会上主持并发布研究内容。这让拥有免疫学背景的黄静峰在眼科新药研发过程中有了"知其然并知其所以然"的良好感觉。

在行业学术交流活动中，黄静峰与厦门大学眼科研究所的刘祖国教授相识。刘祖国教授是教育部长江学者特聘教授、国际干眼专家、亚洲干眼协议创始人之一，被业内誉为"中国干眼（研究）第一人"。在刘祖国教授看来，拥有免疫研究、新药研发和眼科新药临床开发经验的黄静峰，在眼科领域绝对大有作为，于是盛情邀请她回国创业。应刘祖国教授之邀，黄静峰从2012年开始回国考察，在国内转了一圈后，她最终把目光瞄准了广州市黄埔区广州国际生物岛。在她看来，这不仅是家乡情怀，更重要的是"广州市非常重视人才和创新"，广东是经济、教育和医疗大省，且广州市的人才和医疗资源都十分丰富，例如中山大学中山眼科中心的综合实力稳居全国第一。同时，广州国际生物岛聚焦生物医药研发和转化，环境优美，交通便利，是创新创业的沃土。

天时、地利、人和。2015年，黄静峰在广州国际生物岛创办了盛泽康华生物医药公司，致力于泪液生物标志物研究并率先开展创新性泪液体外精准检测产品的开发。

眼睛闭合时，眼表约有7微升泪液，别看量少，泪液可是综合性生物分子库，能反映眼病甚至全身性疾病的状态。血液、唾液、尿液等体液的分析技术和临床应用，大家已耳熟能详，但由于样本量和技术的限制，作为体液之一的泪液，在国内外都未被充分应用于医学检验。

盛泽康华公司成立至今，已在干眼检测和创新药研发方面取得了丰硕的成果：首开先河，通过泪液组学研究，发现了新的干眼生物标志物，开发出了全球首创的干眼快速检测（POCT）试剂，使用时轻轻在眼角点一下，"秒采"泪液，滴到试剂卡上，10～15分钟即可得到检测结果。该试剂在刘祖国教授牵头下，在6家大型三甲医院的眼科中心完成了1100多例的临床试验，取得了产品注册证和生产许可证，并获批上市。该产品填补了国内眼科临床泪液快速检测的空白，并被纳入《中国干眼专家共识》。目前，依托于该产品的"新增医疗服务项目"已获得广东省医保局批复，创新产品将在解决临床未满足需求的同时，造福更多的患者。此外，适用于过敏性结膜炎的精准诊断、指导治疗的IgE试剂也已获得产品注册证，另有多个产品在注册申报、临床试验等阶段，产品已形成系列化，并进入产业化阶段。

2020年，黄静峰启动盛元医药公司眼科创新药的研发。通过分子机制研究发现了新的诊疗靶点，研发中的干眼治疗新药SY-201，针对全新的干眼病理机制，已完成美国II期临床试验，数据显示SY-201具有明显的疗效和显著的差异性。目前已上市的干眼治疗药物，起效较慢，患者需要使用3~6个月才开始看到效果，且刺激性较大，而SY-201的临床数据表明，患者使用该滴眼液四周之后症状便得到很大缓解，眼睛比之前更加舒服。与现有可选择的干眼治疗药物相比，SY-201起效快、疗效显著，有效率高，刺激性低。更让人兴奋的是，这种药有望对干眼有真正意义的治疗效果，改变现在全球干眼作为慢病管理，需要长期用药维持的窘境。

**南方都市报采访黄静峰校友**

展望盛元医药的未来,黄静峰踌躇满志:"我们希望以患者为中心,以诊断为入口,以治疗为根本,拓宽产品应用场景,走到各级医院、研究中心甚至尚未设立眼科的基层医院,简化诊疗过程,方便城乡各类患者使用,真正实现'创新'所带来的社会意义和价值。"

# 从基础研究走向田间和餐桌
## ——1983 级校友谢旗

**人物简介**：谢旗，1987 年本科毕业于中山大学生物学系；1990 年于广东省微生物研究所获得硕士学位；1994 年于西班牙 Universidad de Madrid 大学获得博士学位。中国科学院遗传与发育生物学研究所研究员，博士生导师，国家杰出青年基金获得者。

曾任"十二五"国家重大科学研究计划"植物蛋白修饰和降解研究"首席科学家和"十三五"国家重大科学研究计划"逆境与固氮蛋白质重大专项"首席科学家。2014 年获国家自然科学二等奖。2016—2021 年多次入选"科睿唯安"全球高被引科学家，获得国内外专利近 20 项。

谢旗

谢旗老师课题组近年在加强基础研究的同时，也致力于我国可持续农业最佳模式的探究，包括盐碱贫瘠土地的利用和改造，饲草作物甜高粱的新品种培育及规模化推广应用等。

## 唤醒"沉睡"的盐碱地

盐碱地是一种土壤顽疾，被称为"地球之癣"。在一些地下水位高、蒸发强烈或地形低洼的地方，溶解在水中的盐类在土壤表层积聚，久而久之，土壤理化性质随之改变，影响植物生长。进一步细分，主要可以分为盐化土壤和碱化土壤，其中前者约占全球盐渍化土地的40%，后者则占60%左右。"春天白茫茫，夏天雨汪汪，十年九不收，糠菜半年粮"，一则民谚道出盐碱地的危害。

我国的盐碱地大约有15亿亩，分布在西北、东北、华北的17个省区，总面积为世界第三。土地盐碱化是长期困扰我国农业生产的大问题。

2023年7月，习近平总书记在中央财经委员会第二次会议上发表重要讲话强调"粮食安全是'国之大者'，耕地是粮食生产的命根子，要落实藏粮于地、藏粮于技战略，切实加强耕地保护，全力提升耕地质量，充分挖掘盐碱地综合利用潜力，稳步拓展农业生产空间，提高农业综合生产能力"。

全国有15亿亩盐碱地，其中适宜种植粮食的有5亿亩，利用潜力十分巨大。如何唤醒沉睡的盐碱地？在研究人员们不断地努力下，他们发现相比于大豆、玉米等常见作物，高粱的耐旱、耐涝和耐盐碱能力都极为出众。因此，形容高粱的耐盐碱能力时，谢旗用了"超能力"三个字。

## 让盐碱地"开花"

在河套平原核心区域的宁夏银川市通规乡，远处高扬的甜高粱枝叶，成为地平线上一处惹眼的凸起。高粱曾是我国的主要粮食作物，却因口感粗糙、营养成分存在缺陷等原因退出了百姓的餐桌，甚至逐渐被人们淡忘。而现在，含糖量高的新型甜高粱，又逐渐在全国各地推广种植。它不仅能生长在耕地上，而且在不毛之地的盐碱地里也能茁壮成长。

白茫茫的盐碱地，开出了金灿灿的"花"。每逢秋季，新疆、内蒙古、山东、江苏等地的近50万亩盐碱地都会迎来这幅景象。

在盐碱地里，甜高粱能长到一人多高。而让这些甜高粱更耐盐碱的"密码"，则是被中国科学院遗传与发育生物学研究所研究员、国家玉米种业技术创新中心首席科学家谢旗团队解开的。

站在"得意之作"旁，60岁的谢旗兴奋得像个孩子，他扒开地头的碱蓬草，露出高粱根部的灰白色泥土，说："这片地属于中重度盐碱地，但我们的甜高粱仍能长到3米到4米。"

他接着说："甜高粱其实是由大家熟知的红高粱突变形成的，因茎秆含糖量高而得名。从小在农村长大的谢旗，记忆里总有一份甜丝丝的味道。对农村家庭来说，高粱是制作扫把的主要原料，每家每户的地里总会种上那么一小片。夏天，甜高粱快速生长，在夜深人静时，甚至能听到它抽节的声音。到了秋天，外婆就会把家里田埂边种的几株甜高粱秆砍下来，递给年幼的谢旗。一口咬下去，汁水充盈，就像在吃甘蔗，因此其也被称为'甜秆儿'"。

"我老家是江苏的，有甜高粱，我们当甜秆儿吃，五六岁就知道这个事。后来我走上了生物学研究的道路，我的任务就是让作物更好地为人类服务。"小时候的甜美记忆，冥冥中成了谢旗的研究方向。

于是，2007年谢旗就带领团队开始了高耐盐甜高粱品种的筛选，他说"先从我们江苏南通收集当地的品种，后来觉得可能太小范围了，就收集国内外的品种开始做研究。我们不和主粮争地，我们要找的，就是能在普通作物难以生存的边际土地、贫瘠土地上生长的品种。"

谢旗表示："除了在实验室做实验，我们都还要下地。要去的盐碱地，都是荒无人烟的地方，工作人员很辛苦。去高粱地采样，都是在夏天，七八月份，室外三十七八度，整天在地里，喝水就要喝四五升。"张会丽是谢旗课题组的成员之一，她2018年入学，攻读博士学位，正式投入耐盐碱基因相关课题研究。张会丽表示，研究过程中，难忘的事有很多。她说："有很多实验进行不下去的时候，我们导师都会亲力亲为。碰到瓶颈期，实在没有办法进行下去，都是谢老师亲自上阵。对于我来说，我的运气非常好，碰见一位好导师。"

好在皇天不负有心人。2023年3月24日上午，谢旗课题组及中国农业大学、华中农业大学、中科院生物物理研究所、北京大学现代农业研究院、山东大学、宁夏大学、中科院东北地理所、扬州大学等10家科研单位协同攻关发现并完成验证的耐盐碱基因AT1/GS3相关研究成果先后在线发表在国际学术期刊 *Science* 和 *National Science Review* 上。谢旗课题组也育成了能够在含盐量 0.8%～0.9% 的中重度盐碱地上生长的"中科甜 3 号"甜高粱，大大增加了可利用的农业土地面积。

谢旗在演讲

## 盐碱地上的新农业

种植高粱只需少量施肥，且病虫害率低，可大幅节约灌溉用水。对农户来说，除去前期的种植成本，每亩地种植甜高粱的收益能达到千余元。

在收获高粱的同时，盐碱地也逐渐产生了变化。"通俗来说，这片地上生长的植物越多，盐碱就会更多地被'压'回地下。其实这就是通过水的溶解作用，把浮在土地表面的物质带回地下去。"谢旗说，通过生物改良的方式，能极大地改善当地土壤的盐碱化，实现土地的长久利用。

近年来，高耐盐甜高粱在新疆、宁夏、山东、甘肃、内蒙古、吉林等地的多个盐碱地推广。在每个点位，谢旗都会坚持开展 3 年的种植实验，从 50 亩到 5000 亩、5 万亩，逐步检验当地的土地环境、病虫害情况及植株的适应性。谢旗和团队还通过网络与农户直接交流、远程指导。目前，多个种植点位的生产规模已达到了数万亩。

实现了大面积种植，就能够做到机械化收割和规模化运输，一台农机每天能完成 500 亩甜高粱的收割，每亩地的产量在 4～8 吨。即使是种植规模较小的个体农户，谢旗也专门为他们推荐了小型青贮饲料打包技术，种上两三亩地，也能用小型农机完成收割。

用"科学探索，创新理念；跨越界限，破解难题"形容谢旗教授及其团队，再合适不过。谢旗教授说科学研究做到一定的时候，总想着能为国家、人民、社会做点贡献。他带领团队身体力行、深入田间，为高粱育种、盐碱地的利用和改造等做出了巨大贡献，育有多个国家审定、登记的特种高粱品种。尽管他讲得轻描淡写、诙谐幽默，但科研人都能体会到他对科研的高标准、严要求，这值得每个科研人铭记于心。

# 让棉花像云一样洁白
## ——1983级校友郭惠珊

**人物简介**：郭惠珊，1987年本科毕业于中山大学生物学系。中国科学院微生物研究所研究员，博士生导师；国家杰出青年基金获得者，中国科学院"百人计划"引进人才，中国科学院特聘核心骨干，中国科学院大学岗位教授，国务院政府津贴获得者，中国植物病理学会会士。长期致力于病原微生物（病毒、真菌）—植物互作和植物RNA干扰（RNAi）的基础理论和应用研究，是研究首个病毒RNAi抑制子CMV-2b功能和植物内源miRNA（miR164、miR1885等）功能的科学家之一；揭秘素有"棉花癌症"之称的棉花黄萎病致病机理，在国际上首次发现"植物—真菌跨界抗病RNAi"新途径，并创制抗黄萎病RNAi棉花种质资源；发现"真菌种间RNAi"，并创建了微生物诱导的基因沉默技术，开发了"sRNA抗菌"微生物制剂。

郭惠珊

## 跨界打靶，保卫棉花

表观遗传学是研究基因在核苷酸序列不发生改变的情况下，基因表达的可遗传的变化的一门遗传学分支学科，研究内容包括基因沉默、DNA 甲基化、母体效应等。其中由 RNA 干扰机制导致的基因沉默被认为是近 20 年来分子生物学最激动人心的表观遗传现象。2004 年，作为中国科学院"百人计划"的入选者，郭惠珊成为中国科学院微生物研究所的一名研究员，回国前，她所从事的正是表观遗传学的研究，她的博士学位论文课题最初是研究利用 RNA 沉默研制抗病毒植物；随后她和她的博士后导师发现，植物抵抗病毒侵染的 RNA 沉默能够被病毒编码的基因抑制，这种抑制基因被他们称为基因沉默抑制子，此项工作是植物与病原互作研究领域的重大突破，这个突破对于植物抗病机制的研究和抗病植物的构建都具有重大意义。作为研究 RNA 沉默的一支重要力量，郭惠珊带领的团队近 20 年来在这一领域勤奋耕耘，在基础理论和应用研究上颇有收获。

棉花是重要的经济作物和战略物资，在国民经济中占有重要地位。然而，是什么让这位一贯理性严谨的科学家与棉花结下了不解之缘并做出了一个影响自己后半生的决定呢？

一次，新疆石河子大学的一位学生邀请郭惠珊去做学术报告，报告结束后，她的学生带她去了棉花大田里，但是她看到的并不是白花花的棉花，而是一片狼藉的病田。她的学生告诉她，这是棉花黄萎病，在当地病情很严重。棉花黄萎病素有"棉花癌症"之称，是危害棉花生产的主要病害之一，其病原为大丽轮枝菌，属于半知菌亚门。郭惠珊并不是植物真菌病害方面的专家，到了地里，她震惊了，"我当时看见大片大片枯萎的棉花，基本上就是绝收，那些头上紧裹着头巾的棉民，就坐在那儿抹眼泪，很无助。因为我一直是做 RNA 沉默抗病毒的，从理论上来说 RNA 沉默或许也能抗病原菌，所以当时我就琢磨着要找到抗棉花黄萎病的方法，心里想着我下半辈子就干这件事了！"郭惠珊说。就这样郭惠珊从病毒研究"跨界"到真菌研究了。

## 驽马十驾，功在不舍

郭惠珊的求学生涯也经历了几次转折，其中一次便是高考。第一年考大学时，郭惠珊因为中暑没能考完，次年以全校第一的成绩考进了中山大学生物学系。郭惠珊说："我觉得我后来的转变和成长可能都是因为我碰到的老师都特别好。"现在年近90岁的邹韵霞是郭惠珊在中山大学的恩师。当郭惠珊做完毕业课题以后，邹韵霞跟当时的中心主任提议要留下郭惠珊，她说："惠珊虽然是60年代的人，但她有50年代人的品质。比如说扫地，别人一扫了之，所有东西都倒掉，而她是地上有一个橡皮圈都会先捡起来。"学生时代郭惠珊是这样做的，现在成了老师和家长的角色，她依然这样要求。

刚到西班牙马德里大学做访问学者时，语言不通和水土不服让郭惠珊吃了不少苦头。郭惠珊回忆说："每天在实验室做实验，中午带的饭我就在暖气片上加热，因为跟别人无法交流，我就自己到一个没人的地方去吃。下午4点去接女儿放学，然后把她送到课后托管中心，再回来继续做实验。"这样的情况持续了近半年。后来跟大家慢慢熟悉了，情况才逐渐好转。值得一提的是，"甚至后来很多去西班牙学习的中国人都会找到我家，先在这儿过渡一下，因此也留下了很多愉快的经历。"郭惠珊说。

在马德里大学，郭惠珊的勤奋好学得到了导师的赞誉，他曾经多次这样形容郭惠珊："别人是3天做一个实验，惠珊是一天做3个实验。"当时她被同事们亲切地称为"原生质体皇后"，在当时的技术条件下，别人做不了的实验通常都由她来攻坚克难，也因此，本来是去做访问学者的她被导师劝说留下转而读博，并且通过自学，在博士毕业时，顺利地用西班牙语通过了论文答辩。

回想这段难忘的经历，郭惠珊感慨万千："虽然刚开始那么难，但我也只是背后自己流泪，从来没有在别人面前表现出来。"她说，"其间经历了很多困难，我就像一个不倒翁一样，时常跌倒撞得鼻青脸肿，但最后还是都站起来了，不管是被动地反弹，还是主动地挺立。"

## 亦师亦友

"郭惠珊是个能干好每件事的人，如果她有了让别人很意外的成绩，你们千万别觉得意外。她能给自己剪头发，给孩子做衣服，做各种美味佳肴，跟学生打真人CS（军事模拟类真人户外竞技运动），晚会上表演太极扇……她就是一个神奇的人！"身边的人都这样评价她。

对于研究者来说，越是身处科技前沿，能供参考的东西就越少。在郭惠珊课题组，老师与学生一起探讨、共同进步就成了常事。"很多时候学生是靠自己，我能教给他们的就是提出问题和提高分析问题的能力。因为做实验预期和结果不符是常有的事情，会分析了你才知道下面要做什么。我并不是全能的，什么都会。"郭惠珊笑着说，"以前研究RNA沉默和病毒的时候多半是我在指导学生，现在做真菌和跨界RNA沉默是我跟学生一起做，一起学。我的学生头脑很灵活，不会的东西他们能够主动去查相关文献，去问老师，去和别人讨论，跟他们学，特别愉快，能共同进步。"

## 耕耘十载，编织棉田新华章

病原微生物引起的植物病害对人类的生存和发展有着极其深远的影响，其中土传病原微生物引起的作物病害，如棉花黄萎病等，危害更为巨大，其防治难上加难。

郭惠珊研究组在20年从事植物抗病毒RNAi研究积累经验的基础上，经过10多年的努力，在棉花黄萎病菌的侵染生物学、植物—真菌跨界RNAi的理论和抗病应用，以及广谱、快速的棉花遗传转化系统的建立等方面取得了一系列原创性重要进展的基础上，通过技术集成，建立了跨界RNAi介导的陆地棉种质创新技术体系，成功在早熟陆地棉中实现了抗黄萎病的种质创新。近期真菌种间RNAi的发现和sRNA抗菌微生物制剂的开发，有效抑制了棉花和水稻的土传真菌病害，有望减少农业生产中化学农药的使用，被誉为对"发现微生物，改造微生物，应用微生物"理念的最好践行。

**郭惠珊研究员在观察棉花长势**

研究组取得的系列成果得到了国际学界、当地政府和棉种企业的高度认可，大家普遍认为研究组在黄萎病研究方面取得的成果达到国际领先水平，创制的棉花种质改变了早熟陆地棉没有抗黄萎病种质资源的现状，为棉花黄萎病乃至土传真菌病害的可持续控制做出了杰出贡献。成果入选《2020 中国农业科学重大进展》、第十二届大北农科技创新奖；受央视新闻直播间报道和透视新科技访谈。郭惠珊研究员于 2015 年和 2023 年被评为中国科学院优秀共产党员，她几乎走遍了新疆所有的主要植棉县市，广泛宣传棉花靶向性病虫害防控的理念和策略，受到了当地农技人员和棉农的广泛认可。如今不惑之年的她仍然对于自己所从事的事业充满热爱和激情。

**素材来源**

[1] 中国科学院微生物研究所.郭惠珊团队潜心耕耘十载风帆正劲，编织新疆棉田锦绣华章 [EB/OL]．（2019-09-29）．http：//www.im.cas.cn/xwzx2018/kyjz/201909/t20190929_5402849.html.

[2] 科学大院.科学家上！保护我方新疆棉花！[EB/OL]．（2021-03-31）．http：//egi.cas.cn/xwdt/kxcb_163370/202103/t20210331_5987275.html.

[3] CC 讲坛.郭惠珊：RNA 跨界打靶，打赢人类与病原真菌的战争 [EB/OL]．（2020-05-27）．https：//new.qq.com/rain/a/20200527A0PN8700.

# 坚守初心,就是最正确的选择
## ——1984 级校友夏瑜

**人物简介**:夏瑜,中山大学生物化学专业 1984 级校友,英国纽卡斯尔大学分子生物学及微生物学博士,美国路易斯维尔大学医学院、英国格拉斯哥大学博士后。夏瑜在 2012 年创立康方生物,带领康方生物发展成为集研发、临床、生产和商业化一体的全球领先生物制药公司。夏瑜是国家重大人才工程入选者,相继入选中共中央组织部"海外高层次人才引进计划"及科技部"创新人才推进计划",也是"广东特支计划"科技创业领军人才、广东省"珠江人才计划"创新科研团队带头人。因夏瑜对制药行业及营商企业做出的贡献,获得了"重点华人华侨创业团队""第七届中国侨界贡献奖""中国科技创新先进个人"等多项荣誉。2024 年 3 月,夏瑜位列《2024 福布斯中国杰出商界女性》第七位。

夏瑜(位列《2024 福布斯中国杰出商界女性》第七位)

成功独立自主开发上市了 2 款全球首创的高临床价值新药，让中国人第一时间用上世界最新的疾病治疗解决方案，带领企业成为全球具有影响力的创新生物药物开发企业，夏瑜用了 12 年时间。

2024 年 5 月 31 日，一款中国公司独立自主研发的新药——依沃西战胜"药王"，被业界誉为创新药物"国货之光"的新闻刷屏创新药和资本圈。依沃西成为全球首个且唯一在Ⅲ期单药头对头临床研究中证明疗效显著优于帕博利珠单抗的药物。帕博利珠单抗于 2023 年登顶全球销售"药王"宝座（2023 年全球销售 250 亿美元）。

而在当月的 24 日，康方生物再次实现重磅里程碑——依沃西获得国家药品监督管理局批准上市，第一个适应证是治疗晚期肺癌。依沃西是康方生物独立自主研发的药物，也是全球首个获批上市的"肿瘤免疫＋抗血管生成"协同机制的双特异性抗体药物。而康方生物的创始人，就是夏瑜。

## 小小的种子开出大大的花

依沃西，是夏瑜带领团队成功开发上市的第二个全球首创新药。在 2022 年，夏瑜团队已经开发上市了全球第一个肿瘤免疫双抗卡度尼利，填补了中国双特异性抗体的空白。

夏瑜说："在中国开发出全球领先的创新药物，让中国患者用上最新的药物，是我们创立企业的初衷。"

成为一名"白衣天使"是夏瑜儿时的梦想，正是这个梦想，让她最终与医疗健康行业结缘。早在夏瑜还是孩童的时候，在一次与父亲一同前往医院探望亲戚时，看到医院内患者和家属们满脸焦虑担忧的神色，医生穿着白大褂在简陋艰苦的环境里辛苦工作，患者们对医生报以笃信和渴望的眼神时，夏瑜真切地感受到疾病在每个人的生活中都是大事。因缘际会之下，高考完填报志愿时，夏瑜选择了中山大学生物化学专业。她说："我希望能够在未来从事的工作跟人类健康有关，能成长在浓厚的学习氛围中，确定了未来读大学的规划，是很幸运的一件事。"

1988 年，夏瑜在中大完成本科学业之后，凭借优异成绩拿到的一份全额奖学金，她选择继续出国深造。她说："为了自己的梦想，当时口袋没几块钱就跑出国门，到国外一看，跟国内真的是天壤之别。"

尽管身处异国他乡，从小有"学霸体质"的夏瑜顺利地获得英国纽卡斯尔大学分子生物学及微生物学博士学位，随后前往英国格拉斯哥大学做博士后研究工作。当医生是夏瑜从小的梦想，虽然没能如愿，但"做药"反而"曲线"且圆满地实现了她救死扶伤的初衷。

1996年，夏瑜在美国路易维尔大学医学院进行癌症免疫治疗研究；2000年，夏瑜在Axys Pharmaceuticals，Inc.开展事业，负责药物发现、靶点验证等药物研发工作；2006年，夏瑜担任德国拜耳公司的高级工艺开发科学家，主要负责推进治疗蛋白及抗体药物的CMC、工艺开发及生产项目；2008年，夏瑜以高级副总裁的身份加入中美冠科，成为中美冠科创办的主要成员之一，并成功领导了全球首例最大跨国制药公司抗体新药研发在中国的整体外包合作项目。在跨国制药企业全方位的历练过程，夏瑜对于新药开发全程的技能和眼界都成为国际领先水平，这为她从科学家向企业家的转变埋下伏笔。

## 从只身求学到归国创业市值500亿元

在重大疾病治疗领域，创新药物可以为临床治疗带来重大突破，让患者得到更多的获益，其意义不言而喻。2008年，随着回国对产业的理解越来越多之后，夏瑜遗憾地发现，所有国外的创新药在问世以后，大多都需要经过8年以上才能惠及中国患者，且价格昂贵。而彼时国内创新药物开发则几乎是一片空白，既缺乏人才、资本和监管的支持，也毫无经验可循。这深深地触动了夏瑜。

"我们能在海外开发创新药，为什么在中国不能？一定要中国人也能及时用得上最新的药物！"夏瑜握紧拳头，创业念头越发坚定。

2012年，在国家"一定将中国生物制药搞上去"的使命的召唤之下，夏瑜与志同道合的李百勇、王忠民、张鹏等人在广东省成立了中山康方生物医药有限公司，立志在中国开发出全球具有领先性的创新生物药物，成为全球具有影响力的国际化生物医药创新公司。

创业之路九死一生，但夏瑜始终保持着冷静而乐观的心态。她说："我觉得永远不要为自己设限，在人生每一个阶段都做到最好，更要不断给自己正向的反馈，享受其中。我们所从事的创新事业是艰难的，但是中国药物创新每前进一步，都是值得骄傲和自豪的。在医药创新的路上，我们有很多的前辈和同行，我们也有很多的后来者。唯有我们这群在路上的人，只有对人类生命健康事业拥有崇高的敬意、对生物医药创新拥有无限

夏瑜（左二）与康方生物的 3 位联合创始人

的热爱，中国生物医药行业的发展的未来才会不断创造辉煌。"

时至今日，距离夏瑜创立康方生物已逾 10 年，公司目前拥有 50 个以上用于治疗肿瘤、自身免疫、炎症、代谢疾病等重大疾病的创新候选药物，其中 19 个新药进入临床研究，13 项关键Ⅲ期临床试验正在开展，包括 2 个全球首创新药在内，共 4 个自主研发新药获批上市（含 1 个对外授权）。2020 年康方生物在香港交易所正式挂牌上市，总市值一度冲击 550 亿港元。

## 坚守初心，就是最正确的选择

随着时代的进步，女性的魅力在各个领域中绽放。比如在科技创新驱动的创新药行业，近 20% 的创始人是女性。夏瑜是康方生物创始人、董事长，也是管理团队中唯一一名女性，无论是作为女科学家还是成功创业者，夏瑜无疑都是成功的典范。但这一切成就的取得却不轻松。特别是在康方生物初创时期，夏瑜经常会听到对女性科学家创业者和领导者的质疑和偏见：作为一名女性，为什么在事业稳定的中年还要折腾创业。但是，带着种种不被理解，夏瑜和女儿，和康方，一起快速蜕变、成长。如今，她女儿说妈妈是自己最崇拜的人。

因为自己的经历，作为一名女性领导者，夏瑜也希望大家可以坚守自己的初心。

夏瑜说："在我看来，女性的耐心、细心和坚韧足以帮助我们战胜困难，收获掌声。女性首先是一个独立个体，她们拥有自主的选择权。"

夏瑜表示，作为"半边天"，我们要对生活的每一部分都负责，工作时要全身心投入自己的热情和时间，努力地发展和完善自己，回归家庭时也应该尽职尽责。她说："一个企业、一个领导人需要有同理心、人情味，我自己也是女性创始人，我个人认为要给女性独立的选择机会，并且尊重她们的选择。无论她们选择在工作上花更多精力，还是在生活上花更多精力，只要是遵循自己的初心，我觉得都是值得肯定的。而作为企业，我们在鼓励这些女性在工作上做得更好、更努力的同时，也应该帮助她们照顾到家庭的一些方方面面。"

如今康方生物有将近3000名员工，超过1/3是科研人员，在这些科研人员中至少一半都是女性。在中层员工和高层管理团队中，女性比例也相当高。在夏瑜的鼓舞和带领下，她们的表现也同样十分优秀，不少女性员工的业绩比男性员工还要突出。

"坚守初心，就是最正确的选择。作为一名职场女性，无论你想选择怎样的人生道路，一定要想清楚自己的初心，想清楚自己的目标，只要沿着这个目标去做，你的选择都值得被肯定、被鼓励。"——作为生物医药领域的科学家，中国新一代创新企业的女性创始人代表之一，夏瑜道出了对职场女性，特别是陷入职业困境的女性科学家们最想说的话。

**素材来源**

[1] 赛默飞中国.#说出你的飞凡#坚守初心｜对话康方生物夏瑜博士［EB/OL］.（2022-01-20）. https：//www.thermofisher.cn/cn/zh/home/about-us/CSR/femalescientists/xy-interview.html.

[2] 中山侨联.［中山侨·世界桥］夏瑜：海归创业的"中山范本"［EB/OL］.（2023-06-08）. http：//zsql.org.cn/article/view/cateid/53/id/36231.html.

[3] 福布斯.封面人物｜康方生物夏瑜：如何在寒冬赢得"赛点"［EB/OL］.（2024-03-08）. https：//www.forbeschina.com/woman/67294.

# 博物馆中成长起来的自然与人文之美
## ——1984 级校友陈邵峰

**人物简介**：陈邵峰，中山大学生物学系动物学专业 1984 级校友，现任广东省博物馆副馆长、广东省博物馆协会理事长、粤港澳大湾区（广东）文创联盟理事长、研究馆员。

陈邵峰

## 辗转的童年，不一样的志趣

由于父辈支援大西北建设的一腔报国热情，陈邵峰并非出生在父亲的籍贯地广东，而是出生在郑州，成长在兰州。当初，父母执意要回到广东生下他，他却提前在从大西北回广东的路上呱呱坠地了。与现在大多数的青年不同，陈邵峰没有能够像他们那样平淡简单地在父母的家乡出生、成长，而是辗转波折。巧合的是，多年之后，他又重新考回位于广东的中山大学。

陈邵峰笑着说："也许是这样像大迁徙般的成长道路，注定了我以后是从事带有国家视野的工作。"

其实，早在高中时，陈邵峰就展现出对生物、对自然界的浓厚兴趣。

回忆起当年高中参加的生物兴趣小组，他制作标本的经历还记忆犹新。当初、高中的应试教育虽然也有不小的负担，学业也很紧张，但学生都有些课外的时间能够参加各种各样的兴趣小组。陈邵峰参加的是当时筹划得最好的生物小组。他回忆，他一有空就会到学校周围采集植物制作标本，日积月累，他把当地所有常见的植物都采集了下来，并且为了保持标本原来的颜色和形状，他日复一日、不厌其烦地换纸、压制标本。标本制作好之后，借着他所就读的师大附中与西北师范大学生物学系的关系，他跟随很多植物学方面的专家查植物志对植物进行鉴定，收获颇丰。

此外，他还自己独立完成了动物内脏标本的制作。说到他当年制作的猪肺的血管标本，陈邵峰侃侃而谈，他先用水一遍一遍地将血管内的血液冲洗干净；随后用丙酮将破乒乓球（赛璐珞）溶解，再加入红色和蓝色的颜料，分别对动脉血管和静脉血管进行染色，然后当两种颜料分别注入动静脉之后，就可以分别显示不同的血管，并且凝固之后能够清晰地展现出动静脉的交织；最后用一定浓度的硫酸浸泡，使肺泡融化，再冲洗干净。陈邵峰高中时所做的动物和植物标本一直都保存在母校以供师弟师妹学习使用。也是从这时候开始，陈邵峰慢慢开始对生物产生了兴趣。

但他也提到，对什么东西感兴趣其实都是机缘巧合，他加入生物小组是因为这个小组恰好在当时是办得最好的，如果当时无线电小组办得好，他加入的也许就是无线电小组了。虽然会有各种各样的选择，但更重要的是保持对世界的好奇与兴趣，这样，无论最终的选择是什么，内心都会有一个原动力不停地敦促自己前行。

## 人才的培养，贵在差异贵在德

进入中山大学以后，让陈邵峰印象最深刻的是相对自由的选课制度、宽松的学习环境，以及活泼的校园氛围和综合性大学的优势。

陈邵峰谈到，大学里老师、辅导员的影响是比较综合的，并不局限于老师只影响学生的学习，而辅导员只影响学生的生活。例如，他在大学第一次了解到如何将知识投入于应用：教授在生物楼开设金钱龟养殖培训班，为缺少专业知识的农民传授技术，为改革开放初期珠三角的养殖业提供了巨大的推动力。这让陈邵峰意识到，研究和应用不仅不能分开，而且须通过研究和技术应用推动经济发展。

他说："当今社会是一个信息化社会，需要具有各门类的知识的人才。

而本科教育最主要的就是培养学生学习、生活、将来工作的能力,但这些都是在一个大前提之下的:将学生培养成一个好人。"

他感慨,大学生要树立的一种价值观就是:向善才能获得成功,使用各种欺诈、伤害他人而获得的利益都不能称之为成功。社会应当是一个良性竞争的社会。道德的培育尤为重要。

对于我校人才培养目标,陈邵峰的看法是:首先要把人培养成愿意为社会做贡献的人,但由于个人的能力本身是有差异的,更重要的是学生的文明气质,承认差异的培养,发挥各个人的长处便足矣。

大学的一个任务就是培养一个人的素养,使得学生走出去给其他人一种受过高等教育的感觉。如何谈吐、聆听他人说话,有时候比专业知识更加重要,因为一个被人接纳、欣赏的人,才有更多的机会实现自己的抱负。

陈邵峰在西藏羌塘自然保护区进行野生动物考察

## 人文学科,汲取不同的营养

即使所读的专业是理科,陈邵峰对文科也保持着浓厚的兴趣,据他所述,当时中大的跨专业选课让学生有了更多的机会了解自己专业以外的知识,更加全面地发展、培养自身。

"哲学的美学""西方音乐史"等是对陈邵峰影响最为深厚的选修课。在大学时,这些文科类的课程是他思想的启蒙课,他觉得这些课打开了他认识世界、探索世界的大门。到博物馆工作以后，这些课程又持续影响着他对"美"及世界的看法。

譬如，他在上"哲学的美学"时，老师让他们探讨什么是"美"。这个问题看似简单，但随着人生阅历的增加，反而觉得越难回答这个问题了。但这也不断地让他去思考：审美从哪里来？为什么会有这样的审美？从生物学角度来说，是因为颜色、形状通过眼睛刺激到视网膜，最后通过神经传导形成一种美的体悟。但人们却无法通过这样的原理做出一个实体的美的事物。这种人文科学和自然科学相结合的想法促使他产生了新的思维火花。

直到如今，他仍走在探索"什么是美"的道路上，譬如，在策展时，他会思考与文化对接的颜色是什么，如江南之地遍布白墙灰瓦，那么如果是江南文化的展览使用灰白两色作为主色调，观众就会更容易找到共鸣。

选修人文学科，是因为他心中总是秉持这样的观念：人要学会听不同的声音，才会对自己对世界上所发生的事形成一些中肯、不偏激的看法，否则，很容易因只言片语而走向歧途。

确实，兼听则明，偏听则暗，这不仅是君王统治的真理，也是做人的道理。当人学会聆听不同声音的时候，他就有了更加辽阔的视界。漫漫人生路中参悟的道理，终将沉淀为内心的一种踏实的力量，遇难越发勇敢。

# 感恩、责任、激情、智慧
## ——1985级校友施少斌

**人物简介**：施少斌，中山大学生物学系生物化学专业1985级校友。现任广东贝英基金管理有限公司董事长、广州市医事助医公益促进会理事长；曾任广州王老吉药业股份有限公司董事长、广州药业股份有限公司总经理、广州奇星药厂有限公司董事长、广州医药集团有限公司董事和副总经理、广州珠江钢琴集团股份有限公司董事长、香港天大药业董事总经理、中民投健康产业投资管理有限公司创始合伙人等。2007年当选"第十届广州十大杰出青年"，2008年荣获"第十届广东青年五四奖章"，担任广东省第十二届人大代表。

施少斌

我们进入施少斌校友朴素又不失大气的书房时，立马看到了他桌子上摆放的《中山大学生命科学学院（生物学系）编年史》一书。于是乎，我们的聊天从这本书开始，从大学第一课谈起。

人生离不开几位名师——"感恩"是施少斌人生座右铭的第一个词。

"我还想尽量找出当年给我上课的老师们的名字",施少斌满怀着对老师们的感激之情,激动地对我们说。我们就聊起那些年我们都读过的课程,说到了大学的第一课,谈起了那些"一日为师终身为父"的老师们,讲起了生化课的任课老师……

施少斌在采访中,深情地和我们说,人要常怀感恩之心。人生离不开几位名师。要感恩师长。他至今仍记得毕业之时老师曾对他说"你在学校看了很多的书,但是有一本书,一定要好好看,不断地看,那就是'社会'"。要感恩父母,是他们让你来到这个世界上。从呱呱坠地开始,是父母首先教你做人的基本道理。当然,也要感恩企业,感恩第一个师傅给你的机会。

本科毕业后,施少斌进入广州敬修堂药厂(后改为广州敬修堂药业股份有限公司)工作,起初做科研工作,后来转向销售行业。厂长发现了极具发展潜力的施少斌,便问他:"我需要一个秘书,你要不要干?"于是,他担任了厂长秘书,开始走向行政方向。

施少斌是国企有名的少帅。从厂长带领自己走上这条路之后,28岁担任企业副总,33岁任王老吉一把手,38岁担任上市公司总经理、集团副总。无论在哪个阶段来看,都是当时广州市最年轻的干部之一。在从本科毕业生逐渐成长为企业一把手的过程中,他的职业生涯一路顺风顺水,其实都离不开贵人相助。他对一路上给予他帮助的人永远心怀感恩,包括给予生命的父母、耐心教导的师长、慧眼识人的前辈以及使自己不断成长的企业,他都心怀感恩之情。

使自己永远保持大学生的心态——"责任"是施少斌人生座右铭的第二个词。

谈及人生经历,施少斌对我们说,做事情就一定要做好,并且使自己保持大学生的心态,生活永远在路上。

在学生时代,施少斌也还曾担任学生会学术部部长。他尽责尽职,积极主动地邀请张宏达、江静波等教授为同学们开系列讲座,一起"倾听'老水手'的心声"。正是在这一场又一场的讲座中,学生从师长的身上,除学习知识外,也不断学习其为人处世等方方面面的宝贵经验。

人生没有下半场——"激情"是施少斌人生座右铭的第三个词。

施少斌在采访中提到:"人生的下一个阶段是什么?其实生活永远在路上。什么是下半场?应该是没有下半场的。应当是充满激情的永远往前冲。"

在康乐园读书期间，从中学迈入大学的殿堂，从懵懂少年逐渐成熟，施少斌不断修正自己的人生观和价值观，找到适合自己的属于自己的人生道路。不同的阶段成就了不同的自我，实现了自我价值的超越，一直都是在充满激情地奋斗着。

人生的道路上，要勇于挑战自我，不断历练。从广州药业到珠江钢琴等，施少斌也一直在尝试自己更多能够做的事情。归根结底，其实都是中大造就了不甘寂寞、勇于挑战自我的精神品格，是中大打造了充满激情的品质。

2014年起，施少斌选择自己创业。或许，有些人会刻意讲，他离开国企是一步很大的跨越和改变。而施少斌自己认为，只是离开现岗位，去挑战和体验一个新的职位而已。不论是尝试做互联网服务平台，还是做股权投资，都是在不断定位、不断摸索，逐渐去除原来的短板，激发自己的潜能。而在这个过程中，应对各种场面和难题，没有激情是很难继续的。

什么时间做什么事情——"智慧"是施少斌人生座右铭的第四个词。

施少斌本科毕业后进入老牌的中药厂工作。起初做研发等研究工作，后转向销售。

站在人生的十字路口，应当学会自己做判断。在学生会担任学术部部长的经历让施少斌意识到，与人打交道的过程能更好地发挥他的特长。当施少斌静下心来分析他的优势时，他发现与人沟通和接触的工作是他更适合也更擅长的领域。销售，是不断接触别人的过程，也是不断与人沟通的过程。他更喜欢与人相处，更乐意与人打交道，故而向销售方向发展。

施少斌鼓励学弟学妹们，要不断完善认知，养成逻辑思维能力，应对各种工作和挑战，分清楚主次、轻重缓急。当前的主要任务是学习，但是知识的学习不是孤立的，而是相互联系的。

## 不忘初心，继续前进

谈及对学弟学妹们发展的建议时，施少斌再次强调了"感恩、责任、激情、智慧"四个词，也劝勉我们要注重在社会中历练和验证，保持健康和开放的姿态、永远在路上的心态，勇敢地面对未来可能发生的一切。

施少斌也提到，对校友们而言，更应当依托校友会的平台，借助校友的力量，相互支持与帮助，共同发展，为校友会和中大的建设做更多的建设，为社会贡献更多的力量。校友们应当为生科院做更多的事情，多支持师弟师妹们，比如提供奖助学金、就业的机会等。

**施少斌返校参加活动**

采访的最后，施少斌语重心长地说道："中大已经定下了建成世界一流大学的目标，相信通过大家的努力，一定会在不太长的时间内实现的。生科院进一步做大做强，提高影响力，可为中大的发展贡献力量。祝福生科院，祝福中大！我们愿意为生科院、为中大的发展贡献自己的一份力量！"

扬帆远航正当时，砥砺前行铸辉煌。愿我们都能心存一颗感恩之心，胸怀舍我其谁的责任感，保持激情和心态，不忘初心！

# 无为而为之
## ——1990 级校友周先武

**人物简介**：周先武，中山大学 1990 级植物学专业校友，广东宏微生态规划设计院股份有限公司、广东省匠造生态景观股份有限公司董事长、广东省五一劳动奖章获得者、广州市第十四届人大代表。

周先武

校友周先武的工作室位于一栋居民楼中，颇有大隐隐于市的感觉。和普通的企业夸张而繁目的装修不同，走入工作室，是一片小小的花园，布局简约，却透露着一种清淡而随性的美感。没有架子，没有严肃，在简单的开场中，我们开始了交流。

## 时代之别

周先武是 1990 级的中大学生，他学习的年代和我们有着 30 多年的差距。故而，周先武的大学生活与现在的学生们有着千差万别。在他的描述中，那个年代，是一个相对纯净的时代。

20 世纪 90 年代，大学是一片纯净而安静的学习之地，学生们在学习之余会去运动场挥洒汗水。他说："我们那个时候没什么特别的爱好，最主要的爱好就是跑步、打球和看书。因为运动量比较大，所以那个时候我们的身体素质都比较好"。他们有足够的精力认真钻研自己的专业，有足够的耐心阅读一本又一本名著。在那称得上纯真的年代，同学们都善良单纯，而老师们也淳朴，除了教好自己的学生，老师们的目标只是脚踏实地科研，弥补国内外的科学差距。

如今，互联网连接了世界的每一个角落。"你们其实很幸福，你们现在有很多途径来获得你们想要的信息和资源。"周校友说道。在这样的时代，即使是刚刚入学的新生，也有大量的途径接触到最前沿的科学资讯，获得90年代的学子难以想象的资源。

除此之外，还有一些微小的差别。20世纪90年代的中大宿舍会在十点半强行熄灯，与高中的习惯很相似；而现在大多数大学没有过多限制，学生们对于自己的生活方式有着较大的自主权。

虽然时间相差30多年，但大学的生活同样有着压力。周先武说，在他的大学生活中也有着像备考期末这样十分繁忙的时间。在面对压力时，他表示，对于本科生来说，不需要什么特别的方式去缓解压力，只要认认真真做好自己应该做的工作便好。找到适合自己的生活方式，不给自己太多的压力，好好享受大学的精彩生活。

## 学无止境

"社会公认的一点是，成绩是一个人能力最直接的体现。越好的成绩一般意味着越高的智商，而高智商一般意味着拥有更优秀的能力。"周先武说道，"虽然这个观点很片面，但是成绩确实是我们步入社会后最直接的竞争力证明，我们所学的专业知识是我们未来在社会中拼搏的核心竞争力。"因此，学习依旧是本科生的首要任务。

不过，成绩仅仅是一个人能力的一部分。社会对一个人价值的评判远不止档案上的数字，还有一个人的综合能力。在周先生看来，除专业能力外，最重要的就是交流能力。周校友接触过很多大学生，其中有很多人不能精确地传达自己的想法，而言语中也无法理清自己的逻辑。这使得他们很难展示自己的能力，也使他们不管是在面试还是工作上能施展的能力都很有限。

不断学习新技能的能力，在当今同样重要。技术发展风驰电掣，高效的信息工具进入中国后，只用了十几年的时间就大大促进了生产力。而最近几年出现的人工智能工具更是给人们的工作效率带来了跨时代的提升。

与此同时，它们的出现也让很多工作者面临极大的挑战。

这对本科生毕业后是直接读研还是参加工作的选择有很大的启发性。周校友表示，大学四年对社会的了解是很有限的。没有亲身经历，不论是用何种途径去了解，得到的信息都难免粗糙。所以他个人建议，有的同学如果在面对读研和工作的选择时没考虑清楚，可以先找机会接触了解社会，再做决定。

总而言之，不管是本科四年还是步入社会，学习都是一条没有终点的路。不管对谁而言，学习，永无止境。

## 前路勿悔

曾几何时，生物专业被戏称为"四大天坑"专业之一。这个评价及其背后对实际的映射，难免会让我们对未来有些不安。

周校友解释说，很久以前就有了"21世纪是生物的世纪"这个说法，但是在很长时间内，中国生物工作者的就业环境尚未成熟。其中一个重要原因是教育差距。以前学科水平和实验室设备同国外存在一定差距，导致那个年代的大学生能得到的资源相对有限。而现在，每个老师都是各个细分领域的专家，老师的优秀让我们有了以前无法比拟的教育质量，同时现在的大学配备了各种先进设备，国家的支持力度也越来越大，像你们现在拥有的设备、平台，这些资源都是我们以前无法想象的。

随着国际竞争日益激烈，国家将更加重视作为基础学科的生物科学领域，这是我们有目共睹的现实。现在生物企业如雨后春笋般成长，对生物专业人才的需求也在日益增加，加上如今人们的物质生活丰富，生活水平提高，健康将是人们目光的聚焦点，体现出生物科技市场潜力的巨大。

除此之外，我们在周校友的介绍中还了解到，ChatGPT等人工智能工具的诞生，极大地便利了数据统计和分析、模型预测优化等工作，一定程度缩减了科研者的工作难度和工作量。现在生物领域的一大窘境，就是技术与科研成果没办法迅速转化，研究者们实验得到的理论没办法很快投入使用，使得生物科学的短期经济效益比较低。而现在随着生物科技产业链和相关政策的成熟，理论的转化速度开始加快，这意味着在未来，生物研究成果的短期经济利益将有着实质上的改善，这也将进一步刺激生物企业的发展。综合看下来，未来找工作的难度只会越来越低。

所以，我们无须担心，也无须后悔我们选择的方向。要对自己的选择有信心、对生物学抱有信心。

## 无为而为之

在为何选择生物专业的问题上，周先武其实和大多数人一样，当时的自己也是在迷雾中探索自己的未来。而很重要的一个催化剂，就是袁隆平院士关于杂交水稻的研究成果，杂交水稻成功解决了中国严峻的粮食问题。在当时，袁隆平院士的成就有着很大的影响力，彼时还是青年的周先武便觉得植物学有着广阔的未来，因此进入了中山大学的植物学专业。不过，当时的植物学并不是我们现在细分的植物学，其内容更偏向生态学，所以最终周先武走向了生态学专业。

周先武还获得过非专业领域的成就，一个是五一劳动奖章，另一个是当选人大代表。当我们询问详细的获奖过程时，他只是浅谈到五一劳动奖章是表彰工作能力比较突出，其实自己并没有刻意地追求这些荣誉；而讲到当选人大代表时，周先武也只是几句带过，更像是一些人生路上的应担之责。

**周先武于人代会发言**

从植物学走到生态学，虽然和自己最初的遐想不同，但是周先武并没有任何遗憾；面对自己的成就，他也没有明显的自豪。无论是介绍自己的经历，抑或是谈论自己的看法，周先武始终有着一种无欲的淡泊、一种超然的从容。

  在这充满机遇的时代，有太多的因素冲击着我们的选择和坚持。在接踵而至的挑战和磨难前，学习是我们适应日新月异的方式之一，坚持是我们对自己的付出负责任的表现。周先武的处世态度也告诉我们另一种生活的方式：我们不需要刻意地去追求什么，抱着顺其自然的心态接受人生，何尝不是一种成功。

# 明日月、行星辰，矢志做大事
——1991 级校友束文圣

**人物简介**：束文圣，1997 年毕业于中山大学，获植物学博士学位，教授，博士生导师，珠江学者，教育部新世纪优秀人才。1997—2017 年在中山大学生命科学学院历任讲师、副教授、教授，先后担任副院长、常务副院长等职务。长期从事污染生态学和微生物生态学研究，中国环境微生物组主要推动者之一，先后主持国家基金重点项目、国家"863 计划"项目、农业部转基因生物新品种培育重大专项项目等项目。曾获泰国国王香根草研究奖（2000 年）、中国高校自然科学二等奖（2001 年）、中国环境科学学会第三届青年科技奖（2002 年）和广东省青年五四奖章（2006 年）等奖项。

束文圣

《生科人悟》：在校学习、科研期间，让您印象最深刻的事情是？是什么让您选择了在中大进一步深造并留校任教？

束文圣：在中大读书和工作期间有很多事情都给我留下了很深刻的印象，也对我有很大的影响。其中印象最深刻的是怀士堂刻着的孙中山先生的教诲："立志要做大事，不可要做大官。"我想这不仅是让我印象最深刻的，也是对我一生影响最大的。在我的理解中，这句话是说学生的目标宗旨是要一心一意做大事，这并不是说做官有什么错，而是说不管是做学问，做企业，还是做官，这些都是次要的，最重要的是要好好做事，立志做大事。

我是1991年进入中山大学读硕士，1994年硕士毕业后继续读博。我们当时基本是有三条路可以选，做学问、从政、从商，我觉得读书做学问是适合我做的。我对中大、对生科院、对老师们的印象都特别好，对这里有很深的感情，而且中大生科院是一个极好的选择，所以我就留下来继续攻读博士学位，博士毕业以后又留下来任教。

《生科人悟》：在科研路上曾经历过成功、失败、阻碍，您如何在其中取得突破，并坚持下来的？

束文圣：我们一路上经历的成功、失败、阻碍有很多，绝大部分时候一定是阻碍和失败。我们做研究呢，要么是"顶天"，引领学科前沿；要么是"立地"，解决社会的重大需求问题。如果让我说自己做研究最骄傲的事情，一定是做成了一件事，就是我们建立了基于微生物调控的矿山生态修复技术体系，最重要的是我们还在矿山修复实践中证明了这个体系的有效性，而且在国内被广泛应用。这个广泛应用的起点就是我们第一个工程案例在广东大宝山顺利实施，并且产生了很大的影响，后来一系列的工作也证明了这项技术是国际领先的且能够为解决社会重大需求问题提供非常好的支撑。这是最开心的事情。

失败和阻碍就多得多了，这项工作是一个系统的、长期的过程，我们的研究依托于生态学手段，对植物、土壤、土壤里的微生物及其物理化学过程等各个方面都关注，实际的影响因子也涉及方方面面，每一个小的方面都要反反复复地摸索，才能取得一点小进步。开始我们先懵懵懂懂地看文献，以为重金属污染可能是最主要的原因，可是克服了重金属污染之后，植物还是无法存活；这时候是进步、失败、阻碍并存的。后来又想可能是酸的原因，石灰调pH之后发现很快又重新变酸，这样一次次地反复。失败就像"妖怪"，打死一个又冒出来一个。这个研究方向既然这么难，就意味着这是一个重大挑战,克服这个挑战就可以解决重大需求问题。只要大体方向正确,我们就咬着牙一点点做,把一个工作完整、系统地做完,总是能找到克服障碍的办法。

《生科人悟》:您创办美格基因的初心是?是什么支撑着您坚持在污染生态学和微生物生态学领域深耕并不断拓宽研究的呢?

束文圣:我创办美格基因是在 2016 年,一方面是在人类基因组计划完成,生命科学进入基因组学时代的背景下,生命科学的前沿研究工作以组学为方法和工具。另一方面是我国科技发展的背景,经济要高质量发展,李克强总理号召大家创新创业,以高科技发展带动中国经济高速高质量的发展。还有一个是科研成果转化或者说市场化的最后一公里的问题。我在中大生科院期间,也积极鼓励同事们把成果转化和应用。中大生科院是成果卓著的地方,比如林浩然院士的"林-彼方法"解决了我国养殖鱼类苗种短缺的重大问题,苏薇薇教授发掘化橘红等药材造福大众,还带动了中药材种植及中成药生产等的产业发展。在此背景下,我希望能够把自己研究中的环境基因组学技术更大程度地服务于社会,服务于更多的同行,这是我的一个初衷。很感谢中大,尤其是中大生科院、生态学院,还有医学的同事、同行的支持。今天美格基因已经做到了微生物组学的全国技术第一、市场第一,也成为华南最大的科研服务提供商。

创办了企业,就要不断把技术发展往前推,否则企业就活不下去。这个时候就不仅是自己要坚持了,必然的竞争使我们必须往前走。这种情况跟自己做学问不完全相同,做学问为了荣誉、为了团队的进步、为了培养学生,往前走的同时也有稍微停一停休息一下的时间,但是做企业就必须不停往前走,所以这是一个被鞭策的过程,"逆水行舟,不进则退",是一样的道理。

《生科人悟》:您认为对于在校学生来说,哪些能力的培养对于未来的研究工作是非常重要而又往往易被忽视的?

束文圣:我的感受是在一个领域学习钻研,站到一定高度之后,看待其他学科、其他问题的起点和视角就会更高,那么交叉起来就会产生新的东西。比如我基于组学的方法在微生物学领域做了矿山生态修复技术体系的研究,同样我也可以把学到的思想方法、积累的经验,放在植物学、动物学甚至医学领域来进一步探索;并且我强烈建议大家进行交叉学科的研究,尤其是对年轻人来说,多了解其他学科的前沿和进展,使你的思想迈进更高的平台,带着自己更深入、更广泛的理解切入其他学科,往往能产生一些新的想法，甚至做出新的成果。

另一方面是现在的技术越来越成熟，发展也日新月异，对我们个人来说最重要的是提问题的能力。一个人的知识储备无法超过人工智能机器人，但是我们永远在思考问题、提出问题，好的问题会带着你往前走。勤于思考、敢于提问，主动培养自己的思维能力、思考和解决问题的能力，这是最重要的。

《生科人悟》：在您任职期间，不仅是自己的研究，在您的带领下，中大生科院也在科研、人才培养等多方面取得了不小的成果和进步，您是怎样平衡自己的科研和工作的呢？

束文圣：我很荣幸在中大生科院担任过副院长等职务，对我来说问心无愧的是为学院的同事和同学们尽全力做好了服务工作，最得意的不仅是培养了许多科研人才，还有在全体师生的共同努力下，我们把学科建设做得更好了。行政工作中会与不同学科甚至不同学院的同事有更多的交流，交流开拓视野，这对我的研究也是有帮助的。做服务工作的时候抱着学习的心态，付出了时间但是也学到了更多的东西。任职期间，在校领导的支持下，中大生科院引进了一大批优秀的生物学、生态学学者，今天看来都非常成功。

束文圣近照

《生科人悟》：您常常受邀回校做讲座，看到生科院的变化，您有什么样的感受呢？

束文圣：我们生科院有一个非常优良的传统，老一辈的教授们，如蒲蛰龙先生、张宏达先生等，不只是学问好、人品好，还特别重视培养和扶持年轻人。我很高兴看到学院的一批青年学者成长起来了，并且老一辈学者的优良传统在他们身上传承下来了。何建国教授有一句话我特别喜欢，我们学院同事之间是相互欣赏的。比如有人取得好成果，我们会为他高兴，并且也向他学习，赶上他的脚步。做学问做得好，人品也要好，大家互相帮助，学院就非常和谐。这是我们学院非常好的传统，也希望学弟学妹们继续把这个优良传统继承下去，生科院一定会生生不息，越来越好。这是我回来感到最开心的地方。一直以来，我也得到了老师们、同事们、学生们的大力支持和帮助，所以我借这个机会特别感谢大家。

第二个是生科院的硬件条件得到了大幅度的提升，尤其是生命科学大楼盖起来了，为学院的发展奠定了一个很好的物质基础。大家一起努力，我们生科院会越来越好的。

"昭昭若日月之明，离离如星辰之行"，正如束文圣说的那样，不论做研究与否，只要培养自己可与日月光辉般耀眼的才华，如星辰般光亮的高尚情操和品质，矢志做大事，便不怕没有一展身手之地。

## 青山看不厌,流水趣何长
——1991级校友武婕

**人物简介**:武婕,1995年本科毕业于中山大学生命科学学院生物化学专业。毕业后特招入伍,1997考入军事医学科学院硕博连读,取得博士学位,2003年在香港做访问学者,后转业至广东省疾控中心从事疾控防控和科研工作至今。

广东省疾病预防控制中心原病原微生物检验所所长、现广东省疾病预防控制中心质量技术部主任、党支部书记,曾荣获"南粤建功立业女能手"、"南粤巾帼医师"、广东"最美科技工作者"和"广东最美退役军人"等称号。

武婕

## 问渠那得清如许，为有源头活水来

回忆起在中山大学的学习生活，武婕感触颇多，她觉得在中大学到的看待事物的方式、中大悠久的历史和丰厚的文化是她以后学习工作源源不断的动力，而这一切都始于1991年的夏天。被询问到为什么报考中山大学生物化学专业时，她说，1991年时互联网还不发达，想法也比较简单，就想找一个安稳的工作。她觉得科研事业比较平稳，符合自己的性格特点，如果想要成为一个生物科学家，更好地为国家做出自己的贡献，就要先从生物化学开始，而且考虑到21世纪是生物学突飞猛进的世纪，而生物化学作为生物学的一个基础学科，不仅对生活的影响很大，而且可以给科研巨大的推动力，所以她选择了中大生科院的生物化学专业。

武婕在本科期间，因表现优异在中山大学成功加入中国共产党，成为一名光荣的中共党员。毕业后，励志参军入伍，打算将自己的一生奉献给军队，在部队时还不忘努力学习科学文化知识，1997年考入军事医学科学院硕博连读五年，最终以优异的成绩取得博士学位。随着知识的增长，武婕发现我国特别是广东省的疾病防控行业压力大、责任重、担负着守护祖国南大门的职责，需要更多的病原体检验和监测人才，为了更好地为祖国做出贡献，也为了更好地运用自己的专业知识，她毅然投身广东省疾控中心，参与病原体微生物的检测与研究。武婕深深地受到中大"博学、审问、慎思、明辨、笃行"校训的影响，一直兢兢业业，从来不肯放松自己。人生如大海，波涛起伏，浩瀚无边。只有付出了点滴努力，终究才能汇集成一片浩瀚的海洋。人生就是如此，一点一滴的生活才会铸就一个美好的人生。如果没有武婕艰辛的努力，怎么可能会有最后的成功？

## 花开堪折直须折，莫待无花空折枝

武婕于1995年本科毕业之后，特招入伍成为一名部队军官，1997年考入北京军事医学院，硕博连读取得博士学位，后转业进入广东省疾控中心进行科研工作。

在同行中，武婕的人生道路看起来走得顺利又轻松。在很多其他以生物为专业的学者还在苦苦奋斗的时候，她已经取得如此功勋，实在令人羡慕。但正如冰心所说，"成功的花／人们只惊慕她现时的明艳／然而当初它的芽儿／浸透了奋斗的泪泉／洒遍了牺牲的血雨"。武婕成功背后的艰辛与付出的努力，我想恐怕只有她一个人能够体会吧。

武婕谦虚地说自己是幸运的，遇到了很多的机会。但机会是属于有准备的人的，如果不是她一丝不苟的治学精神，不是她勤奋努力的治学态度，我想她是很难抓住机会，成为佼佼者的。武婕的经历正是青翠的山峰，值得我们仔细推敲，毕竟青山看不厌嘛。

## 横看成岭侧成峰，远近高低各不同

在武婕看来，大学本科阶段最重要的是让我们能够在浓郁学习氛围的环境中，用生命中非常重要的一段时间，从容不迫地学习人生和社会的相关知识，学习学科的思维方式，提高自己认识世界的能力。很多人都是在读了一两年大学后才进一步开阔了视野，不仅更深刻地认识了世界，也重新认识了自己，发现了自己真正热爱的专业和适合自己的职业。而这些知识和能力，不仅是从所学的"专业"学习中得到的，而且是在听优秀讲座中、在和同学之间的接触交往中、在图书馆的阅读中、在课外活动中得到的。

武婕对生物学科的前景有自己独到的见解。在多年的科研实践中，她觉得未来医学的改革是生物学的重要研究方向。生物学可着眼于当今医学难题，将生物学与医学结合，以解决医学难题为目的，发展医学、壮大医学。武婕立足于当今世界医学的发展方向以及医学与生物学的紧密联系，向我们提出了在学习过程中要将生物学研究与医学知识紧密地结合在一起，以生物学知识为手段，以解决医学难题为目的，以求以我所学造福社会，使我们收获颇丰。在医学与生物学结合发展的路上，她独到的想法如同不息的流水滋润着我们的心灵，所谓"流水趣何长"说的正是如此。

## 一锤定音，铁肩担负重任

2020年，时任广东省疾控中心原微生物检验所所长的武婕，面对突如其来的新冠疫情，在接到工作任务的第一时间，与时间赛跑、与病情较量，日夜奋战，迅速带领同事完成感染样本的复核鉴定和确诊。在收到广东首例感染新型冠状病毒的患者样本的24小时之内，她带领全所同志完成了核酸检测、全基因组测序和比对等工作。

病毒的核酸检测长达四五个小时，需要实验者的精神保持高度集中，不能喝水，也不能上厕所。长时间穿着防护服的工作，让武婕的双层手套和护目镜上经常充满着雾气，泡在汗水里工作成了她的常态，脸上的压痕和伤疤也成了日常"标配"。她说，在遇上标本量最多的时候，一次穿了10多个小时的防护服，衣服都能拧出水来。

面对疫情防控的重任，武婕作为一名退役军人，认为自己责无旁贷。她说："作为一名退役军人、一名共产党员，我一定要挡在老百姓面前，守护大家的健康安全。"在广东省出现新型冠状病毒感染的确诊病例后，武婕就组织向国家卫健委申请在三级生物实验室开展2019-nCoV相关活动的资质，获得资质后立即开展病毒分离和鉴定，仅在两天时间内，成功分离了广东省首株新型冠状病毒毒株，在与传染病作战中首战告捷，赢得战胜病毒的至关重要的一步。紧接着，武婕还在国际上首次提出"新冠病例的排毒规律类似流感而不同于非典。病例鼻拭的病毒载量大于咽拭病毒载量，采集鼻拭标本更容易实现早发现的策略"，该研究结果在国际顶尖医学杂志《新英兰格医学杂志》（*The New England Journal of Medicine*）（$IF=176.079$）上发表，被引用次数高达4000多次。此外，她还提出"人群大规模核酸筛查可采取5∶1、10∶1的混采、混检建议"，为全球新发呼吸道传染病防控提供"广东智慧"。

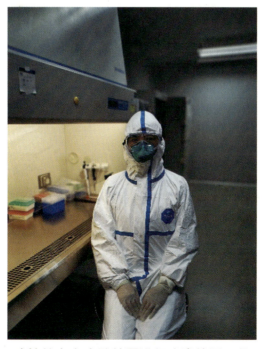

**武婕校友身穿防护服进行病毒检测工作**

作为曾经的疾控中心病原微生物检验所的领军人物，武婕在每一次重大传染病疫情都冲在最前面，以最快的速度对传染病疫情病原做出正确诊断，为及时遏制传染病的危害提供科学依据。多年来她亲身参与我国首起中东呼吸综合征（Middle East respiratory syndrome，MERS）病毒检测，在4小时内锁定病原，成功地遏制 MERS 病毒在我国的蔓延；承担广东省高致病性 H7N9 禽流感病毒检测和制定防控文件的重要任务，降低 H7N9 禽流感病毒对人类和禽类健康的危害；挑战多变的流感病毒，研发的两株流感疫苗株成功被世界卫生组织推荐为北半球疫苗株，在全球推广使用；捕获国内首起基孔肯雅热（Chikungunya virus，CHIKV）疫情的元凶，避免新发病毒的扩散等，为政府提供科学精准的技术支撑。她和团队坚守在静寂的实验室里，与病毒展开正面交锋，始终发挥着"一锤定音"的作用，病毒在他们面前从来无处遁形。

武婕先后荣获 2020 年广东"最美科技工作者"称号、"广东省预防医学会抗疫巾帼英雄"称号和 2022 年第二届"广东最美退役军人"称号。

# 科技创新推水产发展,不忘初心领农牧前行
## ——1992级校友薛华

**人物简介**:薛华,广东海大集团股份有限公司创始人、董事长,1992年硕士就读于中山大学生命科学学院,师从著名鱼类营养学家林鼎教授并获动物学硕士学位。心怀对中国农业未来的深切使命与担当,薛华于1998年毅然离开广东省农业科学院,创办了广州海大饲料有限公司,为实现贡献农业的理想踏出了坚实的一步。最终在2004年开花结果,广东海大集团应运而生。步入新时代,广东海大集团在薛华的引领下屡创辉煌,已稳步发展成为以科技为主导的中国农业龙头上市企业,业务涵盖饲料、种苗、动保疫苗、智慧养殖、食品加工等现代农牧全产业链,企业市值超千亿元,在全球拥有分子公司逾600家、员工达4万人,位列2023年中国企业500强第238位、2023年中国民营企业500强第87位。2023年,海大集团实现营业收入1161亿元,饲料全年销量2440万吨,稳居全球前二,其中水产饲料销量全球第一。在水产领域,海大集团拥有全球领先的技术优势、资源储备和产业化规模,率先构建育繁推一体化的商业化育种体系,自主研发的水产种苗基本覆盖主要经济品种,拥有6个国家新品种,虾苗和鱼苗年销量居全球第一。

薛华(海大集团创始人)

薛华在中国农牧业界的贡献堪称里程碑，他不仅是海大集团蓬勃发展的灵魂人物，更是一位坚持"科技兴农"，力促国产种苗普及，帮助广大养殖农户牢牢把握自己饭碗的先行者。在他的引领下，海大集团成为行业标杆，同时也见证了中国现代农业变革中不可或缺的重要篇章。

## 师从名家，奠定基础

1970 年，薛华出生在陕西汉中洋县的一个农民家庭。自小亲历乡村困苦生活，他内心早早播下了一颗坚定的种子——"让山里的农民都有钱！" 1988 年，命运的转折点显现，薛华考入华中农业大学水产学院，专攻特种水产养殖，尽管最初因调剂而对该领域兴趣寥寥，但实践的火花即将点燃他的热情。在大三的实地实习中，薛华与同学们共赴宜昌与嘉鱼，沉浸于育苗与捕鱼技艺的研习。"那两次实习对我很重要"，薛华记忆犹新。当专业知识和实际操作结合起来后，他看清了什么是水产行业，怎么样进行水产人工养殖。

在听取了师兄的建议后，薛华决意攀登学术更高峰，边实习边准备考研，终在 1992 年以优异成绩迈入中山大学生命科学学院，师从鱼类营养学界的权威林鼎教授，攻读动物学硕士学位。林教授在鱼类学领域的深厚造诣及国际影响，为薛华提供了学术研究的高起点。中山大学的水产研究底蕴深厚，与产业界联系紧密，薛华在此期间，不仅在诸多校企合作项目中汲取营养，而且在市场调研和服务中亲历科技转化为生产力的过程，对水产行业的理解也随之升华。在名师指点与实战经验的双重滋养下，薛华在中山大学的学习生涯为其后来的水产饲料创业之路奠定了坚固的基础，亦为其利用科技助力农业发展的理想插上了翅膀。

## 科技创新，坚定自信

1995 年，薛华从中山大学毕业后，被分配到广东省农科院开发中心工作。广东省农科院是全国科研机构中与市场接轨最早的院所之一。当时，全国的鸡饲料与猪饲料蓬勃发展，但水产饲料正值起步阶段，需求大，科学技术引入不足，企业同质化严重，有巨大的市场潜力。薛华敏锐地察觉到了行业契机，认为由水产饲料突破必大有可为。凭借前期积累的专业知识和市场认识，薛华毅然决定下海创业，投身于水产饲料行业。1998 年，

28岁的薛华筹集到18万元，与几位志同道合的伙伴凭着简陋的仓库和简单的两台搅拌机，一起创立了广州海大饲料有限公司（后成立海大集团）。

农牧行业是个高资本投入的行业，18万元相对而言只是杯水车薪。"资本不够，只能扬长避短，发挥技术优势"，薛华有着深刻的认识。于是在创业初期，薛华便提出了企业的经营原则——以科技为先导，以质量求生存，以服务促发展。

一个鲜明的例证便是薛华及其团队在凡纳滨对虾（*Litopenaeus vannamei*）（俗称为南美白对虾）新品种选育上的不懈努力。凡纳滨对虾，原产自南美热带水域，是中国市场上备受青睐的对虾种类之一，但长期以来，高品质的虾苗极度依赖外国进口，每对种虾价格动辄数十乃至数百美元，加之进口种苗适应性差、遗传稳定性低，极易导致种质退化，长期养殖风险重重，这构成了水产养殖领域的一大核心难题。

缺乏优质种虾，是水产业的无"芯"之痛。薛华早在公司成立之初，就意识到了"水产种业是渔业的芯片"，布局水产种业——于2007年成立海兴农、百容两个水产种苗公司；2009年，海兴农启动南美白对虾新品种选育工作，专门解决国内种虾"从无到有的问题"。突破种苗研发这一核心技术的道路并不平坦，多年都没有明显成果，公司一直在"交学费"。然而薛华并没有放弃育种之路："我对科研投入只有一个理念——只要瞄准了方向，就会持续投入。"庄子有言："适莽苍者，三餐而反，腹犹果然；适百里者，宿舂粮；适千里者，三月聚粮。"育种这个"冷板凳"海大的科研人员坐了15年之久，终将"冷板凳"坐热——海兴农自主培育品种凡纳滨对虾"海兴农2号""海兴农3号"，均获得国家水产新品种认定，不仅成功打破了国外种源的垄断局面，而且销售业绩屡创新纪录，2023年销售虾苗近600亿尾。

薛华坚信，农牧业是高度依赖技术的行业，技术进步是产业升级的最大驱动力。在公司盈利初显时，即便年度净利润仅约1000万元，他仍毅然决定投入近300万元用于技术研发，此举不仅帮助企业跳出产品同质化的红海竞争，更借助技术创新，在行业困境之时加速前行，特别是在饲料技术领域取得了世界领先的成就，充分展示了长远眼光和前瞻布局的重要性。

## 不忘初心，强国兴农

这么多年来，薛华一直没有忘记儿时那个"让山里的农民都有钱"淳朴而又真诚的愿望。他曾在多个场合表示，海大做大做强的秘诀永远有一条，那就是要牢记初心使命，帮助广大农民增收致富。

薛华曾说："我们很多人都出身贫寒，我们经历过苦难，我们感受过父母一代人的艰辛，因为知识改变命运，我们得到了发展。而让我们寝食不安的是：尚有几亿与我们父辈具有相同命运的农民，他们的现状还未得到根本的改善。因此，通过我们的努力，帮助农民富起来，遂成为我们坚定的信念。"

这份赤子之心始终未变。在国内面对外来品种"一苗难求"、核心技术卡脖子的困境时，薛华带领海大集团拿出了"不计成本、上不封顶"的豪情壮志，将种业牢牢攥在我们中国人自己手里，让国内消费者和农民成为最终受益者。在新冠疫情后，面对原料价格上涨、消费低迷、养殖信心不足的重重挑战时，薛华提出"胜利鼓舞奋斗者，星光不负追梦人"，鼓励全体海大人用更多的精力和热情去拥抱养户，在行业艰难的时候与养户守望相助，帮助养户稳产增收，提振信心。这一份赤忱初心一直引领着薛华和海大集团，克服每一重难关，拼下每一场战斗！

薛华不仅关注中国消费者和农民，还关注未来人才建设，尤其是水产方面的科研科技人才培养。他心念母院、业成反哺，先后设立了"海大奖学金""廖翔华、林鼎奖学金"，鼓励生科院学子不断提升自我，支持推动生命科学教育事业的发展。

薛华的创业征程，堪为中山大学校友学术严谨与实践创新深度融合的鲜活范例。作为杰出校友，他不仅身体力行地诠释了学以致用的真谛，更以非凡的成就，在中国农牧业的发展史册上镌刻下了自己浓墨重彩的一笔，彰显了一名学者企业家的理想抱负与社会责任感。

# "对"字为纲，路远可追
## ——1992级校友黄伟洛

**人物介绍**：黄伟洛，中山大学生命科学学院1992级食品生物化学专业校友，在中国听力学领域工作时间10多年，尤其专注于新型听觉电生理技术的临床应用研究和推广，在国内创新性地推动《声场频率特异性ABR和ASSR在中耳手术术中临床应用》《人工耳蜗植入术前eABR临床应用》和电刺激嗅觉诱发电位方面临床的研究及发展。

黄伟洛

## 余忆母校，恩情难忘

黄伟洛校友是生科院1992级食品生物化学专业的校友。回忆起30多年前刚入学的日子，黄伟洛感慨地描述了当时的学校相对简陋的硬件条件。生科院仅有一栋老旧的大楼和曾宪梓堂，这几乎承载了他们所有的学习活动。住宿地点位于东区，下课后常去东区五饭堂用餐。周末则会去梁銶琚堂观赏新上映的电影。尽管生活简单，却觉得充实而快乐，学习生活显得格外纯粹。

在生科院求学的时间里，黄伟洛不仅汲取了丰富的专业知识，还收获了让他受益终身的处世哲学与智慧。他深入学习了分子生物学、生理学等学科知识。虽然当时实验室条件有限，学习方法较为传统，但这些基础知识和实验方法为他日后的发展奠定了坚实的基础。此外，课堂上的学习不仅让他掌握了专业知识，还培养了他独立思考的能力。黄伟洛强调，在大学期间养成独立思考的能力至关重要，要多动脑、多思考，这样才能形成独特的思维方式。

如今，黄伟洛回顾往日学习生涯时表示，中大生科院给予他的宝贵财富在于多方面的能力提升。首先，生科院赋予他思考的能力。在生科院学习期间，他总是热衷于从不同角度探索每一个知识点和事件。这种多元化的思考方式不仅让他在学习中受益匪浅，更在日后的实验和工作中助他一臂之力。其次，生科院为他打下了坚实的科研技能基础。在实践中培养的动手能力，让他在企业工作中有了更多的优势。他认为动手能力在社会中格外重要。他建议年轻学生在校期间应主动去培养自己的这项能力。此外，同学们之间的交流沟通也对他的未来产生了深远的影响。在生科院共同学习、共同进步，使他在未来进入社会时，得到了同学的支持与帮助。

## 余心向学，多元发展

在进行听力学技术的研究时，必须要面对的一大问题就是多学科的交叉融合。听力学需要涉及生物学、生理学、解剖学、病理生理学及物理和电子等学科。尽管黄伟洛没有医学背景，对工科也了解不多，他通过阅读相关文献和与专家交流，逐渐掌握了必要的知识。因为如果欠缺这些方面的知识，就会很难理解这些技术和工作的原理。于是黄伟洛便自己学习和了解这些科目，他认为想要去了解学习一门学科，最有效的途径就是阅读与这门学科相关联的文献。黄伟洛特别喜欢读文献，尤其是阅读英文的文献，在阅读文献的过程中可以积累相关知识，进而形成自己的知识体系。同时还需要与该领域的专家沟通交流。黄伟洛就是这样学到了很多疾病的病理和生理学的知识，甚至还有很多解剖学的知识。与专家多多交流，同时观看他们做手术，看他们进行疾病诊断，就能逐渐掌握很多知识。读文献是理论方面的学习，而沟通交流是实践方面的学习，二者对于学习的促进缺一不可。

黄伟洛认为，当我们对于未来的发展方向不够确定时，就应该在大学阶段稳固自己的知识体系，加强自己的动手能力。真正理解自己所学的这门学科。大学里学习的知识体系是最基础、最根本的知识，而你掌握得越牢固、学得越透彻，在以后的发展里就会受益越多。所以我们应该保持终身学习的态度，不断学习，不断去了解更多的知识。学习的能力尤为重要。

## 余行之路，"对"字相随

黄伟洛认为，性格在发展道路上至关重要，决定了一个人能走多远。每个人应锻炼坚强的性格，以积极心态面对困难。性格的形成部分源于天生和家庭，但更重要的是后天因素。生活环境和交往的人会深刻影响我们的性格和处事方法。他主张生活在积极向上的环境中，并选择积极阳光的朋友，这样才能保持阳光向上的状态。多和乐观积极的人在一起，对事业发展有正向影响。

黄伟洛的性格积极向上，使他保持精力充沛。他总结了三点保持精力的方法：一是热爱工作；二是在工作中找到认同感与成就感；三是保持专注的心态。他每天都期待新点子，帮助他人并从中获得乐趣与成就感。这使他深耕听力学十余载，取得了今天的成绩。他认为执着要建立在选对方向的基础上，因此每个人都要在对的时间做对的事情，找到对的人和对的方法。

这四个"对"贯穿了黄伟洛的整个人生，特别是在他毕业后的 30 年中，他始终遵循这个原则。黄伟洛的人生智慧与哲学帮助他达到了如今的成就与地位。作为学生，我们也应有他这样的心态与勇气，保持谦虚好学的心，向着未来不断探索，努力遇见更好的自己。

## 余情信芳，志在家国

凭借食品生物化学的专业知识，他在医药行业工作了 12 年。2006 年，一家欧洲听觉干预医疗器械公司的拜访让他转向医疗器械领域，专注于听觉电生理诊断。他选择深入研究这一领域，是因为国内听觉电生理诊断水平地域发展不平衡，临床诊疗能力不足，决心填补这一空白。秉持"做一行爱一行"的信念，他扬起前行的风帆，关注行业发展需求，努力推动良性发展。他以承担义务和责任、全心致力于企业发展的态度，被认为是真正"做一行爱一行"的典范。

## 余心所善，力挽狂澜

路漫漫其修远兮，前行之路从不一帆风顺。这段路充满曲折与挑战。企业的发展历程可以概括为两个阶段：求生存和谋发展。尽管在起步阶段，企业曾遭遇到重大打击，如2013年代理权被撤回，使得他们陷入了困境，但他们始终坚韧地向前行进。即使在生存压力下，黄伟洛和他的团队依然保持着乐观和坚定的信念，努力挣扎着度过了艰难时刻。

那段岁月，他们就像是在狂风暴雨中的大船，虽然时常遭受颠簸，但他们始终保持着对未来的信心和期许，不愿轻言放弃。黄伟洛深知，"做一行爱一行"不仅是口号，而且要实实在在地践行。他和团队不辞辛劳，四处奔波，寻找不知名品牌医疗器材代理权，以维持企业的生计，最终使那艘几乎要被埋没的大船迎来了转机。

近几年，企业取得不俗的成绩，然而，黄伟洛并没有因此而满足。相反，他意识到领域发展的空缺和企业运营的现状，于是带领企业迈入谋发展的第二阶段。通过借助自身的创新思维和多方的力量，他们转向研发，为填补领域的空白做出努力，这标志着企业又迈出了一步新的跨越。

## 余志之洁，无闻物芳

黄伟洛一直关注国际耳科学发展，关心着中国听力学和耳科学如何更好地向世界发出"中国声音"。他通过在世界听力学、耳科学大会上结识欧洲耳科学专家，为中国研究者争取到电诱发听性脑干反应专题论坛做报告的机会，赢得了国际认可。

谈及此事，黄伟洛谦逊地表示，他所做的只是为中国专家们争取机会，这些机会的提供对中国耳科学、听力学实践工作的国际认可至关重要。他认为，虽然他的付出可能会被时间淡忘，但能为他人争取机会本身就是有价值和意义的。

## 余行正道，四方友来

黄伟洛分享了合作的独特经验。他认为成功的关键在于"好点子"，这需要对领域有深刻的理解，并且了解全球范围内的发展现状，这样才能在广阔的知识领域中找到创新思路的空缺。一个新颖的好点子就像是一块扎实的地基，但在此基础之上，还需要结合潜在合作对象的资源与能力。黄伟洛以一个生动的例子说明了这一点：如果他去西藏阿里找一个基层医生来普及听觉电生理诊断方法，那是行不通的，因为医生的能力和样本量都不足以完成这项工作。因此，一个合作能否成效显著的关键在于能否在"对的时间"找到"对的人"，用"对的方法"去完成"对的事"。这一理念贯穿在整个采访过程中，也是他的人生准则之一，支持着他不断前行。

此外，他强调了真诚待人在成功合作中的重要性。在企业遇到危机和困难时，像大船在海上遭遇风暴一样，唯有齐心协力，才能挽救局面。黄伟洛真诚待人的性格使得企业员工能够共同渡过困难时期，他们同甘共苦，共同克服了困境。

采访接近尾声，平易近人的黄伟洛在询问我们的学习情况与培养方案安排后嘱咐我们要学好大学之中的课程，趁年轻为未来发展奠定坚实的知识与综合素质基础，从话语之中清晰可见他对青年人发展的关切与对生理学基础原理与知识普及的殷切希望。"在对的时间找对的方向，和对的人做对的事情"——这四个"对"不仅贯穿在黄伟洛近 30 年以来的职业生涯之中，想必在未来的几十年里，他也会继续贯穿自己的准则，在正确的阳关大道上不断前进。

## 路漫漫其修远兮，吾将上下而求索
### ——1994级校友陈志钊

**人物简介**：陈志钊，中山大学生物学专业1994级校友。现任广州医药集团下属花城药业有限公司董事长兼党委书记。曾任广州医药集团团委书记、广州医药集团有限公司市场策划部部长，兼任广州医药海马品牌整合传播有限公司董事长。

陈志钊

### 始于兴趣，终于魅力

采访时，陈志钊先向我们聊起自己的学生时代：他在广州长大，拥有良好的教育条件和教育环境。陈志钊自幼就热爱观赏自然风景和野生动物等。上大学后，他特别喜欢上实验课，并运用自己在课本中学习到的知识，亲自动手去做一些解剖的实验。除此之外，大学的野外实习也给他留下了深刻的印象。在野外实习中老师会带着同学采集标本，做生态观察分析，当自己融入大自然中去感受生态系统和生物的多样性时，让他感受到了生物这个学科的魅力。

陈志钊本科就读于中山大学生命科学学院。谈及高考的选择，他表示这不仅仅是对大自然的兴趣。他回忆道，高考后自己对于以后的工作和发展方向尚且模糊，在招生录取时接触到了生命科学学院这个平台，便在机缘巧合下来到了这里。并且当他对这个学科有了更深入的了解后，自己有了更大的感触。"我觉得生命科学所观察的是包罗万物的。从最简单的病毒到单细胞生物再到复杂的生命个体，都是生命科学的研究对象，所以这个学科充满着多样性、复杂性和未知性。"

## 市场中的"生态链"

本科毕业后陈志钊选择了就业，他强调了在本科学习到的思维方式和方法，以及对于整个生物世界复杂性的认知对他的影响。他举了一个简单的例子，每个人在接触自然环境的过程中都可以深刻地体会到生物多样性，即使是一个小花园也会有千百种生命体，其中一些生物构成生态链互相影响。类似地，这些知识也能够对应到一个企业的市场运营中。任意一笔生意或一个产品，它就是一个非常复杂的市场体系，在商业上有所谓的价值点和价值链，从上游的研发制造，再到下游的市场分销，一直到最终的消费者，大家都各自占据着一个位点，相互影响并分享价值。这与生态链中各级生物进行能量传递是相类似的。陈志钊认为，将生物学的思维放到经济管理上，同样适用。因此，尽管本科所学到的知识在今后的工作中不一定会完全用到，但是在学习过程中所锻炼出的思维方式，以及对这个世界的感悟会让自己受益终生。

## 理论为先，实践为本

询及毕业十年后选择进入中大管理学院攻读硕士学位的原因，他表明这是出于要继续学习以提升自身的动机。他从事医药物流服务多年，工作经历让他感受到工作内容与本科理论知识偏差较大，本科的具体知识在工作中运用较少。尤其是在自己担任了公司重要的工作岗位后，他意识到自己的职责越来越大，工作所覆盖的范围越来越广，而已有的知识不能够解决现存的问题。于是他决定深造，在市场商业领域进行系统性的学习，建立一个更加完备的知识体系，从而支撑自己未来的职业发展。在明确这个目标后，陈志钊开始关注一些课程和学习机会，在工作之余复习高中和大学的知识，最终通过一年多的努力达到目标。

除此之外，10年的工作经历也让陈志钊收获许多。他强调："知识的价值不在于占有，而在于运用。"怎样开拓市场、怎样和客户维持关系，怎样组织好公司资源，这是一个从理论到实践、再从实践到理论的过程，将二者有机地结合到一起，就可能散发出意想不到的光彩。

## 公益，路漫漫其修远兮

"我们应该倡导企业要承担社会责任，企业家身上要流淌着道德的血液。"作为共产党员的陈志钊就主动承担起了与之相应的社会责任。

新冠疫情期间，花城药厂的抗病毒口服液是急需产品，特别是2020年初，该产品的市场需求量极大，甚至一度出现断货的现象。面对这一情况，他们迅速做出决定：增加该产品的产量。为达成目标，从管理层到一线的职工即使在春节也不停工，大家想尽一切办法，自愿加班加点去做一些技术上的革新和改造，使得该产品一天的生产量增加了3倍，从而满足了产品的供应，为抗疫做出贡献。

除此之外，疫情期间他们也做了很多公益活动，比如春运时给火车站的工作人员、援鄂医疗队、医院等捐赠抗疫物资。在这些过程中，陈志钊深刻地意识到，他们之所以能够在短时间内动员起来，正是由于党的正确领导，而自己作为党员也有责任和义务，发挥先锋模范作用，与群众并肩作战。

2020年7月，中国中北部地区多次遭受暴雨袭击，发生洪涝灾害。在湖北鄂州抗洪前线，人民的健康和安全受到水灾威胁。广药集团秉着"广药白云山，爱心满人间"的理念，举行了以"军企同心齐抗灾，广药拥军斗洪魔"为主题的抗洪救灾捐赠活动。这次的公益活动让陈志钊深有感触，他表示：即使洪涝灾害可能不像疫情一样被人们熟知，但它也威胁着少部分人的生存。所以他们立刻采取行动，带领队伍深入险情较重的地方。"我们慰问的主要是固堤的解放军战士，他们和当地群众的生活条件都比较艰苦——在野外环境搭帐篷，自己去平整好营地，一守就是两三个月，只为保障堤防安全。我们能够做的公益还是十分微薄，但是一定会尽自己的一份心意将这件事做到、做好。"

谈及这些公益活动，陈志钊表示，医药产品本身就是为了造福民众，减轻病患的痛苦。如果背离公益性质去做医药产品，则很可能形成一种暴利产业。因此企业必须明确这种公益性，去抵制违法、违规行为的诱惑。俗话说："修合无人见，存心有天知。"花城药业的 6 种精神中，第一种就是向上向善，做医药的行业一定要以向上向善为宗旨。所以，作为企业的领导，无论在哪里都应在公益事业中投入精力和资源。

## 展望未来

陈志钊表示，作为一名企业经营者，关注的肯定不应局限于当前的事情。随着市场环境不断改变，若一味循规蹈矩，那么企业发展很可能会遇到"瓶颈"。因此，他会时刻关注市场变化，给企业带来新的机遇。除此之外，他说："人们在满足基本的需求后，会追求更加健康的生活方式，对于身体的保健意识在逐渐提高。从这个角度来讲，这给我们生物医药企业带来了更大的机会。2023 年我们国家完成了脱贫攻坚的任务，人们向往着更加美好的生活，这激励着我们去设计出更好的产品，做出更好的服务。"对于生科院的莘莘学子的建议，陈志钊表示，一定要努力学习，扎实理论和学科知识，因为这是自己一生的宝贵财富。

从机缘巧合学习生物到将所学的思维方式运用到市场运营，本科学习的知识让陈志钊受益无穷；从积累理论知识到实践应用，二者的结合绽放出耀眼的光芒;从奋斗在抗疫一线到援助洪涝地区,陈志钊从未停止在公益道路上前进的步伐。他通过不断的学习来提升自己,在这个过程中主动承担着与之相应的社会责任,为社会树立标杆,传递着正能量。

# 坚守初心，扎根基层守护水乡丰饶
## ——1994级校友李本旺

**人物简介**：李本旺，中山大学生命科学学院生物学专业1994级校友，中共党员，东莞市动物疫病预防控制中心技术推广科副科长，水产养殖教授级高级工程师。自1998年毕业以来，服务渔业，兢兢业业，始终坚持扎根基层，心系群众，几十年如一日地坚守在水产技术科研推广工作的第一线，积极开展技术培训、技术咨询、科研及试验示范等工作，为引导广大农民共同致富做出了贡献。曾获得"广东省经济技术创新能手""广东农技推广能手"东莞"最美科技工作者"等荣誉称号。

李本旺

1994年，从广西农村走出来的李本旺以优异的成绩考入中山大学生物学系。毕业后，他选择进入水产科学领域工作，开始了位于同沙水库一畔的东莞市水产研究所（今东莞市动物疫病预防控制中心）的工作。

谈及自己的从业选择，他略带幽默地说，当时来到发达的珠三角城市工作是他们这些不发达地区农村孩子的共同理想，只是没想到最后工作岗位还是在一片荒郊水塘。

这是从事渔业科研的必然，李本旺并非没有心理准备，他选择来到东莞同沙的真正原因是这里的学术和科研能力走在全省前列。刚参加工作的他内向腼腆，不善言辞，恰逢东莞率先创建全省首个（地级市）水产类无菌实验室，从此，他便专注于水产寄生虫、细菌等方面的实验室科研工作。

## 科研与技术推广并举，推动水产养殖高质量发展

20世纪90年代正值东莞的甲鱼养殖热潮，中华鳖养殖面积排在珠三角第一，许多养殖户以此迅速脱贫，变身"万元户"。作为当时东莞水产养殖业的主导品种，养殖规模的迅速扩大导致中华鳖病害问题频发。而养殖户对渔药认知水平不足，药品混用、乱用普遍，反倒加重了疫病扩散，导致亏损严重。

在养殖户现实困境的迫切需求下，李本旺经老所长的指引参与了中华鳖的病害研究工作。先是分离细菌，再是反复地进行药敏试验，筛选出敏感药物，仅过数天的时间，对症的新药就被推广给部分养殖户。立竿见影的效果令养殖户高兴又激动，也使得不少养殖户开始信任和关注研究所的其他推广成果。

"本来觉得只是单纯的科研实验，两三天拿到了结果，没想到这一成果居然能够为别人解决实际困难，当时真的很高兴。而且他们知道了我们的研究有用后，之后有其他问题同样会来找我们。"切实为群众解决实际困难，这成为后来李本旺来坚定不移走"养殖户"路线的初心。

进入新世纪后，甲鱼养殖利润不断下滑，且随着时代的发展，人们生活水平的提升，消费者对农产品的生态健康要求越来越高。中华鳖原先的以冰鲜杂鱼为主且缺乏规范化的饲喂方式也备受质疑，如何健康繁养中华鳖，打开新市场，成为广大养殖户的新困扰。

为应对全新难题，李本旺主持发起了《中华鳖健康繁养殖技术推广应用示范》项目。通过改变投喂方式，将水下投喂改成水上投喂，避免影响养殖池塘的水质；同时推荐养殖户采用营养平衡的优质饲料并使用中草药制剂预防病害。

2012年该规范实施推广后，在大大提高了中华鳖养殖产量和成活率的

**李本旺指导学生实验**

同时,也显著减少了养殖用药的量,减少了水环境污染。东莞沙田、虎门和麻涌等地推广应用面积达2500多亩,平均每亩效益增加500多元。

24年来,李本旺始终坚持耕耘在一线,坚持科研与生产技术推广并举,积极带领团队开发名特优新品种的驯化和繁育技术。开拓并推广多种龟鳖类和淡水鱼类养殖新技术,包括稳定罗非鱼间单性制种技术、突破线纹尖塘鳢(笋壳鱼)开口饵料难关,以及实现其规模化创新性育苗技术和中华花龟产业化养殖技术等。其中,宝石鲈杂交新品种繁育和笋壳鱼病害免疫研究与生态防控集成技术示范两项成果达到了国际先进水平。李本旺主持完成的研究成果推广后累计创造经济效益已达数亿元。

## 亲力亲为保生态,摸清东莞鱼类渔业资源现状

改革开放以来,伴随着工业经济的迅猛发展、人口的快速增长、城市建设的过度开发及渔业的过度捕捞,珠三角的生态环境迅速恶化,渔业资源日渐衰退。针对这一情况,2007年,在广东省政府的支持下,广东淡水

鱼类资源调查与研究全面展开，李本旺与同事在协同参与的过程中目睹了东莞渔业生态恶化的紧迫态势，于是重新向东莞市申请立项，着手展开专门针对本市的调查项目。从2007年起，李本旺连续4年带领团队成员开展调查工作。

起初，他们分别在河段的上、中、下游选点，定期定点对鱼类品种进行分析。第一阶段工作完成后，他们仅识别出了30个鱼类品种。这样的结果不禁令他反思：为何鱼类品种数量如此之少？很快，他就发现了问题所在，决定回到起点，重新设定调查范围。"鱼的活动范围很大，只调查大江大河显然是不够的。"调整思路后，他们将调查范围覆盖至小溪、小河及一些只有地方渔民才能到达的偏僻水域。在调查期间，工作小组经常在岸边为了等候渔民归来，熬夜至凌晨三四点。在调查过程中李本旺始终坚持亲力亲为，几乎每次调查都跟着当地渔民、渔政前往野外的小河小溪。他对同事们说："科研讲究的是求真，只有调查过，数据结果才可靠、有价值。"

四年的调查中，他带领单位工作人员及多个高校的研究生在东莞市淡水和河口水域共采集到鱼类98种，对东莞鱼类资源现状做出了评估，并综合过往的多次调查结果，首次编制了《东莞市淡水和河口鱼类原色图谱》，初步建立起较为完备的东莞水域鱼类实物标本库和数据库。

事必躬亲的不懈努力最终给李本旺带来了意外惊喜，2009年8月，在清溪镇铁场村的一条小河中，其团队首次在东莞水域发现了鱼类"活化石"——南方波鱼。对发现这条小鱼的情形，李本旺依然印象深刻："一网打上来，都以为它是普通的小鱼，随后我们发现，它正面有一条明显的黑线，这才意识到，这条鱼可能很特殊。"然而，李本旺并没有马上欣喜若狂，而是回到实验室，经过仔细地观察、比对，确定这条小鱼为南方波鱼后，才欢欣鼓舞。"新物种的发现，对于鱼类进化过程、地理划分，都具有重大价值，对科研的意义深远。"他这样告诉记者。

2011年，《东莞市淡水和河口鱼类资源调查》项目顺利收官，该项目成果对东莞鱼类资源保护和进一步开发利用意义重大，荣获东莞市2012年度科技进步一等奖。

如今已经是正高级工程师的李本旺成就众多、荣誉无数，其先后获得"广东省经济技术创新能手""东莞市特色人才""第六届东莞市优秀科技工作者"等一系列荣誉称号。2020年更是被评选为"广东农技推广能手"，成为当年度唯一一个获此殊荣的水产类农技员。2022年，李本旺被评为东莞年度"最美科技工作者",既是实至名归,也是他献身科技领域默默耕耘的鲜明注脚。

## 扎根基层推广渔技,从研究所里来到养殖户中去

在科研和技术攻关之外,李本旺尤其致力于将水产养殖技术推广到一线。他先后组织举办了东莞市龟类养殖技术培训班、全市水产健康生态养殖技术培训班等 50 多场养殖技术培训班,共计上千人次参加了培训,各镇街养殖场的塘头、培训室都有他讲课的身影。水产养殖户通过这样的实践学习交流,获取了不少新知识和新技能,因此很多人都亲切地尊称他为"李教授"。

李本旺经常为养殖户提供鱼病、龟鳖病的免费诊治服务。谈起自己和养殖户之间的融洽关系,他解释道,一方面自己向养殖户传授一些新的科研成果和技术;另一方面自己也要向他们学习好的养殖经验,再把经验分享给其他人。从研究所里来,到养殖户中去,李本旺诠释了基层工作的意义所在。

从 2015 年东莞市政府设立现代渔业发展五项奖补资金政策起,他时常亲自入户发动规模企业开展标准化鱼塘整治、引进渔业设施和良种等,指导建设良种体系和水产健康养殖示范场,成功在东莞创建了 13 个农业农村部水产健康养殖示范场。

日常工作虽然繁重辛苦,然而交谈起来时,他的脸上反倒浮现着些许惬意。"我是农村出来的,本身能吃苦,做些体力活没什么。尤其现在市里对我们这边科研工作比较支持,研究经费相对充足,环境也比较自由,觉得可行的都能放手尝试,所以我是很满意的。"

## 深耕东莞渔业科研,守护水乡可持续未来

来到东莞市动物疫病预防控制中心一楼的标本展厅,李教授兴奋地向记者展示和讲解了各种东莞特有水生动物的标本。除各类水生动物标本外,展馆里还陈列着东莞本土各类传统渔船和渔具的模型。他表示,这边的标本展厅也将会向社会面尤其是中小学校扩大开放,为东莞渔业科研的科普工作贡献力量。

令人欣喜的是,在东莞科学馆揭幕的"呵护大自然的精灵"——野生

动物主题科普展上，以极危物种黄唇鱼为代表，来自东莞市动物疫病预防控制中心标本展厅的多份东莞本土水生动物标本赫然呈现在广大市民眼前，这正是兑现了李教授不久前的承诺。

"水产研究，我们东莞在全省不敢说第一，但前三是没有问题的。其实现在省内好多优良水产品种都是我们东莞所最先做出来的，他们（其他地级市）不少是从我们这学过去再推广的。"他骄傲地说。

中华鳖、罗非鱼、线纹尖塘鳢（笋壳鱼）、宝石鲈、中国彩鲤、中华花龟……太多太多渔业品种的繁育技术改良和产业化推广，背后都有李本旺与同事的坚持探索和反复实验。

从"世界工厂"到先进技术制造，东莞的城市印象正不断刷新，水道如网，万江并流的东江口，那个物产丰富的农业县似乎已经成为大多数人遥远的回忆。但对于他来说，这仍是自己每天面对的工作重点。

扎根基层，深耕技术，李本旺以初心不减的科研热情，守护着这片水乡丰饶的根本，保卫着莞邑可持续发展的明天。

**素材来源：**

李易珊. 从养殖户中来，到养殖户中去［J］. 海洋与渔业，2021（1）.

## 素履所往，一苇以航
——1995 级校友陈松林

**人物简介**：陈松林，院士，研究员，1998 年博士毕业于中山大学生命科学学院；2000 年进入中国水产科学研究院黄海水产研究所工作；2021 年当选为中国工程院院士；2022 年 10 月，中山大学聘任陈松林院士为讲座教授。鱼类生物技术专家，中国水产科学研究院生物技术领域首席科学家，黄海水产研究所研究员，任海水养殖生物育种与可持续产出全国重点实验室主任。兼任中国水产学会副理事长、水产生物技术与遗传育种专业委员会主任。长期致力于鱼类种质保存、基因组解析与分子育种研究。连续 10 次入选 Elsevier 农业和生物科学领域中国高被引学者名单，发表 SCI 论文 350 多篇，包括 *Nature Genetics* 论文 2 篇。先后获得国家技术发明二等奖 2 项、国家科技进步二等奖 1 项、中华农业科技奖一等奖 3 项和创新团队奖 1 项。

陈松林

## 躬耕不辍，从 0 到 1

陈松林在科研道路上勇敢前行，40 年来专注于鱼类生物技术的研究工作，将渔业科技创新与水产养殖实践紧密结合，为了我国水产养殖业增添了多个举足轻重的"1"。

破译我国首个鱼类基因组，创建分子性控技术，实现我国鱼类基因组序列图谱从 0 到 1 的突破；建立鱼类种质冷冻保存技术体系；发现我国首个鱼类性别特异分子标记，突破遗传性别分子鉴定技术难题；以鲆、鲷等鱼类为代表，解析抗病和变态性状的分子机制，创建我国鱼类抗病基因组选择育种技术，研制抗病育种基因芯片"鱼芯 1 号"，育成高产抗病新品种 3 个……陈松林在多个方面实现了"零"的突破，填补了诸多空白，取得了多项领先世界水平的科技成果。

种质资源是水产养殖的基础，也是种业发展的关键。打好种业翻身仗，首先要收集保存好鱼类种质资源，进一步挖掘、创新和利用。其中最关键的是要做到生物技术创新，陈松林及其团队瞄准这一核心目标，在多个层面上开展种质资源保存创新利用的研究。

早期，陈松林及其团队建立了鱼类精子冷冻保存技术。21 世纪初，他们突破了海水鱼类胚胎冷冻保存技术，随后又建立了我国首个鱼类胚胎干细胞系和 28 个组织细胞系。这些具有突破性的研究为我国鱼类种质资源的保护和创新利用奠定了重要基础。自 2009 年开始，陈松林瞄准了我国鱼类养殖业中缺乏基因组序列图谱的问题，和深圳华大基因研究院联合开展半滑舌鳎全基因组测序，在国内率先完成了半滑舌鳎全基因组序列图谱，使半滑舌鳎成为我国第一种完成全基因组测序的鱼类。并且，他们通过性别连锁微卫星标记将苗种的生理雌鱼比例从 20% 左右提高到 40% 左右，显著提高了养殖产量，为半滑舌鳎养殖业发展提供了强有力的技术支撑。

科研工作的从无到有不仅是科研工作者无数个夜晚的专注与日日钻研的结晶，而且是全人类的荣耀，其间的艰辛只有亲历者才能深刻体会。堆积如山的研究资料和一张张获奖证书，记录着陈松林深夜伏案的身影和默默坚守的历程。

## 兴邦之责,走进民生

中国是世界最大的水产养殖国家,由于淡水养殖面积受限,海水鱼类养殖任重道远。水产养殖业是保障中国粮食安全的重要产业。当前,我国80%的水产品产量来自水产养殖。"必须看到,中国水产养殖业存在鱼类生长慢、抗病力差等不少与种业相关的问题,面临海水鱼类新品种选育数量不足、突破性新品种缺乏等挑战。"陈松林说,他还认为,研究的课题应该紧靠产业和养殖户的实际需求,因此,他经常带领团队去养殖户、去渔民中间找"难题"。常年在实验室和养殖场间来回奔忙也练就了陈松林走路很快的习惯。

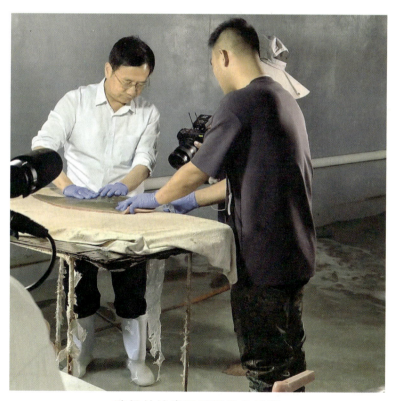

陈松林给半滑舌鳎雌鱼挤卵

在鱼类养殖业中,病害频发一直是一个重大难题,存在"养什么,病什么,死什么"的恶性循环。病害导致养殖成活率低,影响渔民养殖积极性和产业的可持续发展。因此,培育抗病、高产的优良品种已成为产业亟待攻克的问题。此外,在半滑舌鳎养殖业中还存在雌、雄个体生长差异巨大的问题：经过 1 年多的养殖之后，雌鱼可达到 1 斤多，雄鱼却只有 2～4 两。渔民看到自己辛辛苦苦养殖的雄鱼如此"矮小"，市场价值低下，伤心不已。而且在苗种中，长不大的雄鱼比例竟然达到 70%～90%，严重挫伤了渔民养殖的积极性，影响了苗种的推广和养殖业的发展。对此，陈松林非常关注并深感忧虑。陈松林及其团队开发了半滑舌鳎基因组编辑技术，通过将雄鱼的雄性决定基因敲除，发现有些突变雄鱼长得和雌鱼一样大，从而解决了半滑舌鳎雄鱼生长缓慢的问题。

陈松林还认为，由于技术创新不够，在抗病、高产、优质突破性新品种非常缺乏的形势下，采用新的生物技术培育抗病力强、生长速度快、品质优的突破性新品种，是摆在水产生物技术和遗传育种工程者面前的重要任务。为此，陈松林团队在完成基因组测序的基础上，利用基因组资源建立了海水鱼类抗病基因组选择育种技术，研制出抗病育种基因芯片"鱼芯 1 号"，培育出抗病、高产新品种 3 个，如牙鲆"鲆优 2 号"、半滑舌鳎"鳎优 1 号"等，为我国海水鱼类生物技术和遗传育种研究跻身国际前列做出突出贡献。"经过基因组选择技术结合家系选育，培育的半滑舌鳎第一个国审新品种'鳎优 1 号'，生理雌鱼比例为 40% 左右，比普通苗种提高 20% 左右，解决了该品种缺乏抗病高产新品种的问题。"

## 坚守科研，孜孜不倦

"治学严谨，不知疲倦，令人钦佩，堪为楷模。"尽管陈松林已年过花甲，但对科研一颗热忱的心，让他仍坚持一线科学研究。

很多人觉得用 12 年的时间培育一个鱼类品种非常枯燥，然而陈松林却乐此不疲。"我对鱼类生物技术和育种研究非常热爱，或者说是抱着激情来做这些工作的，所以很少有烦恼或者不想做的时候，尽管几十年的科研历程中也经常碰到各种各样的困难，但是我们都会想方设法来克服这些困难，解决问题，尽量朝好的方面想，使问题迎刃而解。"陈松林说。对于当选院士，陈松林表示"这是一种荣誉，但更多的是责任"，也正是这种责任感，让他在科研路上坚守与前行。

"有些人可能觉得做科研很枯燥，但他却把科研当成一种爱好，乐在其中。"这是科研伙伴和学生们对陈松林的评价。陈松林依然每天工作近 10 个小时，周末和节假日也时常去所里加班，科研已经成为他生命的一部分。

## 脚步不停，上下求索

陈松林说："下一步，我们要加快高新技术在鱼类良种培育及鱼类养殖业中的应用，争取培育出更多的抗病、高产、优质新品种，为广大养殖户提供好的良种，为养殖业绿色发展提供良种保障和技术支撑。"

陈松林表示，未来应加强育种原创性理论研究，鉴定具有重要育种价值的基因和分子标记，揭示重要性状形成的分子基础与调控机制，为良种培育提供理论依据。加强海水鱼类分子育种技术原创性研究，加大基因组编辑、基因组选择、分子设计育种等研发力度，建立高通量表型测定技术，突破智能育种技术，推动海水鱼新品种研发加快发展。

今后的工作，陈松林及其团队将继续以鲆、鳎等海水鱼类为对象，将基因组选择育种技术推广到其他重要养殖鱼类上，为我国鱼类抗病高产良种培育和种业发展提供新的技术手段，推动我国鱼类种业高质量发展。

**素材来源：**

[1] 半岛网.大众报业·风口财经, 钻研鱼类生物技术30多年！新晋院士陈松林：要培育出更多的抗病高产优质品种 [EB/OL].（2021 - 11 - 19）. http：//finance.bandao.cn/a/569461.html.

[2] 上海海洋大学.百十华年 盛世如歌：上海海洋大学校友中走出的第一位院士 [EB/OL].（2022 - 03 - 07）. https：//xcb.shou.edu.cn/2022/0319/c6888a305386/page.htm.

# 道阻且长，行则将至
## ——1995 级校友魏永杰

**人物简介**：魏永杰，中山大学生命科学学院 1995 级校友，1998 年获中山大学理学博士学位后赴美国西南医学中心（UT southwestern）、霍华德·休斯医学研究所（HHMI）从事博士后研究工作。在 *Cell*、*Nature* 和 *Science* 等国际主流学术刊物上发表多篇高水平研究论文，文章共被引用两万余次。2019 年由广州医科大学引进回国工作，现任广州医科大学肿瘤研究所所长和广东省高校"细胞稳态及癌症"实验室主任。

魏永杰

## 求索自噬二十载

细胞自噬是真核细胞在自噬相关基因的调控下利用溶酶体降解自身细胞质蛋白和受损细胞器的过程。自噬分为选择性自噬和非选择性自噬，可以防止细胞损伤，维持细胞在营养缺乏情况下存活，并对细胞毒性刺激做出反应。在细胞稳态、衰老、免疫、肿瘤发生及神经退行性疾病等过程中，自噬发挥着重要作用。

魏永杰与自噬结缘已有近 20 年。彼时，大隅良典教授在酵母中发现了对细胞自噬机制具有决定性意义的基因，阐明了自噬机制的原理。但自噬尚未引起足够的重视，直到 Beth Levine 鉴定出第一个哺乳动物自噬基因 Beclin 1，并发现它与肿瘤有关后，自噬才逐渐成为科研热点。2005 年，魏永杰校友结束博士后工作，进入霍华德·休斯医学研究所任职，作为 Co-PI 与 Beth Levine 共事，带领团队一头扎进自噬研究领域。他们先是以 Beclin 1-BCL2 复合物作为自噬研究切入点，探讨不同环境变化如何调节自噬的机理，以及自噬失调对各种病理状况的影响，阐明了自噬的生理和病理功能。随后他们利用小鼠模型深入研究了基础自噬对健康的意义，发现基础自噬水平与个体寿命相关，并开发了一系列自噬调控药物。在此基础上，魏永杰还揭示了表皮生长因子受体酪氨酸激酶调节自噬的分子基础及新的线粒体自噬模型。

"记得 2013 年迎秋师姐邀请我做自噬主题的报告，当时我还要花很多的时间来介绍什么是自噬、自噬的原理以及自噬的各种标志蛋白等。但现在再讲自噬，大家对自噬都已经有基本的了解了，不需要我再过多地解释了"，回顾这么多年对自噬的研究，魏永杰笑言道。如今他已回到国内，致力于研究自噬在肿瘤发生、发展和治疗中的作用，尤其是自噬的降解和运输功能调控对非小细胞肺癌的影响。"其实现在关于自噬的研究仍不够精细，自噬的种类有很多，关于自噬现象仍然存在很多未解之谜，还需要投入更多的研究工作"，谈起那些自噬领域的未知，魏永杰的脸上洋溢着激情与好奇，笑意纯粹一如当年。

## 研有一技之长，还需变通之心

当提起这么多年的科研经历时，魏永杰笑着表示，他读博士时的研究内容与现在可以说是毫不相关。"我一开始是在王珣章老师那里做了一段时间的杆状病毒表达系统构建，当时研究的是神经生长因子的克隆表达，进展并不顺利。后来我就做了斜纹夜蛾核型多角体病毒的物理图谱和多个基因的鉴定。从中大毕业之后，我去了 Bruce Beutler 教授的实验室，最初也是做基因组测序。在 Bruce Beutler 教授离开 HHMI 后，我开始研究膜蛋白运输，发现了 PI4KIIβ 这个激酶。之后我便从事自噬研究。"

从病毒基因图谱到天然免疫受体，再到膜蛋白运输，最后到自噬，这样的研究跨度不可谓不大。当被问到如此大的跨度会不会难以适应时，魏永杰脸上带着一丝不好意思，更多的是自豪，"对于我来说，我有两项比较擅长的技术。第一个是做各种蛋白突变体非常快，而且可以同时做很多，这也是我在博士工作中锻炼出来的。我有几年的时间都在做克隆，正所谓熟能生巧，所以我后来在分子克隆方面变得非常高效。第二是蛋白复合体的纯化技术。我在研究 PI4KIIβ 激酶时掌握的这项技术，后来在研究 Beclin 1 复合物早期的工作时，这些技能更得到了充分的应用。虽然看着我的研究内容跨度很大，但技术上是相通的。有了技术基础，虽然方向在变，但跨过去就没那么难了。"正如现在人们常说的，人都需要有自己的"独门秘籍"，在团队中具有自己的特长优势，才能立于不败之地，对于科研来说亦是如此。

不过魏永杰也坦言，当在科研上遇到技术难题自己无法解决时，还要学会借助他人的力量或其他方法来绕过去。"如果遇到靠自己的技术手段很难完成的困境时，可以尝试换多种方法。比如研究某个蛋白时，实在找不到蛋白突变的确切位点，可以尝试从组学或者生信等的方法绕过去。另外，还可以寻求他人的帮助。比如我对显微成像技术一直不是特别在行，但是我的研究又需要这个技术，我就依靠学校先进的设备和这个领域的专家，向他们提出自己的要求，来顺利地完成工作。"

## 梅花香自苦寒来

"科学研究是一个艰苦的过程，往往需要花很长的时间去摸索和试错。"当谈及对师弟师妹们的建议时，魏永杰表示如果真的想要在科研这条路上持续走下去，一定要能耐得住寂寞。"课题上的挫折是在所难免的，就像我研究杆状病毒载体、做了几年克隆，最终也没有做出来。但是后来为什么我分子克隆的效率那么高呢？那是因为我当时做了太多这样的工作，经历了太多次失败。有些研究是比较基础和前沿的，需要大量的时间去进行一次次的尝试，一次次的失败，一次次的攻坚。对科学问题，特别是你感兴趣的科学问题，要带着思考研究下去，这可能是真正的动力源泉。"

魏永杰还分享了一个自己曾遇到的困难，"我之前做的一个课题，表型非常明显,开始一切顺利,甚至很快就找到了关键蛋白的功能获得性突变体。但是,后来由于厂家更换了血清来源,课题进展陷入了困境。我们花了大约两年的时间去不断尝试,才解决了这个问题。"魏永杰笑着鼓励我们说:"如果真的对科研感到热爱,那就好好坚持下去,沉下心去做研究。可能一时难以看到结果,但只要耐心下来,最后总会柳暗花明,迎来成功的。"

从风华正茂的青葱少年到而今已过不惑之年,时间的悄然流淌改变了很多东西,但魏永杰对待科研的那份热爱与初心却始终没变,依旧在求索未知的路上笃行不怠。

魏永杰的学生答辩

# 揭开鲜果"长寿"密码的首席科学家
## ——1996级校友蒋跃明

**人物简介**：蒋跃明，中山大学生命科学学院1996级博士校友，浙江兰溪人，博士生导师，"新世纪百千万人才工程"国家级人选，国家杰出青年基金获得者，中国科学院华南植物园研究员，已在国内外刊物上发表学术论文700多篇（SCI收录论文600多篇），在果蔬保鲜研究探寻了近40年，先后获得了国家科技进步二等奖、国家技术发明二等奖、广东省自然科学一等奖和全国商业科技进步特等奖等奖项。

蒋跃明在荔枝大会上做报告

## 三颗荔枝缘定广州

蒋跃明出生在浙江兰溪水果之乡柏社，在1985年杭州大学生物学毕业之际，毅然选择继续攻读植物生理学硕士研究生。那蒋跃明又是如何与广州结缘的呢？

我们都知道，荔枝是广东最有名的水果之一。宋代的大文豪苏东坡曾如此盛赞："日啖荔枝三百颗，不辞长作岭南人。"而蒋跃明呢，却是因为吃了三颗新鲜荔枝之后，决定踏上广州这个城市。

蒋跃明说，他小时候总是生病，妈妈很疼爱他，经常省下点钱，买些有滋补作用的荔枝干、龙眼干等，煲糖水给他喝。20世纪80年代初，他考上了杭州大学，重点选植物生理学。1985年，他原本报考中国科学院上海植物生理研究所的研究生；但事情就这么巧，这时他姐姐来学校里看望他，并带来了三颗新鲜的荔枝给他吃。虽然以前吃过不少荔枝干，但新鲜的荔枝他还是第一次看到，那果皮红红的，真是好看；打开一看，肉洁白晶莹，吃上一口，浓香甜糯，味道好极了。这一次吃新鲜荔枝的快乐难忘极了。由于当时水果少，并且交通运输条件很落后，保鲜技术也很落后，所以，在杭州新鲜荔枝是很难得一见的。蒋跃明说："想着新鲜荔枝那么好吃，在填报考研究生单位结束前两天，我把原来填报的上海志愿换掉，改成了填报广州的中国科学院华南植物研究所（后改为华南植物园）。"

## 潜心专研，硕果累累

一直以来，如何使水果既能贮存运输，又能确保其品质口味不变，是水果产业面临的最大问题，也是水果实现增产增收的关键。

"广东温度较高，在正常气温条件下，如果不采取措施，大多数水果在大约1周时间就开始出现品质劣变现象。因而，一直以来，如何使这些水果既能贮存运输，又能确保其品质口味不变，都是水果产业所面临的最大问题，也是水果实现增产又增收的关键。"蒋跃明说，从20世纪70年代开始，他的导师们就已经开始从事果蔬保鲜技术研究，而且取得了不少科研成果。他在广州读硕士研究生期间，就接触到了果蔬保鲜技术，这为他后来的研究打下了坚实的基础。在中国科学院华南植物研究所获得硕士学位后，蒋跃明选择来到中山大学生物学系进一步地学习。

蒋跃明在30多年的科研历程中，主持了国家重点基础研究发展计划项目、国家重点研发计划项目和国家自然科学基金重点项目等一系列项目，着眼于阐明南方特色水果的贮运质量控制机制，研发相关核心技术，重点针对水果采后褐变、软化和品质劣变的问题进行攻关。用蒋跃明的话说，"水果的保鲜就如同延长人的寿命一样"。为了使水果在采摘后能更好地延长它的保鲜期，他时常在实验室一待就是大半天。全情投入和忘我地工作使蒋跃明在短短数年间，便在国内运用生物等综合手段开展水果保鲜技术研究，使水果在得以保鲜的同时，又可以减少或避免化学农药对人体健康和环境资源所造成的影响，从而提高了我国水果在国际市场上的竞争力。

脚踏实地、勇于创新，具有高度的敬业和团队协作精神是蒋跃明一贯的工作作风和处事方法。不论是作为课题骨干还是课题负责人，他都十分注意调动课题组成员的工作热情和积极性，经常勉励他们在"勤与思、苦与乐"中进行科学研究，充分发挥团队作用，使课题组获得中国科学院先进团队集体奖励，同时培养了一批优秀人才。

## 科研为的是服务社会

他说："让科研最终为生产服务，为国民经济创造出财富，是我最大的心愿之一。"在日常工作中，蒋跃明十分注重科研与经济发展相结合，将科研成果应用到生产实践上。为此，他曾先后到以色列、澳大利亚、日本、英国、德国、加拿大等国家留学及研究访问，了解国际采后生物学的最新技术成果及研究发展趋势。回国后，组织了科研团队进行技术攻关。

经过多年的研制，开发出一种主要由抗衰老作用剂、天然杀菌剂和植物次生代谢物质组成的"果鲜堡"生物保鲜剂。该保鲜剂能在果实受伤部位形成一层保护膜，阻止病原菌的侵入，从而有效防止水果在贮运过程发生腐烂；同时可调控贮藏环境水分、气体成分、提高组织抗逆性等作用，从而达到保持水果风味和营养的目的。

**保鲜剂在荔枝保鲜中的应用**

近年来，针对沙糖橘采摘后的保鲜而研制开发的"果鲜堡"生物保鲜剂和配套技术，已运用到广东肇庆、云浮等地的大片沙糖橘果园上，并取得了明显的社会效益和经济效益。与此同时，研发了我国产量居世界第一的荔枝的专用保鲜技术，使远至内蒙古乃至千里迢迢之外的英国等地区和国家都能品尝到的原汁原味的岭南佳果，拓展了荔枝销售的时空市场，扩大了销售渠道。

　　成绩，对于踌躇满志的蒋跃明而言，是新的起点，也是前进的巨大动力。如今，事业有成的他并没安于现状，表示要"开足马力"，争取为社会奉献出更多、更大的能量，要在技术创新和人才培养方面多下功夫，同时要拓展对果蔬综合利用研究，重点在提高果蔬保鲜技术水平、降低贮运保鲜成本费用的基础上，让大家都能分享到价廉物美的果蔬。

# 保持热爱发现生物学问题，
# 理性推理解释生物学现象
### ——1997级校友陈春龙

**人物简介**：陈春龙，1997年入读中山大学生命科学学院生物学专业基地班，2001年获优秀毕业生及理学学士学位，并继续于中大生科院生物化学与分子生物学专业屈良鹄教授实验室完成研究生深造，与法国巴黎第十一大学（现巴黎萨克雷大学）联合培养，获得中法两校授予的理学博士学位。

现担任法国国家科学研究中心主任研究员、学部委员，居里研究所课题组长，巴黎文理研究大学以及索邦大学博士生导师。研究方向主要涉及生物信息学、生物统计学、功能基因组学、癌症生物学和基因组演化等领域，主要关注细胞DNA复制程序（replication program）的调控机制及其与基因组不稳定性和人类疾病之间的关系。

陈春龙（右二）博士答辩，中/法方导师屈良鹄教授（左二）和Amar研究员（右一）

近年来陈春龙校友在 Nature、Cell、Molecular Cell、Nature Communications、Nucleic Acids Research 以及 Genome Research 等国际顶尖期刊上发表多篇重要研究论文，引领相关领域的发展。

## 关于本科学业

陈春龙回忆起他的本科选择，透露了他在深圳中学的高中时期如何因对生物学产生浓厚兴趣而决定选择中山大学生物学专业。他提到，高中的生物老师讲课生动有趣，特别是遗传学课程中涉及的一些统计内容引起了他的注意，使他对生物学产生了强烈的好奇心。当时生物学界已经发现不同细胞中存在同一套 DNA，但基因表达的差异性仍是一个未解之谜，这种科学上的未知激发了他的探索欲望。

在本科期间，陈春龙对中大留下了深刻的印象，尤其是学校兼收并蓄的气质和高水平的专业课教学。他提到，中大的生科院在专业课教学方面水平非常高，同时课余时间也提供了许多跨学科知识的接触机会。例如，学校每周举办的"中外优秀文化讲座"邀请了各学院的优秀教授分享他们的研究成果，这些讲座极大地丰富了他的科学和人文素养。他认为，这种开放和多元的学术氛围是中大的重要特点。

谈及本科期间的学习方法，陈春龙强调，从高中到本科的转变过程中，一个非常重要的方面是从解决问题转向提出问题的过程。他认为，在学习过程中，应注重思考前人是如何通过逻辑推理和猜想、验证推导出结论的，并质疑所提出的科学问题本身的合理性，以及解决这些问题后可能发现的其他未解决的问题。这种思维过程不仅在理科中适用，在文科中同样重要。

陈春龙还特别提到本科阶段的基础课程学习的重要性。他在中大生科院基地班学习了植物学、动物学、生物化学、分子生物学、遗传学等专业课程，打下了广泛而坚实的基础。除了理论课程，他还通过实验课程进一步加深了对知识的理解和巩固。他认为，这些基础课程为他日后的科研工作奠定了重要的基础。

## 关于科研道路的选择

关于科研道路的选择，陈春龙回忆起他在研究生期间师从屈良鹄教授的经历，分享了他选择继续深造的原因和过程。他表示，自己从大二开始就确定了从事科研工作的目标。在一次屈老师关于非编码 RNA 的讲座上，他被屈老师的研究深深吸引。屈教授的研究结合了前沿的分子生物学技术和计算手段，在当时属于国际上的新领域。讲座结束后，陈春龙主动联系屈教授，询问是否可以在课余时间进入实验室做实验，得到了屈教授的欢迎。尽管当时本科生通常要到大四才进入实验室实习，他在平时和寒暑假集中时间里，参与了实验室的分子生物学相关实验，为未来的科研工作打下了坚实的基础。

谈及生科院实行的导师制，陈春龙指出，一些同学在选择研究方向时会感到迷茫。他认为这是因为现在生科院的老师水平普遍提高，给学生提供了更多的选择。对于大一、大二阶段的学生，他建议多参加老师的讲座，了解不同研究方向和老师的表达风格，看看是否符合自己的兴趣。同时，访问实验室主页和与实验室的师兄师姐交流，也是了解实验室情况的好途径。通过多方面的了解，同学们可以更好地判断哪些研究工作和实验室氛围更适合自己。

此外，陈春龙特别强调了统计和计算思维在理解复杂生命系统中的重要性。他指出，随着人类基因组计划的发展，高通量测序技术已成为常规生物学研究的基本工具。因此，无论是本科生还是硕博生，掌握基本的生物信息学概念和技术都是必需的。他提到，生物信息学研究者主要包括计算机、数学或理论物理背景，以及生物学背景的人。这些研究者关注的问题各不相同，但彼此之间会有很多交流。计算机背景的人注重于发展新的算法，数学和理论物理背景的更关注建立模型，而生物学背景的人更关注计算背后的生物学问题。

陈春龙从本科论文开始进行生物信息学相关的研究，并与其他生物学家合作，深入了解实验细节和限制条件。他认为，对于生物学家来说，关注的重点在于如何找到好的生物学问题。软件或算法的开发都是为了解决这些问题。他指出，生物信息学获取测序数据只是第一步，后续分析需要与分子生物学、细胞生物学等结合。例如，他近期在 *Cell* 杂志上发表的文章，结合了结构生物学，将结构、功能和基因组分析联系起来，完整地讲述了一个科学故事。

通过这些分享，陈春龙为广大生科院学生提供了宝贵的经验和建议，鼓励大家在科研道路上不断探索，寻找适合自己的研究方向，并注重跨学科的合作与交流。

## 关于出国深造

在谈及出国深造的经历时,陈春龙指出,法国的科研环境特别强调跨学科合作。他所在的法国科学院涵盖生物、数学、物理和化学等学科,科研氛围非常浓厚。法国科研系统的一个独特之处是研究员属于公务员系统,被聘用后是终身职位,这使得科研人员能够进行开放性、冒险性的工作。他感受到法国整体的交叉合作研究氛围非常浓厚,尤其在居里研究所,他的实验室中很多文章都是与世界各地的不同学科研究者合作完成的。

陈春龙提到,法国的科研传统和跨学科合作方式催生了许多伟大的科学成果,国家项目基金和评价体系也为研究者之间的合作提供了基础。他认为,欧洲的博士生培养体系系统而完善,鼓励学生提出科学问题,寻找最高效的解决方案,实现工作与生活的平衡。欧洲科研工作者的热情和严谨思维模式使得他们的研究往往完整而深入。

Bettencourt Schueller 基金会的颁奖典礼上,2020 年诺贝尔化学奖得主 Emmanuelle Charpentier 给陈春龙颁奖

在谈及法国科研工作的驱动力时,陈春龙表示,许多欧洲科研工作者在对科学的热情和严谨的思维模式方面具有优势。虽然欧洲的本科以及硕

士时间相对国内较短，但其博士生培养体系相对更为系统。欧洲国家通常博士生人数较少，导师可以花更多的时间为其提供指导。实验室配有技术和工程人员，可为学生提供技术上的支持。这种系统的培养体系鼓励学生花费更多时间思考和提出科学问题，提高科研效率，实现工作和生活之间的平衡。

最后，陈春龙希望生科院的同学们能够在学习过程中找到乐趣，广泛阅读和探索不同方向，找到自己感兴趣的问题。他强调，培养科学理性的思维模式对从事任何领域都非常有帮助。中大生科院在这方面的培养做得非常好。他鼓励同学们保持努力和信心，相信大家在未来都会取得很好的发展。

# 来自母院的"鱼"院士，
# 携手南沙打造水产种业"硅谷"
## ——1997级校友刘少军

**人物简介**：刘少军，2000年博士毕业于中山大学生命科学学院，2019年当选为中国工程院院士。现任湖南师范大学教授、省部共建淡水鱼类发育生物学国家重点实验室主任。30多年来专注于淡水鱼育种技术的研究，带领科研团队突破鱼类远缘杂交生殖难关，创建了一批宝贵的新型四倍体和二倍体鱼品系，并建立了一步法和多步法育种技术，用以培育高品质鱼类。怀揣着"让中国人吃好鱼，吃放心鱼"的初心和梦想，刘少军院士在广州设立了其全国唯一的院士工作站，致力于在广州实现其育种梦想。

刘少军

## 子承父志：一门出了两个"鱼院士"

"父子双院士，毕生为鱼痴"是科技界的一段佳话。刘少军的父亲，是已故的中国工程院院士、著名淡水鱼繁殖生理学家刘筠教授。

20世纪50年代，刘筠院士领导科研团队对草鱼性腺发育进行了系统研究，并成功突破了草鱼人工繁殖技术难关。这项技术的建立为解决我国吃鱼难问题做出了重要贡献。20世纪80年代，刘筠院士还带领团队开展鲫鲤远缘杂交研究，对该远缘杂交后代的繁殖、遗传、外形等生物学特性进行了长期系统研究，发现杂交第一代的湘鲫具有生长速度快，抗病力强，肉质好的优势，把该优良鱼类进行了大规模推广养殖，产生了很好的社会效益和经济效益。

此后刘筠团队继续对湘鲫后代进行了定向培育及系统研究，首次在世界上研究出人工制备的异源四倍体鲫鲤品系，并利用这个宝贵四倍体鱼品系研制出三倍体湘云鲫和三倍体湘云鲤。它们比普通的鲤鱼、鲫鱼体型肥大，生长速度快，抗病力强，特别是谷氨酸含量高，味道鲜美。

刘少军仍记得自己5岁时，父亲把他们姐弟三人放在板车上，拉到长沙郊外的岳麓渔场，一边照看，一边搞科研。初夏时节，正值四大家鱼的催产期，孩子们睡在鱼苗孵化房的草垫上。而不远处的刘筠正和渔民们一起打网、抓鱼、摸索和交流技术。

"父亲在水产事业的突出成绩，离不开他对水产业的热爱和勤奋的作风。受父亲的影响，我才步入鱼类遗传育种研究这一行并学会要努力地工作。"刘少军告诉记者。

1986年，刘少军在湖南师范大学生命科学学院的鱼类发育生物学研究室读研究生，从事鱼类遗传育种的研究，也参加了刘筠院士领导的鲫鲤杂交及其他鱼类杂交的研究工作。这也为他此后30多年都矢志不渝地从事鱼类远缘杂交研究奠定了好的基础。

在刘少军看来，父亲攻克了"吃鱼难"问题，并在解决"吃好鱼"问题上取得了进展。而自己则是接棒父亲，努力用科研成果让人们吃到更多更好的优质鱼。

## 常怀期待：30多年守在池塘与培养皿旁

生命体的遗传方式包括自交、近缘杂交、远缘杂交等，还有如雌核发育等特殊生殖方式。每种遗传方式都有其特有的规律。探索生物体的遗传规律一直是科学家们关注的重点。

早期遗传学知识体系主要来自通过豌豆近缘杂交实验建立的孟德尔遗传学定律。但这一规律却难以应对远缘杂交育种。在远缘杂交的世界里，科学家们迫切需要探索出系统性的遗传规律和繁殖规律。

曾经很多人认为远缘杂交难以形成可存活的后代，更难形成可以遗传的品系。而刘筠院士的科研成果却已经证明鲫鲤远缘杂交可以形成可存活后代，也可以形成可育品系。只是这些研究结果只是个别的成功案例，其普遍规律还有待更系统的揭示。刘少军则是延续着父辈的道路，更系统地进行鱼类的远缘杂交研究。

"远缘杂交研究是一个长期而漫长的过程，要有十年磨一剑的韧性，要甘于长期坐冷板凳，并把冷板凳坐热。"刘少军对记者说。

在湖南师范大学校园内，有一个占地11亩的鱼类遗传育种基地。此处不仅有近40个水泥池塘，还有近200个大陶瓷水缸，均用于养殖着各类宝贵的实验鱼。刘少军团队视这些实验鱼如自己的生命一样重要。"我们十几年如一日，像养崽一样，天天看着。"刘少军笑着打比方说。这般精细的照看程度，正好对应着刘少军的QQ名和微信名——"fishfarmer"。

在每年3—5月鱼类繁殖季节，刘少军和团队们要跟着鱼类繁殖生理节奏工作，常是从凌晨3—4时开始工作，到当天下午5—6时才结束，有时候也要连续数日跟踪拍照记录鱼胚胎发育情况。

刘少军视鱼苗如生命一样重要

长时间守候在培养皿和池塘旁的刘少军从未觉得枯燥和寂寞，眼神中却常怀期待和希望。"虽然工作辛苦，但我在期待中工作，期待新型鱼类的诞生，期待新型鱼类具有优质性状出现，期待具有优质性状的新型鱼类能够大规模生产和大规模应用，期待揭示鱼类优质性状形成的生物学机制。在期待中度过每一天，每一年，甚至十几年。"刘少军深情地说。

### 持之以恒：把宝贵的可育品系维系下去

刘少军领衔的科研团队选择草、鲢、鳙、鲫、鲂、鲌、鲷、鲤、鳜等非常普遍的经济鱼类作为远缘杂交研究的亲本，开展了47个鱼类远缘杂交组合的实验，获得了155个群体或品系。在这些杂交后代中，每代至少需1年才能性成熟，有的需要2年甚至4年或更长时间。而且，有些鱼类远缘杂交后代中可育的雌性和雄性个体数目非常少，能从数以千计的鱼中找出几十条或者更少已属幸事了。

刘少军带领团队每年开展1～2个杂交组合实验，在这些研究中，一个组合至少需要2～3年的连续研究才能做出取舍。通过30多年长期而系统的研究，用滴水穿石之功，攻克了种间生殖隔离难关，探索出鱼类远缘杂交的主要遗传和繁殖规律；创建了一步法和多步法杂交育种的关键技术，最终研制和培育了一大批具有优势性状的优质鱼类和可育品系，其中有的四倍体鱼品系已经历20多年繁殖及连续研究。一步法育种技术就是通过设计可以快速制备优质鱼类的技术，如合方鲫、鳊鲴杂交鱼等优质鱼类就是用一步法技术研制的。多步法育种技术就是把培育的可育品系作为亲本之一来进一步制备优质鱼类的技术，如他们用二倍体合方鲫品系进一步研制了合方鲫2号；用二倍体鲂鲌品系进一步研制了优质二倍体优质鳊鱼和鲌鱼；用同源四倍体鱼品系进一步研制了三倍体合方鲫3号和异源三倍体鲤鱼。

如今刘少军主持研制的合方鲫、合方鲫2号、湘云鲫2号、杂交翘嘴鲂、鳊鲴杂交鱼5个优良品种获国家水产新品种证书。合方鲫、合方鲫2号、湘云鲫2号等优质鱼类在全国多个省市推广养殖，产生了显著的社会效益、经济效益和生态效益。

"把通过远缘杂交形成的宝贵可育品系维系下去并进行合理应用是我们责无旁贷的任务，可能也是我们科研团队一代人接着一代人要继续做的重要事情。"刘少军表示。

### 选择广州：在南沙设立自己唯一的工作站

2020年，刘少军将自己唯一的院士工作站设立在广州市南沙区的诚一水产养殖有限公司。

"我们把院士工作站设立在广州市南沙区,其中主要原因之一是广州市委市政府、南沙区委区政府对渔业很重视,对院士工作站的建设给予了多方面支持。"刘少军说。

刘少军与广州的渊源颇深。他于2000年获得中山大学博士学位,师从中国工程院院士、中山大学生命科学学院水生经济动物研究所林浩然教授。"我父亲和林老师都从事鱼类繁殖生理学研究,他们在科研方面有很好的科研交流,也是好朋友,这是一段珍贵的缘分。"刘少军说道。

而诚一水产科技公司的董事长阳会军也是林浩然院士的博士生。曾作为中山大学副研究员下海的阳会军非常注重科学养殖,已经将公司打造成为华南地区最大规模鲩鱼养殖场。

刘少军说,因为这层师兄弟的关系,自己才与阳会军相互认识、相互熟悉、相互支持、共同创业。"诚一水产科技公司有近7000亩养殖面积,为我国淡水渔业的发展做出了重要贡献,也是我们后续继续开展鱼类良种良养良销一体化系统建设的好的合作伙伴。"刘少军说。

在刘少军看来,广州市地理位置优越,珠江水系发达,水资源丰富,气候适宜,具有发展渔业的天然条件优势。他建议广州把有限的渔业土地资源发展水产种业、智慧渔业、生态渔业等重点板块,扶持一批科技含量高、示范带动作用强的渔业总部企业。

刘少军强调,在水产业技术体系方面,要坚持"良种、良养、良销"六字方针;在产业化方面,要坚持"政府、企业、团队"六个字。水产业的发展,需要党和政府的顶层设计、引导和大力支持;需要有大型企业的支撑作用,大型企业是产生经济效益的主战场。然而,目前我国的农业企业是缺科技人员的,企业的发展需要专门的科研团队的持续支持,这样的企业才能持续地发展。广州已经有了一批代表性渔业企业,并且水产科研团队也非常雄厚。在党和政府的大力支持下,科研团队和企业尤其是大企业的合作,可以很好地推动广州水产业的发展。

## 对话刘少军院士

《生科人悟》:您为何会沉浸于"鱼类远缘杂交"的科研事业中?

刘少军:从事鱼类远缘杂交研究离不开基础研究和应用研究两个方面。我的动力源于对这个领域的热爱,我的工作目标是让广大人民群众能够吃上优质、健康的鱼类。有了这个目标,我在实验室和池塘边上不会感到枯燥和寂寞，更多是在期待中工作，比如期待新型鱼类的诞生等。这样的生活是有目标和意义的。这样的生活谈不上浪漫，却是充实的。

《生科人悟》：刘筠院士以勤奋扎实的科研精神和朴素的草根情怀而流芳，您也在科研上有巨大成就。您每年会写文章怀念父亲，您觉得父亲在哪些方面对您影响最大？

刘少军：受父亲的影响，我才步入鱼类遗传育种研究这一行，并学会要努力地工作。我在每年怀念父亲的信中，表达了对父亲的怀念之情，感谢他老人家对我的栽培；也总结过去的工作，汇报正在做的工作，并阐述未来的计划。以此促进爱老尊老的实验室文化建设；弘扬脚踏实地、探索创新、持之以恒的科研精神；激励实验室全体人员不忘初心，奋发图强，努力工作，多出成果。

《生科人悟》：刘筠院士教育后代们都要加入中国共产党。这样的家训是因何而来？

刘少军：父亲是中国共产党党员，在世时教育我要跟着中国共产党走，争取早日加入党组织。他对我的教诲来自他对党的忠诚和爱戴。父亲经历了旧社会的苦难，非常珍惜新社会带来的幸福生活，经常教导我们要感谢中国共产党，支持中国共产党，加入中国共产党，以党员的身份好好地为人民服务。

《生科人悟》：您如何教导年轻科学家坚定走自己的科研道路，而不是被以金钱价值观所牵引呢？

刘少军：我告诫学生，要把课堂知识学习与课外知识学习结合起来。实验室研究要与生产实践结合起来。文章要写在大地上；科研要为社会服务、为人民服务。农业是国家的基础，青年人投身于农业研究大有作为，水产研究也是如此。在平凡的事业中做出不平凡的成绩需要两个关键因素：兴趣和执着。爱上一行是干好一行的基础，不会感到枯燥。执着则意味着要朝着确定的目标持续奋斗，不因易获资助而频繁改变研究方向。我们的实验室训为"脚踏实地、探索创新、持之以恒、水到渠成"。

**素材来源：**

人民日报新媒体平台"人民号".这位院士将唯一工作站设在广州："让中国人吃好鱼，吃放心鱼"[EB/OL].(2021-11-09).https://www.sohu.com/a/500159022_120152148.

# 躬耕触觉感知十余载
## ——1997 级校友肖百龙

**人物简介**：肖百龙，1997—2001 年就读于中山大学生命科学学院生物化学专业，获理学学士学位；随后就读于加拿大卡尔加里大学，于 2006 年获博士学位；2007 年进入美国斯克利普斯研究所从事神经科学博士后研究，师从 2021 年诺贝尔生理学或医学奖得主 Ardem Patapoutian 教授；2013 年起入职清华大学从事教学研究工作。

现任清华大学药学院长聘教授、副院长，新基石研究员，北京市卓越青年学者，清华—北大生命科学联合中心高级研究员，清华—IDG/麦戈文脑科学研究院研究员，膜生物学国家重点实验室研究院，北京生物结构前沿中心研究员；国家优秀青年科学基金获得者、国家杰出青年科学基金及延续资助获得者、国家高层次人才特殊支持计划入选者；先后获北京市科学技术奖自然科学奖一等奖、第四届"科学探索奖"生命科学领域大奖、谈家桢生命科学创新奖、第八届"中源协和生命医学创新突破奖"。过去 10 多年致力于探究哺乳动物包括人类自身如何感知机械力这一生命科学本质问题，合作确立了机械力受体 Piezo 是哺乳动物中发现的首类机械门控阳离子通道，揭示了 Piezo 将机械力转化成生物电信号的结构功能机制，并致力于开发相关的新型药物和生物技术，迄今取得了系列重要研究成果，其中多篇通讯作者论文被诺贝尔奖官网引用，帮助推动了机械力受体 PIEZO 的发现与研究成为 2021 年的诺贝尔生理学或医学奖研究成果；在 *Nature*、*Neuron* 等国际顶尖期刊上发表系列研究论文，其中 2 篇被收录进经典神经生物学教科书，具有重大的学术影响力。

肖百龙

## "触觉"大师——Make Sense of Senses！

触觉是五感之一，亲吻、拥抱、牵手、抚摸都会产生触觉，日常生活中用手机刷屏、滑动鼠标等更是如此。没有触觉或触觉异常，我们的生活质量将无法得以保障，情感交流的肢体愉悦也会随之丧失，这无疑是非常痛苦的。

肖百龙所研究的 Piezo 蛋白正是与触觉感知有着千丝万缕的关系。Piezo 蛋白介导着哺乳动物的触觉、本体觉以及内脏觉的机械感知，它的过量表达或表达不足都可能引发人的身体缺陷，让个体的生存质量受到极大的影响。正因如此，Ardem Patapoutian 教授因其课题组首次鉴定了 Piezo 蛋白作为哺乳动物中的触觉受体而被授予了 2021 年的诺贝尔生理或医学奖。而肖百龙见证并参与了 Piezo 蛋白早期研究的关键工作，并随后在清华大学对 Piezo 的结构功能机制做出了系列工作，在这项伟大的科学发现中做出了重要贡献。

Piezo 蛋白的故事始于 10 多年前。彼时，肖百龙正在 Ardem 的实验室从事博士后研究。同实验室的 Bertrand Coste 在筛选一系列备选基因时发现 Piezo 蛋白是哺乳动物细胞具有机械敏感性的充分必要条件。这无疑是一件平地惊雷的大事，从此哺乳动物机械力受体研究的历史焕然一新！

Piezo 蛋白就是那个领域内科学家们致力于发现的机械门控阳离子通道吗？要想证明 Piezo 本身就是机械门控阳离子通道，最直接的方法就是直接提取纯化的 Piezo 蛋白，并重组到人造的类似细胞膜的脂质体上。如果在外加机械力的情况下仍能记录到电流，那便证据确凿。

可是如何提取出保持生理功能的 Piezo 蛋白呢？要知道蛋白纯化需要依据每种蛋白的特点量身定制，而膜蛋白提取更是其中极为棘手的一类。Piezo 蛋白恰好是非常独特且难以研究的一类大型膜蛋白，包含了 2500 多个氨基酸和 30～40 次预测跨膜区，是哺乳动物蛋白中含预测跨膜次数最多的膜蛋白。并且，离子通道经常以多聚体形式发挥功能，使提纯难度进一步增加。因此，Piezo 蛋白的纯化非生化功能深厚者不可为之。

有着良好的大型膜蛋白分子生化研究背景的肖百龙接下了纯化 Piezo 这项重要而艰巨的课题。凭借扎实的生化技术，肖百龙成功建立起 Piezo 蛋白的分子克隆及哺乳动物细胞表达纯化体系，并获得鼠源全长 Peizo1 的重组表达纯化蛋白。纯化的鼠源 Piezo1 重组入人工脂质体后，确实记录到了通道开放产生的电流，为 Piezo1 蛋白自身形成离子通道提供了关键实验证据。

离开 Ardem 的实验室后，肖百龙在清华大学开始独立开展工作，并在 Piezo 通道的后续研究中做出了系列突破性成果。譬如，与诺奖直接相关的介导触觉、本体觉感知的 Pizeo2 通道，其三维结构就是由他与清华大学李雪明实验室合作解析出来的。诺贝尔奖官网介绍触觉受体的科学背景时，引用了肖百龙实验室的 5 篇论文，配图亦源自其所解析的 Piezo2 通道的结构。

"make sense of senses"，即理解触觉，无论是当年在导师的实验室，还是如今在清华大学药学院继续做研究，肖百龙都在做他最钟情的事情。

## 求知不止，永葆赤子之心

每一个科学家，都曾在科学的观照中，看见自己。用"执着"与"不懈探索"恰能描述肖百龙对科研的追求。

Piezo 通道这类全新机械门控离子通道家族的发现和确立带来了很多

契机。一方面，需要证明它的病理、生理功能的重要性。另一方面，这个离子通道在分子机制上是怎么工作的？这些未知与空白犹如藏在海面下的偌大冰山，吸引着科学家们去窥探更多。

肖百龙同样也被 Piezo 蛋白家族深深吸引了。在组建了自己的课题组后，他深耕在机械门控离子通道领域。由于 Piezo 蛋白是一个非常复杂的全新蛋白，如果不了解它的结构，要去研究它的机制会非常困难。因此，肖百龙改变了研究范式，先获得结构，再做功能机制研究。他基于自己的研究背景，利用在哺乳动物细胞系 HEK293T 细胞里重组表达，成功得到了纯化的 Piezo1 蛋白，开始与高宁和杨茂君课题组合作解析了 Piezo1 蛋白的中等分辨率结构，之后他与李雪明课题组长期合作，取得了和接近原子级别的高分辨率结构，建立了它同源三聚体、螺旋桨状的结构，确定了离子通道最核心的孔道区以及与机械力感觉相关的结构域等。

在解析了 Piezo1 蛋白的结构之后，肖百龙将目光放在 Piezo 蛋白家族的另一个成员 Piezo2 上。相比于 Piezo1 的结构研究，Piezo2 的分子生化更难。肖百龙通过与李雪明课题组合作，首次、唯一报道了 Piezo2 离子通道的高分辨率的冷冻电镜三维结构和精巧工作机制，确定了它的每个亚基包含 38 个跨膜区的完整拓扑结构。据此，肖百龙课题组进一步开展了大量基于结构导向的结构功能研究，揭示了 Piezo 通道的离子通透、机械门控的分子机制。除了分子机制方面的研究，肖百龙还探索了 Piezo 蛋白的药物工具分子。他筛选发现了两个药物小分子 Jedi1/2 能够激活 Piezo1，并进一步研究了这些小分子药物的激活机制。

他说："我个人更希望是关注重要的科学问题，而不是关注所做的工作是不是可以得诺贝尔奖。一个领域是由很多科研工作者的工作共同推进的。每年得到诺奖的科学家只有几位，但不能因此否定其他科研工作者的重要性。如果只想得诺贝尔奖，很多问题可能都会研究不清楚。科学研究需要延承，需要大量的科学家去持之以恒开展深入系统的工作。"当肖百龙的博士后导师 Ardem 获得诺贝尔奖后，有人问他："可能很多科学家会考虑，别人第一个做出来了自己再去做，在获得诺贝尔奖上不是很有优势，你会怎么考虑？"他如是说。怀有一颗理想主义者之心的肖百龙对待科研始终如同赤子一般，一如既往地秉持着最初纯粹的热爱，满怀激情地探寻着 Piezo 蛋白领域内那些仍然存在的未知。

## 行胜于言　桃李成蹊

"要充分信任自己的学生、博士后，给予他们充分的时间和环境去大胆尝试。"对学生，肖百龙是包容的，他希望能够让学生自由探索。每当学生课题进展遇到瓶颈时，肖百龙总会给予悉心的指导，鼓励他们不要畏惧困难，要勇于尝试和创新。正是源于他对学生的这种信任和支持，实验室的环境既宽松友好而又高效，小小的实验室成了学生们心里充满温暖的另一个家。

肖百龙对学生的支持与帮助，也获得了学生们发自内心的感激与敬佩。"在我们实验室里，肖老师绝对是最努力的那一个，他非常专注，在科研上付出了精力，在他的身上可以看到行胜于言的清华精神"，学生们如是评价。正所谓花开无言而传香百家，肖百龙对科研的执着与严谨的态度深深影响了一届又一届的学生。对他们而言，肖老师既是良师，也是益友。

**素材来源：**

澎湃新闻. 肖百龙解读诺贝尔奖：Piezo 的发现故事和未解之谜 [EB/OL]. (2021 - 10 - 10). https：//www.thepaper.cn/newsDetail_forward_14824566.

# 微步致远，无微不至
## ——2000级校友许腾

**人物简介**：许腾，微远基因科技有限公司创始人、集团总裁，中山大学生命科学学院生物技术专业2000级本科生，2009年博士毕业后留美开展博士后研究，后于2012—2018年任美国SA Scientific公司资深科学家，负责开发的多个感染诊断产品在美国获批并上市。广东省感染精准诊断工程技术中心主任、广州市"红棉计划"海归创业人才、广州市科技专家库专家、开发区高层次精英人才，广州市开发区抗疫优秀个人，兼任美国SA Scientific公司科学顾问、云南省基因编辑重点实验室客座教授。

微远基因创立至今，曾检测出国内首株新冠病毒、炭疽病毒、鼠疫、H3N8禽流感等新发病原体，为国家公共卫生事件尽到应有责任。目前企业业务覆盖全国20多个省（自治区、直辖市），在北京、上海、广州等多地设有研发中心、医学检验实验室和分支机构，研发技术人员占比逾40%。企业曾获得国家高新技术企业、广州"未来独角兽"创新企业、中国潜在独角兽企业、粤港澳大湾区生物科技创新企业50强领军企业等资质及荣誉。

2019年回国创业初期许腾（右）和创业伙伴王小锐一起参加生科院毕业15周年同学聚会

## 科技战疫，尽己所能

"乔木亭亭倚盖苍，栉风沐雨自担当"，岁末年初，新冠疫情席卷大江南北，我国遭遇了毫无预料的重大突发公共卫生事件。关键时刻显真章，危难方现英雄气，疫情中众生百态，有人选择了承当，成为疫情防控中的中流砥柱，撑起一片天。

许腾所在的微远基因正是这样一所专注于基因技术创新与感染精准医疗的公司。凭借着过硬的技术实力，微远团队在近几年里先后检测出国内首株新冠病毒、新中国成立后主要城市的首例鼠疫病毒、全球首例 H3N8 禽流感等新发或重要病原体，为及时的公共卫生和防疫防控工作尽到了企业的社会责任。

人们在灾难中思考，历经灾难而强大。疫情同样给许腾带来了启发，他认为疫情防控体系可以从以下几个方面改进：首先从我们的科学技术来看，病原学、感染学领域的诊断技术仍存在进步空间。其次要着力推进公共卫生信息全国乃至全球共享。最关键是要群策群力，为全球疫情防控贡献力量，构筑疫情防控统一战线。

许腾代表微远基因参加论坛

## 挑战自我，归国创业

在选择回国创业之前，许腾在他的工作领域已经有所建树，作为生物技术公司的资深科学家，负责开发的多个创新的感染诊断产品在美国获批并上市，产量和市场前景可观，职业生涯也正顺利发展。

为什么要选择回国创业呢？据他回忆，还是出于心里的那份冲动，希望挑战自己的人生，尝试突破性成长的同时，用自己的所学给社会带来一点有益的改变，这是内在动力来源的关键。在美国工作期间，也一直在思考和选择合适的创业机会。2018年，在当年中大同班同学王小锐的提议下，许腾和另一名创始人，组成合适的创始团队，一起做一件合适的事情，许腾觉得时机已成熟，应该放手一搏去挑战自我了。

谈到创业，许腾给出了几点建议：一是明确创业是自己真正想要做的事情，要有冲动，不能为了应该创业而创业；二是选择有足够的发展空间的赛道，否则就像在崎岖小山路上行车，即使有好车也开不快；三是最好在创业前具备一定积累，不管是行业相关的业务能力，还是企业管理能力，这样可以提高创业的成功率。拥有好车是关键，但好的驾驶员和导航员也必不可少，创业需要有互补且互信的团队。

被问及聘用应届毕业生的考量，许腾认为有两方面需要着重考虑。第一点是候选人是否表现出足够的上进、努力的意愿；第二点是候选人学习适应的能力和看待不同事物的心态，毕业生进入企业之后都是一张白纸，需要去适应企业的文化、工作、管理方式等，这其中必然会有自己不太习惯甚至认可的方面，能够学会在适应环境和改变环境之间找到平衡，很多问题便会迎刃而解。

## 朝乾夕惕，鹏程万里

谈及与中大的结缘时，许腾满怀温情，他说，当时的高考先填志愿，后出分数，因此选择了当时中大录取分数最高的生物技术专业。进入校园后，周围鸢翔凤集、钟灵毓秀，因此他更加地努力学习。许腾选择进入庄诗美教授的实验室后将知识和实践相结合，不断地攻克难题，锻炼并提高自己的各方面能力。

关于同学们高度关注的生物领域未来就业方向和前景，许腾发表了他的看法，他表明自己十分看好生命科学领域的未来发展。"虽然现在生命科学专业可能比不上一些热门专业的就职前景，但实际上这个领域的知识价值仍然被严重低估，足够优秀的知识产权和从业者，在这条赛道上有足够的驰骋空间。经历过此次疫情，大家也都更加深刻地理解到了我们生命科学从业者做的是什么，和我们存在的价值。后续，对生命科学领域的重视度和投入度都会进一步提高。在过去的这些年里，从技术的角度来说，高通量测序技术的突破，相当于给整个生命健康行业带来了井喷的效应。生命科学现在相比于其他专业来说，还处在一个非常基础的阶段，我们对它的认知还非常肤浅，所以这个学科未来还有非常多井喷的机会留给后面有准备的人。"

许腾说他永远记得庄诗美教授曾说过的一句话："学会在没有鲜花和掌声的道路中前进"。无论是好的、坏的、错的、对的，都需要自己去体悟、去承担，所以不要在乎别人给不给你掌声或者鲜花，认不认可你做的事情，我们只需要明确自己要的是什么，自己认为正确的就应该坚持走下去。

最后许腾也寄语学弟学妹，千万不要轻易给自己设限，要尝试多接触一些新的东西。青春时期要不畏惧犯错，抓住那些能让自己多试错的机会，不能轻易地就待在一个舒适区里面，持续地做一些浪费自己时间的事情。即便是多多地犯错，所收获的东西也比什么错都不犯来得要多。

## 寄语未来

风起于青萍之末，浪成于微澜之间。我们永远不能忘记的是微末之处的修行，永远要做的是把握当下的时光。越努力越幸运，没有努力却到达不了的地方，我们坚持的东西生活终有一天会以我们期待的方式回馈给我们。

# 日新之谓盛德
## ——2000 级校友陈重建

**人物简介**：陈重建，2000—2010 年本、硕、博均就读于中山大学生命科学学院，本科获生物技术学位，辅修计算机科学专业；2010 年获中山大学和法国巴黎第十一大学双博士学位；2011—2013 年，在法国居里研究所做博士后研究工作。2013 年在法国居里研究所完成博士后研究后，回国参与安诺优达公司的创建工作，主持公司重要核心高通量测序技术自主研发工作。2020 年创立北京迅识科技有限公司，致力于即时诊断领域的核心技术开发和产业化应用。在 Nature、Science 等国际权威期刊上发表学术论文 30 多篇，申请专利 80 多项等。曾任北京市精准医疗与基因工程实验室主任、中国研究型医院学会血液病精准诊疗专业委员会副主任委员，先后被评为北京市海外高层次人才、北京市优秀青年人才、中关村十大海归创业新星、北京经济技术开发区领军人才、北京市优秀创业企业家等，被授予"北京青年五四奖章"。

2016 年陈重建获评"北京开发区领军人才"

从 2000 年进入中山大学生命科学学院本科就读，到 2010 年拿到双博士学位；从行业技术领军人物，到创业创新型企业家，陈重建校友始终秉持不断学习、乐观坚持的信念，一路披荆斩棘，实现理想的同时更为行业、为社会做出了巨大贡献。

## 源头活水，渠清如许

本科就读于生物化学专业的陈重建，大二时开始辅修计算机科学专业，取得中山大学和法国巴黎第十一大学双博士学位后，又在法国居里研究所做博士后，从事哺乳动物胚胎干细胞和乳腺癌的高通量测序研究工作。在博士后研究中，陈重建逐渐发现自己不满足于单纯的研究工作，而是更期望能将研究成果产业化，从而直接地为人类健康做贡献。"我想让普通的老百姓都能享受到基因科技带来的价值，这个是我回来做企业的初心。"于是陈重建校友决定回国与校友梁峻彬共同创办安诺优达基因科技公司。

从辅修计算机科学专业，到出国读联合博士、在法国居里研究所做博士后，再到创业后为期两年的 EMBA 的学习，陈重建始终坚持学习、再学习，不断更新自己的知识理念、增强自己的领悟潜质、提升自己的创新能力。他说："如果不能坚持不断学习的能力或者心态，随时更新知识，很快就会面临被淘汰的风险。""问渠哪得清如许，为有源头活水来"，正是因为陈重建始终践行自己不断学习的信念，才能使得他在自己不断成长的同时，也带领员工与企业共成长，使得安诺优达如愿成为全产业链整合上下游资源的公司，更成为成长最快的中国生物医药公司之一。

## 长风破浪，直济沧海

回国后，陈重建负责无创产前 DNA 检测项目的技术开发工作，凭借着在生物技术和计算机技术上的功底，他们很快取得了突破，成功打入无创产前检测领域，研究成果也获得了国家专利授权。然而 2014 年初，由于行业乱象，整个基因检测行业被叫停，正在安诺优达的无创产前 DNA 检测业务做得如火如荼的时候。主营业务不能开展，安诺优达陷入前所未有的困境。陈重建说："这既是危险也是机遇，因为我们的技术在国内乃至国际上都是非常领先的，我有信心我们一定可以渡过这次难关。"

为了渡过难关，安诺优达加大了对其他业务的投入，然而任何事情从小到大都需要时间的积累，这个过程漫长而充满变数。他说："但我始终相信，这一切只是黎明前的黑暗，我们一定能够重见光明。"国家允许符合标准的企业申请认证成为高通量测序临床应用试点后，陈重建带领团队废寝忘食地准备申报材料。功夫不负有心人，安诺优达最终成为国家卫生和计划生育委员会（现国家卫生健康委员会）首批高通量测序临床应用试点单位。此后安诺优达的无创产前DNA检测业务呈现爆发式增长，打开了一个更广阔、更有秩序的市场。

"毕业后胸怀壮志自己创业的同学，在竞争中九死一生将成为不争的事实；踌躇满志进入企业工作的同学，面临工作的不顺意、同事和领导的误解或冲突，也将会是大概率事件。所以我希望各位到时候可以把苦难和不满随时放下，守住乐观的心，乐观地前行。因为悲观的人，是先被自己打败，才会被生活打败。每次我和其他人聊起我们自己创业的过程，有哪些是比较艰难的境况，直到现在我都觉得没有什么。乐观的人总能在事情发生的时候看到积极的一面。"在中山大学2017届毕业典礼暨学位授予仪式上，陈重建这样勉励毕业生。"长风破浪会有时，直挂云帆济沧海"，陈重建乐观坚持的态度与信念，使他在困境中不生退意，找到克服困难的办法，从而迎来了葳蕤蓬勃的未来。

## 志不求易，事不避难

"日新之谓盛德"。持续不断地学习是"日新"实现的前提，乐观积极的态度是"日新"实践的基础。"志不求易者成，事不避难者进。"不论是在校园，还是在社会，陈重建始终秉持不断学习的信念，不选择好走的路而是走好选择的路，不畏艰难险阻，乐观积极地应对挑战。在追求梦想的道路上坚守初心，不图安逸、不畏艰险，方能不断地进取和超越。

**素材来源：**

[1] 校友的声音 | 陈重建校友：把握机会 乐观坚持 持续学习 [EB/OL]. (2017-07-02). https://lifesciences.sysu.edu.cn/zh-hans/article/1317.

[2] 高特佳投资专访. 安诺优达陈重建：打造全球化生态型基因企业 [EB/OL]. (2017-11-30). https://www.sohu.com/a/207613031_550637.

# 牢基础以治学，精事业以报国
## ——2000级校友熊礼宽

**人物简介**：熊礼宽，2003年博士毕业于中山大学生命科学学院生物化学与分子生物学专业，二级研究员/主任技师，任深圳市出生缺陷研究重点实验室主任、暨南大学实验诊断学博士生导师；深圳市地方领军人才，享受深圳市政府特殊津贴；国家科技创新基金评审专家和学位办评审专家，广东省科技咨询专家和应急管理专家委员会专家，河北、江苏、四川等省及深圳市科技评审专家。以第一作者/通讯作者发表学术论文100多篇，11次获得各级政府科技奖。

熊礼宽

熊礼宽是一位很稳重的人，尽管只是一次简单的学生采访，他也全程保持着严肃认真的态度。5月4日，熊礼宽以视频通话的方式接受了我们的采访。

《生科人悟》：我们注意到您有过澳大利亚的留学经历，请问对于这段留学经历，您有什么感言吗？

熊礼宽：我们要做科学研究，肯定要了解世界上最新最前沿的进展，要知道别人在干什么，所以选择了去留学。当时，我还是感受到了比较大的差异，特别是在使用文献方面。2000年前网络还没有那么方便，加上国家知识产权的因素，我们国内非常受限，看到最前沿文献的速度就比较慢。相比起来，我2004年开始在澳大利亚做高级访问学者时，无论是阅读文献，还是使用英文的数据库等都很方便。但现在我们国家的发展非常迅速，而且我国有集中力量办大事的魄力，现在我国的科研事业所取得的成就已经是全世界瞩目的了。另外，留学给我一个重要启发是在科研领域，要做出创新的成果，首先要有创新的想法，要有敏锐的观察能力，还要有创新的能力。大家看到一个同样的东西，不同的人看到的角度就不一样，看到以后还要深思，要能想到该怎样做，还要有能力去做，所以要有创新的想法和能力。

《生科人悟》：我了解到您曾经独立编著和主编出版了2本有关结核病的著作，请问您是怎样走上研究结核病这条道路的？

熊礼宽：其实也是机缘巧合。国家鼓励要把优秀的论文写在祖国的大地上。所以肯定要做对国家有用的研究。我刚开始工作就一直想改变工作环境，所以毕业以后就开始学外语：英语、日语等，开始考研究生，开始翻译英文文献。因为坚持，又有专业知识的支撑和一些医学词汇的积累，1984年开始可以慢慢看英文文献，然后越看越快。那个时候没有像现在这么多杂志，我自己订了5本英文影印版杂志。1985年我翻译的第一篇专业论文发表，也不是为了晋升而发表论文，都是因为兴趣。那时文献看多了，自己翻译的也多了，想法也多了，慢慢就想到要写文章，做实验，总结成书。当时是1992年，我28岁，在中国科学技术出版社独立编著了第一本书《结核病的实验室诊断及其进展》。那时不是为了名利，完全是凭借个人兴趣。另外，因为我的第一单位是在湖北省荆州结核病防治院，就是做结核相关工作的，后来我在深圳市慢性病防治院，一部分工作是肺部疾病（结核病），一部分工作是皮肤性病。随着技术的进步，我作为主编组织同行在人民卫生出版社出版了《结核病实验诊断学》。所以说要尽量做跟自己工作有关系的事情。包括我们后来招博士到我们单位来，即使他以前的博士、硕士学位论文与我们单位工作内容不太相关，只要他到了这个单位,他的专业就必须为单位服务,他要做单位所涉及的工作。所有的个人兴趣都要为单位服务。所以我做结核,一个是兴趣使然,一个是要为单位工作。

《生科人悟》:您现在担任深圳市出生缺陷研究重点实验室主任,能请您为我们介绍下您实验室的主要任务和宗旨吗?

熊礼宽:是的,不过我后来换了一个单位,为宝安区妇幼保健院,这个单位主要为妇女儿童的健康服务。出生缺陷防控是我国妇幼保健院的一个重要任务,小孩子出生必须是要做优生优育检查。如果胎儿可能有出生缺陷,生不生下来是他的父母所决定的。但是作为医务人员,首先不要误判;其次你要告诉胎儿的父母,跟他们讲清楚出生缺陷的疾病对家庭和社会的影响。因为多数孩子的父母不懂医,不知道这类疾病的危害性。这类疾病中有一种名为地中海贫血,在广东、广西、海南等地区高发,越往南方走,这个疾病的基因携带者就越多,广东地区就高达30%。当父母双方同时都是携带者,婴儿患病的概率就比较大,这时候大家就需要做产前诊断。如果母亲怀有一个有出生缺陷的胎儿,由于父母不懂,我们作为一个医务工作者,要想千方百计给他讲清讲透,让他最后自己做出选择,防止给家庭增加本可避免的负担。还有就是回到刚刚说的那一点,大家都是要为所在的那个单位服务,我是做实验室技术的,硕士读的医学免疫学,博士读的生化分子生物学,我的职称是微生物研究员、医学检验主任技师,后来主要从事遗传性疾病的实验诊断,负责界定胎儿是否存在出生缺陷。当然作为一个区级单位,遗传学方面我们必须向大咖们学习请教,所以我们请进上海交通大学贺林院士团队、中南大学夏家辉院士团队指导,通过6年的努力,现在实验室整体技术水平在深圳市同行中处于先进水平,个别技术领先。我们也是宝安区卫生系统在深圳市的第一个重点实验室,工作量大,工作效率也高。我经常说:作为一个医务人员,就是要全心全意为人民服务;我们实验室的主要任务和宗旨是不能让一个有出生缺陷的孩子出生,也不能误判一个没有缺陷的孩子而扼杀。

《生科人悟》:请问您认为学校期间的经历对您如今的工作有怎样的帮助呢?

熊礼宽:最主要还是在研究方面。通过研究生阶段的学习,研究方法相对系统化。另外,我想多说一点,你是硕士也好,博士也好,都是师傅引进门,修行靠自己。你后面做博士的时候,只是科研入门,只是你在那个领域里了解的比别人深一点,但你的研究范围也非常窄。所以包括一些求职者也好，现在的年轻人也好，千万别将博士学位作为吹嘘的资本。其实你真是刚刚入门，一定要虚心，多跟前辈学习。如果有扎实的相关基本理论和基本技术，练好平台技术，专业知识学精后从一个单位调到另一个单位，只要换一下背景知识就很容易上手。像你们（本科生）未来要进实验室，电泳技术是一项基本技能，大家都在做电泳，那你说跑胶要跑好，首先基础设施要好，用什么样的电泳缓冲液，每一种物质它有什么作用，一定要搞清楚，这样如果电泳条带跑得不好，你才知道该怎么纠正。我经常把实验室比作家里的厨房，同样都是在做饭，同样都是柴米油盐，但你做出来菜的味道就是跟别人不一样。那你要知道菜做咸了以后要怎么改，做淡了以后要怎么改，你要知道每一种调味剂它有什么作用。做某一个实验，你把它的每一种化学物质的基本概念都搞清楚，才能把实验做好。万丈高楼从地起，书到用时方恨少。平时读书时把基础知识打牢，对你们以后的研究、工作是很有好处的。

《生科人悟》：您在2021年捐赠并设立了罗进贤基金奖学金，请问您设立此奖学金的原因是什么？对于这个奖学金的获得者们又有哪些期待呢？

熊礼宽：我读书的时候，从硕士到读博，罗进贤老师对我一直很好，也经常在同学们当中表扬我，所以我很感谢他。后来我担任中山大学生命科学学院校友会副会长、中山大学生科院深圳校友会会长，我那时就有了初步的想法。原准备作为礼物送给罗老师，庆祝他80岁生日，但罗老师一直随子女旅居美国，所以这个想法就搁置了。后来听说罗老师去世，我觉得必须行动起来，所以就马上联系学校基金会，以罗老师的名义设立一个奖学金，为了纪念和感谢他。另外，我现在已退休，准备去创业做些微生物相关的，所以也希望能借此选拔人才。我对获奖学生没有什么要求，我只希望大家好好读书，取得比较好的成绩，然后拿各种各样的奖学金。

《生科人悟》：非常感谢您的良苦用心！马上我们这些新入学的本科生们也要学习生物化学了，您能对我们这些后辈们学好生物化学提出一些建议吗？

熊礼宽：学好生物化学，我认为要有非常好的有机化学基础，还有分析化学也要学好。其实我刚才讲的任何东西都是要把基础打好。你学生物化学，包括糖代谢、脂代谢、蛋白质代谢等，都是以有机化学为基础的。大学本科应该都是奠定基础的阶段，尽量选修一些多元化的课程。因为在学校学习机会较好，你走上社会以后就没那么多学习机会了，要珍惜在学校的时间。

《生科人悟》：嗯，要珍惜在学校里面大家一起学习成长的这段时光。咱们学校和生科院都将迎来百年诞辰，请问您有什么想对母校说的话，以及对生科院未来一些发展的建议和期待吗？

熊礼宽：把专业、事业做好，应该就是对母校最大的回报。当然，假如你有钱，你就量力而行捐赠，那是最好的。母校对我们也没什么要求，我们只是希望能力所能及地为学校和学院做点事情。

《生科人悟》：今天正好也是五四青年节，那在采访的最后，您有什么想给后辈青年们的一些鼓励或建议吗？

熊礼宽：国家强大，社会才会平稳安定，才有学校、家庭强大，所以学生一定要珍惜时代给我们的一个平安的机会。国家是你的坚强后盾，你一定要爱党、爱国、爱校、爱家。除此以外，你要把自己的能力锻炼得很强。你的能力强，你才有好的平台做出好成绩，这样才能报效国家和社会。我们搞技术要为人类进步服务，但技术也是把双刃剑。所以追求卓越的同时也一定要坚定自己的初心和立场。

熊礼宽校友演讲

## 后 记

在交谈中,我们被熊礼宽校友浓厚而深沉的责任感以及家国情怀所感染,也被他严谨细致的学术精神所打动。我们要牢记熊礼宽的嘱托,好好学习,夯实基础,勇担重任,爱党爱国,用事业回报母校,用专业报效祖国!

# 因科研而成就
## ——2001 级校友邓凯

**人物简介**：邓凯，中山大学生命科学学院 2001 级校友，中山大学中山医学院教授，博士生导师。现任中山医学院副院长、热带病防治研究教育部重点实验室主任、免疫学教研室主任。本科及硕士毕业于中山大学，2014 年获得美国约翰霍普金斯大学医学院分子生物学与遗传学博士学位。2014 年至 2015 年在美国霍华德休斯医学研究所从事博士后研究工作。2015 年由中山大学引进回国工作。2015 年至今，以通讯作者或第一作者在 Nature 等知名杂志发表 20 多篇学术论文。主持国家重点研发计划课题等科研项目。入选国家重大人才工程（青年项目，2018 年度），广东省"青年珠江学者"（2016 年度）。

邓凯于第九届全国艾滋病学术大会报告

2017 年 9 月 7 日下午，我们有幸采访了邓凯校友，并进行了愉快的交谈。我们的采访从邓凯校友分享在校期间的趣事开始。

## 坚持走在科研的道路上

邓凯于2001年进入中山大学生命科学学院就读本科，本科毕业后继续留校攻读硕士。谈及他当初选择就读生命科学学院的原因，他回忆，是由于初高中他对化学有着浓厚的兴趣并参加过化学学术竞赛，但又不想单纯读化学，就选择了相近的生物科学或生物医学专业。正是由于浓厚的兴趣，让他在科研的道路上坚定前行并取得成就。如今，他仍然热爱着科研，并继续在该道路上不断前行。

当年，邓凯正是珠海校区的第二届学生之一。大一、大二在珠海校区学习，但由于只有一届师兄师姐，信息断层，所以大部分事情都需要自己摸索。或许由于这个原因，他留校读研，主要从事于小鼠胚胎干细胞研究。硕士阶段做了一个转基因小鼠，尽管读博时没有再继续相关研究，但转基因小鼠一直被应用。博士就读于美国约翰霍普金斯大学医学院，由于学校没有合适的研究干细胞的实验室，故转变了研究方向。留学算是邓凯求学之中的转折点，但这个决定也是他再三考虑并且结合未来自我发展所做出的决定。

由于科研大环境的变化及个人原因，邓凯选择回到国内继续科研工作。尽管在国外对个人发展是最好的选择，但综合起来回到国内发展才是最优的决定。回到广州这片热土，由于母校情结，他选择在中大做PI。

邓凯现在主要从事于艾滋病人治愈的相关的基础的研究。现在有好的抗病毒药物可以控制病毒，但仍然没有达到彻底治愈的目标，因为人体内仍然有一些潜藏的病毒是不能够被普通的药物杀死的。所以他研究的就是这部分潜藏的病毒如何潜藏在体内，它的机制是什么；怎样去定位或者发现这些携带病毒的细胞，怎样去把它们找出来，找出来之后怎样把它们消灭。理论上来讲，如果消灭这些细胞，就有希望治愈艾滋病，但现在大家还在找方案，找到方案后还要推到临床上做实验然后才知道这些方案有没有效。所以这个研究是很有挑战性的；同时，竞争也很激烈的，因为世界有很多人在做这方面的研究。

## 科研的魅力所在

兴趣和成就感是邓凯坚持在科研道路上的原因。他先前有较广泛的兴趣，曾负责过学生工作，觉得自己做除科研外的其他工作也未尝不可。但认真地想了一下，在公司做管理、做产品营销等工作，尽管做出来的成果会对公司贡献很大，但于自己而言却没有太大的成就感。他总感觉还是做科研的成就感更大一些。在当时，得到科研成果并发表论文是一件能带来巨大的愉悦感和成就感的事情。但如今这种想法已转变，发表论文对邓凯来说是一件相对平常的事，但是做研究能够对人类对未知的世界的探索留下一笔记录，几十年后回头看，这些研究成果是帮助人类的认知向前发展的一步，虽然可能只是在特定的领域的很小一步，但是有自己在当中做出的贡献的成就感是无法媲美的。而且这也是对自己付出的时间和精力的一种回报，当然，这种回报是精神层面的。

此外，邓凯认为，做科研的时间长了就会有另一种感悟。相比于其他行业被别人支配自己的时间，做科研有着支配自己时间的绝对自由。喜欢什么就可以研究什么。在中山大学人类病毒学研究所工作，能时常和年轻人一起进行思想的碰撞，以保持思维的活跃。这也是邓凯师兄坚持并在科研道路上维持兴趣的原因之一。

邓凯认为，做一行爱一行，每个行业都有利弊。辩证地看待自己的行业，看重自己所获得的会让人心态更加平和。

## 从事科研实验的建议

很多实验成功之前会经历无数次失败，可怕的是经历无数次失败后仍然不知这个实验是否会得到结果。于此，邓凯给出几点建议以减少这种情况。

首先，实验的设计非常重要，实验的设计包括选题、实验方案的制定、实验方法和技术的选择等。

在实验开始之前，一般都会提出一个假说。这个假说一定要是有依据的，依据可以是别人已经发表的文章研究，也可以是实验室之前的研究结果，或者是做的预实验的结果指向引出这个假说，但假说不能是仅靠猜测就定下的。有了有基础的、靠谱的假说，这样最后方案成功的可能性会比较大。所以在制订方案的时候需要做大量的前期准备。然后是方法的选择。对于同一个假说，验证的方法有很多。选择的方法最好是合理、靠谱且可重复性强的。最后是实验时的操作、技术、对照的设计合不合理。这些因素共同决定了实验具不具有可重复性。当上述各因素都考虑周全，实验得到结果的可能性是很大的。当然不排除得到的结果是阴性结果。有些比较新的实验是需要重复做的，有些时候一个人做不成功，可以试着换另一个人做，这样比较有保障。有时候学术杂志上最新发表的实验结果，并不是全部可信的。

当做好上述几点，如果仍得不出理想的实验结果，就可以考虑换一个假说。

## 寄语师弟师妹

谈到最后，邓凯建议师弟师妹们：

一是知道自己要做什么。这虽然看起来简单，但真正行动起来却不容易。虽然越早确定越好，但并不是说每个人到了大一、大二就要确定未来自己做什么，是到生命科学这个领域来，还是要开放的心态接受各种不同方向的内容。因为中大是综合性大学，所以甚至是其他领域其他专业，多吸收通识性知识也是很重要的。本科程度很多时候是一种通识教育的，所以很多时候不需要过早地限制自己。上述内容也只是帮助师弟师妹们去决定将来要做什么的一种途径，但最后不可能什么都想要、什么都想做，这个是不现实的，所以最后需要形成一个想法，确定未来自己想要做什么。

二是做好时间的管理和规划。把时间花在需要的地方上，比如说锻炼、兴趣爱好、社交等，而并不仅限于学习，这样会错失很多很美好的事物。

最后是在上述一和二的基础上要坚定自己的想法，并加以持之以恒的动力。这个是针对想要做科研和想在本专业发展的学生来说的，毕竟现在的社会是有点浮躁的，做科研半途而废是很常见的情况。邓凯对本实验室的学生的要求并不是发表多少文章或者取得多大成就，而是能力的锻炼，比如说逻辑思维的锻炼、学习能力的锻炼等，能力锻炼好后相信做科研是能做好的，或者到时候不想继续做科研，转去做其他工作也是可以的。

邓凯语重心长地说道，希望母校和母院的发展越来越好；期望师弟师妹们在中大好好锻炼自己，有真正的收获，为将来的职业生涯打下坚实的基础；也希望师弟师妹们能在中大结交良师益友，为将来的发展助力。

## 不怯场,不怕事,走到这个时代舞台的中央
——2002级校友丁林伟

**人物简介**:丁林伟,2009年硕士毕业于中山大学药物分析学专业,毕业后在全国海关商品归类中心广州分中心从事海关化验工作。2013年7月,前往我国唯一一个西部地区海关化验中心重庆海关化验中心支援,目前在广州海关归类科室从事海关商品归类工作。

丁林伟参加世界海关组织协调制度审议分委会第55次会议

深夜十点,脱下耳麦,合上电脑,长达4小时的世界海关组织协调制度委员会审议分委会线上会议终于告一段落,丁林伟疲惫地揉了揉眼睛,与同事们又投入到会议的复盘讨论中。参加工作13年来,这样深夜工作的节奏对丁林伟来说已是司空见惯。世界海关组织《商品名称及编码协调制度》(以下简称《协调制度》)是国际公认的统一的商品编码体系,在国际贸易中意义重大。作为一名海关归类技术专家,丁林伟曾多次代表中国海关参与海关商品归类国际规则的制定。

2009年7月,丁林伟从中山大学药物分析学硕士毕业。虽然已经拿到外资药企的高薪职位,但丁林伟还是毅然选择了海关。一参加工作,丁林伟就被分配到全国海关商品归类中心广州分中心从事海关化验工作。海关

化验工作对进出口货物的属性、成分、含量、结构、品质、规格等进行检测分析，从而为海关的商品归类、估价、打击走私等业务提供科学依据。这对于刚出校门的丁林伟来说，是一个全新的领域，但丁林伟身上有着一种不服输的"犟"劲。为尽快适应岗位要求，丁林伟白天把自己泡在实验室，按照标准流程一遍遍做实验、比对差距，虚心向老同志请教业务要点和难点，提高检测能力。下班后，丁林伟把十几斤重的《海关化验指南》《中华人民共和国进出口税则》《进出口税则商品及品目注释》等"大部头"背回宿舍，每天晚上利用2～3小时钻研业务，这也成为他此后一直坚持的学习习惯。除了海关化验，丁林伟还不断拓展自己的知识面，研究商品属性，学习海关商品归类方法。短短3年，丁林伟完成了近两千宗送检样品的化验检测，积攒下5万余字的实验笔记，写完十几个笔记本的学习心得。这个刚从事海关化验工作的懵懂小伙，迅速成长为业务娴熟的技术专家。

2013年7月，我国唯一一个西部地区海关化验中心重庆海关化验中心挂牌运行，急需海关化验专业技术力量支援，海关总署把援建重庆海关化验中心的任务交给广州海关。作为关里的化验技术骨干，丁林伟告别新婚2个月的妻子前往重庆支援。

彼时的重庆海关化验中心虽然硬件设施、仪器设备都已配备，但检测人员大多是刚走出校门的学生。"看着他们就像看到几年前的自己，朝气蓬勃、勤奋好学，我一定努力把这支队伍带起来！"作为当时海关化验系统最年轻的实验室技术负责人，丁林伟深感肩上的责任重大。

那段时间的丁林伟经常不眠不休：白天反复实验示范，从化验方法的确定、检测项目的选择、仪器设备的操作，到鉴定证书的出具，等等，每个环节都耐心演示和指导；晚上他将一天的工作记录进行整理，撰写各类程序文件和作业指导书，将自己的工作经验留给重庆的同事们。一年多下来，丁林伟和同事们共同完成了10万多字实验室管理体系构建。

2014年，重庆海关化验中心以优异的成绩顺利通过了中国合格评定国家认可委员会的现场评审，成为西部地区首个取得国家认可的海关检测实验室。

回到广州海关后，丁林伟被调往归类科室从事海关商品归类工作。新的岗位给他带来的是更大的舞台与挑战：《协调制度》规则研究与国际合作、国际关税政策研究、参与《协调制度》国际规则制定……这一个个艰巨的任务，都直接关系到我国企业能否在激烈的国际贸易中掌握更大的主动性和话语权。

"因工作任务调整，下个月的世界海关组织协调制度审议分委会第55次会议由你出国参加，好好准备一下！"2018年10月一个周末的晚上，丁林伟收到上级通知。

虽然此前丁林伟也有2次参加世界海关组织协调制度会议的经验，但这是他第一次作为中方代表团团长参会。而此次会议是讨论2022年版《协调制度》修订的最后一次审议分委会，将审议中国海关所提出的5项议题，其中涉及无人机、通讯天线、汽车车窗等我国优势产品，对相关商品的出口具有重要意义。如果议题不能通过，我国优势产品将错过2022年版《协调制度》修订，在未来5年内仍将面临与其他国家产品存在归类争议的风险。

议题数量多、审议难度大、准备时间短，丁林伟感到压力扑面而来。为确保议题顺利通过，丁林伟夜以继日地全身心投入议题准备工作中，与同事们一起积极开展调研、讨论研究议题对案准备、参会应对技巧，反复推演审议流程，对会议需议的51项议题提出70多个应对方案。

带着充足的准备，丁林伟和同事们信心满满前往比利时布鲁塞尔参会。在会议期间，丁林伟广泛与各国代表充分沟通，并将了解到的信息及时与国内团队沟通。会议召开时，准备充分的他坐在闪亮的"CHINA"铭牌前，内心充满坚定的信心。

他清楚地记得，关于我国提交的汽车车窗议题，世界海关组织秘书处给出了三种修订方案。参会国家多数代表支持前两种方案，但有一个国家代表坚持只能接受第三种方案。如果这样，这个议题在会上极有可能陷入僵局。距离议题上会审议只剩下20个小时！丁林伟与国内团队研究对策，提出将第二、三种方案合并的建议，终于在会前争取到全部代表的认可。

"你的表现非常出色，祝贺你！"会议结束后，来自瑞典的审议分委会主席乌拉女士与丁林伟握手道别。

这次会议的成功，推动了占全球市场份额80%的无人机、占全球市场份额40%的汽车车窗等5项我国优势产品在《协调制度》中单列编码、统一全球归类，使我国产品获得公平的贸易待遇。这也是我国参与《协调制度》历次修订中，在单次会议上获得通过议题数量最多的一次。

作为一名中国海关关员，丁林伟致力于将祖国利益写进了国际贸易的游戏规则。近年来，以丁林伟为代表的年青一代中国海关人扛起《协调制度》国际合作的重任，深度参与《协调制度》商品分类目录审议，贡献中国方案、维护我国利益，从国际规则的接受者、追随者逐步向参与者、引领者转变。在 2022 年版《协调制度》351 组修订中，有 45 组由我国提出，占 12.8%，创历史新高。

丁林伟赴埃塞俄比亚执行援非任务，围绕商品归类授课、与当地关员互动

2020 年，突如其来的新冠疫情打乱了人们的生活节奏，一时间，口罩、防护服、呼吸机等一系列防疫物资进口需求猛增，但很多生产防疫物资的企业由于此前缺乏进出口贸易经验，就申报规范准确问题提请海关指导的咨询量暴增。

疫情来临初期正值春节，正月初三那天，在答复了多个咨询电话后，丁林伟意识到，随着新冠疫情的暴发，防疫物资税号清单指引将成为企业有效应对疫情、保护人民生命健康的重点。

与此同时，业务现场的同事反映某公司进口的一批需低温保存的新型病毒检测试剂因难以确认税号担心通关时效。丁林伟意识到，检测试剂一旦脱离低温环境极有可能失活变质。他与同事立即赶赴企业详细了解该商品的具体成分、使用方法、检测原理，耐心向企业解释商品归类及海关监管规定，提出解决问题的方案，确保商品顺利通关。

此次的经历让丁林伟再次深感编写归类指引的重要性。他当即联系兄弟海关业务骨干一起着手就相关问题开展调研，编写归类指引。短短一个月内，丁林伟和同事们先后撰写并发布了政策指引6篇，明确了40多项常见防疫物资的商品归类，解决了广大企业的归类疑惑，加快了防疫物资的通关时效。

防疫物资商品归类指引，不仅在国内引起了强烈的反响，在国际社会上也获得了广泛好评。世界海关组织和世界卫生组织以其为蓝本编制了《全球防疫物资归类指南》，作为各国海关抗疫物资通关的参考工具书。"《全球防疫物资归类指南》的编制，是中国海关用自己的行动对国际抗疫工作做出的积极贡献。"世界海关组织秘书长御厨邦雄对中国海关做出高度肯定。

从援建重庆海关化验中心，到临时作为中方代表团团长参加国际会议，再到面对突如其来的疫情。当今社会瞬息万变，在党和人民需要的时候冲得出来，顶得上去，是青年应有的担当。不怯场，不怕事，落落大方地走到这个时代的舞台中央，这是青年的自信自强、刚健有为。青年既然是社会中最有生气、最有闯劲、最少保守思想的群体，那么担苦、担难、担重、担险又有何惧？

**素材来源：**

海关发布.奋斗者正青春：记广州海关归类技术和国际事务青年专家丁林伟[EB/OL]．(2022－08－15)．https：//zhuanlan.zhihu.com/p/554110894.

# 幽阁碧水一泓
## ——2002级杨建荣、陈小舒校友

**人物简介**：杨建荣，2006年本科毕业于中山大学生物技术与应用专业，现为中山大学中山医学院教授、博士生导师。2011年于中山大学取得生化与分子生物学博士学位。2011—2016年在美国密歇根大学生态与进化生物学系从事博士后研究工作。2016年由中山大学引进回国工作。

杨建荣

陈小舒，2006年本科毕业于中山大学生命科学学院，2011年获得博士学位，现为中山大学医学院教授、博士生导师。2011—2015年在美国密歇根大学张建之教授实验室从事博士后研究工作。2015年底由中山大学引进回国工作。

陈小舒

在前往拜访杨建荣教授和陈小舒教授的路上,我们还在猜测两位教授到底是什么关系。外出留学师从同一位教授,回国后一起来到了中山医学院,二人的实验室距离如此之近,甚至于要求一起接受采访。抱着这个有点八卦的疑惑,我们开启了这次访谈之旅。不知多少人怀着对生命强烈的好奇心踏上了生物学这条道路,但大半的人根本没有预料到这条路上有着怎样的漫漫长夜。科研终究是一座很难逾越的大山,而真正身处探求的世界,你会发现那里其实是藏在世界深处的一方幽阁,杨建荣和陈小舒教授当是幽阁中的碧水一泓。

## 挂剑雕鞍,往万里河山

人们常说,机会只留给有准备的人。这句话在两位教授身上无疑得到了最好的印证。陈教授从计算机专业转入基地班,后在朋友推荐下进入施苏华教授的实验室,在那里她开始接触并系统地学习了生物信息学,同时在杨建荣教授的帮助下取得了很大的进步。适逢回国的贺雄雷教授实验室缺少有生物信息学基础的成员，陈教授自然而然地参与到了很多重要的科研项目中。也正是因为这份基础和这段经历，陈教授在贺老师的推荐下前往美国开始了自己的留学生涯。

再看杨建荣教授，初中时因为喜欢玩游戏而自学了一点编程，凭着这股热爱在大学生物专业课业十分繁重的情况下，仍义无反顾地选修了计算机专业。这是课程同样密集的两个专业，杨教授要面对时间和精力分配的问题。这在很多人看来可能是无法想象的劳累，但是杨教授说，因为喜欢，所以并不觉得有多累。谈起自己的导师庄诗美教授，杨建荣教授的语气中充满了尊敬和感叹。当初杨教授有一篇关于生物信息学的文章需要修改，庄诗美教授虽然对生物信息学不是很了解，但她还是坐下来，一边问旁边的杨教授这句话是什么意思，一边提出修改意见。杨教授说，庄老师对待科学的严谨态度对自己有很大的影响，在庄老师实验室的经历也为自己以后的科研道路打下了坚实的基础。

毫无疑问，杨建荣教授和陈小舒教授都是生物信息学的受益者。而在中国的生物信息学刚刚起步的那个年代，两位教授已经先人一步，挂剑雕鞍，准备好了去往更精彩的科学世界。

## 虽是他乡之客，仍一片清心

谈起在密歇根大学的留学生活，两位教授眼中都充满了怀念。学校所在的小镇就像一个漂亮的大学城，虽然不繁华但十分便利，可以说是一个科研工作者最理想的工作环境。两位教授大部分时间都是在过着"家—实验室"之间两点一线的平静生活，除了科研，生活方面几乎毫无压力。这种无忧无虑可能对他们习惯了中国都市化生活的人来说难以适应，但是对于杨教授和陈教授来说，无疑是最为理想的状态。

在美国留学期间，他们遇到了对日后科研影响深远的张建之教授。杨教授说，张建之教授团队出的每一篇论文的作者都很少，究其原因在于张教授对每一个人的要求几乎都是一个项目独自从头做到尾。虽然这样每个课题的进度会比较慢，但是不夸张地说，一个课题做下来，作者可以得到系统全面的锻炼。

不难看出，两位教授在美国的物质生活不算丰富，可是因为对学术的执着，这样的生活在他们看来并不算枯燥，甚至是满足的。这可能也是每个做科研的人应该有的心态吧。

### 君子如玉，佳人如华，但行此路，只问初心

两位教授的很多同事和亲友都不能理解他们的生活。两人在生活和工作方面几乎完全重合，没有各自独有的圈子，那他们在家里还有什么交流的空间呢？谈到这个问题的时候，杨教授和陈教授不约而同地笑道："我们俩其实挺闷的，每天回到家之后陪女儿玩一玩，谈谈自己喜欢的电视剧，谈谈工作，再没有别的什么。""但并不觉得我俩的交流没有什么意思，就好像有了一个很好的伙伴。""你说还有哪个人能比她更了解我在想什么，能给我提出更直接的建议呢？太难找了！"讲到这里的时候，杨教授和陈教授你一句我一句，仿佛有说不完的话，脸上都洋溢出了幸福的笑容，眼中的光芒让在场的人会心一笑。

如果说你还对生活的样子充满了疑惑，那两位教授眼中的光芒已经给出了答案。

### 对本科生的建议

在问及对本科生有什么建议的时候，杨教授提到要巩固自己的核心竞争力。不论是精通一门技术，还是在擅长的某一领域，只有你能做别人做不了的事情时，你才能脱颖而出。对于这个问题，陈教授说："每个人成功的路都不同，但成功的人的共性是他们都没有浪费他们的时间。无论是学习专业课，还是进入实验室，一定要在大学生活中做一些有意义的事情。"除此之外，两位教授都认为实验室的经历给了他们很大的帮助。"如果想从事科研建议早一点进入实验室。"陈教授说："虽然单纯做实验学到的东西可能有限，但是我在实验室的那段时间接触了很多东西，比如群体遗传学、生物信息学等。在接触的过程中可以找到自己的兴趣点进而深入学习。"

# 顺应变化,砥砺前行
## ——2005 级校友刘娜

**人物简介**:刘娜,中山大学生命科学学院 2005 级生物化学与分子生物学专业博士校友,2008 年毕业,同年入职华大基因。现任深圳华大基因股份有限公司高级副总裁,同时担任深圳市盐田区第六届人民代表大会常务委员会委员、深圳市盐田区第五届政协委员,曾参与国家自然科学基金重点项目和国家重要基础研究"973 计划",先后获得 24 项国家专利及 11 项软件著作权,第一作者发表 SCI 论文 4 篇。曾获评深圳杰出质量人(2013 年)、深圳市企业十大优秀首席质量官(2014 年)、深圳市"优秀创新创业青年女性"(2015 年)、深圳市产业发展与创新人才奖(2016 年)、全球十大科技创新女性(2017 年)、HEROSE50 中国商界女性领袖(2017 年)、第七届中国公益节年度中国公益人物奖(2017 年)等。

刘娜博士毕业照

她是分子生物学女博士，是上市公司副总裁，是女性远离"两癌"的推动者。她自信、知性而又亲切，在整个采访过程中一直保持着淡然又温和的语气，以真诚而热情的态度对待采访。她与我谈了很多，关于她自己，关于华大，关于生物。

## 变·抉择转业

跨专业和读博士这两个都是我们认为有一定难度的事情，而刘娜却在硕士毕业后做出了跨专业读博的决定。拥有食品科学专业本科和硕士教育与研究背景的她，在读博时面临两个选择：华南理工大学的食品科学与工程学院食品科学专业博士和中山大学生命科学学院屈良鹄教授课题组 RNA 方向的博士。刘娜说道："我当时两个都考中了并且也都是第一名，这就面临着一个抉择。"最终为什么选择了后者呢？其实很久之前，刘娜的心里就萌发了"分子生物学"的种子。出于自身兴趣，刘娜在本科期间辅修了分子生物学，后来又受到"21 世纪是生物科学的世纪"的影响，她越发地对生物科学领域感到好奇。她说："任何一个产业或领域都有一个发展的过程，我希望自己能够去尝试、去亲历生物领域的发展。"经过深思熟虑后，刘娜毅然选择了中山大学的生物化学与分子生物学专业，开启她新的研究方向。虽然辅修过分子生物学，但与本专业读博的学生相比，刘娜的知识储备还有比较大的差距，所以她在读博期间付出了更多的努力。上课、做实验、查文献、开题、写论文等，刘娜把时间和精力都花在了学习上，读博期间只回了一次家。每一次发奋努力之后，必有丰收的喜悦，三年之后刘娜顺利从中山大学博士毕业。

我们大多数时候都缺乏勇往直前、去尝试新事物的勇气。我们不是被改变的阵痛喝住了双腿，而是改变前夜的纠结、踌躇。唯有立即行动，奋起直追，才能早点踏上自己的梦想之舟。

## 变·与时俱进

博士毕业后，刘娜并没有停下奔跑的脚步，毕业后的第二天她就开始了工作。刚刚加入华大基因时，刘娜在华大健康事业部担任医学项目的负责人，负责乙肝病毒的耐药基因检测。当时市场还未打开，所在的团队只有几十人，想要做好这方面的工作，还需要很多努力。但也正是这个尚在发展的部门，使得刘娜拥有了许多的机会。她体验了许多工作岗位，比如车辆调度、销售代表、取样员……她说："没有做过的工作，无论是多么平凡的岗位都有值得我学习的地方。如果你能把平凡的工作做得有创新或者很优秀，那么你也是有能力的。"多样化的工作内容让刘娜各方面的能力有了很大的提升。

2011年初，华大决定开拓基因领域新业务，经过深思熟虑后，华大基因高层决定让基因检测与新药研发相结合。对华大而言，这是一个全新的领域，能否成功是个未知数。刘娜主动转型去到生物制药领域，并自告奋勇，经过层层筛选后成为部门总监。她带领团队从零做起，不断摸索合作模式，认真对待每一个客户。最终他们赢得了客户的信任，和全球前二十的制药公司中的18家有了战略合作。在成为总监后，刘娜也从未止步于现状，而是不断地学习，了解新领域的各方面知识，包括产品研发和生产流程等。2013年开始，刘娜开始接手全球实验室的运营管理工作，致力于促进华大基因产学研的发展，多年来华大在产学研方面取得了许多成果。2016—2017年间，在负责全球实验室运营的同时，刘娜在机缘巧合下开始兼职女性远离乳腺癌和宫颈癌（"两癌"）的专项工作。2017年底，为了更加专注地开展女性远离"两癌"专项工作，刘娜正式转型负责这个全新的项目。为了推广这一项目，让更多的人了解"两癌"防控有关知识，刘娜带领尚未建成的团队参加了中国（深圳）创新创业大赛，经过多轮角逐后荣获深圳市双创赛团队组第一名，并把团队所得全部奖金用于整个项目的发展和拓展。

刘娜曾说自己是天生的自我驱动型人格。她总是在顺应变化，迎接挑战，"干一行爱一行"，把每一项工作都做到自己能力范围内的最好。也许正是刘娜身上的这种品格和能力，使她能够深受领导的信任与器重，5年内成为华大基因的副总，8年成为上市主体的副总裁，10年成为上市公司的副总裁。

## 不变·使命与愿景

许多人会觉得华大提出的"基因科技造福人类"的使命很大，而刘娜认为，我们会在基因科技的科学发现、技术发明和产业发展方面三环联动。生物技术领域或者是生命科学领域，它需要有个科学发现的过程，才有可能转化为技术或者产业。第二块是技术发明，其实在1990年人类发起基因组计划的时候,就有检测基因密码的技术了,但还是比较传统的同位素标记的方式。所以一定要有技术发明的过程才能有高通量和高性价比的技术出现,使操作更加方便和快捷。技术成功之后才能发展到产业阶段。所以,我们的这个使命一定是从这三环联动互相促进才能够很好地发展。但是它的周期是比较长的,需要战略的耐心。

在基础的工具和技术积累方面,华大的工作可以用"存、读、写"三个字概括。存,华大建立了血尿便和珍稀动植物以及微生物种子资源样本库,测序和数据采集工作的基因信息库,以及在青岛建立的国家海洋基因库等活库。读,主要是生命数字化的工具的制造能力,华大已经可以自主国产化生产基因测序仪、远程超声等仪器。写,基因编辑与基因合成技术的积累,现在华大可以合成比较高等的真菌如酵母,希望未来合成更高等生物,并将合成生物学产业化。

刘娜在搜狐财经领奖

在应用方面,华大的工作可以用"生、活、染"三个字概括。华大致力于与人类疾病健康相关的生育健康、心脑血管与肿瘤防控、传染感染防控工作。2017—2020年无创产前基因检测手段使患唐氏综合征的新生儿出生率明显下降。

基因科技造福人类,华大追求技术的先进性、可靠性和成本的可及性,希望通过技术的不断更新,可以把个人的基因组测序成本降到1000

元以下，让更多的人能够进行基因测序，应用于每个人的医疗健康。目前，华大实现了两个创新：通过一张卡片可以让客户实现居家自取样检测和宫颈癌、遗传学乳腺癌以及卵巢癌的多癌共检；基于"互联网＋自取样"的方式推动分级诊疗，90%的宫颈癌筛查工作可以在家或者社区完成，剩余的10%在基层医院确诊后，需要治疗的女性再到三甲医院接受治疗。

当问起刘娜对未来最大的愿景时，她说："我希望能够成为一个有影响力的人，去传播基因健康的一些知识，成为'三好'（身体好、学习好、工作好）的践行者，推动中国女性远离'两癌'。"

## 不变·感恩与寄语

成功的路上总会有几双手为你铺好前行的道路。她最感激的是自己的父母。父母给予她独立自主的成长空间，自己的事情都是自己做主，包括选学校、填志愿、找工作、读硕士、考博士，等等。她还要感谢教导过她的各位老师们。从小到大，刘娜一直是班干部，深受老师的信任，也因此获得了很多的机会。对于给予她跨专业读博机会的屈良鹄教授，刘娜回忆道："其实并不是所有的导师都愿意接受跨专业读博的学生，因为指导难度比较大。但是屈良鹄教授和实验室的其他老师和师兄师姐们给了我很大帮助，有时候我RNA总是提取不好，他们帮助我寻找原因解决问题。我想我三年就顺利毕业也离不开他们的帮助。"刘娜表示很幸运加入了华大这个大家庭，13年里她获得了许多锻炼能力的挑战与机会，这是她必须要感谢的。"这些年的合作伙伴无论在什么时候大家一起并肩奋斗，然后互相成就。"

一路走来，刘娜接收到许多人的帮助与建议，她也希望把自己的经验与建议分享给大家。

首先提到的是学习。她认为在大学阶段要确定好自己的发展方向，然后去武装自己，学习所需要的能力。我们应该重视专业知识的学习，专业知识是基本，应该好好掌握，作为基础储备，以利于我们未来在自己想要发展的领域能够更容易上手，为未来打下基础。同时，她表示跨专业和跨学科能力在以后的学习和工作中是很重要的。"现在越来越多的不同领域相结合，比如生物信息学，遗传解读等方向，它们会基于本专业的知识基础上要求拓展其他能力。"

在学习之余，刘娜也鼓励我们多参加一些活动、社会实践，更多地参与组织活动的过程中。在这些活动中，我们会得到全方位的锻炼，包括组织、领导、管理、表达等能力，这些都是日后进入社会和工作岗位中所需要的。她透露道自己在招聘人才时往往喜欢综合发展的人。大学不仅是培养我们学习能力的地方，也是一个小型社会的缩影，因此我们要把握机会锻炼自己。

谈到工作，刘娜向我们介绍，华大招聘员工时除具有优秀的教育背景外，更看重他的创新能力和探索精神。在生命科学的领域，让人类去探索的东西有很多，现在一些人遇到了挫折可能会产生畏难情绪，而我们更希望任用一些具有"初生牛犊不怕虎"精神，乐于迎接挑战的人才。然后在实战中锻炼他们，项目带人才，最后做出成绩。工作不同于学习，在企业工作中，永远不变的就是变化，所以顺应变化，迎接挑战的能力很重要。"做最坏的打算，尽最大的努力"是刘娜的座右铭，她认为遇到挑战不要畏缩，要尽自己最大的努力迎接它并战胜它。

最后，她表示："我推荐一本书叫作《人生由我》，人生的道路是我们自己去走的，人生的规划还要靠自己把握。每一段经历都是人生的财富，塞翁失马焉知非福，你现在所经历的一切都可能造就以后的成功。"

# 欲穷千里目,更上一层楼
## ——2006级校友崔祥瑞

**人物简介**:崔祥瑞,中山大学生命科学学院2006级校友,深圳问止中医健康科技有限公司董事长。

崔祥瑞以其卓越的远见和勇于探索的精神,将人工智能技术与中国传统的中医文化巧妙地融合起来,提出了"中医大脑"理念。从斯坦福大学MBA毕业后,崔祥瑞于2018年与林大栋、张南雄联合创立了问止中医健康科技有限公司(以下简称"问止中医"),一家致力于将人工智能技术与中医相结合,推动中医科学化和智能化发展的企业。问止中医将"中医大脑"理念付诸实践,通过收集和分析海量的病案数据、诊断资料和中医经典文献,利用人工智能技术开发出先进的医疗辅助系统。多年来,问止中医坚持技术研发,不断创新成果,以心为笔、服务为墨,造福了许许多多的患者,获得了行业内外的高度认可,更成为CCTV中央电视台《国潮力量》栏目中医药医疗行业唯一入选机构。

崔祥瑞和中医大脑

## 兴趣是最底层的原动力：从中大到斯坦福

"21 世纪是生命科学的世纪"，崔祥瑞在采访中提到了当年填报志愿时常听到的一句话。对生命科学和医学的兴趣使他进入了中山大学生命科学学院学习，其间他也曾自修中医。大学学习生命科学和自修中医的经历，为崔祥瑞日后创办现代科技与传统中医碰撞融合的问止中医奠定了基础。"但是我很快发现自己在实验室待不住，有兴趣但没耐心，当时很纠结应该怎么办。"崔祥瑞书说道，"后来我联想到比尔·盖茨，做一名软件工程师或组织一群有天赋有才华的人做研发，现在看来应当是后者对世界的贡献更大。想明白了这一点以后，我就确定了未来要侧重于商业部分，以商业的方式去组织更有天赋、更适合做科研的人，致力于成就一个强大的生命科学相关产业。"

在斯坦福大学读 MBA 期间，崔祥瑞参与了许多项目，通过"增加自己的曝光面"，他开了眼界、长了见识，也为自己日后创业积累了不少经验。

他说"MBA 毕业的前一年，选择创业项目的时候我给自己画了三个圈，第一个是我感兴趣的，第二个是我有能力做的，第三个是发展势头好的，我想找到这三个圈的交集。设想很美好，这个项目我既感兴趣，又擅长，前景还很好，听起来顺理成章。但实际上我只找到两个圈的交集，那我就必须舍弃一个维度。我想我首先不能舍弃的是兴趣，因为有了兴趣我们才能在面对困难和阻碍时坚持下去。在后来的创业中我也发现，平顺的时候比较少，而遇到困难和阻碍是常态，因为有了兴趣这个最底层的原动力，心里有股劲，才能排除万难往前走。在擅长做和前景好之间，我选择了擅长做。所以最终我选择了中医的人工智能辅助诊疗。"

## 让中医插上科技的翅膀：创办问止中医

当提到创办问止中医的初心和宗旨时，崔祥瑞讲了一个自己的故事。他说"我还在做医疗健康领域投资与咨询的时候，我妈妈的一个同学，当时已年过半百了，因为子宫下垂的问题被西医建议手术切除，她希望我从中医的角度提供一些帮助。"查药方、找中医，他发现中医的典籍资料浩如烟海，但却没有人做系统的、整体的归纳整理。查中医文献资料，我们大多只能翻纸质书；论文也大多集中于基础研究，不能直接应用于临床。"我们学生物已经习惯了有数据库等工具，很容易地检索到相关研究和文献资料，在现代医学领域这也都是很完善的，但中医竟然没有。"崔祥瑞继续说道，"我当时就萌生了做超级中医大脑的想法——假设有一个科技化的工具，它是一个无比强大的中枢引擎，可以囊括自古以来中医所有的临床知识，甚至在很多中西医交汇呼应的地方它也是打通的。"我也跟其他人交流这个想法，中医医生们也都表示很需要这样一个工具。

"我想它不能只是一个检索的数据库，最好能够有自然语言处理的算法，这样才能把信息结构化。"抱着这样的想法，崔祥瑞在斯坦福上学时就开始寻找中医大脑在技术层面实现的可能性。幸运的是，后来他找到了林大栋博士。林大栋博士有深厚的软件和硬件工程研发背景，同时中医知识丰富，曾在加州国际医药大学担任中医学博士学院、硕士学院的教授等，以善用经方、针药并施知名。经过交流，他们决定联合创办问止中医。当提及做问止中医的初心时，他说："就是希望用科技赋能中医，实现中医临床诊疗上精准度和疗效的提升，使之越来越系统化、集成化，而且是可重复可验证的。"

带着这样的初心，崔祥瑞带领问止中医团队及时了解生命科学研究尖端和生物医学领域前沿，不断完善中医大脑"中枢化"的经验积累，持续提高中医大脑的计算精准度，从而促使中医大脑问世5年来不断"进化"。目前，问止中医已积累了超过60万案例，已更新了超过160个版本，随访结果显示其整体有效率超过90%，显著有效率超过50%，在行业内处于领先地位。"这个思路其实跟现代医学的思路是一致的，现代医学依靠科技手段检验、诊断和治疗，其发展建立在物理学、化学、生物学等的科技突破的基础之上。我们希望能够让中医也插上科技的翅膀，让每位中医医生的背后都有一个'科技武装大队'，这样才能更好地消灭疾病这个敌人，为人类带来更大的福祉。"受邀参与CCTV中央新影发现之旅频道《对话品牌》专访时，崔祥瑞说道。他表示问止中医将继续推动中医的现代化进程，提升诊疗效果，同时将积极地为中医学的传承和发展做出更多、更大的贡献。

崔祥瑞参与 CCTV 中央新影发现之旅频道《对话品牌》专访

## 与时俱进，持续创新

"一定要增加自己的'曝光面'，可以'不择细流'，什么都接触一下。"谈及对师弟师妹的建议时，崔祥瑞表示扩大自己的接触面之后，可能会有更大的机会"曝光"自己，从而不断更新自己，这对于提升自己的"通用素质"是十分重要的。"不管在哪个行业，坚毅的品格、自我调节能力、自我驱动能力、自学能力、人际交往能力、有效表达能力等，都是我们需要有意识提升的'通用素质'。"

从中大到斯坦福，从"打工人"到 CEO，崔祥瑞沿着兴趣前行，持之以恒地做事，豁然洞达地为人，不论穷尽千里目否，总会更上一层楼。

# 从中大出发，探索教育的无限可能
## ——2005级校友王鑫

**人物简介**：王鑫，中山大学生命科学学院生物技术专业2005级校友，威学一百国际教育创始人兼CEO，2014年创立威学一百国际教育。

王鑫

## 成长轨迹 —— 中大岁月与成长转变

王鑫的大学生活，是在中山大学生命科学学院度过的。良师益友是人在成长过程中十分宝贵的缘分。在这里，他不仅接受了专业的学科教育，还遇到了一位对他影响颇大的老师——徐兴丽老师。徐老师的教导，春风化雨般培养了他严谨的学习态度和以身作则的党员精神，特别是在党支部的工作中，让他学会了责任感和领导力。

王鑫在学习过的珠海校区留影

然而，王鑫的学习道路并非一成不变。他曾经经历过高考失利和在大学转专业遭遇滑铁卢的失意时刻，但是"天生我材必有用"，一时的失意并不代表否定。在中山大学学习之余，他探索新知，慧眼独到地认识到英语的重要性，在别人的嘲笑与不认可中他中苦苦耕耘，不言放弃，将劣势转化为优势，逆风翻盘。大四的时候，便完成出版了第一本英语著作《大话单词，你不可不知的词源故事》。2013年他投身于网络课程开发，2014年创立威学一百国际教育，先后出版《570个单词轻松征服托福》《570个单词轻松征服雅思》《新说文解字：细说英语词根词源》等图书。此外，凭借其多年的丰富教学经验以及对托福阅读独到的见解，王鑫自研具有个人特色的"逻辑考点分析法"……面对生物学专业就业的挑战，他选择了跨界转型，投身于英语教育领域。他是威学一百国际教育创始人兼CEO、教育培训专家、全国首批剑桥英语考试（KET/PET/FCE）培训及研究的领军教师；曾获评"中国教育杰出贡献奖"和"最具影响力人物奖"。

王鑫校友的故事告诉我们，热爱是前进的不竭动力，坚持是打破质疑的有力支撑。并且，我们要善于发挥自己的优势。王鑫坦言，理科生的逻辑思维在语言学习上同样适用，这是他在英语教育中取得突出优势的原因之一。

## 教育理念 —— 教育与学习的探索

王鑫创办的威学一百国际教育，是他对教育创新理念的实践。威学一百利用互联网技术，打破地域限制，让优质的教育资源惠及更多学生。王鑫认为，教育的核心在于激发学生的兴趣和潜能。他还谈道，性格在很多时候可以帮助我们判断自己适合什么工作及发展方向。教育本身也与个人的性格相关，每个人的接受程度不一样，选择恰当的方式十分重要。在谈到学习时，王鑫以自己的亲身经历告诉我们，在大学伊始时，应当先重视学业，并且掌握学习的方法，这样可以事半功倍的。恰如《理想国》的"洞穴之喻"中囚徒所在的洞穴一样，大学生活中也有着形形色色的"洞穴"，纷乱迷人眼，王鑫告诉我们，要看清目标，坚定自己想要的东西，静下心来，走出"洞穴"。

在采访中王鑫还分享了他的教育哲学："教育不仅是知识的传授，还是能力的培养。"他强调，大学期间的学习，更重要的是培养学习能力和解决问题的能力，因为在现实社会中，不一定能找到一个与专业完全对口的工作，但是，在大学中培养的学习能力，却是贯穿各个阶段终身受益的。因而，王鑫鼓励学生们积极参与社会实践活动和学生工作，以此来锻炼自己的组织能力和领导力。王鑫在大学期间创办了健康生活协会，其中第一个社团活动就是针对当时一起溺水案件，对同学们进行急救及防溺水培训，助力保护生命安全与健康，具有重要的现实意义。

## 寄语 —— 期望与美好祝愿

王鑫深知教育的重要性，也深深感恩母校对他的培养。于是他通过设立奖学金来回馈社会和母校，激励着更多的学生追求卓越。王鑫创立的广州市威学一百国际教育科技有限公司捐赠100万元，设立中山大学威学一百奖学金，计划每年奖励20名本科生（生科院15人，外语学院5人），共奖励10年。在我们问及设立奖学金的初衷时，王鑫毫不犹豫地回答

"感恩"二字，感恩母校，感恩生命科学学院。在采访中，王鑫校友表达了对师弟师妹们的寄语。

坚持与执着：无论是学习还是工作，都需要有精益求精的态度和细致入微的精神。

勇于尝试：不要害怕跨界和尝试新事物，这往往是发现自我潜能的开始。

目标明确：明确自己的目标和方向，不被外界轻易影响，坚定走自己的路。

终身学习：培养终身学习的能力，适应不断变化的世界。

在谈及对母校及母院想说的话时，王鑫校友饱含深情地说——"感谢"——感谢中山大学和生科院成就了自己。同时，他也表达了对母校百年校庆和生科院生科百年的美好祝愿。

## 结　语

王鑫校友的经历告诉我们，无论未来的道路如何曲折，只要我们坚持不懈，勇于探索，就能找到属于自己的人生价值，前途不一定平坦，但一定美丽。

# 扎根基层,砥砺前行
## ——2007 级校友李昇锦

**人物简介**：李昇锦,博士毕业于中山大学生命科学学院环境科学专业。毕业后积极响应中央号召,2015 年成为四川省委组织部在中山大学选调的第一届急需紧缺专业选调生。先后扎根于生态环保、招商引资、防汛抗疫、乡村振兴一线,现任四川省眉山市彭山区委常委。

李昇锦

## 坚守初心惠民生

李昇锦自参加工作以来,始终坚持正确的政绩观,用心用情办好民生实事,着力推进民生事业发展。

在彭山工作期间,推动实施全域公交改革、全域安全饮水工程、"1+N"养老服务体系建设,促进彭山城乡在交通出行、安全饮水等方面初步实现同标同质,助力彭山区荣获"四好农村路"全国示范县、首批省乡村运输"金通工程样板县"、四川省敬老模范县、四川省首批城乡社区基层治理示范点等多项荣誉。

在乡镇工作期间,以"一窗"改革为试点,率先打造眉山天府新区首个规范化、标准化的乡镇"一窗"便民服务中心。他同时也始终战斗在守护绿水青山的第一线,于2017年作为环保业务骨干,参与起草了眉山市第一部环境保护地方性法规。

2019年在兴盛镇任党委书记期间,李昇锦带领全体干部群众深入一线开展"厕所革命",充分发挥专业所长,提出"粪污共治"与"黑灰分治"方法,推出的"一体化玻璃钢污水处理池+人工生态湿地"的农村生活污水治理经验全市推广。2020年分管彭山环保工作以来,他全力推进"蓝天、碧水、净土"保卫战,全面消除重污染天气,辖区内水质全面达标,全区生态环境实现整体性转好,成功创建首批省级生态县。

李昇锦与群众

## 全力守护群众安危

2020年任职青龙街道党工委书记期间,李昇锦面对新冠疫情汹涌来袭,带领青龙街道全体党员干部深入防疫一线冲锋陷阵,实现"零输入、零感染、零传播"目标。出品抗疫主题视频MV《这是我的家》,用歌声致敬所有"不惧风雨、勇毅前行"的"逆行者",为全民抗疫注入了凝聚思想、鼓舞人心、展现党员干部担当作为的正能量。

2020年分管彭山区防汛减灾工作以来,成功应对岷江2020年"8·16"新中国成立以来最大洪水、府河"8·17"百年一遇特大洪水考验,有力地维护了人民群众的生命财产安全。

## 锐意进取抓改革

李昇锦自2021年分管农业农村工作以来，充分发挥彭山农村改革工作先发优势，坚持以全面实施乡村振兴战略为统揽，加快推进城乡融合发展。成功培育葡萄现代农业园区成为四川省五星级园区，助力彭山区成功创建四川省乡村振兴先进区、四川省农村改革工作先进区。

坚持深化改革赋能，积极探索小农户与现代农业有机衔接，相关做法经验得到全国推广；助力全区职业农民和家庭农场高质量发展改革走在全省前列；稳步推进农村宅基地制度改革试点，其中《村庄连片规划实现土地要素跨村流动的"彭山实践"调查》《发展型改革：彭山农村宅基地制度改革的重要探索》等多项经验在全国全省推广，农村宅基地"三权同确、三证同颁"改革经验入选国家"三农这十年——新时代农业农村发展成就展"。

# 乘风破浪的善梦者
## ——2009 级校友陈硕

**人物简介**：陈硕，中山大学 2009 级生物技术本科校友，2013 级生物工程硕士校友。极视角联合创始人，2020 年入选福布斯亚洲 30 Under 30 榜单，荣获阿里云 MVP。专注于工业智能化、智慧城市创新方向，为华润集团、国家电力投资集团等多家政企集团提供产品方案。

陈硕

2015 年 6 月，国内首家人工智能视觉算法商城——"极视角"在深圳成立总部；2016 年 12 月，"极视角"跻身于中国人工智能创业公司前五十；2017 年，"极视角"入围国内最值得关注的 AI 视觉创业项目前二十；2018 年起，"极视角"的各位创始人陆续荣登福布斯"30 Under 30"

亚洲精英榜,并在同年入围中国产业创新榜"最具发展潜力的50强企业";2019年底,"极视角"在珠海和青岛建成AI基地;2020年,"极视角"被评为创业黑马新基建产业独角兽100强,并于7月在上海成立子公司;2021年,"极视角"获得C1轮融资,开始着手准备上市……

"开拓世界的边界,让科技向善"是"极视角"公司的使命。陈硕作为该公司的创始人之一,一手参与了"极视角"的诞生、发展和壮大,未来也将持续参与和推动"极视角"的高速成长。

现实中的创业之路却荆棘丛生,充满了风险和不确定性,极少有人能真正从中"杀"出一条血路。

究竟是如何开始创业的?创业过程中到底具体面临着哪些困难?创业了,然后呢?……在与2009级校友陈硕接近两小时的对话中,陈硕给予了以上所有问题一份独属于"极视角"的答案。

## 创业是冒险家的远航

创业就好像是没有目的地,也没有地图的一次远航,创业者便是十足的冒险家。

极视角的三位创始人都是中山大学生命科学学院2009级的本科生。CEO陈振杰在大一时就转专业到了岭南学院,本科毕业后便前往北京大学光华管理学院继续深造;另一位创始人罗韵修读了数学双学位,专业涉及人工智能视觉算法领域;而第三位公司创始人,也就是陈硕,本科毕业后选择留在中山大学生命科学学院继续攻读生物信息学方向的硕士学位。

2014年,机缘巧合下三人聚到了一起,专业互补、各司其职。

在寻找创业方向时,国家正开始大力号召"大众创业,万众创新"。借着时代巨浪的推力,又考虑到罗韵做过计算机视觉方向的研究,且当时人工智能领域在国内还只处于萌芽阶段,有着非常广阔的新大陆可供开辟。于是,他们开始向人工智能视觉算法领域进行探索——这也就是后来"极视角"的雏形。

"当时的想法很简单,就是,与其去别人的公司上班,不如和互相信任的朋友一块儿做一件全新的事情。这充满了挑战,但也更有乐趣一点。"

3位冒险家的创业远航便就此开始了。

## 开辟新大陆——属于自己的领地

"极视角"专注于人工智能赛道，是目前国内最大的计算机视觉算法商城和生态平台。

大部分人工智能赛道的企业都会着手于一些大型应用场景，集中三四百个尖端专业人才去研发 AI 算法，由于应用需求大，可能一个项目动辄上千万元、上亿元。可这些大型应用场景其实只不过是众多 AI 应用中的九牛一毛，而剩下的 90% 的碎片化领域却缺少一个整合集成平台。

"极视角"便抓住了这个突破点，定位了属于自己的新大陆，占据了独特的错位竞争优势。

"我们和其他人工智能算法公司的定位差异就在于，我们并不是靠自己的工程师去开发那些成千上万的 AI 应用算法，而是搭建起了一个算法商城平台和生态网络，一方面，为开发者提供开发工具，方便他们更好地根据现实应用场景中精度要求不那么高的碎片化需求去设计和开发相应的算法；另一方面，满足了用户端对于专门化算法的应用需求。算法的开发是一个从零到一的过程，一旦这个算法开发出来之后，它就会成为一个标准化的商品，就可以便利到行业内有共性需求的客户。而从一到 N 的过程，就是客户或集成商不断改进和优化算法以应用到更多场景中去的过程。我们的公司就建立起了这样一个生态。"

虽然有了明确的企业定位，但"极视角"的发展也并非一帆风顺。

通过一系列创业比赛，"极视角"累积了一部分的创业启动资金，也成功对接了天使轮融资的投资方。同时，初有雏形的"极视角"面临的第一个挑战就是招聘人才。

"当时只有我们三个人，没有单独的办公空间，只有一个公共区域，这劝退了很多应聘者。而我们要应对的是各种产品设计和项目对接，那个时候的情况真的挺混乱的，很难招到合适的人。好在陆陆续续有一些志同道合的同事加入，我们也逐渐挺过了那个阶段。"

第一代产品上线以后，不管是在硬件设施还是在软件设计层面都必然会暴露出许多问题。三位创始人也进行了分工，大家互相扛起担子，比如亲自前往一线去协商和调整产品、持续跟进内部财务情况和监控新产品研发进度——"就是把一个人当作 10 个人来用"。

"每一个项目都有每一个项目的艰辛和挑战，没有一个是容易的。但这一切都是一个势能积累的过程,随着我们的公司越做越大,我们能接触到更多的客户、认识更多的投资方,也不断扩大我们的影响力。"

功夫不负有心人,"极视角"从原本的三个人变成了如今拥有200多名员工和合伙人的企业。他们凭着自己的努力在大洋中开拓出了一片属于自己的天地。

陈硕在"工赋青岛"活动现场

## 没有终点,要做的只是越走越远

随着"极视角"的规模逐渐扩大,公司所要承担的社会责任也越来越重。此时,企业的目标已不再局限于营利,而是拓展到了对企业文化影响力、员工满意度和为社会所创造的价值量的追求。"让科技向善"不单纯是一个口号,而是"极视角"的企业文化,它意味着回报社会的强烈使命感。"我希望未来'极视角'成为行业内一家真正有地位、有影响力的企业,甚至成为全球最大的人工智能生态公司。"

2020年疫情暴发之初,"极视角"在最开始的几个月也受到了很大的冲击,但公司很快进行调整和适应,在条件允许的情况下持续推进各类项目的进程。而且在了解疫情期间的特殊应用需求后,"极视角"推出了一系列抗疫产品,如红外测温和口罩识别算法等,为社会贡献了"极视角"

的力量。

回看"极视角"的成长,陈硕对于创业者所需的特质有了独到的理解:"第一,创始人之间必须有默契和信任,同时创始人的能力要尽量互补,每个人都要是'多面手',但每个人又必须有自己擅长的方向;第二,创业者必须有很强大的心理素质和抗压能力,创业初期存在的各种问题都需要解决;第三,创业者应该要有比较强的学习能力,创业时会接触到很多很复杂的新东西,这就像突然要考十门期末考试一样,需要你动用一切手段和能力去快速入门新知识并去实践它们。"

## 人生本就是一次创业

陈硕参与创办的公司与他原本修读的生物专业并没有直接关联,但在陈硕眼里,大学的意义并不是让你掌握一项可以赖以生存的技能,而是让你接触更多的新鲜事物、了解到社会的运作方式并慢慢发现自己的兴趣点。他说:"特别感谢硕士期间的导师贺雄雷教授,贺老师不仅给在学术上给予我很多指导,培养了逻辑严谨的思维方式,同时也提供了轻松开放的实验室环境,关心每一位学生的成长与选择,这些都让我受益匪浅。贺老师曾经在一次新生开学典礼致辞上说过'或许你和你的家长很想知道,毕业后你能做什么样的工作,一个月能挣多少钱。而我能告诉你的是,中山大学不是一所职业培训机构。作为一名中大人,你需要,你也有能力持之以恒地拥有梦想'。这句话我深有感触,大学实际上给了你各种各样的机会,你的人生是一个开放式命题,没有标准答案。"

陈硕在本科的前两个学年都在中山大学的网络信息中心担任管理员。他说:"每天做的工作就是:白天当客服接保修电话,晚上去做网络维修。这些事情在当时看起来意义不大,但后来在我创业的时候,我需要打很多电话去面试别人或者和客户协商解决问题,这就和我当年做网络中心客服的那些经历相似。包括一开始我们做计算机视觉算法的时候,很多基础操作都和我维修网络时学会的技术有联系。"

所以,不要害怕"浪费"时间,多去尝试新的事物,多为自己积累经验,这些都是在为未来的自己储蓄能量。

他说:"还有一个建议就是,如果短期不知道自己想做什么、该怎么选择,你可以找几个前辈多咨询咨询。问一些高年级、快要毕业或者已经参加工作、读研读博的师兄师姐,听听他们当时做过什么选择,如何权衡利弊。这样多了一个参考，你对自己未来的路也会有更清晰的看法。"

由于疫情原因，本次采访完全在线上进行，但这两小时的对话却仍然饱含温度。在电磁波的那一端，校友陈硕毫无保留地讲述了自己的创业经历，也为师弟师妹们指引了一条发掘自己的道路。

陈硕带着笑意感慨过往那些努力拼搏的光辉岁月，谈及创业路上的成就时，他只是平静又认真地说："创业没有终点，未来'极视角'还会走得更远。"

善梦者，便是这样一步步走向杰出的吧。

# 我自漫溯科研路，无悔何惧创业艰
## ——2009级校友瞿奔

**人物简介**：瞿奔，中山大学生物化学与分子生物学2013级博士，连续创业者，人称"Mr. Research 热池先生"，广州市热池生物科技有限公司和广州女娲生命科技有限公司联合创始人，CCTV 2中国创业榜样广州赛区大学组冠军，中国创新创业大赛广州赛区二等奖。公司开创性地开发了通过单细胞表观基因组指标来优选试管婴儿胚胎的检测产品，以及通过表观基因组指标筛查恶性肿瘤和进行药效评估等检测产品。

瞿奔

"热池先生"？你可能会对这个奇特的名字有些许疑惑，瞿奔校友在采访前解释了它的两重含义：①热池是Research-Reach-Rich的谐音，意思是实验室的研究到达消费者手中才能为社会创造价值和财富；② 40亿年前，地球是一个炽热的海洋，地球第一个生命就是从这一个发热的池水里孕育出来的。这一幽默而有创意的名字无形中增加了主人公的神秘感，也让我们对他的经历更加好奇了。

初次读到瞿奔的简介，我们都惊羡于他那丰富多彩的人生：包揽大学学界和体育界各奖项、从零开始创立公司到接近独角兽的估值。出乎我的意料,初见瞿奔,我们之前"脑补"的商人和大神高深莫测的形象即刻就被他亲切的笑容赶走了,办公室也温馨得如同家一般:蔚蓝如水的墙壁,舒适的小沙发,摆满书的书柜,装点着几幅画作的办公桌。这一切似也在热情地迎接我们的到来,而瞿奔的故事,就在这里娓娓道来。

## 亦文亦武,初露锋芒

正如大多生科学子一样,瞿奔在大学伊始对于生物专业就有着浓厚的兴趣,而这兴趣,或许也似你我,正是源自孩童时方寸荧屏里奇妙的《动物世界》。凭借着优异的成绩保送为中山大学生科院屈良鹄教授实验室硕士研究生的他,师从周惠教授,白天一头扎进实验室,专注于学术研究。与此同时,因机缘巧合,他还加入了学校的网球队,晚上打网球锻炼身体、提升技能。以前从未接触过网球的他,经过两年的坚持练习便成了校网球队队长,不仅率领中山大学网球队夺得了广东省大学生网球比赛的团体冠军,还代表中山大学突破性地在全国大学生网球锦标赛中取得了全国双打第七名的好成绩,他达成的成就着实让我们惊叹不已。也正是在网球场的挥汗如雨,为他在学习和实验的脑力支出注入了源源不断的能量,也使他的综合素质得到了全面的拓展。

瞿奔初期的研究方向是肿瘤的早期诊断及其治疗的分子机制,可研究的进程并不那么尽如人意,在实验开展的同时,国外相关领域的团队抢先一步做出成果,他们的团队只得中断研究。此次错失良机的遗憾令他悟出一个道理:漫漫科研路,其实就是一场激烈的角逐,要想占得先机,就必须与时间赛跑。

成功者往往是能抓住机遇的,就在此时,宿舍和实验室里滋生的霉菌引起了瞿奔的兴趣,这些在南方地区司空见惯的霉菌成了他新的研究方向,瞿奔开始在分子层面上鉴定霉菌的种类,研究它们对人类的危害,并通过霉菌的生长和抑制实验,筛选到了健康无害的抑霉组分,获得国家发明专利,从科研到应用一气呵成,这无疑是他科研道路上山重水复后迎来的柳暗花明。

## 创业维艰,服务为先

瞿奔毕业后并没有马上想到创业,而是进入了广东省疾病预防与控制中心直属的广东省生物制品与药物研究所,做了两年的药物临床研究,事业单位安稳的工作仿佛一眼便可以望得到头。他笑言,自己其实骨子里是个"不安分"的人,他所渴望的,是能够改变世界的力量。对于未来,他需要重新定位。2015年正值国家号召大众创业、万众创新的元年,中央二台举办了全国性的创新创业大赛。在屈良鹄教授的推荐下,他作为中山大学康洁团队的技术核心成员去参加比赛,一举拿下了中国创业榜样大学组广州赛区的第一名。获得天使投资后,他辞职创立了热池生物科技公司投入到防霉防癌的事业中。这一选择也与屈良鹄教授的愿望相契合:"我们做了30多年的研究,希望能够做一点对人民大众有益的事情。"这也正是我们生科人的目标。

获得中国创业榜样大学组广州赛区第一名(右一为瞿奔)

公司虽创业维艰,团队却始终如一,以服务大众的远大信念,渡过一次又一次的难关。创业的艰难经历,同伴的相互扶持,使他逐渐认识到创造一个伟大的企业首先是团队能够坚持初心,真正为广大消费者解决问题,能够提供更好的服务,财富则是公司发展和团队成长过程中获得的副产品。所以他建议我们要在大学期间结交不同专业的志趣相投的同学,从不同的专业角度去判断和探索有价值的事情。

而提及创业所积累的工作经验,瞿奔说,没有了学校这棵大树的庇护和老师对学生的体谅关心，尤其是面对从一个事业单位的研究人员突然接手管理一家科技公司所带来的压力，他一开始很不适应，整个工作和思维的方式都亟须改变。瞿奔分享了20个字给师弟师妹们："以终为始，主动合作，及时跟进，及时落实，主动汇报。"而这几个字不只适用于工作，学习亦然，应目标明确，主动及时，才有成效。

## 畅谈经验，砥砺前行

瞿奔坦言，他十分羡慕本科的我们，因为我们可以参加各种各样的活动，拥有锻炼自我的机会。他建议我们通过真正去负责一个项目去发现与发掘自我，正确地认识自己并树立明确的目标。之后在无数人生的分岔路口，选择最接近你梦想的路，坚定地走下去。

瞿奔还建议我们在本科阶段博览群书，尤其是人物传记，这将对我们的志向、视野和胸怀都有着潜移默化的积极影响。另外，作为生物专业的学生，应该学习一些其他学科的知识。毕竟在这样一个生物数据大爆炸的时代，只学传统实验技术是远远不够的，尤其是要对生物信息学有所涉猎，计算机技能的学习是我们今后职业生涯必不可少的基础；若是未来也想创业，管理学和财务会计也要学习。

时光在温馨洋溢的气氛中静悄悄地流淌，不知不觉间采访便已进入尾声，带着瞿奔的鼓励和意犹未尽的不舍，我们走出了他的办公室。我想我们两个的脚步一定坚定了许多，希望今后，当面临着挑战自我的无数选择，发掘自我的无穷可能，丰盈自我的无限机会，我们可以向榜样靠拢，像瞿奔一样，不急不躁却又胜券在握，给世界以一颗炽热的心，经年之后仍能自豪地说："我自漫溯科研路，无悔何惧创业艰！"

# 一如风中疾箭,破除万阻前行
## ——2011 级校友田烁

**人物简介**:田烁,达博生物 CEO,中山大学生命科学学院生物科学专业 2011 级本科校友,2020 年博士毕业,主要研究方向为肿瘤与免疫。曾在 *Autophagy*、*Molecular Cell*、*Cell research* 等国际期刊上发表 SCI 论文多篇,并参与多项国家自然基金课题及省市重点项目的攻关;主要负责生物新药的研发与转化的全链条工作,迄今已完成多项抗肿瘤生物新药(包括病毒载体类药物以及免疫细胞药物)的申报并获批临床试验。

田烁就读期间前往黑石顶实习

## 初心引领,启航中大

因为对世界万物的好奇,田烁在初中就希望未来能够从事生物方面的研究工作,希望能够更多地了解这个世界。于是她便从小朝着生物研究这个目标,刻苦学习,不断向前。17 岁的田烁在高考后,顺利进入了中山大学生命科学学院生物学领域学习。"选择中大生科院对我来说,应该算是件很顺理成章的事情",田烁表示,"中大的生物学专业在全国都是最好的这一批"。向着梦想奔跑,向着优秀靠拢,单纯而炽热的少年热情就此结下了和中山大学的缘分。

在中山大学生命科学学院的学习对田烁的能力和思维的养成都有很大的影响。在大学之前,田烁的学习更多是接收型的——通过记忆知识点、练习题目,完成对课本知识的学习。后来在和学院老师的沟通过程中,田烁意识到学习不应该是这样的。在生物课堂上所学的每一个知识点,背后都有它的科学逻辑。田烁用了一个简单的高中知识点举例:在核酸碱基配对时,G 和 C 以 3 条氢键配对;而 A 和 T 以 2 条氢键配对。可能对于大部分学生来说,这只是一句需要记住的知识点。但如果更深层次地挖掘,就会发现这其实是由于碱基分子构成不同、结构不同导致的必然性。随着科技进步,我们有互联网和 AI 等工具,大量知识触手可及。但由于获取方式简单,人们常常会跳过思考,直接获取答案。所以在当今时代,这种"知其所以然"的能力显得尤为可贵和重要。

在中大生科院的 9 年时光里,田烁不仅积累了扎实的生物知识基础,培养了过硬的科研实践能力,还在一个更高的维度,对科研工作有更深刻的认识。田烁的导师崔隽教授曾在讨论课题时问过她这样一句话:"你这个研究的生理学意义是什么?"田烁说,当时她对科研的理解还很浅薄,不太能理解这句话的深义,但一直记着这个问题。直到毕业后,她才慢慢体会到。崔隽教授的问题,实际上是想让田烁跳出来,站在一个第三方的客观视角去思考研究的意义。做研究不能为做而做,一个有价值的好研究,一定是有着现实意义的。随着田烁对这句话理解的不断深入,她在现在的工作中也时常问自己这个问题:"为什么?"既然很多人都在做肿瘤药物的研发,为什么还要做?所研发的药物解决了什么问题?田烁表示,不断地问自己这个问题,能够帮助自己看清自身的优势和劣势,也能知道下一步应该朝着什么方向去努力。

田烁凭借努力一路读到博士毕业,最终以出色的表现入职广州达博生物制品有限公司。

## 勇跨赛道,一往无前

大学阶段,田烁主要是在实验室进行基础研究。随着时间的推移,见闻和经历让田烁的想法发生了很多变化。最大的转折点是家人的生病。当时田烁临近博士毕业，家人检查出患食道癌，因为身体状况不佳，无法进行手术。在当时的医疗水平下，前期就进入了无药可医的阶段。这件事情对田烁的影响很大。她开始认真审视自己真正想做的事情。在此之前，田烁认为做科研是为了帮助人类更深入地了解自己和其他生命。在此之后，田烁认为做科研更是为了让大家活得更好、更幸福。虽然当前世界科研水平十分先进，但由于缺乏技术转化人才，还存在许多没有有效治疗方案的疾病。"如果没有更多的人投身到转化当中，我们前沿的科技什么时候才能真正用到普通人身上呢"，田烁想。于是，她毅然决然改变赛道，将视线转向了技术转化产业。

如今回忆起来，田烁表示自己当时并没有做太多准备，是凭借一腔热血做出的决定，不太可取。建议大家在做决定前去多了解一下目标方向，多和身边的人聊一聊。同时，田烁表示她并不后悔自己的决定，她认为不必害怕自己选择了错误的道路。一旦做了选择，就不要考虑另一条路是否会更好，因为每条路都会有令人兴奋的地方，也有不尽如人意的地方。做完决定，不要后悔，走下去就好了。

田烁是这么想的，同时也是这么做的。从基础科研转向产业转化，中间会经历许多的挫折。但田烁像风中离弦的弓箭，纵有狂风吹拂，仍坚韧地直刺目标。2020年初新冠疫情暴发，田烁被邀请进入公司的新冠疫苗研发工作。当时，公司的E10B药物已经完成前期研究，需要申请临床试验批件。但公司同事大多是生物学背景，没有人熟悉临床申报的全流程。于是田烁把国家药品监督管理局药品审评中心（Center for Drug Evaluation，CDE）的相关文件一点点啃了下来，统筹推进申请工作。在和CDE反复的沟通、交流后，达博生物最终拿到了E10B项目临床实验的批件，后续，田烁又负责推进了包括自体NK细胞注射液（E10H）在内的另两个项目的临床实验申报。从一无所知，到3年拿下3个CDE的临床实验批件，田烁经历了无数个不眠的日夜。

2023年，工作不到4年的田烁被聘为达博生物CEO。从基础研究到产业转化，从学术研究到企业经营，田烁一直在突破。在问及怎么能实现如此大的两次跨越，田烁说——"人都是被逼出来的"。人们常说，机会是留给有准备的人。但在很多情况下，我们无法预知未来的机会，是无法做到完全准备的。有的人在机会来临时，总觉得自己没准备好，想着等准备好再去抓住机会。但在现实生活中，机会的窗口是很小的。所以当它来临时，先抓住机会。抓住这个机会后，人会为了实现自己许下的承诺而不断逼自己一把，让自己去接触去学习新的东西。而且这个学习不再是纸上谈兵，是在实践中反复应用和打磨的扎实学习。"这样下来，你会发现，其实自己的学习适应能力也是不错的。"田烁表示。

田烁在实验室工作

## 戒骄戒躁，展望未来

生物医药行业相对于传统的医药行业不同，发展的时间相对较短。中国生物医药行业近几年蓬勃发展，各项相关政策、指导、原则相继出台，许多小型生物科技有限公司乘产业资本旺盛之风成立。在生物医药行业未来发展方面，田烁表示，在这个领域坚持下去，需要充足的资金，需要优秀的经营研发策略，更需要企业的坚持和信念。生物药物的问世，尤其是创新药，是一个漫长的过程。首先，前期研发需要3～5年的研究时间，很多靶点或药物的前期确证甚至经历了十几二十年之久，才进入转化阶段。其次，临床试验也是一个相对漫长的过程。从Ⅰ期到Ⅲ期，少则5～10年，多则20年。而在这个过程中，药物的治疗效果和用药安全、国家政策、公司经费、药物商业化的效果，都是不可预知的。很多团队即使研发出了不错的药物，但也在这个漫长的过程中折戟沉沙。

生物医药行业的特性决定了生物医药从业者可能无法在短时间内看到显著的成果，很多人终其一生努力，也不一定能看到自己研发的药物上市的那一天。但是，随着这个领域的逐渐发展，生物医药逐渐成为各个国家重点布局发展的领域之一，很多创新药品和创新器械也在近些年不断问世，造福大众。田烁表示，沉下心做研发，生物医药的未来一定会越来越广阔。

田烁身上有许多身份，她是生物学博士，是制药高级工程师，是达博生物CEO，是新手妈妈，是田烁。她正如她的名字一般，努力地工作和生活，星光熠熠，光芒四射。她的坚韧、勤奋、热情、勇敢，值得每一位生科学子学习。

**素材来源：**

南方都市报.博士田烁：90后CEO也是新手妈妈，想助力更多职业女性［EB/OL］.（2024－03－06）.https：//new.qq.com/rain/a/20240306A05B9O00.

# 奋战援彝扶贫一线，甘当为民服务孺子牛
## ——2012级校友李新

**人物简介**：李新，中共党员，2015年硕士毕业于中山大学生命科学学院遗传学专业，同年作为急需紧缺专业选调生被选派到四川省成都市公安局工作。目前，担任成都市公安局情指中心风控大队教导员。2019年10月至2021年6月，在四川省凉山彝族自治州美姑县侯古莫乡各补乃拖村担任驻村干部。工作期间，荣获全省深化公安改革先进个人，荣获个人三等功3次。

李新校友（右一）在彝区入户走访

## 扑下身子，撸起袖子，到群众中去

在孙中山先生为国为民奔走奋斗的思想鼓舞下，李新逐步萌生并坚定了"到基层去，到西部去，到祖国最需要的地方去"的人生选择。2015

年，四川省首次到中山大学定向选调优秀大学毕业生，他第一时间报名，并顺利通过组织考核，成为学校第一批21名前往西部四川的急需紧缺专业生之一。到川后，他分配到成都市公安局工作，主要负责维护社会稳定工作，在庆祝祖国成立70周年等重大活动中做出了重要贡献，多次获得三等功荣誉。

2019年10月，国家脱贫攻坚战已到决战决胜、全面收官的关键阶段，组织交给李新一个重要的任务，到国家深度贫困县凉山彝族自治州美姑县驻村开展扶贫工作。凉山州是山体滑坡、山洪、泥石流等多种灾害频发的区域，他所在的美姑县处于大凉山腹心地带，属于高寒山区，山高坡陡谷深，交通闭塞，社会发育程度低，经济发展基础薄弱，是典型的彝族聚居的国家深度贫困县，条件恶劣艰苦。他没有丝毫畏惧和退缩，他说，组织派他来就是来啃硬骨头的，这点苦不算什么。

到村后，他就立即开展入户走访工作，扑下身子，撸起袖子，到群众中去，一个月后，他就爬遍了村里的每一座山头，走遍了全村176户农户。在掌握村庄村民基本情况后，他开始逐家逐户分析，提出个性化帮扶意见。对有养殖条件的，帮助申请信贷、邀请专家指导扩大养殖规模；对有劳动力剩余的，帮助联系外出务工；对有生活困难的，帮助申请低保、残疾等补助，政策兜底。在他的倾情帮扶下，他所帮扶的各补乃拖村村民2020年的人均纯收入达到了7000多元，远高于国家脱贫标准线，高质量通过州、省、国家各级检查验收，实现了整村脱贫摘帽。

## 为民着想，替民谋利，做群众贴心人

"帮扶干部就是要设身处地为群众着想，满怀真情地为群众服务，为群众谋福利，做群众的贴心人"，这是李新写在扶贫日志本首页的话。2020年5月，美姑县委县政府开展产业发展奖补工作，要求是贫困户自愿参与、自主申报。但彝区群众普遍文化程度不高，对发布的奖补通知有的不关心，有的不懂得申请，有的把握不住时间节点，到了截止时间点也仅有少数几户农户上报了信息不全的申请。看到这种情况，他心里特别着急，他担心村民很有可能错过这次产业发展奖补。

他说，产业基础薄弱一直是影响各补乃拖村脱贫奔康的重要因素，这次奖补政策不仅是实打实的给群众送福利，更重要的是，他希望借助这个政策进一步激发群众产业发展增收致富的内生动力，实现从"输血式"帮扶到"造血式"引领。他当即决定,逐户去宣讲、逐家去帮助申请,而后的一周里,他与队员一同走遍了本村 78 户建档立卡贫困户,宣讲政策、畜禽拍照印证、动物耳标记录、填表申请等流程一气呵成,最终采集登记了全村建档立卡贫困户 163 头猪、70 只羊、52 头牛、1258 只鸡等养殖情况,预计为群众争取产业奖补 10 多万元。他连日奔波不仅为群众谋取了实实在在的福利,激励了群众扩大养殖走产业致富的信心,还拉近了与群众的关系,收获了群众一张张充满感谢的笑脸。

李新校友(右一)在山地帮群众捡拾萝卜

## 担当作为,扶危济困,做群众的暖心人

习近平总书记指出,在扶贫的路上,不能落下一个贫困家庭,不能丢下一个贫困群众。为了更好更精准地帮助一些困难群众,李新积极发动身边的朋友,主动联络社会力量,组织对帮扶村开展捐衣捐物、捐米捐油、慰问群众、农产品售卖等各类公益活动,雪中送炭,帮助群众渡过难关。针对 2020 年新报名幼儿园孩子没有书包的现状,他联络到爱心企业四川航天云网公司,亲自到村捐赠了 75 个书包,并给孩子们带来了旧衣旧物和幼儿书籍;针对部分特殊家庭内生动力不足的情况,他邀请世界残疾人自行车赛冠军李园园组成的公益团队到村开展公益分享和点对点帮扶,鼓励他们自力更生;针对冬季来临部分家庭存在生活物资短缺等情况,他联

络到爱心企业四川润远路桥公司到村开展慰问活动,带来了大米、面粉、食用油等近5000元物资;针对村民蜂蜜滞销等情况,他亲自当代言人,通过朋友圈等各渠道销售,解决了群众的燃眉之急。一桩桩一件件小事,背后体现的是他始终坚持人民至上、为民服务的初心使命,用实际行动拉近干部与群众之间的距离,他也从贫困户时常送来的核桃、土豆、腊肉等农产品中,看到了群众对他工作的认可和支持。

但愿苍生俱饱暖,不辞辛苦出山林。如今,李新所帮扶的各补乃拖村发生了天翻地覆的变化,贫困群众生产生活条件和村容村貌得到了彻底改善和提升。他也在这场波澜壮阔的脱贫攻坚战中,进一步砥砺了品质、增长了才干、锤炼了作风、磨砺了意志,也更加坚定了他为民服务的初心使命。作为一名中大学子,他始终把家国情怀融入不懈奋斗中,承担起时代赋予的责任与使命,在平凡的岗位上做出了不平凡的业绩。

# 植根土壤环境，谱写五一精神
## ——2012级校友吴文成

**人物简介**：吴文成，中山大学生命科学学院2012级博士研究生校友，生态环境部华南环境科学研究所土壤与农村生态环境研究中心主任、研究员。荣获2024年全国五一劳动奖章、2022年广东省五一劳动奖章，先后被评为广东省生态环境保护先进工作者、全国农用地土壤详查成果表现突出个人、全国企业用地土壤详查表现突出个人，入选第三批国家生态环境保护专业技术青年拔尖人才。长期致力于土壤污染物环境行为、生态效益和控制技术研究，近年来带领团队立足于广东的土壤环境问题，承担了3项国家重点研发计划，研究范围涵盖珠三角污染农田和粤港澳大湾区污染场地等热点领域，在国内外重要期刊上发表论文近60篇，获批专利12项，多项技术成果得到生态环境部的采纳。

吴文成

我们有幸采访了吴文成校友，并和他交流有关学弟学妹们的学习、就业及未来发展等方面的内容。

## 扎根土壤，无私奉献

吴文成就职于生态环境部华南环境科学研究所，以土壤环境保护为核心，为使土壤环境达到一定的环境管理要求和社会需求而进行研究。相比于传统基础研究，他的工作主要关注实际的环境问题，寻找经济可行的技术，解决目前的瓶颈问题。他说："这是一项服务社会、为国为民的工作。"

早期，社会偏向于农业生产，人们注重农田生产的产量问题，却不可避免地忽略了土壤环境的保护。渐渐地，人们开始意识到土壤环境保护的必要性。随着2016年国家颁布了"土十条"，即《土壤污染防治行动计划》，以及十九大报告将污染防治与防范化解重大风险、精准脱贫共同列为三大攻坚战，土壤环境保护的研究才走向了科研舞台的中央。

吴文成与土壤环境保护的缘分可以追溯到年少时他在家乡农田中的实践。农田中的耕作其实蕴含着许多科学道理，例如水稻叶片发黄，实际上可能与缺氮有关，因此需要寻找方法为水稻补充氮肥。随后，他在本科阶段接触了土壤环境相关的知识，在博士阶段进入了中大生科院，进行土壤微生物的研究。在他看来，兴趣与职业是互相促进的关系。人们常常因为"爱一行而干一行"，但在学习和工作的过程中，对专业和职业的理解逐渐加深，面对工作中的困难时坚持不懈，也会使得人们"干一行，爱一行"。土壤环境保护对他而言，不仅是一个兴趣或一项职业，而且是一种为了全中国的百姓能够吃得放心、住得安心的使命。

由于早期人们对于土壤环境保护的关注较少，许多研究都还处于起步阶段，吴文成在工作中难免会遇到一些困难。在面对这些困难时，他选择以乐观的心态坚持自己的工作。他说："在遇到困难时，首先我们应该相信我们的选择。能够把自己的兴趣作为职业，对我来说是一件很幸运的事。"在这样的信念支撑之下，他坚定信心，潜心研究、分析问题、寻找出解决方法，最后付诸行动解决困难。同时，在遇见困难时，他也通过学习提高自己的能力，"学习，永远在路上"。吴文成怀着一颗勇于担当、乐于奉献、不怕吃苦的决心，砥砺前行，全心全意为人民、为祖国更好的未来而奋斗。

吴文成努力工作、乐于奉献的精神使他在 2022 年获得了广东省五一劳动奖章，2024 年获得全国五一劳动奖章。对他而言，这份荣誉意味着组织与领导对他工作的认可，同时也是对他的鞭策。他希望自己能在今后的工作中，充分发挥模范带头作用，为祖国、为社会、为人民做出更大的贡献。

## 中大记忆，学长寄语

吴文成在中山大学度过了他的硕士与博士生涯。在进入中大生科院之前，他认为生科院是一个神秘而高深的地方。高水平的教授和国内领先的专业排名都令他向往。进入中大生科院后，更是切身感受到生科院的魅力。他博士阶段的导师余世孝教授严谨的治学风格及对学生的关爱令他印象深刻，实验室中浓郁的学习氛围与同学间的互帮互助也给他留下了极其难忘的回忆，为他今后的工作打下了坚实的基础。他非常珍视在中大生科院学习的机会，最终以优异的成绩被授予博士学位。

随后，谈到学弟学妹们的职业规划时，他表示在校学习与工作存在许多差异。在校学习相比于工作，更加纯粹。在学生阶段，学习是青春的主旋律。然而，当学生迈入社会开始工作，人们所需要做的便不仅仅是学习。工作中保持学习固然重要，但还有许多其他的事情需要考虑：家庭、经济、人际关系……此外，在校学习时，无论学习成果如何，那都只是学生一个人的经历，走一点弯路，还有许多的机会与时间进行补救。然而在工作中，必须要保持认真和负责的态度，尽力做到最好，不遗漏任何一个细节，因为在工作中的试错成本大大提高。

为了适应这些差异，吴文成认为作为学生可以在大学阶段就开始培养一些能力。首先是学习能力。在成长的过程中，人们总会不断遇到新的问题。如果同学们能够保持学习的姿态，提高自己的学习能力，在遇见问题时就能更快地解决它，从而使自己更快地适应社会。此外，人际交往能力同样重要。人们在社会中浮沉，每天都会遇见不同的人，与形形色色的人沟通交流。人际交往的能力可以帮助学生减少与他人的矛盾。他说："跟人交往的过程中难免有摩擦，没有良好的人际交往能力，我们可能会在社会中因为一些小矛盾而伤痕累累，那便更谈不上做好工作了。"

吴文成了解到生科院的学子在面临择业问题时难免感到迷茫。他表示，选择职业时最重要的是选择一个自己感兴趣的职业。他说："兴趣是最好的老师。"对于许多同学担心的竞争压力大的问题，他认为在任何行业里，竞争总是存在的。各个行业的热门程度确实存在不平衡的情况，这一情况也随着社会形式不断变化着。同学们能做的便是提高自身能力，丰满自己的羽翼，选择一个尽可能高的起点。"薪资待遇的确重要，但它并不是最重要的。一个工作岗位对我们个人能力的提升和对未来的发展的影响才是真正值得我们好好考虑的。"他认为同学们应当志存高远，怀着一颗服务社会的心去选择职业。他说："国家重视的、人民需要的职业是有未来、有前景的，是值得我们选择的。"

吴文成扎根土壤、乐于奉献的精神令中大生科院的学子为之动容，为生科院的学弟学妹们明晰了未来的方向。作为土壤环境保护的科研工作者，他的劳动使得更多的人能够健康安全地生活在这片大地上。"服务社会，为国为民"，这是他一贯的信念与追求。

# 俯身基层担使命，砥砺青春促振兴
## ——2012级校友黄锦周

**人物简介**：黄锦周，中山大学2012级生命科学学院生物化学与分子生物学硕士校友，2015年选调至湖南省，先后担任浏阳市枨冲镇平息村党支部副书记，枨冲镇党政办主任，蕉溪镇人大副主席，浏阳市委政策研究室专职副主任，现任浏阳市柏加镇党委副书记、镇长。扎根基层8年多来，他始终坚持深耕基层、心系群众，在"事无巨细、点多面广"的基层工作中勇做"耕耘者""实干家""探索者"，逐步成长为一名政治坚定、担当有为、实绩突出、勇于创新的优秀基层领导干部。

黄锦周（中）深入村民小组做项目建设群众动员工作

## 抱赤子之心、行有为之事的"耕耘者"

2015年，黄锦周怀揣赤诚之心，从校门到基层、从学生到公仆，成为一名湖南省委定向选调生，分配至浏阳市枨冲镇人民政府工作。作为选调生担任枨冲镇平息村党支部副书记期间，他坚持用脚丈量民生足迹踏遍了全镇9个行政村（社区），人大代表选举、支村两委换届，黄锦周都是提着票箱挨家挨户倾听村民们的意见、回应百姓的诉求。2017年7月，黄锦周所在的枨冲镇突发暴雨，尚在省委督查室跟班学习的他，立马从省委赶回，参与抗洪救灾工作，连续工作近20小时，冒雨走街串巷、转移群众7户。在完成本职工作的同时，黄锦周主动与上级部门衔接，争取项目资金20多万元，协助完成沿河公路护坡垒石修葺，亮化村道5公里，推动110 kV变电站落地实施。初入基层的黄锦周，由于工做出色荣获2015年"浏阳市政府文秘工作先进个人"、2016年长沙市"魅力团干部"。2022年面对长时间的极端干旱天气，黄锦周作为柏加镇党委副书记、镇长果断采取有效措施，组织开展水利冬修，完成大小60多个水利工程建设和修复，有效抗击了持续高温干旱天气。2023全年黄锦周住镇270多天，积极搭建网格为基础、群众为主体、镇村联动为保障的管理格局，宣传政策、倾听心声、收集诉求、解决问题，打通服务群众和防范风险的"最后一步路"。一晃扎根基层就是8年有余，黄锦周经历了多岗位锻炼，工作中的角色身份虽已转变，但其心系群众、深耕基层的初心始终未变。

## 携满腹才学、于一线演练的"实干家"

乡镇工作千头万绪，任务繁重。担任乡镇党政办主任期间，黄锦周坚持创新思路、克难奋进，团结带领全办人员较好地完成了各项任务，促推乡镇党政办公室工作科学化水平迈上新台阶。2019年10月，黄锦周通过公选到浏阳市蕉溪镇任人大副主席。任职伊始，便在一周内走遍了蕉溪镇6个村所有村民小组。人大代表补选、开元路两厢项目开发等工作时，挨家挨户倾听群众意见、回应群众诉求。在短时间内化解了高升集镇开发、长浏高速拆迁等7宗历史遗留问题。率先落实"马路市场"清零，积极推动道路中央护栏建设和"戴帽"工程，所在镇交通事故亡人率同比下降72%，并于2019年记浏阳市人民政府三等功。2020年初，面对新冠疫情的重大考验，黄锦周做到了高度敏锐，应对得当，利用自身的病毒学专业知识，在疫情防控初期深入一线广泛普及病毒防控知识并指导开展自身防疫，有效地打消了大家的疑虑，为蕉溪镇迅速落实落细各项疫情防控措施打下了坚实的基础。

黄锦周（左二）慰问值守防疫卡点的工作人员和志愿者

2020年8月，黄锦周调任至浏阳市委政策研究室任专职副主任。他坚持将政研工作和联络工作统筹起来，出色地完成了各项工作任务，有效地推进了浏阳市委各项具体决策的落实。精心撰写理论文章、经验文章等各类文稿，其中浏阳改革经验文章20多篇，受到中央、省、市媒体广泛推介，浏阳改革名片越擦越亮。在工作中，黄锦周始终坚持亲力亲为，能时刻严格要求自我，自觉做到廉洁自守，得到了领导、同事的一致好评。在学习上，黄锦周始终秉持着"一物不知，深以为耻，便求知若渴"的学习态度，获评"湖南省委党校2023年春季学期主体班优秀班干部"。

## 破困局难题、助乡村振兴的"探索者"

2021年11月，黄锦周担任浏阳市柏加镇党委副书记、镇长。面对柏加镇经济社会发展的迫切需求，他深入调查研究，体察镇情民情，努力抓住发展主要矛盾，创新工作方法，完善体制机制，大胆探索勇于破题，从集体经济发展以及农村宅基地改革试点工作两个方面发力，积极推进实现乡村振兴。

黄锦周广泛探索新型农村集体经济多种实现形式，做实产业、改革、项目三篇文章。花木产业是柏加镇的支柱产业、富民产业，发展村集体经济首先要做好产业文章。他带领干部群众圆满解决原花木大市场遗留了4年有余的问题，总投资高达5.8亿元的浏阳国际花木城即将开业，将打造成中南最大、全国领先的花木交易市场。随着新一轮农村宅基地制度改革试点工作启动，柏加镇乘着改革的东风，成为宅基地超面积有偿使用制度的试点镇。通过有效盘活闲置宅基地，柏加镇不仅腾退出更多土地资源助力农户增收，还探索出了一条村集体经济增收的新途径。2023年柏加镇所有行政村实现村级集体经济超50万元，全镇5个村总计达到328万元，远高于湖南省平均水平，进一步实现了富村民、富集体的目标。目前，柏加镇正阔步迈向建设"全国花木第一镇"新征程，连续两年获得全省农业特色小镇综合评价第二佳绩，连续三年获评"湖南省绿心保护优秀单位"，连续五年获评"长沙市绿心保护优秀单位"，荣获"湖南省首批十大农业特色小镇""湖南省美丽乡村建设先进单位""长沙市乡村振兴示范创建先进单位""长沙市人居环境管理优秀单位"。

# 与时俱进,敢为人先
## ——2015 级校友温志芬

**人物简介**:温志芬,2018 年博士毕业于中山大学生命科学学院。现任温氏食品集团股份有限公司董事长、全国工商联副主席、广东省政协常委、广东省农业产业化龙头企业协会会长、广东省"十四五"发展规划专家委员会委员、广东省家禽业协会名誉会长。温志芬作为温氏股份董事长,始终坚持"精诚合作,齐创美满生活"的企业文化核心理念,与股东、员工及各方合作伙伴一道精诚合作,全面推进企业改革和管理创新,牢牢抓住行业发展机遇,保持企业的稳健发展,同时为推进中国农业产业化做出应有的贡献。

温氏食品集团股份有限公司董事长温志芬

温志芬先后被授予全国劳动模范、全国农村青年创业致富带头人,中国优秀民营科技企业家、中国农牧行业功勋企业家、中国畜牧行业先进工作者、广东省"十佳"青年、广东经济十大风云人物、世界广府人"十大杰出人物"等荣誉。2021年，温氏股份获"全国脱贫攻坚先进集体"称号。

## 开拓奋斗，敢为人先

1983年，温北英先生带领"七户八股"创办了簕竹鸡场（温氏股份前身）。温志芬直接参与了早期创业。创业初期，他在华南农业大学畜牧系求学，与华农大信息中心、动科系的老师密切沟通并带其到温氏集团考察。这直接推动了随后的华农以技术入股的方式与温氏的全面技术合作，开创了我国农业企业与高校"产、学、研"相结合的模式。

温志芬毕业后在华南农业大学任教，历年考核皆属优秀。2006年辞职专职服务温氏集团，历经多岗位锻炼，得到干部、员工的一致认同、拥戴，历任集团公司总裁、副董事长兼首席执行官。2017年4月，当选温氏股份董事长，成为这艘"农业航母"的掌舵人。

担任总裁和首席执行官期间，温志芬充分发挥聪明才智，发扬艰苦奋斗、勤劳实干的工作作风，打造高效团队，牢牢抓住行业发展机遇，灵活运用各种经营技巧，领导集团公司实现了跨越式发展。集团销售总收入从2009年的167亿元增长到2016年的593亿元，年化复合增长率超过20%。2023年，温氏股份销售总收入达899亿元，创历史新高。

任温氏集团总裁期间，温志芬敏锐把握新形势，完善了集团的组织架构，并领导了集团旗下业务的拆分合并，形成专业化养殖分公司。随着形势发展变化，又进一步提出并将集团改制为事业部制管理模式。他还担任"互联网+"工作领导小组组长，进一步推动集团智能化、信息化工作，用信息化手段管理温氏股份。

温志芬具有长远的发展眼光，从2012年开始，他将推动集团整体上市作为集团重点工作。从推动完成公司股份制改造，到亲自带领上市工作团队加班加点、全力以赴、攻坚克难，完成海量的数据收集与资料梳理、上市申报与答辩等多项任务。历时3年，温氏股份于2015年11月2日在深圳证券交易所挂牌上市。

## 提升优化，一马当先

温氏首创了"公司+农户"的发展模式，成为中国畜牧业的典范模式。温志芬优化并发展了这一模式，将之升格为"公司+家庭农场"的现代商业发展模式。

温氏股份拥有高度的企业责任意识，以提供安全放心的畜禽产品为己任，将食品安全提升至确保集团长治久安的战略高度。

温志芬是这一战略的忠实执行者，他要求营养部门选用国内外优质的原材料，保障食品安全；要求防疫部门采用最先进理念及生物技术，确保动物的生物安全；要求技术部门和分子公司创新推广检测技术，确保上市产品安全。全方位、全过程、多渠道、多手段严格把控食品安全，确保居民餐桌上的安全。

温氏股份拥有充分的社会责任心，打造环保核心竞争优势，推动绿色发展。温志芬提出了环保问题的系统性解决方案——环保三同时制度，并多次表示，温氏股份要把环保技术打造成核心竞争优势。

2014年在集团内组织开展了环保专项整治，满足各地最严格的排放标准。对新投产项目实行严格的环保标准，达到循环利用的高标准；对合作农户同样制定了节能减排达标标准，养殖户只有具备环保条件、通过硬件验收，才能与温氏签订合约。金山银山不如青山绿水。如今，温氏股份在推动循环经济、绿色发展方面已走在行业前列。

## 包容共济，精诚合作

温氏股份始终坚持与农户精诚合作、同舟共济。从1997年至今，"非典"、H7N9流感事件等重大行业危机给我国养殖业造成巨大的打击，企业损失惨重。但是在这些危机事件中，公司仍保障合作农户获得合理利润，带领农户共渡难关。

齐创共享，确保合作农户在行业高回报期多赚。如2011年、2015年是畜牧业高回报年份，在这些年份，温志芬和他的管理团队充分让利于合作农户，与合作农户分享发展成果。

实施专项计划，保证合作农户持续增收。为增加农户收益，加快新农村建设，根据新时期市场需求以及农户自身发展的要求，温志芬带领着他的管理团队于2010年10月开始探索实施"养殖户效率效益倍增计划"，向合作农户提供巨额无息垫资款。在公司的大力推动下，合作农户总收入从2011年的31亿元增长到2023年的108亿元，创历史新高。

精准扶贫，帮助贫困地区农民脱贫致富。温志芬积极响应国家"精准扶贫"号召,在安排集团投资项目时重点向东北、西南、西北等欠发达地区倾斜。他重点关注这些地区的投资项目进展,多次走访实地,考察投资环境和项目建设情况。

2017年上半年,温氏在全国范围内帮扶建档立卡的贫困人口近万人,帮助其获得养殖收益2000多万元。温氏因此在各地得到当地政府的高度好评和社会的广泛赞誉,如温氏在云南沾益的扶贫项目,被中央电视台重点报道。2021年2月25日,全国脱贫攻坚总结表彰大会在京举行,温氏股份获"全国脱贫攻坚先进集体"称号,温志芬代表公司进京接受表彰。

## 热心公益,回报社会

作为新一代企业家和农村致富带头人,温志芬拥有强烈的社会责任感,热心公益事业,注重回报社会,促进行业共同进步。多年来,他积极倡导和推进广东省新兴县北英慈善基金会的成立,专注于新农村建设等多方面慈善事业。

温志芬积极推进广东省新兴县北英慈善基金会的成立,作为温氏对外

温志芬

捐赠的重要平台，累计向社会捐赠金额达 5.57 亿元，扶助贫困学生累计 7500 多人次，超过 6000 个家庭受惠于北英慈善基金会的资助。温志芬始终坚信企业的成长离不开社会的滋养，温氏感恩社会，持续为社会公益事业做出贡献，履行社会责任。

温志芬还担任了中国畜牧业协会副会长兼中国畜牧业协会家禽业分会会长、广东家禽协会副会长等行业协会职务。他利用行业协会这一平台，加强企业之间的沟通、交流与学习，积极参与区域经济技术交流与合作，毫无保留地将温氏的成功经验介绍给同行，共同提高行业科技创新和管理水平，提升了中国畜牧业发展总体水平。

温志芬和他的管理团队将继续高举农牧大旗，坚守企业核心文化理念，以"创新、协调、绿色、开放、共享"为发展理念，以"千亿企业，百年温氏"为企业愿景，将温氏打造成世界一流的农牧食品集团，努力为消费者提供更多安全放心优质的产品，为我国社会主义现代化建设做出更大贡献！

学生篇

# 见义勇为"智"救他人
## ——中山大学2020年大学生年度人物"见义勇为生科人"团队

**人物简介**：2020年冬天，我院马舜、马志飞、邓贤铭、赖旭涛4名2017级本科生"智"救跳河女子，他们见义勇为的事迹被人民日报等媒体广泛报道。2021年6月，"见义勇为生科人"团队获评中山大学2020年大学生年度人物。

2020年12月6日晚，我院2017级生物科学一班的几位同学途经河道时，突然遇到一女子从马路上径直走向河边疑似跳河，邓贤铭同学立即拨打了保卫处电话报警。随后，该女子情绪突然完全失控，跟跄着走向河中间，眼看该女子有生命危险，赖旭涛同学迅速拨打110报警。见此情景，马舜和马志飞一起把桥上的救生圈取了下来，马舜绕到了河对岸，脱了衣服随即套上救生圈跳入河里，游到了女子身边，把救生圈套到了该女子身上，然后和岸边的同学一起成功劝说女子并护送女子回到岸边。岸边众人帮忙将女子拉上岸，邓贤铭同学帮她披上了衣物保暖，成功化险为夷，赖

旭涛及时拨打 110 说明情况取消报警。

在危急关头,马舜等同学临危不惧,迅速反应,团结合作,科学救人。这种见义勇为的行为是社会正能量的典型代表,是中华民族传统美德的具体表现,也是社会主义核心价值观的深刻体现。相信在他们的影响下会有更多的人学会帮助他人、奉献自己的智慧和力量,用温暖和真情谱写构建和谐社会新篇章。

马舜　　　　　　赖旭涛　　　　　　马志飞　　　　　　邓贤铭

**四位同学的感想:**

马舜:

我很荣幸这次能尽我的能力和知识来帮助别人。在这次救援过程中,我们及时报警,迅速熟悉周边环境,并寻找岸边可利用的救援设备,以及我在下水之前脱衣、热身等行为,都具备一定的科学性,不仅能帮到他人,而且能保障自身安全。因此,帮助别人一定要科学、迅速,而不是一味蛮干,否则可能会带来更多的伤害。

行路难避荆棘,生活不免崎岖。无论发生什么,我们一定要珍惜自己,珍惜当下的人与事,有些东西,一旦失去,永不再来。我坚信这个世界是温暖的,总会有人向你伸出温暖之手。生命不只属于我们自己,也属于爱我们和我们爱的人,任何人都值得好好活着。

马志飞:

在遇到这样的紧急情况时我们更应该以智见义,量力而行,在自己能力范围内科学地行使自己的勇气,并积极寻求其他帮助。作为一名党员,我始终牢记自己的角色定位和责任担当,从身边的小事做起,用自己的言行举止影响更多的人,功成不必在我,功成必定有我。

邓贤铭:

生命既是脆弱的,又是坚韧的,我们要始终相信自己不是一座孤岛,自己值得被大家关爱，也要始终守护温暖善良的内心，关怀身边需要帮助的人。作为中大学子，中大教会了我"德才兼备，以德为先"，我将永远铭记在心并付诸行动，用自己的热度给别人带来一些温度。

赖旭涛：

生活不易，当被生活压得喘不过气时，暂时逃避并不可耻，活着本身就是一个伟大的选择。有能力帮助别人是一种幸福。作为学生，虽然我们的能力有限，我们可以利用自己的智慧和力量，做一些力所能及的事情，勿以善小而不为。只要人人都献出一点爱，我们的社会将更加和谐美好。

**素材来源：**

[1] 人民日报.学生哥，好样的! 中山大学四名学生"智"救跳河女子［EB/OL］.（2020-12-12）．https：//www.peopleapp.com/column/30037571624-500002606616.

[2] 南方网.【身边的感动】学生哥，好样的! 中山大学四名学生"智"救跳河女子［EB/OL］.（2020-12-15）．https：//news.southcn.com/node_54a44f01a2/20ebd2d592.shtml.

# 先锋团队，人人赞之
## ——中山大学2015年大学生年度人物iGEM软件队

**人物简介**：中山大学SYSU-Software团队（又称iGEM软件队）曾连续多年斩获国际基因工程机器设计大赛（International Genetically Engineered Machine Competition，iGEM）总决赛金牌，并连续3年获得软件组最高奖——最佳软件项目奖，是iGEM创办以来综合成绩最好的软件组队伍。团队还开展了一系列学术与公益活动，推广合成生物学与生命科学。iGEM软件队对于中山大学的学科竞赛、科技创新以及人才培养均具有特别意义。获评"中山大学2015年大学生年度人物"。

中山大学iGEM软件队赴美国比赛

### 多方的人才汇集

国际基因工程机器设计大赛是合成生物学领域的国际顶级大学生科技赛事。

本着"以兴趣为基础，以科研为导向"的理念，团队于2015年初开展本科生科研项目，以严谨科学的态度进行项目方案的设计、论证和实现，致力于提升学生的科学素养与创新能力，促进中山大学生命科学学院的生物信息学和合成生物学学科的进一步发展，积累宝贵的经验和培养一批优秀的后备人才。

国际基因工程机器设计大赛考虑到 iGEM 比赛的跨学科性质，完整的项目包含了生物理论、数学建模、编程实现和美术设计等模块，培养和建设一个科学全面的团队成了获胜的关键。他们将队伍分为生物组、模型组、编程组及设计组 4 个板块，面向全校本科生招募团队成员，通过综合考察遴选优秀的人才。多学科队伍的形成也为不同领域的学生提供了相互交流合作的舞台和接触交叉领域的机会，培养兴趣，探索深度，兼顾广度。在全体成员选拔完毕后，团队会组织他们进行专门的生物学知识培训，彻底完成一个合成生物学领域的软件队伍的组建。

## 完善的交流协作

由于团队成员来自不同的院系，大家的课余时间各不相同，团队的集体交流成为一个必须考虑的问题。

团队每周末都固定在南校园召开组会，每组带着成果进行汇报，并与其他组进行讨论分享。由于分属不同的校区，日常进展大多在线上讨论完成。微软俱乐部、实验室都留下过组员们讨论研究的身影。在筹备过程中，iGEM 软件队也曾遇到过人手比较紧缺的情况：比赛临近终点，为使所有的数据实现整合，他们需要把大概 800 个方程输入计算机里。这些方程手写起来十分容易，但是要输入计算机中使机器完成识别，还要花费一定的时间。团队的荣誉就在眼前，大家除埋头苦干外别无他法。就这样，队员们开始了艰难而又漫长的接力，基于合理的分工，每个人领取一小部分的任务，通力合作，终于在期限之内顺利完赛。

团队参加 iGEM 比赛，不仅是在与世界各地的优秀大学生团队进行竞争，同时也使团队融入这一交流学术、交流人文的大舞台。比赛前夕，团队成员前往台湾参加台湾交通大学召开的亚太地区交流会，与其他参赛队伍互相发表看法，提出建议，有序地进行研讨。除此以外，他们还前往北京大学参加中国范围内的交流会，借助这个平台，与厦门大学、南京大学开展有相关项目上的合作。

在交流的同时，队员们深知他们代表的是 SYSU – Software 的形象，更是中山大学的形象，甚至是中国的形象。因此，iGEM 软件队也相信积极友好的对外交流能为团队的成绩助力。

## 另类的公益奉献

团队在参加 iGEM 比赛的同时，也把握这个机会，配合开展一系列学术与公益活动，聚焦于为大众进行科普，面向校园乃至社会推广合成生物学与生命科学。他们利用作品和自身努力影响周边生活，也致力于将世界的行为融入他们的作品当中。

校园内，团队在"生物节"中设立展位，开展学术讲座活动，传播合成生物学知识；团队还与北校区生物安全委员会达成合作，制作了一副与生物安全有关的扑克牌，发放宣传到学校的实验室与相关管理单位，让大家意识到生物安全的重要性。校园外，团队开发了合成生物学手机游戏"Synbio Box"，在安卓平台发布，向青少年普及合成物学知识并获得了广泛好评。

对于团队的公益活动，队员们打了个通俗易懂的比方：你不需要知道一部手机内部的芯片构造，但是最起码的也要知道手机的功能。这就和他们进行公益科普的性质一样。对于学术的成果，大众可以不知道它的具体工作原理、理论依据，但是，既然研究出来了，希望大家至少对于该成果的功用及使用方法有一定的了解。

"当你能够获得美好的成果时，过程中所遇到的一切不开心和困难，仔细想来都算不上什么。"

大学的四年说来漫长，实则短暂，投入在 iGEM 队伍上的这段时光令让所有人都觉得格外值得。幸运地在正确的时间遇到正确的一群人，一起朝某个目标前进。除在学术能力上有巨大的提高外，收获的友谊更是团队给予每个成员的特别大礼。

SYSU - Software 团队薪火相承，将优秀的经验、宝贵的收获届届传承下去，并在其中不断完善，不断提高团队凝聚力，让中山大学 SYSU - Software 团队持续在国际舞台上绽放光彩。

**素材来源：**

刘洁予. 学在中大 [M]. 广州：中山大学出版社，2020：76.

# 世界那么大，不如去闯闯
## ——中山大学2014年大学生年度人物王思然

**人物简介**：王思然，生命科学学院2011级本科生。她连续3年综合评测全系第一、平均绩点排名全系第一，连续3年获国家奖学金，曾担任学院助理辅导员、学生会部长。

2014年初，她曾独自奔赴非洲坦桑尼亚，在当地贫民窟学校进行了为期2个月的支教。2013年中山大学招生宣传日，她作为生科院的学生代表，在怀士堂演讲……这个集万千光芒于一身的女孩，在面对这些头衔与标签时却显得云淡风轻，对她而言，再华丽的介绍也只是浮光掠影，人生还有更多精彩和未知值得探索和期待。

坦桑尼亚项目王思然与学生们合影留念

## 公益无限，从心出发

王思然说她想用不同的视角看一看世界，于是在大三的寒假她毅然远赴非洲坦桑尼亚。

非洲，这个被上帝遗忘的角落，充斥着贫穷、落后、疾病、饥饿……这一片土地似乎就是苦难的代名词。然而，王思然却义无反顾地选择了这里。当王思然真正踏上这片土地时，她才发现现实的残酷远比她的想象夸张，但人们的微笑也萦绕在她的心中久久不散。

给她最大冲击的是当地女性受到的不公平待遇，她们没有与男性平等的社会地位、没有一技之长、难以找到工作，没有独立经济来源的她们只能依附丈夫生活，甚至只能忍受长期的暴力与歧视。看到这种状况，王思然的内心涌起一股愤懑之情，她希望能够尽自己最大的努力帮助这些受困的女性。最开始她展开了一些宣传活动，但是效果却不甚显著。但是，她并没有气馁，授人以鱼不如授人以渔，要从根本上解决问题只能让那些女性自立自强。于是，她发起了以女性职业技能培训为主的项目，为当地女性提供英语和计算机课程的学习。

最令她担心的是一旦她离开，这个项目可能就会不了了之，之前的努力也会付诸流水。意识到这个问题后，王思然竭尽所能整合资源，包括通过脸谱等网络空间进行呼吁与宣传，希望这个问题能够得到更广泛的关注。此外，王思然还奔赴当地的一些企业和机构，拉赞助、做宣传。在最后一个月里，她跑遍了当地几乎所有的酒店，为学校争取到 50 多个实习岗位。在她的努力下，一半的女孩获得了她们人生的第一份工作。

在这两个月的历程中，有痛苦但更多的是欢乐。王思然清晰地记得当地居民的热情，记得那个非洲小哥真诚地教她斯瓦西里语的"Rafiki"（朋友）；她会想念跟家里 Bibi（奶奶）一起用椰子汁熬出来的酱汁的浓香；她也会为孩子们给志愿者们多舀的半碗粥，和那句"要把最好的留给客人，不然你们就不会来了"感到心酸……

有一次课上，王思然打算教学生如何介绍别人，于是她让他们形容一位老师。当时一个叫 Hanifa 的学生站起用斯瓦西里语唱了一首歌，只有简单的四句，可是全班同学一起反复唱了好几遍。他们告诉她，歌词的意思是"没有任何一个人能像你一样"。在项目结束的那天，在教室里跟所有人道别，王思然原本想留下最灿烂的笑容，可是还没等她说话，所有人就开始唱那首歌"没有任何一个人能像你一样",她当场泪如雨下。

从非洲回来后,王思然发现自己开始更有意识地关注这个社会,这也让她坚定了服务社会的决心。

其实王思然一直是个热心公益的女孩,高中的时候她参加过一个探访敬老院老人的活动,但是由于学业紧张,王思然最终只去了五六次就不再继续了。虽然王思然告诉自己这是无可非议的,但是这件事仍留给她无限的遗憾。敬老院的事给予了王思然一个警醒,也让她明白公益不是头脑发热,一旦开始就必须全心投入。尽管个人的力量是微弱的,但既然已经决意走上这条路,就不应半途而废,即便是献身于此,换取一些改善,也算是值得了。

## 合理规划,永不妥协

王思然从小成绩优异,在高考后她报考了自己所热爱的专业,怀着对生物学的憧憬,进入了生命科学学院。

连续3年绩点第一,王思然俨然是一个名副其实的"学霸"。谈及学习方法,她首先提到的是知道自己要达到什么标准,明白将哪些放在首位,制订一个长期计划和一个短期计划并且严格实行。这样的计划看似简单,但实施起来又谈何容易?她会给自己制订下详细的短期计划,计划好之后坚决执行,全心投入;她会充分利用零散的时间记单词、背知识点。"只要你想,学习总有机会。"

除此以外,她也是个活动达人,敢于尝试、敢于挑战、敢于创新。王思然曾参加2013年大学生全英商务大赛并获全国二等奖、华南赛区第一名、中大特等奖;主动申请到中荷创意经济论坛做工作人员;曾经参与广州市团委、广州市社会科学院的多项工作;在广州市人力资源和社会保障局有过两个月的实习经验;此外,在各种与学科相关的比赛与交流会上也能看到她的身影……王思然从不会因为有些事情没有做过而感到胆怯,反而是这些事情吸引着她,让她一定要完成。

她是一个倔强的自强女性,凭着勤工助学的工资和奖学金,独立承担了大学4年所有的学费和生活费。即便有时候她也会窘迫,但是不服输的她却不愿意找父母寻求资金支援,甚至向表姐借钱,赚了钱再还。她认为既然已经成年了便该对自己负责,这种"倔"对她而言也是一种激励,是另一种让人努力的形式。

对待学习与工作,王思然的目标是优秀。一方面她争取成为最优秀的人,另一方面只要成为最优秀的那群人的其中一个便足矣。不必将每件事都做到极致,尝试过后,此心无垠。

## 以诚待人,以心交心

她喜欢辩论队中小组讨论的头脑风暴,享受在篮球场大汗淋漓的快感,乐意与部门的小伙伴喝糖水聊方案,热衷于逗乐畅谈,满足于和家人一起拍照"卖萌"……这是一个简单纯粹的女孩,以真诚换来他人的坦诚相待,以热心换来他人的支持与关心,她的笑容总是无处不在,带来无限欢乐与温暖。

王思然(左三)近照,在联合国儿童基金会任职,在工作中与青年互动

2015 年,她的"解忧杂货店"上线了。这是她自创的一个在微信上帮助他人解决烦忧的平台,她希望能尽自己的绵薄之力帮助身边遇到困扰的人。王思然是从《解忧杂货店》这本书中找到的灵感:僻静的街道旁有一家杂货店,只要写下烦恼投进卷帘门的投信口,第二天就会在店后的牛奶箱里得到回答。那么自己何不也建一个线上的解忧平台呢?说做就做,不久果真就有人找到她寻求帮助,而她愿意作为一个倾听者,联系自己的经历,为他人理清思路,做一个幕后的小智囊。这样的举动或许不足为

奇，但是这样的善心却让人感动。

亚里士多德说，优秀是一种习惯，追求优秀是一种对生命的赤子之情。而什么是优秀呢？或许这个问题根本没有标准答案，重要的是我们一直在追求优秀的路上。

王思然的答案是——"世界之大，不如去闯！从不停止追寻更大的世界与更好的自己。"

**素材来源：**

刘洁予.学在中大［M］.广州：中山大学出版社，2020：109.

# 用心"菇"诣,学以致用
## ——中山大学2017年大学生年度人物王庚申

**人物简介**:王庚申,生命科学学院生态学专业2014级本科生。他热爱科研,一年内10次前往野外开展大型真菌调查,调查总时长超过60天;他慎思明辨,通过大量标本的对比,发现2个新物种;他博学笃行,勤于科普,在广州各森林公园和大学内举办蘑菇自然导赏体验活动10多次,前往中小学开办蘑菇科普讲座3次,并建立"采蘑菇的小猴子"微信公众号,写作推送科普文章50多篇,让读者正确认识蘑菇,正确认识自然。

王庚申(中)正在进行康乐园大型真菌导赏

### 与菇结缘,为菇发声

王庚申曾前往四川、江西、昆明和莫斯科等地采集蘑菇标本,发现乳菇属(*Lactarius*)新种2个,SCI论文修回待发表。他和团队一起在中山大学南校园开展大型菌类调查,完成康乐园大型真菌名录。他还在广州天麓湖、白云山和华农树木园开展导赏,宣传蘑菇的野外识别和生态知识。

蘑菇，在生物学中也叫作大型真菌，它们是森林中的分解者，清理林地的枯枝落叶和动物粪便；它们也是植物的共生者，帮助树木吸收水分和无机盐，在有些物种之间也承担着信息传递的任务；也有一部分蘑菇作为寄生者，它们侵蚀树干、蚕食昆虫。

2014年，王庚申刚入生科院便爱上了植物分类学。后来，在校园中他接连遇到了枯树桩上遍布的小假鬼伞、路边的热带灵芝、树叶上的琥珀小皮伞等，便渐渐喜欢上了蘑菇这一类群，开始系统学习蘑菇的知识，并牵头成立了康乐菌组，展开校园蘑菇调查。可是，关于蘑菇的资料有限，无法像植物调查那样使用检索表鉴定，最终该组只存下了100多份蘑菇的图片。那时，王庚申就暗下决心，一定要让蘑菇这么可爱的生物像其他植物那样，被大家熟知并喜爱，让大家更多地了解这个类群。

然而，在大多数人的眼中，蘑菇只是分为可食用蘑菇和毒蘑菇两种；也有许多人从小就存在这样的观念：颜色艳丽、长得好看的蘑菇是有毒的，其他的都能吃。如此一来，每年都有为数众多的人因误食毒蘑菇被送入医院，甚至丢失了性命。有的厨师不知蘑菇有毒而毒死了整个工厂的人，也有奶奶因为不知蘑菇有毒而毒死了自己的孙子。多次看到广州市民因误食毒蘑菇而致命的新闻报道，坚定了王庚申为蘑菇做科普的决心。

## 不畏艰辛，勤出野外

2016年，王庚申受到本校李方老师的邀请，参与黑石顶蜡蘑属大型真菌调查项目。在此项目中，王庚申共8次前往黑石顶自然保护区，拍摄了大量蘑菇的照片，采集到200多份大型真菌的标本。在这一年，他的标本采集记录的技能得到了完善，也打下了坚实的蘑菇分类基础。

2017年，大三的王庚申已经掌握了基本的识别鉴定知识，初步具备独自采集大型真菌标本的能力。这一年，他开始踊跃参加野外调查项目。自3月起，王庚申加入了邱礼鸿教授项目组的鼎湖山大型真菌调查项目，7次前往鼎湖山采集新鲜大型真菌标本；当年5月，他参加了山水自然保护中心在四川王朗保护区举办的兰科植物培训，并在保护区内进行了大型真菌的调查；当年6月，他参加了昆明植物研究所的植物王国夏令营，采集了昆明植物园内的大型真菌标本；7月，他跟随廖文波教授罗霄山脉植物区系调研的团队前往了江西的官山和庐山自然保护区；最远的行程当属10

月，跟随廖文波教授团队前往俄罗斯交流学习，在莫斯科郊外采集寒温带气候的真菌标本。

王庚申正在野外采集大型真菌

## 专注科研，定种撰书

在新鲜标本与标本室干燥标本对比的过程中，王庚申生发现鼎湖山的乳菇属有 6 个类群疑似新物种，并于 2017 年底确定 2 个类群为新物种，分别命名为黑乳菇（Lacarius nigricans）和疣孢乳菇（L. verrucospora），内容发表在国际期刊 Phytotaxa 上。他和大二、大三的同学组建了康乐园大型真菌调查组，在邱礼鸿教授的指导下，在中大南校园展开蘑菇调查，拍摄、采集了蘑菇标本近 200 份，并通过形态学和分子手段将其中 94 个类群鉴定到种，撰写了《康乐园大型真菌名录》，随后完成了《康乐园大型真菌图鉴》。

另外，王庚申也创建了个人微信公众号"采蘑菇的小猴子"，用于科普蘑菇的知识。目前，该微信公众号已经推出了 50 多篇推送稿，均是王庚申介绍自己在这些年采集到的有趣的蘑菇和世界上与蘑菇有关的有趣的研究成果。他在公众号中积极回应网友关于蘑菇鉴定的信息，并在一网友误食毒蘑菇的情况下，辨认出该网友所食的是毒蘑菇土红鹅膏，造成其中毒的物质是鹅膏毒素，同时还为医师提供了对症下药的思路。

白日不到处，青春恰自来。苔花如米小，也学牡丹开。蘑菇是一个容易被人们忽视的类群，王庚申希望通过对蘑菇的研究和科普，让越来越多的人喜欢上大大小小如花开的蘑菇；让越来越多的人正确地认识蘑菇，谨防误食毒菇；也让大家知道，蘑菇不仅可以吃，还是生态系统的重要成分，既是分解者，也是植物之间的联络系统。

大学毕业后，他前往中国科学院昆明植物研究所，在有"蘑菇王国"之称的云南继续大型真菌的研究，他将进一步探索共生菌对森林生态系统的影响。

**素材来源：**

刘洁予.学在中大［M］.广州：中山大学出版社，2020：27.

# 学有道，行有成
## ——2008 级本科生杨伊

**人物简介**：杨伊，2008 级本科生，学习成绩优秀，两年专业排名第一，兼读创业学院创业黄埔班。曾任班长、生科院学生会部长。曾获广东省生化技能实验大赛一等奖。体艺皆长，钢琴十级，曲棍球国家二级运动员。

杨伊

7月，炎热有雨的中午，大学城，我们与杨伊正式见面。虽然杨伊的课业极忙，只能抽出午休的时间接受采访，但是她仍然热情积极地带领我们参观中大东校区的教学区。在参观的过程中，她与我们分享了即将毕业的心情和毕业季的感触，为我们接下来的采访营造了良好轻松的气氛。这个炎热的午后，在一间快餐店里，杨伊与我们分享了她四年的学习历程和实习经验，让我们领略了一个全方位优秀人才的大学之路。

### 分秒把握的学习态度和科学的学习方法

对于爽朗的杨伊，我们很好奇她选择生物技术作为专业的初衷。她笑言，作为一位来自县城的学生，获得专业信息的机会比较少，正是因为一位和蔼的招生老师介绍生物专业的高端和前瞻性，让差点选择信息技术的她投入了生物技术的怀抱。她表示对自己的选择并不后悔。虽然大一、大二课业十分繁重，达到了每周50节以上，但她坚信时间是挤出来的，没有什么是不可战胜的。

　　为了平衡稀缺的时间和繁重的学业，她充分利用了每天的24小时，"更早起，更晚睡"的信念鞭策着她高速运转。她对部分同学在考试前临时抱佛脚的行为十分不赞同。上课时认真听课是期末无压力的关键。认真端正的学习态度可以让期末变得轻松，这是个亘古不变的道理。她认为，完成作业是必须的，尤其对于大一的同学来说，高数是不可偏废的一科，高数作业一定要认真对待，为这一年的高数奠定良好的基础。

　　然而，大学除了课程，还有丰富的社团活动和竞赛。这时候，我们需要掌握平衡学习和课余活动的技巧。杨伊既加入了社团，又是班长和院学生会部长，这些职务都需要投入精力和时间。她说，选择加入社团或竞争职务前一定要考虑清楚自己是否有能力同时兼顾这些事务与学习，并明确地意识到哪方为重，万万不能因为一时兴趣选择太多，超过自己能力范围。

　　如果压在身上的任务太多，她建议可以采用一种"残酷"却有效的方法，那就是列出一张表，为自己规划事务和时间。先把需要完成的事务列出来，再安排要完成的时间段，精细规划什么时间做什么事，然后付诸实行。一天完结后，对任务表格进行统计，看看哪些事情没有按部就班完成、什么地方浪费了时间，作为第二天的警醒和鞭策。通过前一天的实践，积累的经验可以告诉我们哪些时间能被"挤出来"利用。这种方法虽然会给个人带来极大的心理压力，但确实能够细化任务，鞭策自己并大大提高时间利用率。

　　可见，对待学习的态度和运用的方法很大程度上决定了成绩。杨伊的成功绝非投机取巧，她的成功是正确的学习态度、良好的学习方法和勤奋共同铸造的。她的成功为大一新生提供了一个前进的方向和导航。只有摆正高考后松懈的态度，以正确的学习态度、有效且适合个人的学习方法对待大学的课程，才能学好知识，取得良好的成绩。

## 从竞赛中收获经验

　　大二阶段，课程的减少和退出社团让她尝到了空闲的滋味。于是，她开始留意各种竞赛的信息，而带领团队参加广东省生化实验技能大赛并获得一等奖就是在这个契机之下。关于大赛，我们十分好奇她是如何拟定贴近生活并且实用的《固定酶法清除大豆制品中胰蛋白酶抑制剂以提高其营养价值》这个参赛课题的。她笑言，这个题目确实是从生活出发的。当初，她对生活健康网站上的信息多有关注，并且能够辩证全面地分析网站上的信息是否正确，而正是一些网站上对于豆浆的不科学文章促使她想出了这么一个贴近生活而又高于生活的课题。由此可见，生活是创意的来源。对事物的敏感性能够帮助我们在学习与工作中拥有源源不尽的灵感。

当然，灵感只是成功的第一步。参加竞赛，团队的组建、课题的设计和实际操作中有许多因素都能影响结果。杨伊坦言，珠海的条件是他们队伍的一个制约因素。在预实验阶段，他们队伍需要的器材和材料都无法在珠海购得，大大拖延了他们的进程。但是，材料价格贵、难找、运输困难等客观条件限制不能成为退缩的理由。为了打破"巧妇难为无米之炊"的困境，他们多次到广州采购，或者托人从广州把试剂带回来。面对窘困，我们需要在客观条件约束下发挥主观能动性，想尽一切方法做好，而不是敷衍、抱怨和退缩。

除了学术性的竞赛，她还参加了"赢在中大"和挑战杯，均获得不俗的成绩。对于参加商科的比赛，她表示自己的专业是一个优势，而商业比赛则是发挥优势的平台。在大二，她尚没有商科基础，因此团队组建很有技巧。她的七人团队中队员来自不同专业，拥有不同的专业背景。七人的组合既满足了比赛对技术的要求又满足其对商业知识的要求。

经过各种比赛，她总结出了许多经验。她对学弟学妹的建议是，一旦下决心要参加一个竞赛，就得全心全意去准备。在预备过程中积极关注及收集相关信息，并且要有明确的目的性，组建团队也是关键。团队中的人应该以相似的理念与价值观为基础，这样才能有良好的合作氛围。同时，参与不同类型的竞赛也要注意团队成员的专业组成，充分发挥队员专业背景的优势，对团队起正面推动作用。

## 在尝试中找寻方向

于杨伊而言，挑战杯、"赢在中大"这些商科竞赛都给她带来了不少启迪，让她重新审视自己的兴趣，为自己的未来定位做出了阶段性的调整。她深信，生科院拥有丰富的技术资源，但是，她还需要一个创业的平台。挑战杯和"赢在中大"的成功激发了她对商业的浓厚兴趣。作为一名拥有扎实专业知识的理科生，如果能够拥有一个能把技术学以致用的平台，便是如虎添翼。于是，她在大四课程较少、不与本专业冲突的情况下选择了报考创业学院的创业黄埔班。她认为，这样的选择不仅与生物技术不冲突，而且能够促进本来的专业。

经过对自身兴趣的审视，她认为实践、创业可能比实验室的工作更适合她。因此，她有意识地找实习岗位，丰富自己的履历。她曾在施华洛世奇公司实习，也为一个新兴的公司创立并管理一支庞大的工作队伍。这些经验大大丰富了她的人生，也为她不久之后正式投身工作奠定了良好的基础。

她建议，有志于毕业后立即工作的学弟学妹要在大三开始主动找实习，也可尝试暑假的实习，甚至可以尝试不考虑专业的行业，如市场营销、销售、人力资源等充实自己的经验。实习的简历设计也是个技术活，简历必须突出重点，符合招聘单位的用人要求，并且在完成简历后请有经验的人进行修改，务求达到成熟完善。对于要进行笔试和面试的招聘单位，要关注笔试的题型、方向和内容，也要在面试中展现出自己的风采，塑造一个符合用人单位的形象。她表示，最好提前一个月进行准备，不能打没有准备的仗。

进入大学后，各种各样的生活经历都会促使我们重新审视自己的选择。可能是学术上的挫败，可能是理想与现实的落差，也可能是突然萌发的新兴趣。须知，没有哪一个选项是绝对正确的，我们只有不停调整自己的道路，阶段性地选择目前最适合自己的方向，才能保持激情与信心，活出自己的人生。

作为一名毕业生，她不时流露出对大学生活的留恋和对这四年收获的友情的珍惜。在这四年间，她从对生物一无所知到最后选择了生物与商业相结合的道路，无疑经过了挣扎和怀疑。但是，这些经历都成就了今天这个闪耀的她。她的稳健和踏实铸造了她优秀的成绩，她的理性和敢为又使她找到了新的人生方向。从这样一位博学之星身上，我们能够得到许多启发，例如学习的方法和选择人生道路的思考。在此，希望每一位新生都能在大学里愉快地学习，并找到最适合自己前进的道路。

# 探索与守护，才学与热情
## ——2014级本科生刘成一

**人物简介**：刘成一，中山大学生命科学学院2014级生物科学专业，逸仙班成员。大一时编撰《野草有灵》，共收录了中大南校园的272种野生维管植物。他热爱自然，曾参与濒危野生动物及校园生态的保护工作；在生活中也经常用镜头记录身边的自然，用文字传达热忱的情怀。

刘成一在中山大学

我们和刘成一约在了荣光堂见面，他比约好的时间早到了。正好那几天，仙八色鸫在中大出没，在正式采访开始前，刘成一背着装备齐全的登山包去附近的马岗顶试图寻找它的踪迹，最后由于雨势太大而作罢。虽然只是一个小小的插曲，但刘成一对自然探索须臾不止的热情可见一斑。

## 年少未识林中雾，魂断初见两三花

刘成一从小就非常热爱自然事物，上大学之前，他养过不少动物。在高中时期，他还导演并拍摄了一系列记录短片，专门介绍家乡的生态环境。他经常带着一个大大的登山包，包里有相机、望远镜等装备。在路上他随时可能因为看到某种生物而凑过去观察，而这些行为在一部分人看来是有些不可思议的。

"其实是一种需求，对我来说亲近自然就像吃饭、睡觉一样。"刘成一对自己的爱好有着很深的执着，如果走在路上，不看看天上飞过的鸟是什么，他会为那可能是自己漏过的新鸟种而觉得伤心；看见某种长得特殊的植物，如果没有确认是不是自己没有见过的，那也会不安心。自然观察使他无比着迷，已经成为他生活的一部分。

在谈及父母对自己爱好的态度的时候，刘成一表示，父母较尊重他的爱好，从小就支持自己饲养各种鱼或者虫子。"虽然他们也不是很了解我现在正在做的事情，但是他们看到我在努力地做一些有价值有意义的事情，那么在他们的认知里，这个也挺好的。如果没有父母的支持，很多事情我也做不了。因此，我非常感谢我的父母。"

## 枝繁容易纷纷落，嫩蕊开得细细长

作为一位近乎狂热的自然生态爱好者，刘成一在同龄人中非常擅长物种识别，植物、昆虫、爬行动物、鸟类均有涉及，在普通生科学子眼中，他无疑是一位"大神"。被称作"大神"的刘成一却不满足于认种。君子有大道，必忠信以得之，骄泰以失之。上大学后，在导师的指导下，刘成一慢慢领会什么是科学——不仅仅是知道物种的名字，而是把物种放到系统发育和生态学的框架中去，观察、思考和了解物种、物种和环境的关系远比仅仅知道物种的名字更具有科学上的意义，也为自然观察本身添上一层独特的韵味。

在聊天的过程中，我们也发现刘成一并不是一个只讲求生态保护而忽略社会现状的极端环保主义者，他对于目前人与自然的矛盾，有着非常理性的认识。"保护生物学，不是单纯地保护生物多样性，而是为了解决人的需求问题。"自人类出现以来，人类虽然不断向自然索取资源，但自然资源的再生能力尚且能够满足人类的需求并保持自身的稳定。然而近几十年，生物资源出现衰竭的前兆，而人类对自然资源的需求量却并没有减少。站在保护生物学的角度，缓解人与自然的矛盾，更多的是缓解人的矛盾。一个常见的案例是，假设某地区的居民长期以某种不可再生的珍稀自然资源为生，我们需要考虑的可以是为他们提供替代性的生产方式，使其不依赖于这种稀有自然资源。

### 峭壁摩天微言弃，路转春风见溪桥

谈话中，我们也了解到，刘成一现在也参与到中大南校园的一些生态项目之中，其中包括了校园树木调查和中大翼境的鸟类调查。进行这些工作，首先要挖掘物种信息，这样便于做一些保育和监测调查工作，这是做其他事情的基础。其次是展示部分，我们还应思考，如何将校园文化与生态环境更加深层次地联系起来，使生态成为校园文化的一部分，如何把中大建立成"森林学校"，如何使其能承载这四个字背后的内涵，而不仅仅是停留在了解和认识的层面。

"自然教育"一词在我们的谈话中出现的频率很高，刘成一在这方面有过很多思考。他笑称自己具有表演型人格，乐于分享自己的见闻和知识，希望能够以自己的影响，带动别人去关注和保护生态环境。刘成一也提到，大学是一个很好的平台，一是有稳定的环境，为专注于自己想做的事情提供了很好的条件；二是大学里有一群能够与你思想发生交互的人，在相互的学习交流之中，能够拓宽人的知识面。因此在大学展开自然教育的推广是一种不错的选择。

初识刘成一时，会为他在自然探索方面的渊博知识而感到敬佩，继而被他保护自然的热情感动。采访前一直好奇，是怎样的动力能驱动一个人，醉情生物十余载，在生物的世界里走得那么广，钻得那么深，爱得无法自拔？当问到这一点时，刘成一说自己的梦想在灼烧自己，无时无刻。他说，自己常常幻想，强烈憧憬着有一天能既让人类有高质量的生活，又让自然得到保护。他描绘了这样的一张蓝图：人类的居室内，丰衣足食，净几明窗，窗外是茂林修竹，郁郁葱葱，鸟语花香，或有一只长臂猿在林间划过……正是这样的希望灼烧着刘成一。如同孔子言"吾与点也"，希望"咏而归"的画卷；如同居里夫人说人类需要梦想家，正是一个个憧憬推动人类迈出一步又一步。

"人生在世,最重要的是什么?是开心。"刘成一如是说。有梦想,并为之努力着,这是一个人光环的来源。赞曰:如保赤子,心诚求之,虽不中,不远矣。有对自然知识的热情,有科学的思维,有强烈的责任感,有坚持的信念,用理性的方式,刘成一秉赤子之心,带着灼烧自己的梦想,带着对未来人与自然和谐相处的强烈憧憬,必能走出独特而精彩的人生。

# "做讲解员是一件非常幸福的事"
## ——2017 级本科生徐浩

**人物简介**：徐浩，中山大学生命科学学院生物技术及应用基地班 2017 级本科生。曾任中山大学生物博物馆第 19 届讲解队讲解员、第 20 届讲解队队长。曾被评为"中山大学勤工助学优秀个人"，曾获国家奖学金、中山大学优秀学生奖学金一等奖、第三届全国大学生生命科学竞赛国家级二等奖及广东赛区特等奖。

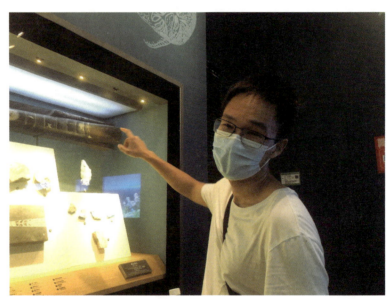

徐浩同学正在讲解

### 缘起：兴趣使然

**《生科人悟》**：请问您为什么当初选择加入中大生物博物馆讲解队？

**徐浩**：在新生报到后，生物博物馆讲解队和康乐植悟会联合进行校园讲解，最后一站就是生物博物馆。至今，我仍然对当时为我们进行生物博物馆讲解的两位学长记忆犹新，一位是刘玥楼学长，另一位是当时的生物博物馆讲解队队长冯鸿彬学长。从他们的讲解中，我感受到他们对于生物博物馆的热情，深切体会到他们对这份工作的热爱——他们的讲解生动有趣，并且非常乐于跟参观者交流。因此，我当时就觉得能够成为生物博物馆的讲解员是一件很幸福的事情。

其实，我曾对生物博物馆讲解队有过"误解"，起初以为这是一个社团，后来才发现这其实是一个勤工助学岗位，需要经常跟老师打交道。大一时，我正处于比较迷茫的状态，但进入生物博物馆讲解队后，我才发现有趣的事层出不穷。冯鸿彬学长还组织我们去东校园附近的广东中医药博物馆参观学习，同时我们也接待对方博物馆的人员来访，互相交流学习。

## 情深：了解愈深

《生科人悟》：在进入博物馆讲解队之前，您对"博物馆"有着什么样的印象？

徐浩：以前我参观的博物馆多为历史博物馆，在那样的博物馆里，我们可以看到很多展品，但仅有短短几行字的介绍来了解它们背后的故事。或许是因为过去讲解员并不普遍，走马观花式的浏览让参观者和博物馆间存在一种距离感。来到中大生物博物馆，这是我第一次知道生物标本馆的存在，它的故事更为鲜活，而它的表达也更需要讲解员。自行参观和由讲解员带领的参观体验是完全不一样的。讲解员的讲解和展示会给予参观者一种体验式的感受，使他们能够真正地接触展品，与展品"对话"，弥合距离感。因此，我更深切地感受到成为讲解员是一件非常幸福的事情。许多看似普通的展品，在讲解员的讲述下，都能呈现出无比精彩的故事。

《生科人悟》：您认为讲解员是否就像连接展品与参观者的一道"桥梁"？

徐浩：是的，这正是讲解员的职责所在——帮助参观者更好地了解展品。通常情况下，讲解员的工作遵循值班制度，因此讲解的时间是固定的。每次值班时只有两名讲解员，如果要求他们不断地进行讲解，工作负担会比较重。在没有讲解的情况下，自行参观可能只需不到半小时，但是正式讲解时长通常需要一个半小时以上，这还是在无法覆盖所有展品的情况下。大部分讲解员进行全馆讲解可能需要 2～3 个小时，这样深入的讲解能够真正地使参观者和博物馆建立起联系，使参观者可以学习更多、了解更深。做不太恰当的对比：我们来到生物博物馆参观和去动物园游览的区别在哪里？在动物园，游客可以观察特定时空下的动物行为，尽管这些行为未必是自然状态下的；而在博物馆，在讲解员的带领下参观，你能不受时空限制地看到、学到许多东西。

## 蜕变：勤学多思

《生科人悟》：从自身的经历出发，您觉得成为一名讲解员需要具备哪些特质？

徐浩：我认为，第一也是最重要的一点，就是具备充沛的热情和坚持不懈的学习精神，以及善于收集信息。在新队员进入生物博物馆讲解队后，我们较少进行统一的大规模讲解培训。虽然我们有一份代代相传的讲解稿，但是这份讲解稿历史悠久，框架单一，相当于把一个展品未完的简介写在讲解稿上，讲解员背下来后再讲给游客听。我认为，讲解员如果只是背下这份演讲稿，是无法成为一名优秀的讲解员的。很多时候，讲解员需要通过自主学习来丰富自己的讲解内容。比如，在进化生物学课程中，吴仲义教授会告诉我们很多进化上的观点，动物学、植物学等课程也能极大地丰富我们的知识。这些知识来源于老师们，科学性很高，那么我们所要思考的就是如何将其纳入自己的知识体系，为自己的讲解所用。另外，当有讲解员进行讲解时，我们会安排其他讲解员进行采风，采风者也能从别人的讲解中学习和收获。同时，作为生科人，大家在日常交流中也会谈到很多自己了解到的生物知识，同学们还会经常分享一些比较好的学术公众号，这也是一种信息获取和学习的渠道。只要具备学习的热情，就会自然而然地留心学习生活中的这些知识，慢慢地将其扩充到自己的知识体系中，从而学以致用。

第二点——善于筛选信息并对自己传播的信息负责。我们发现，很多时候，对听者而言真正有趣的并不是既定知识或者客观事实，比如动物的界、门、纲、目、科、属、种、身高、体重等的信息，这些内容听起来是比较乏味的。真正有趣的部分在于介绍假说，比如，我们在介绍孔雀时，会提到一个有趣的问题：为什么雄性孔雀比雌性孔雀更华丽？这个问题在进化上有诸多不同的假说，而这些假说的描述又比问题的本身更有趣。然而，介绍假说也存在一些注意事项，当时讲解队里有个同学就提出一定要明确告诉受众——所介绍的这部分内容只是假说，它未必是真实的。因为讲解员扮演的是传播者的角色，就必须对自己所传播的知识负责任。即便存在一些有趣的假说，讲解员也并非随便讲述，只有在保证自己的信息来源十分可靠的情况下，才会将其纳入讲解内容。

第三点——具备较好的表达和沟通交流的能力。作为讲解员，我们的受众是很广泛的。常见的受众有三类：一类是中学生的游学团和其他博物馆的交流团，第二类是一些小朋友的参观团，第三类是一些家长的参观团。针对不同的受众，讲解员需要调整讲解内容和方式，使其易于接受。例如，小朋友很难长时间集中注意力听完讲解，这就要求我们缩短讲解时间，用知识吸引小朋友并和他们互动。另外，接待参观团一般在工作日，而博物馆二楼又是老师办公的地点，所以讲解员不仅要进行讲解，还需要维持好秩序，以免打扰到老师们的办公。而向参观的家长们传播信息的时候就需要尽量避免歧义，因为现在公众号、短视频里碎片化的信息比较多，也许我们传播出去的是正确的信息，但我们无法保证受众接受后是否会受其他信息的影响产生错误的理解。因此，我们在表达的时候就要尽量避免歧义，需要不断地思考如何把信息更加准确地表达出来。

从我个人的角度来看，我认为想象力和创造力也很重要，这也是我欠缺的方面。中大生物博物馆是全国馆藏排名第五的博物馆，同时也是国家二级博物馆和首批高校博物馆之一。我们一些同学负责运营生物博物馆的公众号，对宣传起到了一定的效果。同时，生物博物馆也推出了一些文创产品，如明信片、帆布袋、徽章等。后来，我们也尝试做线上 VR 讲解，总之都在不断地尝试把新事务和生物博物馆结合起来，这就需要想象力和创造力了。

## 前行：永无止境

《生科人悟》：在成长为一个成熟的讲解员的过程中，您是否遇到过什么难关？

徐浩：也谈不上成不成熟吧，我觉得自己始终在学习的过程中。因为从我的角度来看，像冯鸿彬学长、王宁学姐，他们都是生物博物馆讲解员，在工作能力、知识储备等方面都远远超过我，让我感到永远都追赶不上他们。

我记得大一的时候，有一天我正在生物博物馆值班。突然进来一个人，他直接要求我给他讲解化石的部分。一般来说，如果对方明确要求你讲解某一部分，那肯定是"有备而来"，对此有一定的知识储备。我的讲解没有持续很久,他就自曝身份了——他是一位师兄,之前也是生物博物馆讲解队的一员,现在已经是一位博士了。我感觉,我永远看不到自己和师兄师姐之间的差距有多大,但这种差距不断激励着我们向前。我总觉得自己还没有做到像其他师兄师姐那样好,比如前面提到的冯鸿彬学长,他为生物博物馆讲解队的其他方面也做了很多努力,比如联系设计队服、队徽。而我更多的只是沿袭从前的优良传统,并没有做出很大的突破和改善,和师兄比,我还有很大的差距。但这种差距一直激励着我不断努力。

徐浩同学和广中医讲解队交流

对我而言,生物博物馆讲解员不仅仅是一个勤工助学岗位,我来这里是因为我的兴趣,因为了解所以热爱,因为热爱而不懈学习、用心讲解,我一心让展品有声有色,始终对传播的知识负责。这既是"随风潜入夜,润物细无声"的奉献精神,亦是"生命演华彩,薪火传未来"的使命担当。

# 海阔凭鱼跃,天高任鸟飞
## ——2017级本科生赵南岚

**人物简介**:赵南岚,中山大学生命科学学院生物技术及应用基地班2017级本科生。在校期间连续获得中山大学优秀学生奖学金一等奖、国家励志奖学金"刘永生优秀贫困本科生奖学金"等奖学金,并获得"中山大学优秀共青团员""中山大学优秀毕业生"称号。

赵南岚

## 不积跬步,无以至千里

不同于大多为独生子女的同龄人,赵南岚同学家中有两个姐姐和一个弟弟。尽管供给4个孩子读书对于一个普通农村家庭是很重的负担,但是她的父母一直鼓励他们通过读书改变命运,从而去往更广阔的天地。最终姊弟四人不负期望均考上大学。

中学时期,生物一直是南岚最擅长的学科,她会为书本上各种细胞、分子着迷,也是在那时南岚埋下了一颗未来要探索自然奥秘的种子。如愿以偿的,她考上了中山大学生命科学学院。她说:"大学对我来说就是自由的天堂,既可以学喜欢的专业,自由探索课程边界,又可以自由自在学

'无用'的知识,读'无关'的书籍"。因此,在专业课程上,从大一纷繁复杂的植物学、动物学,到后来令人头秃的有机化学、生物化学、细胞生物学、分子生物学,南岚学起来始终甘之如饴。课上笔记经常写到飞起,课后总结也从不缺席,更别提考试周前的全心复习,也正是这份努力换来了四年专业第一的成绩。学业上,她始终记得撒切尔夫人的"争坐第一排"的故事,不断鞭策自己去到更优秀的环境中,不论是"基地班"还是"逸仙班",都极大地开阔了她的视野。就像她所讲的,学习的过程虽然"千淘万漉虽辛苦",但是最终总会"吹尽狂沙始到金"。

物质生活的不富裕反而让她明白知识的公平与可贵。读书把她带到了更广阔的海洋,也让她见识到世界的美好。

她说:"求学之路就像是玩一场升级打怪的游戏,大家虽没有办法选择最开始自己的家庭和角色,可是都有着同样的目标——让自己成为更好的人。只要努力了,不管结果如何,一定都会有收获。因此我每次全力闯完一次关,就去往了更优秀的平台,就像跑步一样,前进一步,再前进一步,回过头来骄傲地发现自己已经走过很长的一段路。"

## 感恩帮助,回馈社会

也许是因为从小体会到生活的不易,赵南岚同学对每一个给予帮助的好心人都十分感激,在她求学的路上有许多人给予了她学习和生活上的帮助,如学院里的各位老师,还有社会上的爱心人士如唐仲英先生、刘永生先生等。因此,南岚一直都怀着一颗回报国家和社会的心,她一直做自己力所能及的公益活动、志愿活动。尽管她现在还没有强大到拥有帮助别人的物质基础,但是她表示她愿意用自己的知识和品格将这条爱之链传递下去。

升入大学以来,她积极参加各种学校的、社会的志愿活动,以求做些目前力所能及的事来回报社会。例如作为进社区科普的"生活大百科"组织者与志愿者,与广州市社区居民深入交流,为他们普及生活科学知识,破除常见谣言;她也曾去体育东路小学,作为一名"环境教育活动"的讲师,给二年级的小朋友科普环保知识、培养环保意识,比如怎样出行才算绿色出行,怎样保护我们的母亲河,还获得了广州市绿点公益组织颁发的"小蜜蜂奖";除此之外,她也当过新生军训医疗志愿者、广州马拉松的志愿者等。

成长的方式有很多，自己经历过了，体验过了，也同时希望别人的生活可以少一点遗憾。赵南岚同学从大一下学期开始成为"蓝信封"第21期通信大使中的一员，与安徽省颍上县龙子湖小学的一名单亲家庭的留守儿童对接，仔细倾听她生活上和学习上的烦恼，并与她分享一些学习方法、大学生活，鼓励她不要放弃学习，积极与父亲沟通。作为从农村出来的学生，她真切地感受到一个愿意与学生沟通的好老师的重要性，因此赵南岚同学还参与了美丽中国的陪读项目，对接了云南省高黎贡山脚下的一名五年级女生，和她一起阅读《窗边的小豆豆》，并每周分享读书笔记，从聊天中南岚发现女生喜欢画画，于是便将自己的读书笔记用画的形式展开，希望能激发她读书的兴趣，并鼓励她：虽然我们无法改变自己的出身，但是可以改变自己的现在，并大步跨向未来。

从20世纪到21世纪，从农村走到城市，从家里生活状况的不断改善，她感受到国家的快速发展，也感恩党和国家提供给我们实现自己的平台，更向往着加入中国共产党，努力为人民服务！因此她从大一入学就递交了入党申请书，后来顺利成为一名党员。在此期间她还先后加入校团委组织的青马班和学院组织的青马学堂，通过和许多致力于服务社会的优秀同龄人交流，更加坚定了她的初心。

## 立足专业，追寻梦想

马克思的梦想是"解放全人类"，而赵南岚同学的理想就是做对大多数人有益的事，让我们的国家拥有更多的蓝天白云绿水青山。她希望做一名真正热爱科研的科学家，终身投身于环境保护，用生物技术改善水污染、固体废弃物污染，慢慢将我们居住的环境重新变成绿水青山。

赵南岚同学湖边照

目前赵南岚同学在清华大学环境学院深造，离实现自己的理想更近了一步了。未来她希望也能带着中大"博学、审问、慎思、明辨、笃行"的校训精神，在更广阔的天地里实现自己的梦想。

# 找到热爱,追求卓越
## ——2018级本科生陈思羽

**人物简介**:陈思羽,2018级生物科学专业本科生、逸仙班成员。生科院Promoter学社学术交流项目组副负责人,中山大学武术协会健身气功部负责人,中山大学健身气功运动队队长。曾获得2018—2019学年本科生国家奖学金、中山大学优秀学生奖学金一等奖、文体艺术奖专项奖学金;在2019年中国大学生太极推手、长短兵锦标赛,太极推手对练(套路形式)中取得混双甲组第一名、太极推手实战女子甲组56公斤级第三名。

陈思羽

### 找到热爱:我想要更好地认识这个世界

从小在北方长大的陈思羽,初入大学时便感受到了南北方在气候和文化方面的差异。她说："我的舍友基本都是南方人，和她们的思维方式还是有些不同，但是经过一段时间的磨合，还是找到了比较好的相处模式，现在我和室友们的关系依旧挺好。其实，多和不同的人相处是一件好事，自己的思维也会变得更加多样和包容。"

当谈及对生命科学的看法时，陈思羽认为，学习生物让她更加理解世界的多样性。她说："我觉得，认识到多样性的存在是理解和尊重这个世界的基础。因为这样就会怀有一种尊敬而不是对立的态度，去看待和自己不同的事物和思想。就像在中大体验过的南北差异一样，在明白了多样性的意义之后，我会用更包容的心态和方式与人相处。"此外，陈思羽还常常感叹生命的精妙，"在学习细胞生物学时，我常常对'如此小的分子就可以在细胞内发生这么复杂的反应'感到震惊。再回到自己所处的宏观世界，无形中我就会更加欣赏生命的美妙"。

刚进入生科院时，陈思羽也曾考虑过转去学习哲学，她从中学时期就对哲学怀有兴趣，并经常在课外时间阅读这方面的书籍。她曾经因为想要转到哲学专业去找过辅导员王莹老师谈话。她说："王莹老师在耐心听完我的想法之后，给了我一个非常有用的建议——学什么专业其实并不是最重要的，最重要的是要有勇气和能力去面对你未曾经历过的事情。这句话解开了我的困惑，在做很多事情的时候，我变得更加果断，也更关注每一段经历所带来的成长。"同时，她也努力在生物科学的领域探索自己感兴趣的道路。在离转专业还有一段时间的时候，陈思羽进入郭金虎教授的实验室学习。她说："既然不能马上去到哲学专业学习，那我就先试一试可不可以把当下的任务做好。当时我很认真地学生物，得到了郭金虎教授悉心的指导和帮助，在实验室的参与度也比较高。一段时间以后，我就发现我先前对自己的认识是不够全面的。我之前觉得我不擅长数学、计算机方面，但是在我努力过之后，发现它们还是很有意思的。渐渐地，我也可以在实验室完成一些基础的编程工作了，在我尝试解决问题的时候，获得的快乐也一点不亚于我在读哲学相关书籍时获得的快乐。于是我发觉，在某种程度上我还是给自己设限了，自己其实还是可以在生物这条路上走下去的。"

当她回看上述这段难忘的经历时，她总结道："我想转哲学专业和想学生物的根本原因其实是一样的——我想更好地理解这个世界：如果说哲学是从思想层面，那么生物就是从物质层面。现在我还是很喜欢哲学，不过是将它当成我的学习和工作的辅助和爱好。"

## 追求卓越：勇于尝试，为自己热爱的事情持续而坚定地努力

有了对生命科学的热爱，还需要找到适合自己的方法及长期坚持的动力。在学习生物的过程中，我们能感受到生命的奇妙，但还需要强大的记忆能力来应对考试。

她说："我会尝试去理解这些知识。比如动物学，我会顺着进化的关系整理它们的变化规律，思考它们为什么会这样进化，它们进化的总体思路和趋势是什么。单纯地靠强记其实是很难的，但是如果能找到其内在关系，记忆就会变得简单许多。我也很喜欢制作思维导图，因为这样会使我的思维更加清晰，帮助我更好地理清一门课程的知识脉络。"

除了找寻逻辑，陈思羽还分享了一些其他的学习方法。她说："我比较擅长记忆图形，对文字反而没有那么敏感，所以我很多笔记都是半写半画出来的，比如动物学的每一个纲，我都会画图来体现其结构；组织学与胚胎学，我也会通过画图来辅助名词的记忆。其实书中都会有很好的插图，我只是仿照着画下来而已。此外，我在写笔记的时候会用到很多种颜色，增加视觉刺激，从而让自己脑海中产生脉络和图像，而不是单纯的文字。每个人所习惯的方式是不一样的，对我来说纸质笔记更有助于记忆，但还有很多同学是习惯于记电子笔记的，所以我觉得，最适合自己的学习方法才是最好的。"

谈起如何找到自己喜欢的科研方向，陈思羽说："我刚入学时对神经生物学比较感兴趣，但是学院研究这方面的老师比较少，在拜访了几个相关的老师后，我觉得他们的研究方向并不适合我。生命科学引论课也是我寻找导师的一个很好的途径。在其中的一次课上，郭教授清晰明了地向我们讲述了他的研究方向，我觉得他是一位非常优秀的教授。而且在刚入学之时，我也在导师手册上看到了郭老师的方向——生物钟。通过了解，我发现生物钟的研究范围很广，并非纯微观的研究，而是从分子到行为都有所涉及；研究对象也很丰富，包括粗糙链孢霉、小鼠、人类等各种进化水平上的生物。我觉得生物钟的分子机制及生物节律如何与人的行为相关联都是我所喜欢的方向，于是就给郭老师发了邮件，并有幸成为郭老师实验室的一员。"

在疫情期间，陈思羽在郭老师的指导下和同学们一起进行了"关于疫情期间节律睡眠和情绪变化的调查"，写成了一篇英文论文并且正在投稿，

她说："这个过程我觉得挺不容易的，毕竟这也是我第一次完整地经历了论文从写作到投稿的全过程。我觉得这对我的学术能力和心理素质都是一次很好的锻炼。"此外，她在暑假期间参加了中国科学院神经研究所和生物物理研究所的线上暑期学校，并拿到了结业证书。她说："我在老师们的讲座中比较系统地了解了这两个领域的主要研究方向和前沿进展，老师们清晰严谨的研究思路也使我获得了很多启发。"

关于大一新生如何选择自己喜欢的方向，陈思羽认为，如果有兴趣点，可以先广泛地探索一下，比如阅读相关文献、寻找对应导师交流等；如果暂时没有，就要抓住新生研讨课、生命科学引论这样可以了解不同老师、不同研究方向的机会。要是发现感兴趣的导师和方向，那就大胆地去找老师们进行交流，并询问是否可以旁听组会。在选定导师之后，要尽量保持比较高的参与度：尽可能多地主动参与组会、抓住进入实验室的机会、尝试做一些基础的实验等。这样可以在知识和能力上都进步很快，还能提前感受实验室的生活。

## 多元发展："文体两开花"

陈思羽不仅在学业和科研方面有所收获，而且在社团活动中也有着丰富的经历。

在 Promoter 学社两年的经历，对她的学习和能力提升有特别大的帮助。"第一年我作为一个'小朋友'，得到了师兄师姐们很多的帮助，让我顺利找到了适应大学的学习方法，同时也认识了许多志同道合的小伙伴。我们会一起交流学习，一起组队参加竞赛。第二年我从'小朋友'转化为了'老人家'，在引导新生的过程中，我的综合能力得到了很大提升。在做一些知识的分享时，我又学会了很多新的东西，也让自己的认知也更加清晰。"

在另一个社团——武术协会，陈思羽更是收获颇丰。她说："我在小的时候跟随一位师父练习了三四年的太极拳，但是中学阶段由于学习的缘故暂时搁置了。进入中大后，我想把这个技能重新拾起来。"加入武协后，她发现指导老师和师兄师姐人都特别好，而且在技术提升上为她提供了很多帮助，加上本身就有一些基础，她很快就适应了这个社团。她在长期的训练和不断的努力下，有了很大的提升，也陆续获得了很多奖项。

面对学习和社团的诸多任务，陈思羽管理时间的能力也不断提高。

"有一段时间，我每天要在武协训练，同时也在武协宣传部承担一些工作，社团和学习的任务比较繁重而且有些冲突，感觉自己的工作状态和学习效果都不够理想，意识到这一问题之后，我开始主动调整。我会多找到一些时间用来学习，比如每天晚上在自习室里待得晚一点。在社团中，我也会与负责人沟通，结合自己的实际能力来调整承担的任务量。"

陈思羽的责任心也很强。她认为社团的工作中有大多数是会牵涉其他人的，所以如果是她接的工作，她就一定会做好，而如果她觉得自己无法胜任，她就找到可以胜任的同学来更好地完成工作。

"希望大家能勇于尝试，为自己热爱的事情持续而坚定地努力。与大家共勉。"这是陈思羽想要送给学弟学妹的话。在和她的交流中，笔者看到了她对学习的认真，对科研的热情，对未知的好奇，对热爱的执着和笃定。愿她在以后的学习生活中，能够一直保持积极和阳光，在充满无限可能的未来道路中勇往直前！

# 板凳坐得十年冷，勇立潮头敢为先
## ——2018 级本科生王佑琪

**人物简介**：王佑琪，中山大学生命科学学院生物技术专业 2018 级本科生。在校期间连续获得国家奖学金、中山大学优秀学生奖学金一等奖，曾获得王老吉奖学金、国际比赛 iGEM 金奖、全国大学生生命科学创新创业大赛三等奖、中山大学优秀共青团员、中山大学优秀志愿者等奖项或荣誉称号。

王佑琪

"在高考后填志愿时，我就有过很长的思考，是听从身边人的劝说读热门专业，还是不忘初心读自己从小就喜欢的自然科学？"这是王佑琪人生中的第一次重要选择。选择中大，选择生命科学，决定了他大学生涯的基调，决定了他要成为什么样的人，他要为谁成为那样的人。

## 刻苦学习，扎实基础

南校深夜12点才关的自习室是王佑琪最爱去的地方，虽然有时候深夜一个人走在路上觉得很累，有时候看着同学打着游戏的欢声笑语，他也略有羡慕。但每当自己多掌握一页书的内容，多看一篇文献，多背一个单词，他就觉得自己是幸福的。就像习近平总书记说过的"板凳坐得十年冷"。无论是学业还是科研，他都保持着耐心、恒心，先从基础知识抓起，认真做好每一件事。同时，他也不会满足于现状，总是提出新的要求、面对新的挑战。他说："我在大一上期末发现自己英语能力有所下降，在不长的寒假里，我主动为自己报了一个托福班，到校后继续坚持每天学习英语，坚持读英文文献，这也为我的文献阅读能力打下了坚实的基础。"

随着专业课程的增多，难度也越来越大，在第一次动物学实验课上，由于不熟悉相关操作，做得不是很如意，自我要求极严的他开始对自己产生了怀疑："自己真的适合生物科学吗，别人都可以做到的，我为什么不行呢？"经过几天的沉沦，他觉得自己不能放弃，主动向班主任寻求帮助，班主任建议："第一次总是痛苦的，永远不要觉得自己能力不行，人是有一个学习的过程，觉得不满意，就多去做几次。"在第二堂课后，他又多花了一部分时间去熟练第一堂课的内容，"如愿"成为最后一个走的学生。以后的课程里，每当有困难，他也不再怀疑自己，而是充满斗志地不断去挑战、不断去解决。自己也渐渐形成了遇困难找方法，多花时间加油干的习惯。在面临众多的学习任务时，他还买了一个小白板，每天写下要做的事和截止时间，每天检查完成情况，做到当日事当日毕。

扎实的理论基础为他今后的科研工作提供了莫大的帮助，"理解基本原理，优化实验步骤，在不同的现象间寻找联系，这就是新发现的开始"。

## 潜心科研，探索所爱

在听了许多教授的课和讲座之后，刚入校的王佑琪深入了解了各领域的发展，逐渐找到了自己在生物领域的兴趣点，即解决人类的健康问题——从最根本的原理出发，降低人们的患病率，提高人民的生活水平。与此同时，他也有了许多想法。然而，理想很丰满，现实很骨感，在与一些教授交流后，教授指出有兴趣有热情是好的，但还是要多想多思考，指出他的想法有些缺乏可行性，有些甚至存在理论错误，并鼓励他继续思考，扎实理论基础，多进实验室参观学习。

在大一下学期，王佑琪联系了一名教授，在教授实验室的研究生师兄的指导下进行学习。一开始，师兄只是让他在观摩实验操作，适应实验室的生活，但是渐渐地，王佑琪开始有些心急，想要自己独立操作。师兄见状便给了他自己实验的一次机会，可结果却不尽如人意，师兄说到，"做科研是不能心急的，先学着看，再学着做，最后再自己独立做。"与师兄交流后，他开始认真研究实验步骤，弄清实验原理，将实验流程牢记于心，在看的同时不断思考，这个操作为什么要这样，要注意什么，并积极向师兄请教经验。没过多久，师兄就主动为他设计了一个小课题，带着他开始了一个完整的实验。第一次实验做到一半，发现实验没能成功，他十分沮丧，师兄说道："实验失败比成功多，现在可不是沮丧的时候，而是更应该想为什么失败，如何完善实验计划和操作。"在做第二次实验时，王佑琪做了一个实验计划表，合理高效地完成了各实验步骤，过程虽有曲折，最终还是成功了。大学生涯里的第一次实验室锻炼不仅教会了他基本的实验技能，也教会了他科研的态度和方法。

大二时，王佑琪在师兄师姐的指导下开始参加完整的科研项目，独立撰写论文。同时作为负责人带领团队参加生命科学竞赛，制订实验计划，安排成员分工，调动队员积极性，充分锻炼了领导能力。他积极参与国际

王佑琪参加 iGEM 比赛（中）

赛事 iGEM，在其中一个项目组作为负责人，独立地思考出一个创新性想法，通过与数学院等多学科同学的合作，实现了课题目标并最终获得金奖。现在他仍坚持每周花一定的时间去实验室和师兄师姐们交流讨论，学习实验操作，并积极参加国内、国外知名教授的学术讲座，学习前沿知识。他说："仰望星空，先要脚踏实地，不断反思，永不气馁，这样的精神对我今后的科研定会有着巨大的帮助。"

## 胸怀祖国，心中向党

爱国在心中，落实于行。王佑琪在大一就积极主动申请加入中国共产党，经过组织两年的培养考察光荣地成为预备党员。课余时间他会阅读马克思主义原理、毛泽东思想相关书籍，同时与时俱进，不断深入学习习近平新时代中国特色社会主义思想。定期反思、总结自己一段时间以来的思想情况，积极上交思想报告。主动参加各类团课、团日活动，在生命科学学院团风大赛中获得二等奖。参加学院青马学堂，在各项活动中表现优异。班级事务里，作为体育委员起到带头作用，他鼓励同学积极锻炼，组织班级同学参加体育比赛。在日常生活中他严格要求自己，在学习、生活方面为同学解惑答疑。以优秀代表为榜样，吸取他人的建议、意见，开展批评与自我批评，提升自我。各方面表现优秀，连续两年获得中山大学优秀共青团员荣誉称号。

## 热心公益，落实于行

在高中时期，王佑琪就经常参加养老院的爱心活动，到大学也继续积极参与各项志愿活动。在大一寒假，他回到高中母校向学弟学妹分享学习经验，并向他们介绍中山大学，鼓励他们努力学习，报考中大。作为寒假招生武汉队的负责人，他充分调动队员们的积极性，督促他们认真按时完成任务，凭借优秀的表现获得了中山大学寒假招生活动优秀志愿者的称号。

他说："绿水青山就是金山银山，在新时代，生态文明越发重要，保护地球母亲是我们每一个人的责任。"从大一加入中山大学环境保护协会开始，他从实践、策划、宣传做起，凭借一颗热忱之心从一名优秀干事成长为能独当一面的部门负责人，带领部门成员承办了一系列活动。

在疫情期间,虽身处疫情中心,但他仍竭尽所能服务社会。在疫情最严重的时候,他鼓励身边同学不要惊慌,与他们聊天分担焦虑,为身边人科普防范知识。报名参加了"云支教战疫活动",在线上为山区学生上课。同时受邀为高三学生分享备考经验,组织好友为湖北学生线上答疑解惑。通过知识的力量在战疫中奉献青春。

王佑琪从崇高的理想启航,踏踏实实做好手头事,在纷繁多彩的大学生活中保持内心的平静,不忘自己来这所大学最初的目标,怀着热血去迎接新时代的挑战。他说:"我相信只要坐得十年冷,定能在新时代的潮头,为人民做出一番事业。"

# 目之所及，飞羽精灵
## ——2019级本科生吴灏霖

**人物简介**：吴灏霖，中山大学生命科学学院生态学2019级本科生，大一上学期以第一作者身份在《广东园林》杂志上发表学术论文一篇，并与其他中大翼境成员一同参加首届粤港澳观鸟大赛（专业组），获得第二名；大一暑假参与有关基金项目的鸟类调查工作；大二上学期在《森林与人类》杂志上发表科普文章一篇。曾任学生社团中大翼境负责人。

吴灏霖

"对你来说，观鸟的意义是什么呢？"

"首先是开心，观鸟是我喜欢的事情，是会让我踏实地感到愉快的事情，然后是自然而然地想要了解、科普、保护，让更多的人喜欢观鸟。"

吴灏霖语速不快，用朴实的字句把简单诚挚的心思摆出来，每个字都透着认真，透过他这双真诚的眼，似乎能看到羽色纷繁、体态各异的鸟儿，轻盈优雅、风姿翩翩的飞蝶，还有那浸润着自然灵气的少年因为生灵的美而真切的欢喜。

## 他与自然

初见吴灏霖，便觉人如其名，有着水的宁静稳重，笔者一时不敢说话。忽然想起曾在翼境公众号中看到他拍摄下的一只只或凶萌或艳丽的小精灵，又觉他阳光可爱，顿时放松不少，忍不住想探寻他与自然的故事。

"就在过来的路上，我看到路边的乌鸦，树上的红耳鹎，走过的白鹡鸰，鸣叫的鹊鸲，哦，还有报喜斑粉蝶。"吴灏霖稍稍侧过头，望向一边的榕树，和着耳边的清脆鸟鸣，一一细数着。"最近好多报喜斑粉蝶啊"，笔者道。"是呀，每年这个时候总是能见到它们。"吴灏霖温和地回应，仿佛在和笔者聊一个年年赴约的老友。他寥寥几句，却用点横勾撇刻画出他眼中灵动鲜活的世界。大概自然已然融于他的生活，烙印在少年赤诚的灵魂上。

吴灏霖在广州长大，这座奇特的能在现代繁华中保留荒野趣味的南方城市为他打开了自然世界的大门。在城市中心的榕树上栖息的红耳鹎、白头鹎、暗绿绣眼鸟，在各家各户的阳台间往来觅食的麻雀，还有捕食蟑螂、苍蝇的白额高脚蛛，点缀似锦繁花的各种蝴蝶，这些在大多数人的生活中只是匆匆路过的小生灵们闯进了吴灏霖的世界。吴灏霖对飞鸟鱼虫有着天然纯粹的喜爱，他热爱追逐蝴蝶的翩跹倩影，注目游鱼的灵动身姿，翻阅《博物杂志》和各种图鉴。现在看来，这种喜爱像是一道伏笔，预示着一段人生与自然的交织。

## 鸟与少年

吴灏霖第一次观鸟是在小学，彼时的稚子现已是观鸟经验丰富的少年，担任中大翼境的社长。因为爱鸟，他会为一幅以鸟为主题的绘画作品苦练画技；因为爱鸟，他在一次次观鸟过程中锻炼了观察力和摄影技术；因为爱鸟，他会牺牲休息时间耐心地寻找鸟的踪影；因为爱鸟，他以能够师从刘阳教授为目标毅然选择了中大生科院。当吴灏霖向笔者展示他画的仙八色鸫和蓝歌鸲时，笔者深切地感到拥有一件自己热爱的事情并不断为之努力是多么美好。这份热爱转化成的无穷动力使得吴灏霖拓展了一个又一个的新技能，也让他在许多人生的路口做出无悔的选择。

当笔者问起吴灏霖认鸟的方法时，他饶有兴致地讲述："认鸟最基础的方法是根据鸟的外形也就是羽色和体态来进行判断，此外还可以根据它的行为、活动的生境和鸟鸣声等许多细节来判断，从细微处辨别不同的鸟是一件非常有趣的事情。但还有很多时候需要看'气质'，看得多了就自然能认出。"当说到叫声，吴灏霖还惟妙惟肖地模仿了几段，眉眼间挂满了笑意。谈到吴灏霖最喜欢的鸟时，他不假思索"鸲类"。这个答案并不意外，吴灏霖的微信名便是指欧亚鸲，一种有红色胸羽，明亮眼睛的鸟儿，问及原因，吴灏霖徐徐答道："我认为鸲类是最标准的鸟，它们是最像鸟的鸟，它们的样子就是我最初对鸟的印象。"大概是一种执念吧，鸲与他最初认识的鸟的形状重叠，便开启了一眼万年的浪漫。

吴灏霖于 2020 年 3 月在生科院竹园拍摄的琉球姬鹟

关于鸲，吴灏霖还分享了一个传奇的故事。2019 年 10 月的某天吴灏霖在校园里和一位因为观鸟相识的大叔闲谈，大叔向他展示了新拍到的小鸟照片，吴灏霖迅速辨认出这是日本歌鸲，一种头颈橙红，尾羽栗红，体型小巧的稀有鸟。询问得知这是在陈序经故居处拍到的照片后，吴灏霖当即兴奋地前去寻鸟。恰好这只漂亮的小精灵并未走远，吴灏霖如愿看到了它。之后的几天，吴灏霖带着同伴们趁着课间前去观鸟，后来日本歌鸲又引来了许多校外的观鸟爱好者，追着小小鸟儿架起"长枪短炮"，吴灏霖又与翼境成员一起维护秩序。这只不怕人的日本歌鸲在附近停留了很久，甚至有记者报道这件事。而故事的点睛之笔则是吴灏霖查阅到陈序经故居附近在数年前也有过日本歌鸲的记录，或许是遗传信息中的记录，或许是这方生境恰好讨得鸟儿欢心，这场穿越岁月的相约不禁令人慨叹。"我的后半学期都围绕着这只鸟，甚至我的生命科学研究方法课的展示也在讲它。"吴灏霖语气里带着感叹，笑着说道。

采访结束后，笔者反复地回想着与吴灏霖的交谈，究竟是什么让吴灏霖成为独特的自己？笔者看来，是热爱，是于细微处见知著，更是坚守初心，保留一颗纯粹的赤子之心。少年的旅程仍在继续，愿他前路漫漫中从心而行，也愿每一位少年找到真心喜爱的事业。

# 金石不渝，徐徐生长
## ——2019级本科生金树林

**人物简介**：金树林，中山大学生命科学学院生物技术及应用基地班2019级本科生。在校期间曾获国家奖学金、中山大学优秀学生奖学金一等奖、国际基因工程机器大赛金奖、全国大学生生命科学竞赛广东赛区二等奖、"中山大学优秀共青团员""中山大学优秀学生骨干"等奖项或荣誉称号。

"金石不渝，徐徐生长"是对金树林名字的最好解读，这是父母对他的希望，也是他对自己的期盼：要记得自己是一颗种子，心中的信念如金石般坚定不移，自身的成长像树木一样，悠悠慢慢但无比踏实。

金树林

## 韧性，像枝条般有寸劲，像磐石般坚而硬

"上场不一定为了胜利，上场是为了选手的使命。"从小到大，金树林面临过许多失败，但不断成长的他面对失败的心态也在发生变化，"小时候，我还会为失败而伤心哭泣，长大之后，失败只能让我低落极短的一段时间。"现在，他只需沉思片刻，便能重获斗志和元气，再度站起来。

上大学后，遇到的挫折：学术比赛的不顺利、学业的压力、策划活动筹备开展的烦琐，有时候许多事情聚到一起，就像蓄积已久的乌云兀地倾泻下滂沱大雨。但是至今为止，他都坚持住了，那些最初他认为不可能完成的事，结果也都还不错。偶尔遇到结果不好的情况，虽会低迷不振、伤心失意，但很快便可以和自己达成和解。

他的这般韧性来源于找到了能帮助自己快速走出挫败感的最好途径，即"不过多预设成功后的喜悦，多考虑失败后如何收拾残局。我不再像小时候一样，总想着考试满分会有多开心，现在的我更多是在事情开始前思忖：倘若一朝失败，我该怎么站起来"。于他而言，韧性的养成依赖自我的"极度压缩"。步入大学之后，总是尽可能让自己处于紧绷和忙碌的状态。在大一入学时，加入了 Promoter 学社和 iGEM 软件队，提前阅读专业文献，参与团队协作完成课题。生态修复科考大赛、生命科学竞赛、暑期科研实习等活动更是让他的课余生活也变得十分紧凑。"我就像是一直紧绷的弹簧，不断蓄积着能量。"但若对自己无止境地压缩，也会感到疲惫和憔悴，也会找不到努力的方向或者前进的光亮。这时，就需要通过和朋友交谈来疏通自我，借助前辈的指引走出困境，在亲人和师长的春风暖意中自我调适。他深知，再有韧性的一个人也仅是一个人，仍需要外部的联系和营养。

## 成长，像根系一样汲取，像璞玉一样琢磨

金树林说："要想不断成长，那就得从一件件不擅长的困难事开始。"

成长，是金树林名字里的第二份寓意。他说："我始终相信我是在慢慢成长的，外界的人或事都不断滋养着我，让我从中汲取养分而步步成长，其中，困难是最大的养分。"大学以前，很少参与社团组织的他在大学入学后鼓起勇气，迈出步子，最终通过面试，加入学院团委学术部，第

一学期策划了课题书写大赛。起初,他对 Word 文档的格式布局都不甚清楚,但经过近一年的摸索学习、努力工作,就掌握了更多电脑办公技巧,熟悉了更多工作流程,也更了解同学们对活动的喜好。他向前了一步,也向更艰难的深处走去。大二学期,他第一次在几百人面前做总结报告,最终顺利通过竞选成为学院学生会主席团成员。他说:"我一直是个怯懦的人,每次都需要鼓起勇气才能在大家面前展示自己,所以每次的报告、课堂展示对我而言都是一次突破。学习和科研也是如此,我想'啃硬骨头',那是成长最好的养分,一棵树的成长是需要不断向外伸展的。"

**金树林在学代会上做总结**

大二的暑假,他前往北京生命科学研究所进行了近一个月的暑期科研训练。在这次科研训练中,他选择了一个熟悉而陌生的方向,熟悉是因为他曾在课程中习得相关理论知识,陌生是因为他被要求进行生信代码的编写。新的实验室环境、新的人际关系、新的程序语言,都意味着新的挑战和困难。在北京实习的一个月,大多时候都坐着最早的班车出发,晚上 9 点钟再乘班车返回宿舍。他说:"我除了组会时间,几乎一直都在电脑前敲字,有时要来回调试不懂的参数,肉眼比对才能渐渐理解。对于从前最畏惧的、最不愿面对的生信工作,这一段时间的接触后消融了我曾经的抵触。"

## 感恩,像青森带来阴凉,像金石成为盔甲

"知来处,才有去处。"要感恩哺育,正如长成的树木予人乘凉,为人遮蔽风雨。他说:"我深知幸福安稳的日子都是党给的,科研的经历也让我体会到党和国家对生命科学领域的支持和投入。"自入学以来,一直严格要求自己,努力向党组织靠拢,是他爱国爱党的表现。在建党100周年之际他如愿成为一名光荣的预备党员,在未来的日子里,他也决心锐意进取,为党和国家工作奉献。

疫情之下,他虽不能像医科学子一样"披甲上阵",但也积极参加青年志愿者协会组织的"新冠疫苗接种"及"核酸检测"志愿活动,服务同学,减轻医护人员的工作量。学习之余,积极参加学校马研班和学院青马学堂。在学习马克思主义精神的同时,走访参观中共三大会址、广州农讲所,跟随革命前辈们的步伐,了解那些光辉历史,听取许多优秀党员的分享和报告。看齐先锋模范,以高标准严要求对待自己。日常生活中,感恩身边人的辛勤付出,尽最大可能减少他人工作量;作为子女,孝顺父母长辈,回报生养之恩;作为学子,感恩师长,指引自己一路成长,感谢朋友,在时风时雨的成长之路陪伴,真诚待人,以心换心!他一直这样告诉自己,明事理,懂感恩,才能做到一个"人"字。

人如其名,金树林的成长过程就如树木一般。他扎根于地,用根系不断汲取营养,长出了坚韧的枝条与繁密的树叶,同时不忘感恩,为曾浇灌过他的人带来一片阴凉。"金石不渝,徐徐生长",相信在未来的日子里,他也能保持初心、不断向上,最终长成一棵参天大树。

# 脚踏实地,仰望星空
## ——2019级本科生杨晓菊

**人物简介**:杨晓菊,中山大学生命科学学院生态学专业2019级本科生。在校期间曾获国家奖学金、国家励志奖学金、中山大学优秀学生奖学金一等奖、安必平奖学金二等奖和"中山大学优秀团支部书记""中山大学勤工助学先进个人"等荣誉称号。

杨晓菊(左三)等开展野外实验工作

从大巴山脚的温馨村庄到一线城市中心的大学校园,虽曾经历"乱花渐欲迷人眼",但总是坚持并践行着"脚踏实地、坚守初心、追求卓越、勇于担当"的自我要求,不断磨砺自我、勇攀高峰。

## 孜孜追求，志存高远

杨晓菊成长于党和国家的事业蒸蒸日上的时代，在第一个百年目标实现、全面建成小康社会的时代背景下，见证了家乡——一个曾经贫穷的农村，在精准扶贫和乡村振兴的政策下所发生的巨大改变：村内的交通便捷起来，村里有了特色产业，村民的日子逐渐富裕起来，她从小便树立了加入中国共产党，成为为人民服务的好党员的志向。进入大学以后，杨晓菊积极向党组织靠拢，于2019年11月提交了入党申请书，后来成为一名光荣的党员。她也积极参加青年马克思主义者培养工程，认真学习党的理论和先进思想。她总是以共产党员的标准严格要求自己，学习党的理论知识学习，提高自身党性修养，坚持提升自我，服务同学。

2022年7月，杨晓菊所在专业去到广西大明山国家级自然保护区和广西崇左白头叶猴国家级自然保护区开展综合实习，她在亲身经历、亲眼所见中，见证了国家坚持"绿水青山就是金山银山"、坚持生态文明建设、坚持建设美丽中国的方针政策所取得的成效，见证了人与自然和谐相处，人民生活富足的美好画面，这更加鼓励了她努力学习专业知识、提升工作能力，为将这种美好画面呈现在祖国的每一个角落的美好愿景而努力。"作为生态学专业的青年党员，我将努力蓄力，为早日加入美丽中国建设的队伍中而奋斗，为人与自然的和谐共生而奋斗，为让人类过上高质量的好日子而奋斗。"

## 精益求精，追求理想

杨晓菊于2018年考入中山大学生物医学工程专业，又在2019年怀着对生态学的满腔热忱转到生命科学学院生态学专业，成为一名生态学子，致力于探索和保护生态环境，希望加入美丽中国建设的工作队伍中。她认真学习专业课程，筑牢理论基础，综合绩点连续两年在专业排名第一。作为本科生，杨晓菊也参加学科实践和科研活动，感知学科的特色和魅力，提升科研能力，为未来的科研生涯奠定基础。在3年的生态学学习和探索中，她确定了科研兴趣——根系生态学，她积极与老师和师兄师姐交流互动，通过阅读整理文献综述、参加学术讲座与论坛等途径构建对这一研究领域的全面认识。在导师和博士生师姐的指导下，杨晓菊作为负责人开展了科研课题"亚热带森林中樟科植物年龄结构对根系—真菌—土壤关系的影响",获得生命科学学院课题书写大赛一等奖和国家级大创项目立项并以优秀等级结题。杨晓菊也积极关注社会生活中的生态问题,她曾参加粤港澳大湾区(海珠湿地)植被生态修复科考大赛,在海珠湿地的部分区域开展群落植被调查,为海珠湿地后期的保护和恢复工作提供了参考依据。

杨晓菊坚持在实践和学习中积累专业知识和技能,了解学科前沿成果,扎实基础,开阔眼界,启发思路。在科研实践的过程中,她亲身经历了从发现问题、提出问题,到解决问题的完整科研过程,系统学习了一整套科学研究方法,她也逐渐认识到严谨与耐心在研究中的重要性,这为日后更深入的研究和实践打下基础。在大三暑假进行的优秀大学生夏令营中,杨晓菊努力争取,积极向根系生态学领域的优秀老师请教,以优异的表现获得了复旦大学生命科学学院和浙江大学生命科学学院的优秀营员资格。在当年9月她成功获得推免资格,被浙江大学生命科学学院录取为生态学专业直博生。她说:"道阻且长,行则将至,未来我将继续在生态学领域努力耕耘,创新思辨,不畏艰难,努力为了解和保护自然世界做出自己的贡献。"

## 担当责任,服务奉献

自2020年2月起,杨晓菊担任2019级生态班团支书,她尽责做好班级团务工作,积极动员支部优秀团员入党。杨晓菊结合学科专业特色、贴合支部团员需求开展多样化的活动,在其中影响青年团员,凝聚青年团员,锻炼青年团员。2020年10月,杨晓菊所在支部与2019级生物科学班团支部合作开展了"我和我的祖国,让青春为祖国绽放"团日活动,这项活动在2020年"活力在基层"主题团日竞赛活动中获得校级和省级优秀奖。2021年5月,杨晓菊带领所在团支部开展"垃圾减量,无废生活"环保宣传长跑活动,以在人群密集区携带宣传标语集体长跑的形式向社会民众进行宣传,以吸引更多的民众加入环保生活行动,用实际行动支持双碳战略,强调低碳生活、绿色出行对环境和对个人身体健康的重要性,同时带动了支部团员将所学专业知识应用于实践中解决实际问题,让团员们明确了作为生态学子肩上的责任。杨晓菊所在团支部、班级连续两年获得校级优良学风班和五四红旗团支部荣誉称号,她个人也连续两次获得中山大学优秀团支部书记的荣誉称号。

2020—2021学年，杨晓菊还担任生命科学学院团委委员，做到了发挥榜样、桥梁、引领的作用，和其他委员一起带领团员建设有"生命力、凝聚力、行动力、影响力"的团委，也怀着一颗为同学服务的初心，开展优质活动，让学院青年团员在活动中收获知识、经验、快乐与成长。

杨晓菊积极参与和组织公益服务活动，她积极参加疫苗接种、核酸检测等疫情防控工作。在校园封控管理期间，她也积极地挺身而出，作为学生骨干协助老师做好同学们学习生活的后勤保障工作。她说："守护好我们的校园，是我作为一名学生党员的责任与担当。"

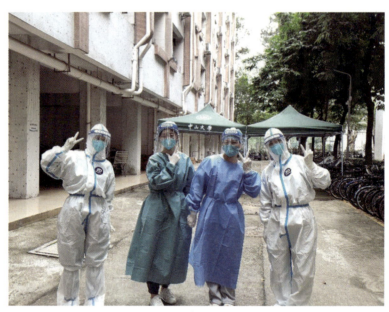

校园封控管理期间参加核酸检测信息检录工作

2019—2020年间，杨晓菊担任了中山大学仲明公益服务队队长，在统筹协调工作、开拓创新活动形式、践行服务社会宗旨中发挥着光和热。在"受惠社会，回报社会，让爱薪火相传"的理念指引下，她积极带领团队参加公益项目竞赛，并争取到与社会组织合作的机会，联动策划具有社会影响力的公益项目。一年的队长任期内，杨晓菊不仅学习了领导团队共同成长之道，而且在如何统筹工作、如何协调各方意见、如何集众人之力把活动办好等方面积累了自己的理解和实战经验。

作为学生党员，杨晓菊更加严格地要求自己，努力发挥模范带头作用，积极上进，刻苦学习，尽心工作，志存高远。时刻不忘自己的职责，竭力为同学们服务。在工作、学习和生活的协调中，她也学会了如何更好地安排自己的时间，提高学习和工作效率；工作中与不同的对象的沟通也使她学会更加灵活得体地与人交流，提高了社交能力。她说："我总是秉持'付出多少便收获多少'的信念，如泰戈尔说'你的负担将变成礼物'，工作的历练使我完善自我，必将因此受益终身。"

荣誉不是终点，而是新的起点，是一份肯定，更是一份激励。她说："我相信，在人生路上，走好当下的每一步，每一步都作数。未来我将带着对梦想的笃定和自我鞭策，继续勇往直前。"

# 精研博学，笃行致远
## ——2019级本科生董朔含

**人物简介**：董朔含，中山大学生命科学学院生物科学专业2019级本科生。在校期间曾连获两次国家奖学金、中山大学优秀学生奖学金一等奖、第十二届中山大学管理学院李学柔奖学金、第四届全国大学生生命科学竞赛三等奖；曾获得"2020年勤工助学先进个人""中山大学优秀共青团员"等荣誉称号。

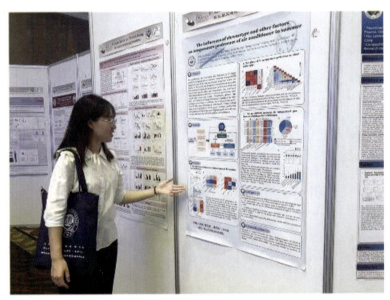

董朔含参加第五届时间生物学亚洲论坛并展出海报

## 力学笃行，探索不止

从高中起，董朔含便对生物学产生了兴趣。在学习高中科目时，她对生物情有独钟，并希望自己大学能够学习生命科学专业。初入中大，董朔含进入了海洋科学专业，虽然在海洋科学学院她同样可以接触生命科学领域相关知识，但她还是希望去更深入地学习生命科学领域的内容。于是经过了海洋科学学院一年的学习，她毅然决然地选择转入生命科学学院。在许多人看来,她在第四届全国大学生生命科学竞赛微生物新种鉴定项目中所取得的三等奖让人羡慕,但让她印象更为深刻的,却是另一次失败的实验经历。那一次她作为项目主力,进行了验证水网藻存在特殊的节律现象的实验性项目,带领团队进行了一次持续54小时的实验。实验每两个小时就要测一次指标,为此,她不仅需要与团队成员轮流守着实验室测定数据,作为实验主力,还要与实验室联系,处理各种实验仪器冲突、损坏的问题。然而经过了长时间的努力,实验还是失败了,水网藻并没有显示出预想的节律现象。虽然因为这次的失败受到了不小的打击,但她也明白了失败是成长路上必须经历的风景。

科研训练中,董朔含学习到了很多实验方法和技巧,拓宽了知识面,为她以后的科研之路做了很好的铺垫。同时,她参加论坛讲座,这对于她未来专业方向的选择也有很大影响。2021年7月,第五届时间生物学亚洲论坛在河南开封举行,董朔含报名参加了该论坛的海报制作。在参观论坛时,她被一个做展示的博士生学姐深深吸引,"她能够在人群中脱颖而出,并不是因为她的能力很出众,而是因为她对于科研、对于知识、对于事业的热爱和热情"。在观看论坛优秀研究成果时,她更加感受到了生命科学领域之奇妙,对生物科学的热爱之情愈加深厚。她说:"我还是希望继续深造并从事科研。"这句质朴而有力的话,是她对生命科学的热爱最好的诠释。

## 服务校园,见贤思齐

光有坚实的专业知识无法满足董朔含对自己的要求。她深知作为新时代的大学生,在学习之余还应在课余时间服务校园,并从优秀的前辈身上学习科研精神。在班级工作方面,董朔含本着认真负责的态度,努力做好管理班级和服务同学的工作。在担任2019级生物科学类1班团支书时,她精心策划了中秋送温暖活动,为新生送上美味的糕点,增强了同学们的凝聚力。担任2019级生物科学班班长时,她同样充满热情,充当起师生之间沟通的桥梁,积极邀请班主任参加班会,为班级建设和同学们的学业规划提供了指导。面对如何平衡学业和班委工作的问题时,董朔含坦言,心态至关重要。

此外,董朔含还是学院团委采访队的一员。在采访队的工作经历中,她深刻领悟到了优秀人才背后所蕴含的执着和努力。采访"中国滇金丝猴之父"龙勇诚教授的经历让她深深感受到了执着与坚定的力量，龙勇诚教授为了自己的目标不懈奋斗的精神感动了她。而采访"创新英雄"苏薇薇教授使她不仅震撼于前辈在实验科研中的亲力亲为，还明白了动手能力在科研中的重要作用。作为第30届中山大学生命科学学院团委学生兼职副书记，她努力充当学院与学生之间的桥梁，落实第30届院团委的工作。她不仅分管编辑部和采访队两个部门，还负责院刊《生科人悟》的编写工作。在工作中，她始终秉持团委的职责：服务青年、引领青年、团结青年，同时也不断磨炼着自己的能力。

董朔含（右）作为生科院团委采访队成员采访龙勇诚校友（中）

## 热衷实践，倾心公益

对于课外实践，董朔含充满了热情，热心于公益。作为社会的一员，她深知每个人都应该为社会的繁荣稳定贡献自己的力量。在课余时间，她积极参与志愿活动。疫情期间，她多次参与核酸检测志愿者工作。此外，她还回到中学母校，作为队长参与寒假招生活动，为中山大学招生宣讲，荣获"优秀志愿者"的称号。她深信志愿活动带来的"帮助别人"的快乐是独一无二的，这也是她持续参与志愿活动的最大动力。

在日常生活中，董朔含热衷于朗诵表演，并积极参与各类活动。她曾参与中山大学2019年红色诗文诵读比赛（广州校区南校园预赛）和中山大学2020年红色诗文诵读比赛预赛，并都获得了三等奖。通过这些演讲比赛的历练，她不仅从小舞台走到了大舞台，让更多人认识了她，也锻炼了自己在应对突发问题时的自信与临场应变能力。这种能力对于她后来的答辩和研究生面试都起到了重要作用。疫情期间，她还积极参与学院张雁教授主持的栏目《我们一起读书吧》，在节目中朗读了《家国情怀——中国人的信仰》。通过这次读书活动，她更深刻地体会到了国家情怀在中国人民心中的重要性。

"晨曦朝露去，披星戴月归。莫问前程几许，只顾风雨兼程。"历经四载的辛勤努力，董朔含踏入北京大学生命科学学院，在她钟爱的领域继续深耕。回顾四年前的选择，当初对生命科学的执着如今已化作累累硕果。我们相信，未来的学海道路遥远，董朔含必定怀揣初心和信心，坚定地迎接新时代的各种考验。愿她的未来充满光彩。无论风雨与否，都能坚守梦想、展翅高飞。

# 青年怀壮志，报国正当时
## ——2019级本科生陈怀玉

**人物简介**：陈怀玉，中山大学生命科学学院生态学专业2019级本科生。2023年9月应征入伍。

陈怀玉

"当我决定报名参军的那一刻，我已做好准备！"说出这句话时，陈怀玉的目光中满是坚定。2023年7月初，刚换下学士服，她便递交了征兵入伍的申请。9月11日，她接到正式通知，从此有了一个新的身份：中国人民解放军海军战士，服役于南海舰队某部。

陈怀玉是贵州安顺人，自小她就特别喜欢和自然相关的运动，爬山、观鸟，观察大自然，感受河山的美好。中学时期，她积极参加学校的运动会，短跑、跳远，在一次次的竞技中不断挑战和超越自我。来到大学，她专心学业，扎实掌握专业知识，积极参与科研工作，跟随导师到云南无量山、广西大明山等地开展野外工作，成绩优秀，曾获国家励志奖学金、中山大学励志奖学金二等奖等奖项；她自强不息，积极参加勤工助学工作，耐心细致的工作态度获得师生们的赞赏；她热爱自然，积极加入学生社团中大翼境，曾担任副社长，工作认真负责，并被评为2021年"中山大学优秀学生社团骨干"。

与自然的一次次接触，让陈怀玉蓄积了不怕苦不怕累的探索精神，随着专业学习的深入，她愈发感受到身为祖国新青年所肩负的历史使命。关于为什么会参军，她给出的答案是，首先这是一个纯粹的梦想，其次是想要锤炼自身，通过锻炼成就更优秀的自己，最终是想要报效祖国，为祖国的建设贡献自己的力量。

她说："当我决定报名参军的那一刻，我已做好准备，以坚定的信念去面对各种挑战和困难，在磨炼和压力中，强健体魄，磨砺意志，锻炼能力，充实自我，收获成长与进步。我相信通过部队的训练和考验，我将成为一名优秀的军人，为保卫国家和社会做出自己的贡献。"

陈怀玉观鸟照片

参加役前训练前，陈怀玉剪了一头英气的短发，为训练做好充分准备。作为一名新兵，她的军旅生活才刚刚开始，但从她的目光和微笑中，已经能够看到军人身上的刚毅和坚定。

相信陈怀玉在军营里定能施展才华、锤炼意志，在强军实践中放飞梦想，锻炼成长！

# 于沃土生长，经风雨弥坚
## ——2020级本科生邬雅萱

**人物简介**：邬雅萱，中山大学生命科学学院生物技术及应用基地班2020级本科生。曾获国家奖学金、中山大学优秀学生一等奖学金、国际基因工程机器设计竞赛银奖、全国大学生生命科学竞赛广东省赛区三等奖、广东省大学生生化实验技能大赛一等奖及"中山大学优秀共青团干部"等荣誉。

邬雅萱

2020年，邬雅萱翻开了大学生活的第一页，也开启了人生的新篇章。她在红砖绿瓦的校园勾勒梦想，在静谧宽广的校道上偕友而行，大学的沃土滋养了她，让她在成长中抽出坚韧枝条，在风雨后开出独特的花。

## 步步成长，人生因磨砺而出彩

"做到最好"是邬雅萱成长路上一直秉持的信念。所谓"做到最好"不是要求自己在所有人中做到最好，而是尽自己的全力做到于自己而言的最好。量变引起质变，每一步都做到"最好"，潜移默化中就会越来越好。

敢于接受每一次选拔，让她有幸成为生物学科拔尖计划2.0成员，成为基地班及SYSU-CHINA实验队的一员，这是"做到最好"的良好开端。

在学习上，转变自己的学习思维，寻找新的学习方法让她逐渐适应了大学课程。无论是听课还是自学，关键在于"先厚再薄"，耐心理解每一个知识细节，再抽离出来建立好知识的"序"。在良好学习方法的实践下，她的多门课程成绩名列前茅，专业成绩稳步提升至第一名。领悟知识间的联系对她来说是美妙的体验，在学习中去自我创造也充满乐趣。在生科院第一届生化歌曲大赛中，邬雅萱所在团队的两首作品都获得二等奖。

关于生物学习，学以致用看科研。开展课题研究的时光给邬雅萱带来了最多的酸甜苦辣，从课题设计到实验技能学习，从实验失败后的分析到改进后获得理想结果，她像一根小树苗一样汲取知识的养分，又在风吹雨打中变得像石头一样坚强。科研的道路没有坦途，而攻克难关后结出的果实则更甜美，在不懈努力之下，邬雅萱和同伴终于取得了一些成果：国际基因工程设计竞赛银奖，国家级大创项目以优秀等级结题，全国生命科学竞赛广东省赛区三等奖，广东省大学生生化实验技能大赛一等奖……她积极参加各项学术活动，如2023年中国细胞生物学会全国学术大会、云大—清华拔尖暑期学校等，了解研究前沿进展。如今，她专注于自身毕业课题的研究，并将在毕业后继续深造，探索生命科学的无穷奥秘。

"艰难困苦，玉汝于成"，曾经最为忙碌紧张的时光，难以跨越的沟壑，无法克服的困难都已在咬牙坚持中安然度过，并成为一块块垫脚石，让她走得更稳、更远。

## 勇于担当，青春在奉献中闪光

真正的担当，始于担当意识的自觉建立。大一递交入党申请书以来，邬雅萱一直积极向党组织靠拢，自觉加强理论学习，不断升华思想境界，在学院青马学堂中被评为优秀学员，在院级党章暨"四史"知识竞赛中获得一等奖……担当意识自然而然地从内化于心到外化于行。

在学生工作中，邬雅萱曾担任班级团支书、组织委员，认真做好班级团支部建设工作，开展组织生活，增强了班级凝聚力。历练之后，她有信心承担更多的责任，肩负更大的使命，于是参加竞选并成为生命科学学院第31届团委委员，服务的对象便从一个班的团员扩展至全院的团员。刚开始工作时，她也感到有些生疏，担心自己会辜负老师和同学的期待。但随着一件件工作被摸索着完成，委员间的配合也越发默契，工作的开展更加井然有序。同时，作为分管采编部的委员，她主持出版了第12期《生科人悟》，共收录教授、校友和优秀学子采访稿件24篇，它的出版凝结着采编部全体成员的心血，也让她充满成就感。在2021—2022年度的"五四"评优中，她获评"中山大学优秀共青团干部"，邬雅萱表示，这既是对她的肯定，也激励她要做得更好！

如今，邬雅萱成为一名光荣的中共党员，积极发挥模范带头作用，为群众服务。一直以来，她积极参加志愿活动，有时是工作到深夜的核酸检测志愿者，有时是为新生们指点迷津的学长团志愿者，或是为学弟学妹宣讲的寒招志愿者，累计志愿服务时长达165小时。她感受到奉献对他人、对自己、对社会的无限价值。

以青春之名担当奉献，努力成长为堪当复兴重任的时代新人，正要从点滴小事做起，从"我为群众办实事"的长期践行中积蓄力量。

邬雅萱参加法国马克龙总统"与中国青年的见面会"交流活动

## 开阔兴趣，生命因寻美而臻善

成为全面发展的人，更要开阔兴趣，在追寻美、享受美的过程中实现自我完善，发现自我的无限可能。

欣赏文字之美，浸润心灵。在大一时，邬雅萱就加入了团委采编部，采访老党员、教授、校友和优秀学子并撰写稿件刊登在公众号。从受访者的口中，她了解到一段段独特的人生轨迹，并将它们化为文字，给更多人特别是迷茫中的人带去照亮前路的光。后来，她从撰稿人变成审稿人，这对她的文字驾驭能力提出了更高的要求。有时，一篇稿子需就要数个小时的雕琢修改，这一让稿件臻善臻美的过程给她带来了成就感。

享受运动之美，强健体魄。参加体育运动是邬雅萱学习和生活的重要调剂，校运会的田径比赛、"康乐杯"跳绳比赛、乒乓球比赛等，都不乏她的身影。她在院运会女子100米比赛中获得本科生组第六名，参与混合接力赛为班级争得第五名。每到长跑月时，她就会连续坚持三公里跑步，力求用坚强的身心保障学习和工作。

发挥自身特长，在多彩活动中发现多面自我。她曾作为领诵参加2020年中山大学红色诗文诵读比赛，获得南校园预赛三等奖；曾参演和策划《祝福你，生科人》诗朗诵节目；也曾参演生命科学学院30周年院庆微电影《行·先》，饰演朱婉嘉一角；还曾担任多项活动的主持人，如生科院30周年院庆盛典、团委全员大会等。

对她而言，在全面发展的道路上，尝试不同的挑战，是开阔兴趣、拓宽视野的最佳途径，也是人生路上的多彩风景和宝贵记忆。

回顾大学，邬雅萱说："一路走来，我面对挑战，意志更坚；研究问题，兴趣愈浓；前行道路，方向更明。未来道阻且长，宁静方能致远，我将以党员标准严格自我要求，继续秉持着全面发展、追求卓越的信念，追求真理，永无止境；挑战自我，永不设限。"

# 博观而约取,厚积而薄发
## ——2020级本科生曾嘉琳

**人物简介**:曾嘉琳,中山大学生命科学学院生态学专业2020级本科生。曾获国家奖学金、全国大学生生命科学竞赛全国二等奖、中山大学优秀学生奖学金一等奖及"中山大学优秀共青团干部""中山大学优秀共青团员""中山大学勤工学先进个人"等奖项与荣誉。

**曾嘉琳参与实验室科研项目**

所谓厚积薄发,其实是一个不断汲取的过程。唯有不停地学习积蓄,将所学、所思、所感沉淀于心,才能在机会来临之时,瞬间爆发无穷的能量,将机会牢牢攥在手中,收获成功的硕果。

## 于责任和担当中收获成长

在思想上,曾嘉琳同学遵纪守法、热爱祖国,同时求实创新、与时俱进,她希望通过持之以恒的努力学习和思想上的更新提升来不断提高个人素养和应对复杂问题的能力。在经过深思熟虑后,曾嘉琳同学于2021年9月向党组织递交了入党申请书,并于2023年11月成为一名光荣的预备党员。她时刻以党员的标准来严格要求自己,在思想和行为上积极向党组织靠拢。"道虽迩,不行不至;事虽小,不为补成。"——她永远在不断学习与探索。

在工作上,曾嘉琳同学渴望锻炼自我、磨砺意志。从团委实践部的一名工作人员,再到负责团委宣传部和实践部的委员;从生科1班团支书再到生态班班长,她积极参与到不同的工作岗位上,提升自己的工作能力、掌握新技能、学会与人沟通的技巧,也增强了团队精神与荣誉感,收获了志同道合的伙伴。虽然她在工作过程中遇到了很多困难与挫折,但她主动吸取经验和教训,在丰富的工作经历中体验了成长的过程。

## 于扎实与创新中探索未知

在专业课程的学习中,无论是取得优秀的成绩,又或是考得不够理想,曾嘉琳同学都不会骄傲或者气馁,她深信一分耕耘一分收获,脚踏实地,必定能扎实掌握所学知识;她要求自己时刻保持勤奋刻苦、积极上进的学习态度,在学有余力的前提下,学习更多的拓展知识,她说:"此时的艰辛其实是在为将来的成功铺路。"在对自己的严格要求下,她的学习成绩一直名列前茅。

作为生科院的学子,曾嘉琳同学也尽其所能地在科研训练中尝试挑战自我,寻求突破。她不仅积极参加校内外各项科研创新竞赛,包括生命科学竞赛、生物医学工程竞赛、岭南杯、课题书写大赛等,同时也积极参与院内的科研训练。在导师和师兄师姐的指导下,她在大一就以第二作者的身份参与了综述的撰写,大二开始尝试在实验室项目中作为负责人奉献自我,大三则进一步投身科研,与团队成员们并肩奋战多个日夜,最终在全国大学生生命科学竞赛中取得全国二等奖的好成绩。在翻阅文献、与同学们头脑风暴、收获新知识的过程中,在真正动手实验、从一次次失败中不断积累经验、一步步提升实验技能的过程中,在老师、师兄师姐的指导下豁然开朗最终取得较好实验结果的过程中,曾嘉琳同学收获了比成就更宝贵的东西——对生命科学领域的探索欲和好奇心,这也正是激励她砥砺前行、继续在科研道路上前行的源动力。

除了日常的课程学习和科研训练,在空余时间,曾嘉琳同学也尝试学习更多的知识,接触更难更深更广的知识面,跳出自己的舒适圈,由此拓宽自己的视野并实现自我沉淀。她说自己并不奢求博古通今、满腹经纶,但若在广阔的知识海洋中长久遨游,最终总能寻找到属于自己的"黄金屋"和"颜如玉"。

## 于沉浸式体验中丰富生活

在日常生活中,曾嘉琳同学经常进行长跑、羽毛球等体育锻炼。通过持之以恒的运动,她从四肢不协调的体育"小白",进化到了如今的体育爱好者,为她在学习、科研和工作中能够保持允沛的活力奠定了基础。

曾嘉琳2021年参加双代会并当选院团委委员

得益于在团委负责宣传部工作的宝贵机遇，她能够在文化艺术方面有所涉猎，不仅策划并参与生化歌曲大赛和"生命之美"系列比赛，同时也积极投身学院文化建设，在学院官方微信公众号和团学研公众号上主笔了超过30篇推文，设计了多张封面、海报，并主持了院庆祝福视频和招生宣传视频的拍摄和剪辑工作，让她的个人能力获得全面提升。

曾嘉琳同学还会有条理地管理开支，在不耽误学习和工作的前提下，通过在学校勤工俭学、做家教等途径赚取一定的钱来补贴家用，因为她深知金钱来之不易，所以主动担负起自己的学习生活费用，这也是她对未来生活的"沉浸式体验"。

## 于触碰世界时发光发热

高中阶段，曾嘉琳同学和要好的朋友组织了"敬老院送温暖"活动，赢得了老师、同学们的鼓励与参与，向世界传递她们的小小善意。进入大学后，她也不忘为他人、社会做出自己的实际贡献。

在实践部两年的工作中，曾嘉琳同学组织策划了竹园清理、南校树木属性调查等志愿服务活动，在献出爱心和热情的同时，也对专业所学知识有了更深刻的认识。此外，作为 i 志愿的一名注册志愿者，她目前累积志愿时长达到 190 + 小时，获评一星志愿者。暑假她还作为团队成员参与到广东青年大学生"百千万工程"突击队的行动中，她们团队依托学校、学院和实验室的资源，结合科研实验和实地调研，深度挖掘马蹄的药用价值，以提升连州马蹄资源的综合利用，被评为"省级重点团队"。"光盘行动"、寒招宣讲、核酸检测志愿服务、"鲸变计划"珠江口清滩行动……一次次公益活动仍让她记忆犹新。在亲身实践中，曾嘉琳同学真正学会了热心服务，感恩社会的精神，为偌大的世界献上了她的微弱星光。

虽然曾嘉琳同学认为自己不是人们口中的"大神"或"天才"，不是方方面面都优秀的"全能王者"，也不是强势逆袭的"爽文主角"，但她的成长历程却真实而富有意义，我们每个人都能从中学习经验，收获鼓励。她从始至终都坚信量变终成质变，厚积必将薄发。一时的苦痛算不了什么，机会都是留给有准备的人，当你充满能量时，命运之神必将降临到你身旁。祝愿曾嘉琳同学能"保持初心，知行合一"，不断向梦想的星辰大海进发。

# 海阔凭鱼跃,天高任我行
## ——2020级本科生何东林

**人物简介**:何东林,中山大学生命科学学院生物科学专业2020级本科生。曾获国家奖学金、中山大学优秀学生奖学金一等奖、2021年全国大学生数学建模竞赛三等奖,获"中山大学优秀团员""中山大学优秀共青团干"等荣誉称号。

何东林(左四)跟随导师团队采集化石

他说:"有人说选择比努力更重要。在我的真实体会中,努力与选择一样重要。不仅要在迷茫时学会选择,而且要在选择后为之付出所有努力。大学生活于我而言,就是在选择中不断前进。"

## 把握选择，终走向梦想

与很多人通过网络了解中大的方式不同，何东林因高中时参观中大生物博物馆的经历，而与中大结缘。走进生物博物馆，他惊讶于中大竟有如此丰富的标本馆藏，每一块化石诉说着过去，每一份标本都栩栩如生。从此中山大学生命科学学院的名字，便出现在了他的目标清单上。

第一次的选择是在高考之后，中山大学与华南理工大学的综合评价招生计划面试时间相同，他在最后关头，坚定地选择了中山大学，并来到中山大学海洋科学学院学习。在珠海，他刻苦勤奋，教学楼与图书馆是他最常去的地方。这一年，他成绩优异，生活丰富，逐步体会到大学生活的多姿多彩。那是成就感满满的一年，但等收到转专业的通知后，他还是毅然选择跳出自己的舒适圈，奔赴自己的初心，迎接更多的未知挑战，转专业来到生命科学学院。

## 无措茫然，悟把握当下

转专业降级来到生命科学学院，他也曾失落迷茫过。他很快就意识到了自己与其他同学的差距。对比周围热情澎湃的同学们，他既没有生物方面的特长，也找不到明确的目标方向。当时，他陷入深深的迷茫当中，思考自己转专业的决定是否正确，思考应该如何调整自己的状态。渐渐地，他意识到，如果找不到未来的目标，不如先将当下的事情做好，至少能为未来的自己保留更多选择。

重新振作后，他没有丝毫倦怠，决定抛下过去的成绩和对未来的焦虑，着眼当下，利用降级多出来的一年时间，取长补短。在补修课程之余，他合理利用空余时间提前修习高年级课程，将原本紧凑的课程分散，为每一门课程付出更多时间与精力。同时，他也通过虚心的请教与资料的查阅，摸索出了能够将知识融会贯通的学习方法。在不懈努力下，他终于取得优异的成绩。在课余时间，他积极学习新知识、拓展知识面。他曾与其他学院的同学一起组队参加了2021年全国大学生数学建模竞赛，并获得三等奖。但更重要的是，他在参赛过程中不仅学会了编写代码，同时也深入地体会了数学建模思想。

在思政课程与爱国主义教育熏陶下，何东林深刻地认识到马克思主义的先进性与中华民族的伟大,并递交了入党申请书,坚决向党组织靠拢。同时,他也作为优秀学员,顺利从生科院第六期青马学堂结业。通过读红书、观红影、参观革命旧址和校史馆等活动,他深刻认识到了自己所肩负的时代使命,并希望用自己所学的知识回报祖国,回报人民群众。

## 勇往直前,对选择负责

学习之余,对于未来研究方向的迷茫仍萦绕在何东林的心头。学院拥有雄厚的师资力量,4年内不可能深入了解每个老师的研究领域。"上课时,我灵光乍现:既然我对所学的课程感兴趣,且对任课老师有一定了解,为什么不从这方面选择导师呢?"得益于生科院的本科生全程导师制,何东林拥有了更多试错的空间。即使有时经过了深入了解,发现专业方向并不适合,他也会全力以赴地参与科研活动,并积极参加科研训练答辩,对每一次选择负责。

大一上学期,他跟随邱礼鸿教授了解真菌多样性方面的研究,参与鼎湖山蘑菇科资源调查与新种鉴定相关实验,外出采样并学习构建系统发育树。他以此课题申报了省级大创项目,并在2021年顺利结题,评审结果优良。他还将后续研究成果写成英文论文进行投稿。在选择李文均教授为导师期间,他负责了一项细菌新种鉴定实验。可惜的是,在历经多次失败,终于完成新种鉴定的系列实验之后,发现无法发表单个新种的文章。但他从中了解到实验中失败是常态,并培养了坚持不懈的科研毅力,养成了不轻易放弃的良好科研习惯。

在选择凡强副教授为导师期间,他曾跟随导师参加丹霞山生物多样性科考项目,并参与了野外植物标本采集登记工作。通过选修古生物学课程,他找到了自己喜欢的方向;跟随金建华教授期间,他积极参加组会,主动进行文献分享汇报,在老师的建议下,针对文献内容进行延伸资料数据收集分析,积极参与课题组野外化石采集工作。

通过不懈努力,他将沿途的绊脚石化为台阶,一步一步冲出迷茫,脚踏实地明确了自己的目标。

## 热心奉献,也热爱生活

从小到大,何东林一直都担任班级职务,坚持服务同学。在海洋科学学院就读期间，他不仅担任院学生会秘书处干事，也是海精灵公益社团的成员。大局意识、责任担当与奉献精神，一直伴随着他的成长。

在来到生科院的第一年，何东林便加入生科院团委大家庭，2020—2022年，他从外联部工作人员，到外联部负责人，后来成为生命科学学院团委委员。何东林参与组织参观活动与教育讲座、举办"四史"争先竞答比赛；先后协助承办两期生科院青马学堂，让优秀学子接受了更系统全面的红色知识学习。他在任内与其他委员团结协作，做好老师与同学的桥梁，妥善协调工作，共同更好地服务学院广大团员。凭借出色的工作，何东林两年间先后获得了"中山大学优秀共青团员""中山大学优秀共青团干"荣誉称号。

在大一下学期，他担任班级学习委员，除了做好收发作业的日常工作外，还想方设法增强班级凝聚力。他还担任宿舍长，他所在的宿舍连续两年获得中山大学"文明宿舍"称号。

公益也是何东林生活的一部分。他连续两年担任中山大学开学典礼会场志愿者、迎新志愿者、参加学院学长团活动，不仅让新生享受了康乐园的自然之美，也使他们感受到中大亲切的人文关怀。疫情时期，他曾多次参加疫苗接种志愿者服务活动、核酸检测志愿者服务活动。

他连续3年参加中山大学寒招活动，回报高中母校的教育之恩。在寒招活动中，他不仅传授考试的应对技巧、充当学弟学妹的知心人，还将在中大多姿多彩的校园生活分享给他们，鼓励他们确定奋斗的目标。

何东林参加公益志愿活动

在热心奉献之余，何东林也十分热爱生活。他加入学院足球队，获得了"康乐杯"男子 8 人制足球赛东校区第七名、中山大学足球绿茵联赛季军。同时，他还保留着观星的爱好，曾在珠海校区榕园广场，与同学们一起见证双子座流星雨的爆发，即使在转专业回到广州校区南校园后每年也都会关注流星雨。

"我是一个普通人，会迷茫，但不会止步不前。"从初入生命科学学院至今，他在学业上稳扎稳打；在学生工作中热心助人；在追逐梦想的路上砥砺前行。"博观而约取，厚积而薄发"，在未来的路上，他也定会以最坚定的理想信念，将每一件事都做到尽善尽美，用正确的选择与不懈的努力去迎接未知的将来。

# 敏学笃行,立德致远
## ——2021级本科生刘雨萱

**人物简介**:刘雨萱,中山大学生命科学学院2021级生物技术专业学生,现任班级团支部书记。连续两年获得国家奖学金和中山大学优秀学生奖学金一等奖,获得首届全国大学生职业规划大赛总决赛银奖和广东省金奖、2023年国际基因工程机器大赛(iGEM)金奖、第八届全国大学生生命科学竞赛国家级二等奖等。

刘雨萱参加首届全国大学生职业规划大赛总决赛获得银奖

### 立志高远,追求进步

刘雨萱以人民至上的信念为根基,积极向党组织靠拢。她参加中山大学第14期青马工程、中山大学第27期马克思主义理论研修班、生命科学学院第9期青马学堂的学习和培训。曾被评为"中山大学优秀共青团员"。

刘雨萱曾担任理工实验5-2班团支部书记和中山大学生命科学学院第32届团委组织部负责人,现任2021级生物技术2班团支部书记。在担任团支部书记期间，她组织了丰富的组织生活，与同学们积极交流；担任组织部负责人时，刘雨萱同学参与策划开展了党章暨党史知识竞赛等活动，获得广泛好评。2023 年 11 月，刘雨萱正式被党组织接收为中共预备党员。

坚持不懈，追求卓越

  刘雨萱认识到，学习各类知识，掌握多方面本领是日后服务人民、发挥个人价值的必要条件，因此她刻苦学习、勤奋踏实。在课堂上，她认真听讲；在课后，她积极思考，常常与老师和同学展开讨论，力求打造牢固的专业基础。她在大学英语四级考试中获得了 644 分，六级获得了 668 分。刘雨萱成绩优异，至今连续两年获得国家奖学金及中山大学优秀学生奖学金一等奖。

  刘雨萱积极主动地进入实验室学习，在实践中进一步深化理论知识的学习。她作为负责人带领团队开展了国家级大创项目"基于 cGAS 相分离能力的合成生物学改造和免疫功能研究"，该项目融合了人工智能、合成生物学、免疫、相分离等多学科领域，以新视角进行研究，并获得了第八届全国大学生生命科学竞赛国家级二等奖和广东省一等奖。刘雨萱加入了 SLS-SYSU-CHINA 队伍，参加了 2023 年国际基因工程机器大赛（iGEM）。团队以巨噬细胞的改造和极化状态调控为切入点，聚焦于肝癌治疗的细胞治疗新思路，提出治疗策略 SYN–MACRO 并获得金奖。刘雨萱同学作为主要队员负责撰写 Entrepreneurship 及 Business plan，深入研究了干细胞和细胞治疗的市场现状，并对项目的实际应用进行了深入的设想与规划，同时参加了线上答辩。除此之外，刘雨萱还参加了 2023 年湾区青年生物技术建库技能创新大赛并取得了不错的成绩。

  在上述学习过程中，刘雨萱同学对个人的发展方向以及国家和社会的战略需求进行了深入思考。2023 年 7 月，刘雨萱同学参加了西湖大学国际暑期学校的学习，了解到干细胞领域的巨大前景及其对于人民生命健康和国家战略需求的重大意义。当前，癌症、自身免疫性疾病、慢性疾病等是影响人民生命健康的重大问题，而干细胞和细胞治疗作为新兴领域提供了新的治疗思路，是国家发展的重要战略之一。她希望肩负起科技工作者的历史责任，面向世界科技前沿和人民生命健康，将干细胞和细胞治疗作为未来的研究方向。为了实现这一目标，刘雨萱与黄军就教授进行了多次讨论，并对职业发展进行了细致规划。她参加了首届全国大学生职业规划大赛，并荣获广东省赛金奖和国赛银奖。

## 兴趣广泛，全面发展

刘雨萱兴趣广泛，擅长琵琶、舞蹈、写作、阅读、摄影、朗诵等。其中，琵琶获得十级证书，舞蹈获得八级证书，写作和摄影多次获奖。她曾作为琵琶伴奏，与生命科学学院合唱团一起参加2023年中山大学"奋进新征程，建功新时代"合唱比赛并获得二等奖；曾担任主持人，主持了2023年中山大学生命科学学院党章暨党史知识竞赛和2023年中山大学生命科学学院运动会。在摄影方面，她获得了中山大学生命科学学院"生命之美"摄影比赛一等奖和最佳人气奖，以及2023年中山大学"逸仙杯"书画摄影比赛二等奖。

刘雨萱琵琶表演

刘雨萱定期进行各种体育锻炼，积极参加校运会、"长跑月"等活动，曾获得生命科学学院运动会团体奖项。

## 奉献服务，热心公益

刘雨萱参加"我和我的祖国"民族音乐会，弘扬民乐之美和中国传统文化；参加"康乐美践，化叶为签"活动，为环卫工人献上一份真挚的祝愿；参加广州市白云区图书馆的志愿者活动，积极为读者提供解答和指引。此外，她还积极参加学校各类志愿服务活动，累计志愿时超过100小时。

在志愿服务中，刘雨萱展现了中山大学青年学生特有的活力和青春力量，同时发挥专业所长，深入了解人民群众的健康需求与现实处境，力求未来能够利用专业知识解决人民群众真正关心的问题。

刘雨萱希望努力学习国际上最先进、最顶尖的科学技术，积极响应"科技强国"的号召，致力于在国家较为薄弱的科技前沿领域上取得突破。

# 笃行公益画同心，聚力支教担使命
## ——中山大学2012年大学生年度人物陈保瑜

**人物简介**：陈保瑜，中山大学生命科学学院2010级硕士研究生。他曾任中山大学团委兼职副书记、校团委团体部常务副部长，他热爱并勇于承担学生工作，力求全面发展的同时服务母校莘莘学子。他曾加入中山大学第十一届研究生支教团，赴云南省澄江县开展为期一年的志愿服务，在当地唯一的县高中教授5个班级300多名学生，筹集助学款6万多元，资助百余名家庭贫困学生。

2009年，陈保瑜在澄江一中给学生上物理课，同学们聚精会神听讲

## 爱心助学，托起孩子的希望

2009年，云南澄江。

初次踏上这片土地的陈保瑜，不知道自己会在这里经历怎样的困难，

不知道会结识怎样的孩子，不知道自己会在这里书写怎样的故事，他还不知道，澄江这一片清明、安静的土地，将给他带来一生感动。

刚到支教地，简单安顿后，他便将注意力集中到自己的学生身上。陈保瑜走访各家各户：村里古旧的平房破败、杂乱、简陋，门口贴着好几年不曾更换的早已褪色的春联，狭小的院子里堆积着废弃的柴火与砖头，屋顶上挂着遮雨的塑料布。家庭经济困难学生的现状深深刺痛着他的心，拨动着他内心敏感而善良的心弦。

在陈保瑜的众多学生中，有一个学生的父亲将她和没有工作的母亲赶出家门。母女俩辗转亲朋之间，寄人篱下，孤苦无依。她的母亲在工地上做饭的微薄收入甚至不能让她们填饱肚子。陈保瑜听说之后，决定从自己每月仅有的600元补助里拿出一部分资助该生，并帮助该生申请到学校的助学金。

但一个人微小的力量毕竟是有限的，于是陈保瑜号召他的队友们一起行动起来。他们通过家访、调研，建立了家庭经济困难学生数据库，筹集了助学款6万多元，资助了百余名家庭经济困难学生；他们募集社会资金，购买了3万元的爱心图书，建起澄江一中"中山大学爱心图书角"；不仅如此，他们还与上海真爱梦想基金会合作，筹建澄江一中多媒体素质拓展中心，打造素质教育"第二课堂"。

所谓"师者，传道授业解惑也"。陈保瑜虽然只是一名非专业的"临时老师"，但也同样时刻践行着作为一名教师的使命。他在上课前会用日常生活中常见的物理现象来引入当天的学习内容，引起学生们的兴趣，而不是"填鸭式"灌输知识。每一天，他都向学生们介绍"历史上的今天"，让学生们认识到每一天都有其独特的意义，要珍惜韶华，勤奋学习，刻苦钻研。

回到广州后，这位热心的青年没有忘却大山中的孩子，他在2011年与2012年连续两年争取机会，与学校领导和老师前往云南澄江看望正在支教服务的支教队员，并为家庭经济困难学生送衣添物，协助开展中山大学"一帮一"助学等活动。

"作为新时代青年人，我们是否有理想，是否有担当，关系着国家和民族的前途和希望。用一年不长的时间，去做一件这么纯粹的事情，拥有这样的机会，我很幸运。"陈保瑜说。

"我的收获远比付出多得多，"他反复强调，"一年，我收获了属于自己一生的感动，我还要将这种感动延续下去。"

## 奉献亚运，完美协调零失误

2010年，广州，亚运会。

回到广州，陈保瑜又马不停蹄地投入广州亚运会、亚残运会的志愿者工作中，他将志愿服务的初心从澄江带回了广州。亚运会前，他参加了"激情亚运·志愿同行——广州亚运志愿大学堂文艺汇演"的筹备工作，将研究生支教团的志愿服务精神融入节目当中，鼓励亚运会志愿者们弘扬志愿服务精神，奉献广州亚运会。

2010年，陈保瑜作为志愿者服务广州亚运会、亚残运会

亚运会时，他们在海心沙为广大中外媒体摄影记者提供帮助。作为调配人员、信息传送和后勤保障的生力军，他们向世界展示了广州的热情。其间，陈保瑜还负责组织调度全校6000多名志愿者每日往返场馆与学校所需的车辆，日均调动40多台车辆，做到了100%准点无误。这是一份极

其细致的工作，他需要的不仅仅是统计，还有调度、沟通、协调与总结。每天他都需要和志愿者团队的负责人保持沟通联系，确认第二天的车辆需求信息，再将表格反馈给提供车辆的公司。有时候，一些团队会在深夜12点时突然打来电话，变更车辆需求，这时候已经睡下的陈保瑜必须再重新沟通。他说："我非常享受这个经历，能为大家出一份力，自己也得到了很好的锻炼。"

## 感召他人，用志愿改变世界

志愿者千千万万，陈保瑜是其中的一位。

2011年，他组织学生义工，服务"广东狮子会手牵手服务队换届暨慈善拍卖晚宴"。这次拍卖晚宴拍卖所得全部用于慈善公益活动，资助西部家庭贫困、品学兼优的学生。

2012年暑期，他与同学们共赴广东河源、紫金、梅州等地，开展"科技、卫生、文化'三下乡'服务活动"，为当地百姓组织义诊和家电维修活动，开展科学种植养殖讲座，举行文艺演出并进行学生心理辅导。

澄江、广州、河源、梅州，不管是在繁华都市，还是在偏远山区，陈保瑜都让我们看到了志愿精神和他一起在闪耀。他让志愿精神在更多人之间流动，为志愿精神添上一抹更绚烂的光辉。

## 组织活动，身体力行促发展

在校任职北校区团工委兼职副书记、中山大学团委兼职副书记期间，陈保瑜组织了广东省红歌会、纪念辛亥革命系列活动、纪念建党九十周年系列活动、"青春共话十八大"——十八大代表与学生圆桌交流会等大型活动。另外，他还曾在2012年中山大学"五四"表彰大会上，作为广东省优秀团员领誓，引领全场师生重温入团誓言。

任职学生团体部常务副部长、东校区学生活动中心主任期间，陈保瑜组织开展了如学生团体招新之"百团大战"、社团风采展示系列活动等，制定了社团管理与活动审批等相关制度。他还曾组织学生活动中心助理招聘、场地建设与维护等活动，他与同学们共同努力，成功向学校申请80万元专项经费用于活动中心建设，将学生活动中心打造成服务同学们的"一站式社区"。

笃行公益画同心，聚力支教担使命。陈保瑜说，未来，他将秉持志愿服务的初心，牢记使命，奋勇前行。

**素材来源：**

刘洁予.学在中大［M］.广州：中山大学出版社，2020：161.

# 勤钻学术勇创新
## ——中山大学2016年大学生年度人物刘宏

**人物简介**：刘宏，中山大学生命科学学院2014级博士研究生。在中山大学求学10年，他先后获得生物技术学士学位（2011年）、药物分析硕士学位（2014年），后攻读植物学博士学位。刘宏主要从事名优中药品种有效成分群的辨识和组方内涵解析，在中药全成分分析、指纹谱效学、网络药理学等领域有一定的理解与积累。10年来，他始终秉持学术钻研、科技创新的理念，在导师的带领下，经过不断地坚持与努力，取得了丰硕的研究成果：目前已发表SCI论文6篇、中文核心期刊7篇、国际会议论文摘要3篇、授权发明专利2项、著作1部、科技成果登记1项。他先后3次受邀前往加拿大、阿拉伯联合酋长国、奥地利进行研究成果汇报，得到国内外学者的认可与鼓励。2015—2016学年，他获得广东省科学技术一等奖（第三完成人）、东莞市科学技术一等奖（第三完成人）、中国产学研合作创新成果优秀奖（第二完成人）等荣誉。在钻研学术的同时，他积极融入学生组织，热心志愿者服务，曾担任中山大学研究生会南校区副主席、中山大学本科招生志愿者河北省队长等职，磨炼出良好的领导与沟通能力。

刘宏参加第14届中药全球化联盟国际学术会议进行主题演讲

## 钻研学术，科技创新

自求学以来，刘宏便对中药所蕴含的科学内涵抱有浓厚的兴趣。2010年底，他进入实验室，研究"复方血栓通胶囊基于谱效关联的药效物质基础与组方规律研究"课题。中药，尤其是复方制剂成分繁杂，要在大量的成分中发现核心活性成分并非易事。为此，他充分利用课余时间归纳总结中药谱效学研究领域的国内外研究现状，积极参加多学科交叉学术讲座，并多次与导师进行沟通交流。经过不懈的努力，他最终以创新的角度，运用计算机建模方法对中药复杂的化学成分信息与药效信息进行关联，建立了复方中药活性成分群辨识的新模式。目前，该研究模式已经成功应用于课题组的多个中药品种，具有范例作用。

刘宏在研究中善于发现问题、解决问题，能够设计相应实验以检验自己的想法。在课题的攻坚阶段，他勇于创新，突破前人的理论和技术瓶颈，探索新的方法；他创新地应用均匀设计思想，在不需进行成分逐一分离的情况下，制备了多份具有化学成分差异的复方中药样品，大大降低了研究工作难度，提高了工作效率；他结合中医与西医的造模方法，摸索并建立了一种快速、稳定的大鼠急性气滞血瘀模型，并已发表相关研究成果，广泛用于课题组其他中药品种的药效评价。

中药的组方配伍讲究"君臣佐使""四气五味""七情和合"，这也是中药的特色所在。然而，传统组方理论至今仍缺乏科学合理的解读，很难被西方学者所接受。为了更好地解析"复方血栓通胶囊"的组方规律，他创新性地基于药理实验数据，运用多种统计方法研究药材变化与药效变化之间的相关关系，科学解析了组方中各味药材的贡献、作用、主次、交互关系，形成了高水平论文，并推广应用于多个复方中药品种。

在学术研究的同时，刘宏积极开拓视野，展示风采。他曾受邀参加第十二届和第十四届中药全球化联盟会议（Consortium for the Globalization of Chinese Medicine，CGCM）、第六届创新药物与治疗大会等国际前沿学术会议并进行全英文报告。他自信地向各国学者展示中大学子的风采，课题的研究成果得到了同行的一致好评。在迪拜举行的第六届创新药物与治疗大会上，鉴于他在会上的优异表现，会议主办方赠送了帆船酒店的水晶模型作为表彰。

从2010年底到目前，他始终坚持研究同一课题，脚踏实地，不忘初心。在此期间，有过失败，有过迷茫，也有过喜悦与收获，通过不断地耕耘及点滴的积累，他已经成长为一个有责任、有担当、敢想敢做的有为青年。

## 实现自我，未来展望

在学术研究上，他希望能够依托高校或科研院所的中药研究平台，开展中药基于现代多学科组合技术的基础研究，探索有效解决中药复杂性和模糊性问题的创新方法，深入挖掘其防病治病的科学内涵，以期为加速传统中医中药接轨国际主流医学、进入国际市场贡献微薄力量。在未来，他将始终秉持钻研学术、科技创新的理念，不忘初心，不断前行！

学校年度人物评选现场

**素材来源：**

刘洁予.学在中大［M］.广州：中山大学出版社，2020：57.

# 创新水产育种技术,青春奉献国家种业
## ——中山大学 2021 年大学生年度人物杨扬

**人物简介**:杨扬,中山大学生命科学学院 2018 级博士研究生,读博期间,他瞄准国家重大需求,积极投身水产育种技术攻关工作,长期驻守水产企业养殖基地进行育种实验,创新育种技术,攻关育种难题,科研成果突出。他以第一作者在 *Molecular Ecology Resources*、*Zoological Research* 等高水平学术期刊上发表论文 13 篇,获国家发明专利授权 2 项,实用新型专利授权 3 项。参与创制的金鲳"晨海 1 号"新品种,于 2022 年获得全国水产原种和良种审定委员会审定通过。2019 年受邀前往蒙纳士大学马来西亚分校进行交流学习,其研究成果得到好评。曾荣获 2021 年博士研究生国家奖学金、2021 年林浩然院士奖学金一等奖等。杨扬博士毕业后,积极响应国家"乡村振兴"战略号召,继续从事水产育种工作,在奋斗中谱写新时代的青春之歌。

杨扬(左)在进行采样工作

## 心系种苗，追逐梦想

种业，是水产养殖业行稳致远的根基，是保障粮食安全的国家"芯片"。但是，我国海水养殖鱼类的育种工作起步较晚，种业发展面临着巨大挑战。

党的十八大以来，习近平总书记高度关注种业发展问题，多次在不同场合为种业改革发展指明方向。习近平总书记强调，种源安全关系到国家安全，必须下决心把我国种业搞上去，实现种业科技自立自强、种源自主可控。

为了更好地利用石斑鱼种质资源以及创制新的品种，杨扬毅然扎根一线投身科研。杨扬的导师是国家海水鱼产业技术体系"石斑鱼种质资源与品种改良"岗位科学家。在导师的指导下，他来到海南育种基地开展研究工作。在基地，他主动积极与基地员工交流，帮助他们检测藻类、病原微生物、亲鱼配子状态、水质等指标，参与打包鱼卵、鱼苗等，很快便和基地员工打成一片。他还在基地搭建了育种实验室，提高了育种工作的效率。这些工作为他的科研打下了坚实的基础。

三年中，他不断攻坚石斑鱼育苗技术难题，累计培苗数十次，最终构建了多种石斑鱼的混交家系、全同胞家系、回交家系、自交家系等，为后续生长性状的遗传解析和分子辅助选育提供了宝贵的实验材料。

经过不断实验，杨扬使用自主构建的三个棕点石斑鱼家系，开发了棕点石斑鱼生长相关标记技术并建立了生长水平评估体系，改良棕点石斑鱼生长速率提高约20%；在国内首次构建了虎龙杂交斑衍生品系，并通过杂交结合选育使棕点石斑鱼生长速率提高了34.6%，为石斑鱼种质改良做出贡献。

杨扬还建立了鞍带石斑鱼精子冷藏保存技术体系，以应对精子的短期保存，将精子体外保存时间提升了67%，优化了精子超低温冷冻保存体系，在同等冻存效率下，将精子的冻存体积提升了157%，满足了大规模生产和育种的需求。

为了将种苗更快投入生产，推广养殖技术，转化经济效益，实现科技带动产业振兴，杨扬协助导师开展石斑鱼技术推广工作，带动地方经济发展。2019年，他协助组织筹办了第十届"全国石斑鱼产业发展论坛暨中国水产流通与加工协会石斑鱼分会2019年会"，全国从事石斑鱼类产学研的各界代表 500 多人参会。2020 年,他协助在海南建立了"海水鱼产业技术体系示范基地",开展石斑鱼良种培育与示范、石斑鱼高效健康养殖示范等工作。2021 年,他跟随导师先后在广东省阳江市、广东省惠州市和海南省三亚市等地开展石斑鱼新品种(系)健康苗种培育技术和养殖技术培训多次。他还参与创制了花龙杂交斑新品系和杉虎杂交斑新品系,在育种团队的积极推广下,这两个品种已在多地规模试养,受到了良好的评价,目前正进行新品种的申报准备工作。

## 挚爱科研,不畏艰辛

杨扬不惧艰苦,长期驻扎在生活条件较差的基地活动板房中。夏天,育苗车间非常炎热,最高温接近 50 ℃,他不畏酷暑,常常持续工作数个小时,每次工作完成后衣衫都会被汗水完全浸透,甚至几次干完活后,双手颤抖,几近脱水,但是,他对育种工作依然乐此不疲。在艰苦的条件下,他完成一个又一个科研任务,将技术创新凝聚于海水中,将论文写在池塘边上。

苗种培育是精细活,整个过程需要考虑得面面俱到,才有可能出苗。育苗池塘需要提前一周进行肥水准备,产卵当天要捕捞、挑选亲本。晚上 21:00—23:00 是亲本产卵的关键时期,杨扬和工作人员为及时进行人工授精、密切观察受精卵发育状况并及时换水排除死卵,晚上常常彻夜不眠。孵化后每天需及时关注石斑鱼的状态,按照状态投喂不同的生物饵料,检测水质、藻类、菌类,防止病害。训料期间,杨扬每天早上 5 点多就要去投喂鱼苗,每两三天还要对鱼苗进行过筛,防止相互蚕食。每次过筛都要一直要弯着腰数个小时筛选鱼苗,时间长了,杨扬有时腰疼得难以直立,但他从无怨言。

博士研究生入学前,为了尽早掌握高通量数据分析技术和基因组遗传育种技术,杨扬购置了服务器钻研计算机技术,迅速提高了生物信息学技能。这为他入学后辅助课题组搭建石斑鱼基因组育种平台奠定了良好的基础。后来,他凭借课题组生信平台,构建了多种石斑鱼的高质量基因组物理图谱和高密度遗传连锁图谱,挖掘了多种石斑鱼的生长、疾病、体色等重要性状的 QTL 区域和分子标记,为石斑鱼的选育做出了重要的贡献。

杨扬在实验室进行实验

## 爱党爱国,坚忍不拔

杨扬爱党爱国,坚决拥护共产党的领导,理想信念坚定,已递交入党申请书,积极向党组织靠拢。他注重树立正确的人生观、价值观,有着强烈的事业心和高度的责任感。他乐于钻研,直面困难,不断地走出自己的舒适区,攻坚克难,持续突破自己。他谦虚好学,积极向学术圈的前辈求取指导,悉心听取基地员工的养殖心得和经验,也经常向师弟师妹请教。他一直将祖国水产业的发展视为己任,大部分时间在池塘间埋头苦干,他坚信实践出真知的真理,坚信育种工作离不开池塘,只有深入一线才能真正了解到为什么育种、育什么种、怎么育种。他用行动展现了他为国家水产种业振兴奉献青春的决心以及为人民服务的坚定信念。

杨扬曾经以俄语作为第一外语考上大学。由于生物学研究的大部分文献都用英文撰写,凭着对科研的无限热爱,他在大学三年级毅然开始自学英语。后来他在考研过程中因为英语接连失利,但他没有放弃,终于在第三年考上硕士研究生。硕士研究生期间他坚持每天阅读一篇英文文献,每日早上早起读英语背单词,积极参与外国访问学者的接待工作。他最早到实验室,最晚离开。他的努力得到了师生的认可,也为他赢得了硕士研究生国家奖学金。2018年,他考上慕名已久的中山大学博士研究生,离成为科研人员的梦想更近了一步,同时也对自己提出了更高的要求。勤奋拼搏的求学经历,铸就了他坚韧的性格,坚定了他为科研奉献青春的决心。

## 砥砺前行，未来可期

由于出色的表现和优异的研究成果，杨扬博士毕业后将留在中山大学开展博士后工作，继续长期驻守水产企业进行海水鱼类遗传育种的研究。他积极响应国家"乡村振兴"战略号召，继续扎根水产种业，投身一线，从事艰苦的生物育种研发工作，把学到的先进研发技术带到一线，促进成果转化，创制海水鱼类新品种，优化养殖技术，为丰富老百姓的"菜篮子"贡献自己的力量。

为了国家的水产种业振兴和粮食安全，解决让人民群众"吃好鱼，吃放心鱼"的问题，杨扬将坚持海水鱼类的育种研发工作，再次启程，怀揣着"中国梦"，不忘初心，为祖国的发展添砖加瓦，成为有志青年扎根科研生产一线、为水产育种事业奉献青春的榜样！

# 比你优秀的人远比你想象中更努力
## ——2017 级博士研究生吴欣凯

**人物简介**：吴欣凯，2017 级植物学博士研究生，获得 2019 年度博士研究生国家奖学金和宝钢优秀学生奖、2019—2020 学年广东省优秀学生（研究生阶段）。曾受国家自然基金项目和中山大学研究生参加国际学术会议资助计划资助赴俄罗斯、英国、澳大利亚等国进行学术交流合作 8 次。

吴欣凯在博物馆查看化石标本

人始终是要在路上，前进的青春才可以到达远方。即使因厌倦、疲惫而放慢脚步，但一定不能停滞不前。

## 初识吴欣凯

走进位于南校园的生物博物馆（马文辉堂），一楼左转的房间便是吴欣凯长期驻扎的化石标本室。在这个近 100 平方米的房间里，吴欣凯与化石为伴，在这里度过了 4 年的时光。访谈的过程中，他随手拿起一块化石，便向我们讲起它的前世今生。那些化石在他眼里仿佛是一个个鲜活的生命，有着非凡的意义。

吴欣凯的主要研究方向为新生代裸子植物化石，在读期间发表 SCI 论文5篇，其中一作2篇，曾接受学校和导师的国际合作交流项目资助，赴英、美、俄、澳等国进行学术交流8次。本科期间担任班长和学院学生会副主席，硕士期间担任班长，多次荣获"优秀学生干部"称号。

## 谁无暴风劲雨时，守得云开见月明——相识与热爱

研究生生活初始，大多数人对自己的未来充满疑虑，茫然若失，吴欣凯也不例外。虽然本科时期接触过古植物方面的知识，但目前的研究对象为具体的类群，与书本内容仍然有较大出入。这是一个从泛化到具体的过程，在一开始略显吃力。面对这种状况，吴欣凯认真地分析团队的科研发展历程，同时向相关领域的师兄师姐讨教。虽然一开始对古植物没有太清晰的认识，但随着研究的深入，他渐渐发现了古植物的乐趣。想象一下，从一个化石就可以看出亿万年前植物的生活场景，是一件多么神奇的事情。

吴欣凯说："近朱者赤，近墨者黑。想在古植物领域做出一些成就，那就让自己徜徉在'楷模的海洋'里，即使目前还没有足够优秀，但长此以往的耳濡目染，我就一定可以达到那个高度，甚至可能超越他们，开拓另一番天地。所以不管现在迷茫与否，先忙碌起来。只要目前有在做的事，一直做下去，终有一天会豁然开朗，因为做得越多，见识的就会越多。就像在大雾中行走，只要一直走下去，总能拨开云雾见太阳。"

## 科研路漫漫，披荆斩棘负重前行——压力与动力

无论多么优秀的人，只要生活在这个社会上，就会面对各种各样的压力。几年前的吴欣凯也曾经历过低谷期。他回忆起当时发文章的历程——投稿经历一年多时间，改稿过程一直处于瓶颈期。当得知被拒稿，内心濒临崩溃。那时，他整个人都散发着压抑的气息，也真真切切地体会到了前辈们说过的"博士不扒层皮毕不了业"的感觉。

面对如此压力，吴欣凯并没有一蹶不振，他通过运动和倾诉排解压力，并且继续前行。他喜欢在夜幕降临时跑步，还时不时地约朋友打羽毛球。他说："打球后整个人的压力都被冲散了，这种感觉十分舒畅。"另外，他经常主动跟导师沟通，请导师指点迷津。他认为，研究生阶段要会独立思考、主动求教，不能坐等老师来找。导师的鼓励和指导，就如同漫

漫长路上的启明灯，指引着他跨过一个又一个山海。

吴欣凯说："我们作为研究生不仅要提高学术水平，同时也要锻炼心理素质。我本科的一位老师曾说过：当你吃过硕士、博士的苦，那么再面对其他压力时，你都会从容应对。"

### 启事在教诲，成事在榜样——榜样的力量

谈到令自己最受触动的事，吴欣凯提到了国际古植物协会主席——来自佛罗里达大学的 Steven Manchester 教授。

与佛罗里达大学的 Steven Manchester 教授在西双版纳查看现生植物

吴欣凯说："他只要一空下来就会打开电脑工作，是我见过最勤奋的人。他的勤奋程度和对古植物的热爱特别触动我，是我见过对古植物热爱程度最高的人。我问他是怎样走入这个行业的，他说只因在高中时遇到一块化石，当时就无比想知道这是什么，便从此爱上了这一行。中科院西双版纳研究所的周浙昆老师评价他：'这个人就是为古植物而生的，终身致力于古植物的研究。'这一点值得所有人学习，尤其是他对事业的热爱。这样的敬业程度让大多数人都望尘莫及，平凡如我们，虽做不到为某一项事业而生，但仍可以通过自己的努力在平凡的岗位上做出不平凡的事。"

### 教诲如春风，师恩深似海——导师寄语

吴欣凯的导师金建华教授告诉我们："欣凯当初刚到实验室时也不知

道该做什么,随着后期去野外采集标本,渐渐发现了其中的乐趣。一步一个脚印,一点一滴成长,他的努力和付出终将会获得回报。我希望他能够在古植物这条路上继续走下去。这个方向目前尚属于基础性的研究,尚且比较冷门,能坚定地在这条路上走下去,是一件很不容易的事情。而我能做的就是尽我所能去帮助他,也帮助我的每一个学生,做好他们的后盾,不管在科研上还是生活上,要让他们没有后顾之忧,并且提供尽可能好的平台。条条大路通罗马,不管冷门也好、热门也罢,只要付出,就一定会有回报,就能找到属于自己的位置,发现适合自己的空间。坚持下去总会有希望。"

## 尾 声

采访的整个过程中,吴欣凯只要谈到化石,眼睛就开始闪光。从他的经历不难看出,成功从来不能一蹴而就,唯有无限的热爱、滴水穿石的勤奋与努力才能获得相应的回报。实验的枯燥、采样的辛苦、拒稿的无奈,获得国家奖学金和宝钢奖学金背后的辛酸可能只有他自己明白。而承载着几千万年历史的化石,便是他的初心、他的使命。在科研这条路上,相信吴欣凯定能坚持初心,披荆斩棘,越走越远。

# 心怀服务人民之愿，担当振兴种业之志
## ——2019级博士研究生熊翔宇

**人物简介**：熊翔宇，中山大学生命科学学院2019级植物学专业博士研究生，研究方向为植物靶向基因调控技术。在校期间曾担任东校园植物学学生党支部书记，曾获博士研究生国家奖学金、中山大学校长奖学金、王伯荪生态学奖学金、傅家瑞植物科学研究奖学金及"中山大学2023届优秀毕业生"称号等荣誉。在国际高水平期刊 Nucleic Acids Research、The Plant Cell、Journal of Integrative Plant Biology 等上以第一作者（含共同第一作者）身份发表研究论文2篇，获国家发明专利授权3项。

工作中的熊翔宇

## 不忘初心，勇于担当重任

熊翔宇热爱党，热爱祖国，坚决拥护中国共产党的领导，理想信念坚定。自2014年12月6日加入中国共产党以来，他时刻以优秀共产党员的标准要求自己。认真学习马列主义、毛泽东思想、邓小平理论、"三个代表"重要思想、科学发展观和习近平新时代中国特色社会主义理论，经常向身边的同学普及党的基本理论知识，介绍党的主要方针、政策。他在研究生阶段虽然忙于学业科研，但日常生活中也尽可能关心帮助身边之人。

2019年底，熊翔宇被任命为东校园植物学学生党支部书记。该支部属于新建支部，初期正式党员仅5名，只设党支书，他便扛起了党支部的全部工作职责。万事开头难，他虚心向辅导员和其他党支部书记请教，迅速使新支部的工作走上正轨。熊翔宇以高昂的斗志，积极进取的心态，带领支部所有党员与其他党支部共同开展规范东校园生科楼自行车停放主题志愿服务，开展疫情读书分享会等活动。

## 潜心科研，矢志种业自强

2022年4月，习近平总书记在海南考察时讲，"中国人的饭碗要牢牢端在自己手中，就必须把种子牢牢攥在自己手里。要围绕保障粮食安全和重要农产品供给集中攻关，实现种业科技自立自强、种源自主可控，用中国种子保障中国粮食安全。……"为我国植物科研工作者指明了奋斗的方向。

种业科技的自立自强对保障我国粮食生产安全和主要农产品供给起着重要的基石作用。长期以来，我国种业科技的发展呈现"大而不强"的特点，种业基础生物技术亟待突破。水稻是世界上主要的粮食作物之一，更是我国人民餐桌上最重要的主粮作物，在我国国民经济中起着举足轻重的作用。如何有效地研究水稻基因功能，利用水稻自身的基因资源进行分子育种是科研人员面临的重大技术难题。随着全国乃至全世界巨量的人口增长幅度，传统漫长的水稻种质创新进程也急需新技术的助力。

面对植物学基础研究和种业科技产业的技术瓶颈，自2016年推免进入生命科学学院攻读硕士学位伊始，熊翔宇便立长志，为中华种业之崛起而努力奋斗。开始硕士阶段的学习后，他深刻意识到自己在科研技能和科学思维方面的不足。现代科学研究不是个人的单打独斗，讲究团队的精诚协作，尤其注重团队成员的"传帮带"。他虚心向团队高年级的博士师兄师姐请教，针对关键复杂试验的每一个技术细节都要弄懂吃透，到后来，多数常用的试剂配方及试验方法他甚至可以倒背如流。

熊翔宇力图将基础研究与种业科技提升结合起来。在博士还未入学的2019年初便向导师提出了将 dCas9-TV 基因激活工具用于水稻性状改良的设想。经过与导师的反复讨论设计，形成了较为成熟的研究方案。经过努力探索，他和他的同事们在水稻中建立和优化了基于 dCas9-TV 的高效多基因激活体系，使用该工具在转基因水稻中成功同时激活了内源 *GW7* 基因与 *ER1* 基因的表达。与野生型对照相比，转基因水稻中两个基因的表达量实现了高达 255 倍和 3738 倍的提升。表型分析显示，纯合高效双基因激活水稻同时展现了类似 *GW7* 超表达的米粒变长和类似 *ER1* 超表达的叶片气孔密度降低的双重优良性状。该工作不仅为水稻基础科研领域提供了有力的技术支撑，也为应用层面水稻种质创新和良种繁育工作提供了新的路径。该成果于 2021 年发表在国际高水平期刊 *Journal of Integrative Plant Biology* 上，熊翔宇为共同第一作者。dCas9-TV 系列成果（2017 年、2021 年）的发表为国际植物学相关领域填补了高效 CRISPR 基因激活工具的空白。文章一经发表，受到了各大科研微信公众号和网站的广泛报道。截至 2023 年有近百家来自中国、美国、德国、英国、巴西、韩国等国际国内科研团队咨询该工具的使用或寻求合作，形成了一定的国际影响力。

另外，现有的基因失活工具主要依靠 CRISPR/Cas9 基因敲除系统。不仅如此，近年来的多篇在哺乳动物细胞和小鼠个体层面的研究揭示，CRISPR/Cas9 引发的 DNA 双链断裂会造成严重的染色体倒置与重排。为摆脱上述困境，一种不依赖于 DNA 双链断裂的碱基编辑技术应运而生。在植物科学领域中广泛使用的 PBE（BE3）碱基编辑器具有编辑窗口窄和编辑序列背景偏好的缺点。为此，熊翔宇和他的同事们利用新型高活性脱氨酶 AID10 开发了克服上述缺点的植物多功能碱基编辑工具箱，为整个植物科研共同体提供了多样化的碱基编辑工具。为增强植物基因功能调控的灵活性，他们利用新开发的 AID10 编辑工具创造了两种不依赖于 DNA 双链断裂而失活基因的新方法，分别通过破坏基因可变剪接或创制 uORF 使靶基因完全或部分失活。

## 不断创新，科研硕果累累

在种质资源应用创新层面，熊翔宇在看到农业农村部于2022年1月24日制定并公布了《农业用基因编辑植物安全评价指南（试行）》后，敏锐地察觉到了国家对于不引入外源基因的基因编辑作物产业化会率先松动。他未雨绸缪，将手中新开发的碱基编辑工具应用于基因编辑种质创新中，使用新型高精度碱基编辑器 nCas9 – AID10 – UGI 精确将野生型中花11号水稻的 ALS 基因的第96位丙氨酸突变为苏氨酸或脯氨酸（A96T/P），赋予野生型水稻除草剂抗性。经过筛选传代，获得了不含外源转基因，仅含目标基因序列纯合突变的优良抗除草剂水稻。该不含外源基因的新型抗除草剂基因编辑水稻资源的创制，为未来基因编辑植物的产业化打下坚实的基础。上述科研成果于2022年发表于高水平国际期刊 Nucleic Acids Research 上，他为共同第一作者。

除科学研究和发表论文之外，熊翔宇还根据团队的多项科研成果，以主要撰写人的身份参与了5份国家发明专利和1份国际PCT专利的申请工作，目前已获得国家发明专利授权3项。

中国种业的复兴之路注定曲折，熊翔宇将坚持不忘中国种业科研人的初心，牢记中国共产党人的使命，努力科研，服务大众，为中国种业科研事业添砖加瓦。

## 用汗水浇灌希望，演绎"热辣滚烫"的人生
### ——2019级博士研究生匡素芳

**人物简介**：匡素芳，中山大学生命科学学院2023届博士毕业研究生，现为江西师范大学健康学院讲师。攻读博士学位期间，以第一作者（含共同一作）在 mBio、Microbiology spectrum 和 mSystems 等期刊上发表高水平论文4篇，获国家授权发明专利1项；荣获2022年博士研究生国家奖学金、2020—2021学年度李帼仪鱼类及野生动物保护奖学金、2021—2022学年度罗进贤奖学金二等奖、2020—2023年连续3年博士研究生二等奖助金，获2021年"中山大学优秀共产党员"和"中山大学2023届优秀毕业生"荣誉称号。

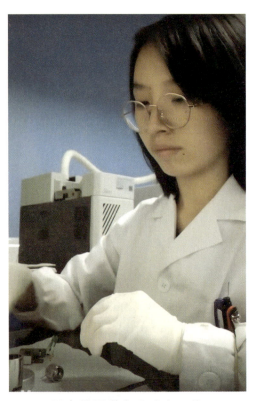

匡素芳同学在实验室工作

## 灼热初遇：迎来滚烫的博士生涯

在灼热初遇中，她迎来了生命中又一个滚烫的生涯，燃起了对知识探索的热情。红墙绿瓦，珠江水长，是她对中山大学的初印象，却也结下了永久的情节。早在2014年盛夏，她踏入中大校园，就已领略到这里深厚的人文气息。在4年后，她毅然选择了中山大学作为唯一一所博士报考的学校。"公平竞争"，简单的邮件信息敲醒了她追逐科研梦想的心灵。她深知机会总是留给有准备的人，而只有充分准备、勇于挑战才有可能获得博士入学的机会。她将课题组历年发表的论文按照年份进行梳理，深入了解课题组的研究方向和成果。然后，开始了博士研究计划的撰写和文献阅读汇报。每一个字，都经过反复斟酌，每一页PPT，都经过仔细打磨。在这个过程中，她时刻铭记着"公平竞争"的原则。她清楚地知道，只有通过不断的努力和充分准备，才能够赢得博士入场券。

## 燃情探索，投身滚烫的科研之路

在燃情探索的岁月里，抱着对细菌耐药防控研究的信念，会迎刃而解。导师常说"生活即学习，学习即生活"，这便是学习的最高境界。而她在学习的过程中，也时时以此为标杆，每天都保持着饱满的热情。

刮风下雨了，到周末了，又是节假日了，这些都不是她可以放松的理由，在她看来，每一天的探索都是真正意义上的进步。疫情期间的一波三折却未给她造成任何困扰，第一波疫情时，她被困在家里，索性在白天的一段时间里参加核酸检测工作，以实战体验生科人在疫情中的力量；晚上则静下心来读文献、写综述、分析代谢组学数据。第二波疫情来临时，被困实验室，她丝毫不焦虑，倒是庆幸所在之处是实验室，可以真正意义上过上吃饭不出门，争分夺秒投入科研中的生活。第三波疫情时，她终究没扛住，在舍友的无微不至的照顾下，第二天便有了力气，直接打开电脑就开始分析数据，觉得这种注意力的分散让她忘记了喉咙的疼痛。

## 烈火成长：生命中又一个滚烫的四年

炙热的岁月，见证着她思想情操和科研精神的成长。从最初的懵懂无知到燃烧着渴望知识的热情,她在这四年里经历了蜕变。烈火的洗礼让她学会了坚韧,每一次挑战都成为他前进的动力,每一次失败都让她更加谦逊。

在思想政治理论知识的学习中,她注重扎实学习,牢记责任感。"学所以益也,砺所以致刃也",她深刻认识到作为一名中共党员,应该学党史、悟思想并铸红色精神。从"要我学"到"我要学"的转变,利用所有的碎片化时间进行思想政治素养的提升,感受习近平总书记在梁家河与乡亲们同吃、同住、同劳动的艰难岁月,在习总书记引领乡亲们克服重重困难的故事中倍感青年人肩负着推动国家发展社会进步的责任。

在科研的道路上,她不断探索,不断创新,始终怀揣着对未知的好奇心。即使面对困难,她也从不退缩,用心与智慧攻克一道道难关。这四年,是她心灵和智慧的成长,也是她科研精神的烈火洗礼,铸就了她坚定的信念和追求卓越的决心。

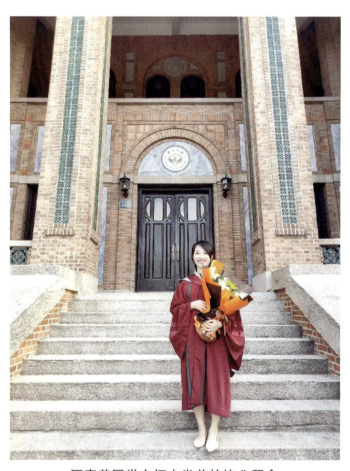

匡素芳同学在怀士堂前的毕业留念

## 投桃报李：续写滚烫的教学生涯

早在2011年高考考入师范类院校之前，她简单地想成为一名老师，传播知识；在2015年成为一名兼职辅导员后，她深刻地认识到，想要通过专业教育来影响一批人积极上进，首先得加强自己的专业知识。学习张桂梅同志创办女子高中，执着教育，让贫困孩子走出大山的事迹后，她深受启发，教育是可以影响人的一项伟大事业，教育的好坏也将直接影响人的成长轨迹。如何成为一名专业型的好老师，打铁还需自身硬。在实践研究中，她更加注重"精"与"专"的意义，不断鞭策自己朝着专业深入发展的目标而努力。现今，她已进入江西师范大学续写教学生涯，也希望通过热情的专业教育引领一批人的成长。

# 听从内心的声音,投身保护事业
## ——2020级硕士研究生王智凝

**人物简介**:王智凝,中山大学生命科学学院2020级硕士研究生。她以野生动物保护为学术追求,致力于这一领域的深入研究。在读期间,王智凝凭借扎实的专业知识和敏锐的科研洞察力,以第一作者身份在生态学领域顶尖期刊 Conservation Biology 和 Zoological Research 上发表了两篇高质量论文。她还积极参与学术交流活动,参加2021年国际保护生物学大会,并发表了精彩的口头汇报。王智凝曾荣获2021年硕士研究生国家奖学金和"中山大学2023届优秀毕业生"等荣誉称号,起到了良好的榜样示范作用。王智凝同学已踏上新的学术征程,毕业后她进入中国科学院动物研究所深造。

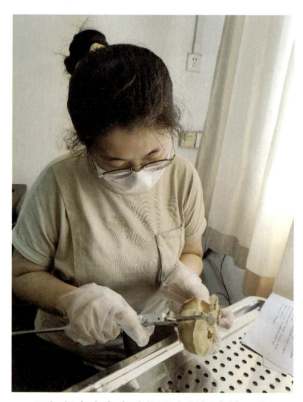

王智凝在广东省动物研究所标本馆工作

在踏入中山大学之前，王智凝对生态学和保护生物学的认识尚未成熟。怀揣着对自然保护的浪漫憧憬，王智凝意外地开启了在自然保护领域的独特旅程。然而，不久后云南景东的实地工作便给了她当头一棒。每天凌晨，她便在陡峭茂密的森林中追逐灵长类动物的踪迹，回到基地后不仅要处理样品，还需亲自烹饪食物。除此之外，她还需努力与向导和当地居民交流，深入了解社区需求，这样的野外经历确实是一次高强度的挑战。面对体力不支和语言障碍的双重压力，王智凝开始意识到自己在能力上的不足。通过与当地居民的深入接触，她逐渐认识到保护工作的复杂性和现实性。她发现，保护并非表面上看起来那样的简单和理想，而是需要面对无数琐碎而实际的问题，需要怀揣着尊重和理解，与人们建立和谐的关系。她意识到，保护研究与保护行动之间存在着巨大的鸿沟。仅仅停留在纸面上的研究难以真正推动现实世界中的保护行动，保护研究也并不直接等同于实际的保护成效。因此，王智凝开始着手进行保护区和科学研究的有效性评价工作，希望能为未来的保护行动提供有益的指导和建议。

对于王智凝而言，在中山大学的三年是一段飞速成长的时光。这三年里，她如海绵般汲取知识，不断充实自我。尽管硕士课题已经带来了巨大的压力，但王智凝仍旧毅然主动参与到《广东动物志哺乳纲》的编写工作中。这项工作不仅要求阐述每个物种的分布和形态特征，还须深入解析每个分类单元的同物异名，这对她而言无疑是一个全新的挑战。为了圆满完成这一任务，王智凝投入了大量时间和精力，她在图书馆中翻阅着厚重的历史文献，同时利用线上数据库查100年前的古早资料，对每一个同物异名信息都进行了细致入微的核对，确保准确无误。在王智凝的科研任务中，标本的检视与拍照工作同样繁重而精细。每个头骨标本都需要经过她精确的测量，涉及20多个关键指标，同时还须拍摄出高质量的照片。在每一次的拍摄过程中，王智凝都蹲在地上，细心地调整拍摄角度和参数，以确保头骨在照片中左右对称、前后对齐，同时避免任何不必要的阴影。有时，为了获得一张满意的照片，她需要反复调整同一个头骨二三十次。即使在标本馆温度较低的环境中，她也常常因工作的专注与努力而汗流浃背。这些看似简单而单调的工作背后，实则蕴藏着王智凝无尽的耐心与努力。她不仅承担了这样的日常任务，还参与了全球灵长类行为数据的收集工作。这项工作需要她从数千篇文献中，逐一收集每个研究种群的物种、地点、时间和行为数据。面对庞大的文献量和烦琐的数据处理工作，她展现了出色的耐心和毅力，数月如一日地投身于这项枯燥而重要的工作中，确保数据的准确性和完整性。

  王智凝的坚持与努力，为她的科研事业奠定了坚实的基础。在进入中山大学学习之前，王智凝对 R 和 QGIS 这些分析工具一无所知。然而，她对于迅速提升自己的分析技术有着强烈的渴望。因此，每当师兄师姐们传授新的方法和技巧时，王智凝都会格外认真地研读，对每一个参数和细节都仔细推敲，力求精益求精。她常常独自在实验室里，调试代码至深夜，直至达到预期的效果。对于学习新技术和新方法，王智凝从不满足于仅仅能够得出结果。她追求的是举一反三和更广泛的应用，一定要深入探究背后的原理和逻辑，确保自己真正理解和掌握。虽然这样的学习方式在短时间内需要投入更多的时间和精力，但正是这种严谨和深入的态度，使王智凝能够在短时间内迅速掌握丰富的分析知识，为她的研究打下了坚实的基础。

  在这个时代，选择投身于荒野与自然保护的事业，无疑是一种难得的奢侈。王智凝深感庆幸，她有机会在中山大学深入探索保护科学的奥秘。对她而言，中大的学习并非仅仅为了一纸文凭，而是一个自我发现和成长的旅程。如今，王智凝同学在中国科学院动物研究所继续攻读生态学博士学位，她以国家重大需求为导向，坚定地在保护科学的道路上砥砺前行，致力于推动这一领域的进步与发展。

# 保护中华粮仓,青年主动担当
## ——2021级硕士研究生欧阳玉婷

**人物简介**:欧阳玉婷,中山大学生命科学学院2021级微生物学硕士研究生,在校期间面向国家重大需求,积极参与东北黑土退化阻控工作,努力收集大量黑土菌株资源,从微生物的视角为黑土退化阻控新方法的探索贡献力量。作为第一作者,她在 Antonie van Leeuwenhoek 和 Current Microbiology 等权威期刊上发表了两篇SCI论文,并在第五届伯杰氏国际系统微生物学研讨会上荣获研究生论坛二等奖。此外,她还荣获2023年硕士研究生国家奖学金,以及中山大学安必平教育发展基金奖学金硕士一等奖。

欧阳玉婷(左)获第五届伯杰氏国际系统微生物学研讨会研究生论坛二等奖

## 黑土守护,菌脉新篇

被誉为"耕地中的大熊猫"的黑土地,承载着我国粮食安全的重大使命。这片肥沃的土壤广泛分布于黑龙江、吉林、辽宁及内蒙古自治区的东部,其粮食产量占据全国的四分之一,是我国农业生产的宝贵财富。然而，长时间的高强度耕作与自然因素的侵袭，如风蚀、水蚀等，导致黑土层逐渐变薄，有机质含量降低，土壤酸化、沙化、盐渍化问题日益凸显，水土流失的威胁也愈发严重，给东北乃至全国的粮食和生态安全带来了严峻挑战。

在吉林省考察时，习近平总书记深刻阐述了保护黑土地的重要性，并强调要采取有效措施，确保这一珍贵资源的永续利用。自2005年起，国家相关部门积极响应，制定并实施了一系列政策措施，致力于黑土地资源的保护与合理开发利用。2017年，原农业部（现农业农村部）、发改委等六部门联合发布政策文件，明确提出要通过修复治理和配套设施建设，有效遏制黑土地的退化趋势。2022年，《中华人民共和国黑土地保护法》的正式施行，为黑土地的保护、粮食生产的稳定以及生态系统的平衡提供了坚实的法治保障。

黑土的肥沃源于其背后复杂的微生物种群结构。然而，不合理的耕作方式已使东北黑土的微生物群落生态失衡，影响其土壤生态功能的正常发挥。为了响应国家保护黑土的号召，欧阳玉婷在导师的精心指导下，深入研究了东北黑土中的微生物资源。

在攻读硕士学位期间，欧阳玉婷成功地从黑土中分离出2000多株细菌资源，这些菌株涵盖了5个门的121个属，包括因施肥时间延长而逐渐丢失的相关细菌类群，极大地丰富了我们对黑土微生物多样性的认识，并建立了专属的菌株资源库。更令人振奋的是，其中70多株细菌被鉴定为潜在新种，分属于32个属。这些潜在新种具备氮固定、铁载体合成、吲哚乙酸合成、解磷、解钾等功能，且在定殖效果上更具优势，为"土脉—菌脉"关联菌剂的合成提供了有力支撑。这一发现不仅展现了黑土作为我国重要粮食生产基地的价值，而且揭示了其孕育的丰富微生物新资源，为我国黑土微生物遗传物种资源的保护和利用奠定了坚实的基础。

## 菌株探寻，传承共襄

提及那2000多株菌的获取，虽只是一句轻描淡写的描述，但背后却凝聚了无数日夜的辛勤努力与坚韧不拔的毅力。导师深知欧阳玉婷在分离培养这些菌株时所面临的困难与挑战，迅速召集对分离培养技术感兴趣的本科生，传授他们专业技能，这为欧阳玉婷的科研之路注入了强大的后援力量。欧阳玉婷亦毫不保留地将自己的知识与技术传授给本科生们，与他们并肩作战，共同投身于黑土菌株资源库的建设中。

在超净工作台前，她们常常连续工作数小时，专注而细致地进行菌株的分离与培养。每当遇到困难，她们总是热烈讨论，寻求最佳解决方案，共同探索如何最大化地利用这些珍贵的微生物资源，为科研和农业实践贡献智慧与力量。

在广泛阅读和深入探索大量文献的过程中，欧阳玉婷在导师们的悉心指导下，逐渐认识到生物信息学在现代科研中的关键地位。因此，她在繁忙的实验间隙，自发学习并掌握了扩增子分析、宏基因组分析等前沿的高通量数据分析技术。同时，在老师及师兄师姐的指导下，她成功锁定了东北黑土地中至关重要的原核生物类群，并获得了部分关键类群的纯培养物，为后续的科研工作奠定了坚实的基础。

然而，欧阳玉婷并不满足于仅仅收集这些菌株资源，她渴望进一步验证它们的生态功能。于是，她与本科生团队紧密合作，对已有菌株资源进行了严格的筛选，并对其中500多株菌进行了详尽的功能验证实验。经过不懈努力，她们成功筛选出300多株具有重要生态功能的黑土本土菌株，这些菌株在维护土壤健康、促进作物生长等方面展现出巨大的潜力。

面对如此令人振奋的成果，导师们与欧阳玉婷决定乘胜追击，利用这些关键功能微生物，合成黑土本土的微生物菌剂。她们设计了精心的盆栽实验，以验证这些菌株在恢复黑土肥力方面的卓越效果。尽管欧阳玉婷此前并未涉足此类实验，但她毫不退缩，积极与本科生们携手合作，虚心向谢致平老师团队请教，深入学习并掌握了盆栽实验的关键技术。在团队的共同努力下，盆栽实验取得了显著的成功，成果令人鼓舞。

这一成就不仅彰显了欧阳玉婷及其团队面对挑战时的不屈不挠和勇于探索的科研精神，更是体现了生科院师生乐于助人、无私奉献的优良品质以及团结协作的精神风貌。他们共同为科研事业添砖加瓦，展现了科研团队的凝聚力和向心力。

## 深耕黑土，绿梦未来

欧阳玉婷硕士毕业后，决心在中山大学继续深造，攻读博士学位。站在人生新阶段的起点上，她坚定地表示将投身于东北黑土退化阻控的伟大事业，矢志不渝地为土壤改良和环境保护贡献青春与力量。

欧阳玉婷将在科研道路上继续勇攀高峰。她深知科研工作需要耐心和毅力，需要不断地学习与探索。但她也坚信，只要持之以恒地努力，必定能够取得更多的科研成果与突破。

在未来的岁月里，欧阳玉婷将秉持着"不畏艰难、勇于探索"的科研精神，以及"乐于助人、传承共襄"的品质，为环境保护和土壤改良事业贡献自己的智慧与力量。她期待在这片充满热爱的土地上，书写出更加灿烂辉煌的科研篇章，实现个人价值与社会价值的双丰收。

# 但行己路,做恪守初心的笃行者
## ——2021级硕士研究生夏雨

**人物简介**:夏雨,中山大学生命科学学院生物与医药专业2021级硕士研究生。在校期间荣获2022—2023学年国家奖学金,荣获两年中山大学研究生一等奖助金,荣获"中山大学生命科学学院优秀共产党员"称号。曾任我院2021级生物技术班班长、动物学研究生第二党支部宣传委员。

少年自当扶摇上,揽星衔月逐日光。2021年的那个夏天,在经历了漫长的备考与等待后,夏雨拿到了中山大学生命科学学院的录取通知书。初次走在红墙绿瓦、绿树成荫的康乐园时,她便暗下决心,下一个三年要继续蓄力奋进,绽放光芒。

夏雨(第一排右一)组织支部党日活动——参观校史馆

## 慎始敬终，行稳致远

夏雨本科就读于山东大学海洋学院，2021年以优异的成绩考入我院攻读硕士研究生学位。作为一名跨考生，在刚进入实验室接触到课题时，她也曾陷入深深的自我怀疑与迷茫。病毒学的理论基础不够扎实，细胞和分子实验的实践基础几乎为零，要如何才能追上别人的脚步，走入课题的正轨？关关难过关关过，事事难成事事成。她坚信面前的山再高，一步一步向上爬就总能到达山顶。专业知识不懂就去查阅书籍，没有课题思路就去看文献跟老师探讨，实验做不好就虚心向师兄师姐请教。她坦言，研一刚入学那段时间是研究生三年最难熬的日子，一个人的实验室，天文般的专业术语，一次又一次"竹篮打水一场空"的挫败感。埋头做事久了，就放慢脚步，回头看看自己为何出发。对于她而言，初心是支持她做出选择的根本判断，让她永远有跌倒后再爬起的勇气，支撑她坚定走过成长的道路。随着实验技能的积累，推理和思考能力的不断磨炼，研二结束时，夏雨便以共同第一作者在 *Frontiers in Immunology* 杂志上发表论文1篇，以第四作者发表论文3篇，还申报了1项发明专利。

在进步中获得成就感，以正反馈激励进步，夏雨用敢于突破的勇气和一以贯之的努力，不断点亮自己的技能树，荣获2023年研究生国家奖学金。从懵懂的实验室小白到一个成熟的科研人，回望这3年，她深刻感受到这其中自己的成长，也由衷地感谢这一路上导师的悉心指导和师兄师姐不厌其烦地帮助。

## 有一分热，发一分光

不被定义，广而涉之。在进入研究生阶段后，夏雨并没有因为繁重的科研而放弃自己热爱的学生工作、志愿服务等活动。她希望自己在实验之余，还能够去探索更多未知的自己，而这些课余活动不仅能够为老师和同学们提供帮助和支持，还可以实现自我价值的提升。她刚入学时便在考研经验分享会上分享自己的备考经验和心路历程，并耐心回答学弟学妹们的问题，还积极参加了我院如院运会、教职工大会等多项活动的志愿工作。她认为与人为善，主动奉献，积极担当社会责任，将自己融入祖国和人民群众中去才是生活的意义所在。

研一时，夏雨便担任了2021级生物技术班班长，负责班级内大大小小的事务，及时传达院校老师的信息和通知，当好老师和同学之间沟通的桥梁。除在班级任职外，她还担任了学院动物学研究生第二党支部宣传委员，协助举办了多项支部活动。她常在思考，如何让一个班级、一个党支部真正成为一个能够互帮互助的大家庭，如何能更好地调动同学们的积极性，让大家自发地去参与活动并从中受益。尽管理想与现实之间常常存在差距，但她始终坚守初心，通过举办科研互助交流会、校史馆参观等活动拉进同学们的距离，并从大家的反馈中不断反思调整自己的工作方式。不同的工作角色，相同的是踏实肯干、严谨认真的态度与追求自我价值的热忱。在与老师和同学们交流的过程中，她更加清楚自己的责任与定位，也沉浸于服务和帮助他人带来的快乐与满足。

在任职期间，她所在的党支部荣获"2023年生命科学学院先进党支部"称号，她本人荣获"院级优秀共产党员"称号。面对各项荣誉，夏雨不骄不躁，她认为每一个阶段结出的果实都是对下一阶段更好的激励，在这个过程中积累的经验、看过的风景都是人生中更加宝贵的财富。

## 心有信仰，行有温度

作为一名共产党员，夏雨热爱祖国，始终追求思想上的进步，积极向党组织靠拢。闲暇时，她会通过《人民日报》、学习强国等媒介学习党的精神和理论知识。此外，她也会常常翻阅一些历史书籍，在历史的长河中感受时代的沧桑巨变，感受一代又一代的中国人是怎样一步步地走到今天。前事不忘，后事之师，夏雨还会通过前往红军长征纪念馆、南京大屠杀受难者同胞纪念馆等红色基地，实地感受中国在走向富强的过程中经历的磨难。回望过去，她切实感受到大国崛起的艰辛和中国共产党人的百折不挠；立足当下，她看到的是中华民族复兴的光明前景。她认为新时代的研究生不应该只顾埋头在实验室里，也应时常走出去，去到那些曾经战火纷飞的年代，从中汲取新的力量，不断坚定自己的理想信念，才能更好地做好手中事、走好脚下路。

毕业之际，站在人生又一个十字路口，夏雨选择回到家乡广西成为一名选调生。面对职业道路的选择，她认为每个人的成长路径都是独特的，要大胆尝试，去找到适合自己的成长之路，才能真正实现自我价值。作为

夏雨参观红色基地

一个土生土长的广西人,夏雨热爱广西秀甲天下的山水风光、丰富多彩的少数民族风情和古老灿烂的文化历史。她深知目前广西的经济发展还比较落后,但也正因如此,广西对人才的渴求十分迫切,优秀的青年学子们在这里会有一个更大的舞台去发挥才能。从学术科研到基层工作,夏雨并不认为两者是毫不相干的,在科研道路上行进的3年深刻改变了她的思考和处事方式,她希望能将自己的所学所感落到实处,为广西未来的发展建设贡献自己的一份力量。

面对即将到来的新挑战,夏雨希望自己能够始终铭记中山大学"博学、审问、慎思、明辨、笃行"的校训,在基层成长为一个"四水青年":脚下有泥水,肚里有墨水,心中有清水,眼里有泪水。成为一名选调生,既要有情怀,也要有本领,才能将家国情怀落到实处。

## 低头赶路,敬事如仪

少年之志,欲上青天揽明月。夏雨在中大的科研之路,始于热忱,归于纯粹。如她所说,成就的取得仅代表一段时间的努力获得认可。而严谨的治学精神、求是的科研态度将在未来伴她一路前行。夏雨回顾过去的时光,衷心感谢学院和各位老师在其求学路上一直以来的关心和教导,使其不断汲取前行之力量、厚积成才之本领。凡是过往,皆为序章。未来,她将继续坚守初心、坚定信仰;笃行致远、知行合一。繁星闪烁的天空下,属于她的人生之花在灿然盛开。

# 风华正茂,展鸿鹄志
## ——2021级硕士研究生林蠡鹄

**林蠡鹄**,中山大学生命科学学院2017级生物技术及应用基地班本科生,2021级遗传学专业硕士研究生。在校期间曾荣获"中山大学优秀共产党员"、中山大学李宝健遗传学奖学金、中山大学优秀学生奖学金、广东光大升学深造奖学金、可口可乐青年社会实践大赛全国总冠军、广东省高校科学营优秀志愿者、中山大学勤工助学先进个人、中山大学优秀研究生兼职辅导员、中山大学一星级志愿者、创行中国社会创新大赛三等奖等荣誉,于 LWT – Food Science and Technology、BMC Biology、Cell Death & Disease 杂志上发表文章。

林蠡鹄(左)参加中山大学第十四届党员代表大会

林蠡鹄,"蠡"是指龙飞凤蠡;"鹄"则是鸿鹄之志,这个名字寄托了家人对他的期望。在中山大学生命科学学院7年的学习生活中,在风华正茂的20岁,他始终不忘初心,携鸿鹄之志,开创了一片自己的天地。

## 修养党性，争当先锋

作为青年学生党员，他对待自己的党员身份始终保持着高度的责任感和使命感。他积极响应党的号召，时刻以党员的标准要求自己，用实际行动践行着共产党员的初心和使命，始终秉持振兴中华，建设中国的志向追求，始终与国家民族同呼吸共命运。他担任学生党支部副书记时，不断提升党建工作质量，加大党员发展力度，提升发展党员质量，以增强政治性、先进性、群众性为目标改进党支部工作，深入探索党建与专业知识融合发展，运用学科特色建设本科生第一党支部，在党建工作上得到了组织的肯定，获得了"中山大学优秀共产党员"的荣誉称号。

在2023年他作为学院的青年学生党员代表参加中山大学第十四届党代会，这既是组织对他的信任，也是对他的一种肯定，鞭策他要充分发挥党代表的参谋、决策、监督和桥梁作用。他时刻坚持深入群众、联系群众、服务群众，及时将党的各项方针政策传达到群众中去，在为民服务中体现党员的先锋模范作用。此外，他还参与到中山大学"信仰对话"活动当中，与林浩然院士进行了深入的交流，共同为党的生日献礼和勉励广大青年党员。他更希望可以把优秀传承下去，他带领党支部成员为本科生开展了学业经验分享会、考研帮扶和入党宣讲等工作，用榜样的力量鼓舞学弟学妹，也更希望对学弟学妹日后的党员生活有所引导。

## 耕耘学业，全面发展

在生科院读本科生时，他凭借良好的专业知识储备和对生命世界的深切热爱，通过了笔试、面试层层筛选，顺利成为基地班的一名成员。生科院的专业课程安排十分丰富，所以需要自己更加合理地安排学习时间。大学的授课方式和高中有着很大的不同，需要更多课下自己的思考和讨论。他依然清楚地记得大一的一门必修课——新生研讨课，课程要求学生去拜访7位以上的生科院教授。作为一个大一新生，每一次跟教授的面谈让他十分激动，教授言语之间涵盖的博学气质深深打动了他，他被许多教授对科研的热爱所折服，这也给他心中埋下了科研的种子，希望自己也能像教授们一样在生命科学的领域发光发热。他后来顺利取得研究生推免资格，留在生科院继续深造，并将所学专业知识运用在实际课题项目当中，凭借在科研学习上的优秀表现发表了 3 篇 SCI 文章,勇攀科研高峰。

全面发展是他一直追求的目标,在文娱方面,他撰写剧本并参演了两次大型晚会的话剧节目,而且在歌唱比赛"心声杯"中获得了八强的成绩;在体育方面,他代表学院参加了康乐杯定向越野锦标赛。同时,在人际交往方面,他与同学、舍友和睦相处,他同时也是宿舍长,在他的带领和全体宿舍成员的努力下,宿舍被评为"校级文明宿舍"。

## 甘于奉献,组织担当

本科入学时,学生会贴心的迎新服务让他在学生组织招新的时候毫不犹豫地选择加入了生科院学生会的大家庭。从大一担任的学术部干事,到大二当选学生会副主席,再到大三当选学生会主席,他不怕吃苦不怕累,发挥他的主心骨力量。

此外,他加入中山大学学生马克思主义理论研修班,和各个学院优秀的学生骨干在一次次的理论学习和实地考察当中提高政治觉悟、理论水平和实践能力。为了提高党性修养,他参加了学院举办的党章知识竞赛,获得了二等奖的好成绩。他还担任过兼职辅导员,协助老师处理各种事务,将每一项任务都尽他的能力做到尽善尽美,荣获"中山大学勤工助学先进个人"与"中山大学优秀兼职辅导员"称号。

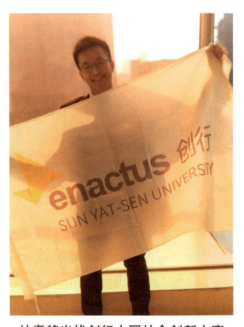

**林矗鹄出战创行中国社会创新大赛**

## 心系社会，投身公益

家国情怀，也是中大学子的一门重要必修课。心系社会，投身公益使他心中澎湃的家国情怀茁壮生长。在广东省高校夏令营中，他带队生科营的小营员们，为他们提供热情贴心的志愿服务，荣获"广东省高校科学营优秀志愿者"称号。他积极参与家乡创建文明卫生城市和禁毒基地的宣传工作，充分发挥了大学生的正能量。此外，他策划组织生科院学生会到广州周边居民社区开展科普活动，为当地居民讲解生活小妙招，开展趣味辟谣课堂等，广受居民和社区负责人好评。他在康乐植悟担任导赏员，利用他们生科人专业的植物学知识，为同学们科普美丽的康乐园里古色古香的历史建筑和数不胜数的植物。成为老生后，每一年他都主动参与大部分迎新工作，筹备学长团、撰写排版推送、设计新生地图等，让新生能够迅速融入校园，更好地开始大学生活，设身处地为每年新生的到来保驾护航。他参与了中大校友寻访活动，采访中大生科院的优秀校友，撰文激励广大中大学子不断努力，向优秀校友学习。

在社会实践方面，他参加了可口可乐中国青年社会实践比赛。他带领团队创造性地提出将空可乐瓶材料转化利用的项目，既能减少废弃物堆积成本又能减少塑料制品对环境的伤害，很好地保护了生态环境，一路过关斩将问鼎全国总冠军。

## 启程追梦，不忘初心

时光荏苒，现在他已经是一名即将毕业的硕士研究生，回想当年踏入中山大学求学时对未来的无限憧憬，现在依然十分感动。在中山大学就读的7年里，他收获了一生难得的学习经历，更重要的是，中山大学生命科学学院为他提供了许多平台与机会，让他能够把所思所想勇敢付诸行动，不断突破自己。日后他也会秉承着中山大学的校训"博学、审问、慎思、明辨、笃行"，勇敢面对社会的挑战，在时代浪潮中扎稳脚跟！

# 守初心，报国之心坚如磐；
# 担使命，人民健康是为怀
## ——2022级博士研究生蔡思慧

**人物简介**：蔡思慧，中山大学生命科学学院2022级细胞生物学专业博士研究生，面向人民生命健康，投身生命科学免疫学领域基础研究工作，新冠疫情期间主动请缨攻克新冠病毒致病机理，独立或共同第一作者于2020、2021、2023年在 *Signal Transduction and Targeted Therapy* 上发表高水平论文3篇，系统性地阐释新冠病毒致使宿主免疫失调的机制，为药物开发与筛选提供理论基础。在中山大学进行本硕博学习的9年间，她勇于奋斗，不断拼搏进取，从不停歇，本科期间获校级优秀本科毕业论文，硕博阶段获博士研究生国家奖学金、中山大学研究生逸仙学术之星、中山大学校长奖学金（特等）、2022届中山大学优秀硕士毕业论文、2022届中山大学优秀硕士毕业生等荣誉，起到了良好的榜样示范作用。她爱国爱党，责任心强，现担任党支部组织委员、团支部书记，积极承担学生工作，参与建党100周年"信仰对话"，通过探访老党员深刻体会老一辈科学家的爱国精神与科研热情。在学习科研工作之余她也不忘全面发展，曾任中山大学民族乐团团长，参与多项艺术展演和运动比赛。路漫漫其修远兮，她将继续聚焦国家战略需求，砥志研思，求索不止。

蔡思慧在实验室进行科研工作

## 潜心科研，攻坚克难护安康

习近平总书记在科学家座谈上提出"四个面向"要求，特别是旗帜鲜明地提出"面向人民生命健康"，激励着蔡思慧在生命科学领域刻苦钻研。固有免疫是机体与生俱来的抵御外来病原入侵的第一道防线。蔡思慧的导师是固有免疫研究领域的杰出青年科学家，研究方向聚焦在免疫应答的调控机制及疾病相关性。作为蔡思慧的科研领路人，他时常强调科研要面向国家重大战略需求，面向人民生命健康，解决人民最切实需要的科学问题，这给了蔡思慧极强的使命感与责任感。

近年来，非典病毒、流感病毒、寨卡病毒等病毒的暴发性流行让世界一次又一次陷入危机，2019 年底暴发的新冠疫情更是让民众生活近乎停摆。面对突如其来的疫情，习近平总书记强调"人民至上，生命至上"，在不惜一切代价推进疫病救治的同时大力支持和推进相关基础研究。蔡思慧在居家隔离期间受到援鄂医疗队、流调工作者和一大批科研工作者的感召，也希望在国家最危急最需要的时候挺身而出，利用自己的知识为人民排忧解难。因此，当导师提出组建课题组探究新冠病毒致病机理之时，她毫不犹豫地申请加入，提前回校开始了艰苦奋战。

在导师的指导下，蔡思慧与课题组成员发现与新冠感染轻症患者快速响应的抗病毒固有免疫信号不同，危重症患者在感染早期出现免疫抑制，晚期炎症信号过度激活，导致细胞因子风暴、多器官衰竭。她们希望通过阐明新冠病毒引发免疫失调的机制，为药物开发提供理论基础，以拮抗免疫失调的方式实现危重症患者的干预治疗。

经过不分昼夜的研究，蔡思慧与课题组成员通过一系列工作，阐释了新冠病毒利用自身病毒蛋白调控宿主固有免疫信号通路，导致宿主固有免疫失调的机制。她的工作系统性地阐明了新冠感染重症、危重症患者免疫失调的疾病机理，以独立第一作者或共同第一作者在高水平杂志 *Signal Transduction and Targeted Therapy*（$IF=39.3$）上发表文章 3 篇，总引用量达 150 多次。其中揭示细胞因子风暴机制的工作被评为杂志当期的封面论文，揭示核衣壳蛋白拮抗模式识别受体机制的工作获评中华医学会重症医学分会年度高质量论文。有科研团队基于她们的工作，构建了以主蛋白酶为治疗靶点的虚拟筛选方法，对部分 FDA 已批准药物治疗效果进行预测后投入临床治疗，为抗击新冠疫情做出了重要贡献。国内外科研工作者对病毒蛋白相分离调控宿主固有免疫的工作机制评价较高，推进了领域内对蛋白质相分离功能与机制的广泛讨论与研究。这场抗击新冠疫情的斗争让蔡思慧深刻认识到，面对突如其来的感染性疾病，人类身躯实在脆弱，只有基础研究做扎实了才更有预防和干预的底气能够将青春年华奉献于科研之路，将所学知识应用于国家需求，究基础研究之真，解临床治疗之难，为国家、为人民做贡献，她感到无比自豪。

## 笃行不怠，跬步之功致千里

蔡思慧同学的学术之路并非通畅无阻，拼命与坚毅是她的人生底色。本科期间她曾因不适应大学的教学方式导致成绩一落千丈，失去信心，但凭着自己对生命科学领域的热爱，她决心将更多的时间投入到学习中，克服自身不足，丰富知识储备，并成功保研。硕士入学后，她自知实验技能和学术思维的不足，每天起早贪黑在实验室学习与工作，晚上回宿舍后为了不影响舍友休息，常常半夜趴在被窝里或宿舍楼的自习室里处理数据和整理文章。进入博士阶段后，她对自己提出了更高的要求，追求上进，越挫越勇，在硕士工作的基础上花费更多的时间提出假设、实验验证、整理成文。博一上学期实验室与宿舍分隔两个校区，她常因为实验原因赶不上末班地铁。刚刚步入科研大门的她也曾迷茫，不知道基础研究成果要花多久才能走上临床、解决现实问题。只有基础研究做得越深入，机制越清楚，应用技术的发展才有依据，治疗药物与手段才能更明确。面对重重困难，她始终默默精进自己的理论基础和实验技能，通过自己的努力获得了师生的认可，获得了博士研究生国家奖学金、中山大学博士研究生校长奖学金和"中山大学研究生逸仙学术之星"等荣誉。

## 坚守初心，担当作为展底色

蔡思慧爱国爱党，于2020年9月加入中国共产党。作为一名党员，她始终坚定理想信念，以伟大的建党精神作为自己的支柱，时刻以优秀党员标准要求自己。她主动承担学生工作，认真细致，责任心强，本科毕业后担任年级理事，做好学校、学院与校友之间的交流工作；硕士期间担任中山大学生命科学学院2019级东硕二班团支部团支部书记，带领支部获评"2020—2021年度中山大学五四红旗团支部"；博士入学以来担任中山大学生命科学学院 2022 级博士 1 班团支部书记及中共中山大学生命科学学院生物化学研究生第五党支部组织委员。

不管是学习上、科研上还是生活上，她总是力所能及地为大家排忧解难，以实际行动解决问题。在实验室内，她耐心教导师弟师妹学习实验技能、如何阅读英文文献、如何思考课题，指导本科生参与大学生创新创业大赛、国际基因工程机器大赛（iGEM）等，赢得了 iGEM 国际金奖。她还积极参与学院学术交流活动、公共实验平台开展的交流活动等，与同学、老师们分享自己的实验设计、仪器使用和数据处理的经验。在课余时间，她总会积极参与志愿活动，协助组织 2017—2019 年青少年高校科学营广东营中山大学分营，与来自全国五湖四海的高中生们分享学习经验，带领他们探索生命科学的奥秘，播撒科研的种子，多次获得"广东省高校科学营优秀志愿者"称号。

蔡思慧常常与党员前辈交流，向优秀的党员榜样学习，2022 年初参与中山大学庆祝建党 100 周年"信仰对话"的活动，与生命科学学院老党员李鸣光教授就爱国精神和科研传承进行了深入交流，并向青年党员交流和分享自己的感悟。李鸣光教授及家人执意从印尼归国为祖国作贡献的爱国情怀、老一辈科学家面对科研的认真执着严谨、创办生物博物馆时的使命担当深刻感染了她，让她更坚定自己投身生命科学领域、担起属于科研人的社会责任的决心。

## 全面发展，踔厉奋发奏新章

蔡思慧坚持德智体美劳全面发展，在学术之余不忘艺术熏陶与强身健体。她本科是民乐类高水平艺术团特长生，曾任中山大学民族乐团团长，参与第五届全国大学生艺术展演获器乐类国家二等奖，组织多次专场音乐会、草地音乐节等活动，向中大师生分享民族音乐的魅力。硕博期间她也没有荒废技艺，坚持练习并参与多项校内外展演活动，坚持弘扬中华民族优秀传统文化，鼓励身边人了解、参与、传承传统文化。她热爱羽毛球、网球等球类运动和集体运动，曾组织同学一同参与 2022 年中山大学龙舟赛获男子组殿军。对艺术造诣的执着追求和一往无前的体育精神塑造了她不怕苦不怕累，遇强则强、永不退缩的拼搏精神，让她面对科研的枯燥与困苦时实现自我排解，停止内耗，始终以自信、乐观、积极的心态勇往直前。

蔡思慧始终牢记嘱托,勇担使命,投身基础研究第一线,为维护人民生命健康安全潜心科研,挥洒青春。她将在前期成果的基础上继续钻研,基于不同的疾病模型探究病毒感染与宿主炎症响应的调控机制,将基础研究做深做实,结合临床医学解决治疗难题。同时,她也积极响应国家号召,加大力度推进跨学科交叉研究,结合数学、计算机与生物学科的优势解决重大生命科学问题。她将继续在中山大学的培养教育下,扎根科研,踔厉奋发,锻炼成长为胸怀天下、勇于担当的新时代好青年、新时代科研人,为实现中华民族伟大复兴的中国梦砥砺前行。

蔡思慧

# 后　记

随着笔触在《生科人悟——讲述生科人的故事》的最后篇章上轻轻落下，我们心中涌动着复杂的情感。这不只是一本书的告一段落，它更像是一场跨越时空的深情对话，一次心灵的深刻交流。

作为《生科人悟》的编纂者，我们既是旁观者，也是参与者。在《生科人悟——讲述生科人的故事》汇编出版的过程中，我们有幸目睹了学院的筚路蓝缕与蓬勃发展，亲历了生物学科的日新月异，见证了生科人锐意进取、勇于探索的精神风貌。

我们深知，是那些在校园里挥洒青春、继而星散四方的师长与同窗，赋予了《生科人悟——讲述生科人的故事》以生命与灵魂。岁月流转，曾经的少年或许已在祖国的广袤土地上，为国之所需而奋斗；那些曾以智慧和汗水浇灌我们成长的老先生们，有的已离开了讲台，安享晚年；有的则已走完了他们奉献与探索的一生，成为我们记忆中永恒的丰碑。

然而，每当我们翻开《生科人悟——讲述生科人的故事》的篇章，那些往昔的景象便如在眼前，我们仿佛能看见他们，在无忧树的斑驳光影下，沉浸在书海中，汲取知识的养分，笑声朗朗；在各自的领域，以生科人的锐意进取，推动社会的发展，引领着时代的潮流；在讲台上，以深厚的学识和崇高的师德，激励着一代又一代的学生。那份属于生科人的热血与激情，依旧在字里行间跳跃，激励着一代又一代的后来者。它昭示着，无论时光如何流转，生科人的精神风貌与大学的灵魂，永远如薪火相传，不息不灭。

在这部书的创作过程中，我们得到了许多师长、同窗和校友的大力支持和帮助。他们的智慧和经验，为本书的出版提供了宝贵的素材。在此，我们向他们表示最诚挚的感谢。

同时，我们感谢每一位选择阅读《生科人悟——讲述生科人的故事》的读者，愿你们能从中汲取精神之光，获得启发，收获成长，与我们一同见证生科人的精神传承，共同书写生科人的未来篇章。

值此中山大学百年华诞之际,愿诸君珍惜韶华,笃定前行,不懈奋斗;愿生命科学学院续写辉煌,绽放更加璀璨的光彩。生科人悟,未完待续……

编委会

2024 年 10 月